COURS

DE

PÉDAGOGIE

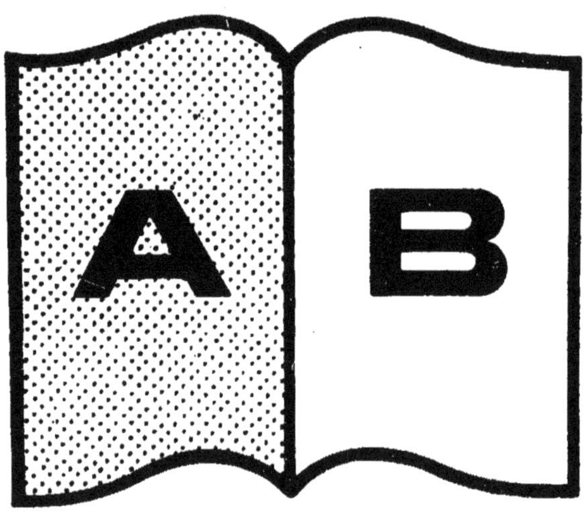
A
B

EXTRAIT DU RAPPORT

PRÉSENTÉ PAR LA COMMISSION D'EXAMEN DES LIVRES ÉLÉMENTAIRES
AU CONSEIL DE L'UNIVERSITÉ

SUR LE COURS DE PÉDAGOGIE

La pédagogie est une science encore peu avancée en France... C'est en Allemagne, en Suisse, en Angleterre, qu'il faut aller chercher des traités méthodiques et complets sur cette partie importante de l'enseignement normal. Nous avons puisé dans plusieurs ouvrages et dans plusieurs journaux d'éducation, des matériaux précieux; mais nos élèves-maîtres et nos instituteurs n'ont ni le temps ni le moyen de les rassembler, de les coordonner, de manière à en former un corps de doctrine, et nos écoles normales manquent d'un livre qui puisse servir de texte aux professeurs de pédagogie, et de résumé à leurs élèves.

M. Rendu a entrepris de rédiger ce livre, et il l'a composé en grande partie des conseils donnés par les principaux auteurs français et étrangers qui ont écrit sur l'éducation. Quoiqu'il ait puisé à des sources bien diverses, il a su donner de l'ensemble à son travail, dans lequel le défaut d'unité ne se fait jamais sentir....

Nous n'avons que des éloges à donner à ce nouvel ouvrage de M. Rendu fils, qui, jeune encore, paraît appelé à rendre de véritables services à l'éducation publique. Ce qu'il a emprunté aux auteurs français et étrangers est judicieusement choisi, et, dans ce qui lui appartient en propre, on reconnaît un jugement droit, un esprit élevé et nourri des plus saines doctrines, et surtout une piété vive et sincère qui imprime à tout son livre un caractère vraiment chrétien, et doit exercer les plus salutaires influences sur les élèves-maîtres et sur les instituteurs.

Le style du Cours de Pédagogie est correct, simple, clair; il a toute l'élégance et tout le mouvement que comporte le sujet.....

COURS

DE

PÉDAGOGIE

OU

PRINCIPES D'ÉDUCATION PUBLIQUE

A L'USAGE

DES ÉLÈVES DES ÉCOLES NORMALES ET DES INSTITUTEURS PRIMAIRES

PAR M. AMBROISE RENDU

AUTORISÉ

PAR LE CONSEIL DE L'UNIVERSITÉ

NOUVELLE ÉDITION

REVUE, AUGMENTÉE ET MISE AU COURANT DES NOUVEAUX PROGRAMMES

PAR AMBROISE RENDU FILS

Docteur en droit

DÉLÉGUÉ CANTONAL

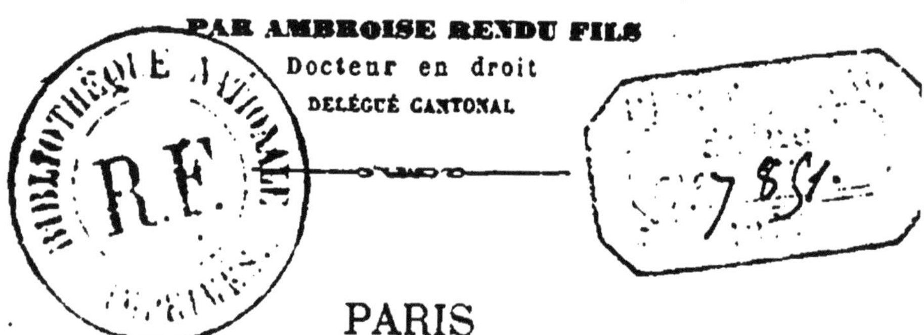

PARIS

GARNIER FRÈRES, ÉDITEURS

6, RUE DES SAINTS-PÈRES.

AVERTISSEMENT

Parmi les cours faits dans les écoles normales aux futurs instituteurs, il n'en est guère de plus important que le cours de Pédagogie. Enlevés souvent aux travaux de la campagne pour venir s'asseoir sur les bancs de l'école normale, les élèves-maîtres commencent leurs sérieuses études avec peu d'expérience des enfants qu'ils vont être appelés à diriger, sans connaissance de cet art difficile de l'éducation, que, dans deux ou trois années à peine, ils devront exercer eux-mêmes. Quelque temps d'un travail opiniâtre suffira certainement pour rendre les bons élèves familiers avec tous les objets de l'enseignement ; il n'est pas à craindre qu'ils ne sortent de l'école normale inhabiles dans la lecture, l'écriture, l'arithmétique, le dessin linéaire, etc..... Mais ces lumières acquises, il faudra les communiquer ; mais, ce qui est plus grave encore, ces enfants qu'on sera chargé d'instruire, il faudra les diriger dans la voie du bien et de la vertu, il faudra former leur caractère, corriger leurs mauvaises inclinations, encourager leurs dispositions heureuses..... Quelle tâche pour de jeunes débutants dans la carrière de l'instruction publique ! A défaut de cette longue habitude des hommes et des choses qui leur semblerait nécessaire, et qui pourtant ne peut leur être donnée dans le cours de leurs études, un professeur zélé et habile les fera profiter des fruits de sa propre expérience ; il enrichira leur esprit des observations de sa vie tout entière, il leur montrera les moyens d'en sortir avec bonheur. Mais s'il est vrai que cet art de l'éducation suppose une connaissance approfondie du cœur humain ; s'il est vrai que des hommes sages et consciencieux en aient fait l'objet des méditations de toute leur vie, il n'est pas de professeur qui se contente, sur ce sujet, de sa propre science, et qui ne veuille tirer parti des trésors que ses prédécesseurs, ses contemporains de tous les pays, ont mis en réserve.

Nous avons cru rendre service aux maîtres et aux élèves en rédigeant un Cours composé en grande partie des conseils donnés par les principaux auteurs qui ont écrit sur l'éducation. Ce livre sera pour les élèves de l'école normale le résumé des leçons qu'ils auront entendues. la préparation aux leçons qu'ils devront entendre. S'il ne doit pas dispenser les maîtres de la lecture des ouvrages excellents qu'il n'est permis à aucun professeur d'ignorer, du moins il leur facilitera les recherches, et surtout il leur offrira le résultat de travaux utiles et estimés, à juste titre, dans les pays étrangers, l'Allemagne, la Suisse, l'Angleterre, les États-Unis, où l'on s'occupe de l'éducation avec un grand zèle et une grande sollicitude. Ainsi, le *Manuel pratique à l'usage des Écoles normales*, publié par H. Horner, qui, dans un petit volume, a laborieusement rassemblé toute la substance des bons ouvrages anglais et américains sur la pédagogie, nous a été d'un grand secours, et nous en avons traduit beaucoup de passages. Nous nous sommes efforcé aussi de réunir dans ce livre les préceptes épars dans les nombreux ouvrages et journaux d'éducation qui ont été publiés en France; matériaux précieux, sans doute, mais qui perdent de leur utilité, parce que leur nombre et leur diversité ne permettent pas qu'ils se trouvent dans toutes les mains. Aussi pensons-nous offrir cet écrit à tous les instituteurs comme un mémento, dont ils pourront d'autant mieux tirer parti, que leur expérience les mettra plus en état d'apprécier et d'appliquer des avis puisés, nous le croyons, aux meilleures sources.

L'accueil si bienveillant que l'Université et le public ont fait à notre travail, nous laisse espérer que nous ne nous sommes pas mépris sur le but que nous devions nous proposer.

Notre livre est divisé en deux parties : l'une traite de l'éducation, l'autre de l'instruction. Nous avons commencé par l'éducation, comme étant la partie la plus

plus importante, puisqu'elle forme la conduite morale de la vie entière, comme devant aussi être plus facilement saisie par les jeunes élèves des écoles normales, qui ne sont pas encore habitués aux méthodes d'enseignement. Nous nous sommes occupé successivement de l'éducation intellectuelle, de l'éducation morale et religieuse. C'est après avoir indiqué les moyens de connaître et de former les facultés, que nous avons cherché comment elles doivent être appliquées aux différentes branches d'études. Nous nous sommes toujours attaché aux méthodes qui ont pour but non pas seulement d'instruire, mais de développer, d'exercer sans cesse toutes les facultés de l'intelligence et du cœur; bien persuadé de cette vérité, que l'instruction acquise est peu de chose, quand elle ne tend pas essentiellement à ouvrir l'esprit, à le rendre susceptible de mieux apprendre à l'avenir; et surtout que l'instruction est peut-être plus nuisible qu'utile, quand on ne la fait pas servir à l'éducation morale.

Enfin, nous avons donné une attention toute spéciale à la discipline intérieure de l'école, qui exerce une si grande influence sur le caractère et les mœurs des enfants. Et, dans la discipline comme dans l'instruction, nous avons cru que tout devait concourir au vrai but de l'éducation tout entière, former le cœur en même temps que l'on cultive et qu'on orne l'esprit.

PRÉFACE DE LA NOUVELLE ÉDITION

Depuis que cet avertissement a été écrit, le Cours de Pédagogie a eu de nombreuses éditions. Le Conseil supérieur de l'instruction publique l'a accueilli avec faveur, il a été adopté dans plusieurs Ecoles normales et a servi de modèle à presque tous les traités qui l'ont suivi. Mais, quoique le temps n'ait en rien amoindri le succès obtenu dès le début par le Cours de Pédagogie, et quoiqu'il ait été jadis remanié sur les observations mêmes de la commission d'examen du Conseil supérieur, il est cependant vrai de dire que l'ouvrage n'était plus au courant des programmes et des méthodes adoptés. Depuis que le livre a paru, il est bien des modifications de détail que l'expérience a fait introduire dans les cours des Ecoles normales; il est aussi bien des améliorations que la pratique a suggérées.

Aussi, tout en constatant que les principes rationnels et moraux posés dans le Cours de Pédagogie, sont par leur essence même à l'abri des vicissitudes humaines, et ne sauraient être atteints par la marche des années ou des idées, cependant il était nécessaire de maintenir l'accord entre les règles et leurs applications nouvelles.

D'autres causes encore motiveraient la détermination que nous avons prise; grâce à l'essor que les événements, plus que les hommes, ont donné à l'instruction primaire, les méthodes employées autrefois pour un nombre restreint d'élèves ne suffisent plus aujourd'hui.

Soucieux de conserver à l'œuvre paternelle un succès que le temps a consacré, nous avons entrepris de remettre au courant le Cours de Pédagogie, et dans ce but, nous avons été chercher de précieux matériaux dans les ouvrages récemment parus. Nous avons ainsi consulté avec grand profit le *Cours* de M. Charbonneau, les *Conférences Pédagogiques* de 1867, véritable encyclopédie de l'enseignement primaire, les *Lettres* de M. Théry, l'ouvrage de M. Barrau sur la pédagogie, l'*Inspection primaire* de

MM. Brouard et Defodon et les articles si intéressants du *Journal des Instituteurs*.

nterrogeant ainsi les œuvres de nos devanciers, nous avons pu faire une ample moisson de sages conseils et de renseignements utiles que nous n'avons pas craint de reproduire. Il est tels préceptes qu'on affaiblit en les résumant, et nous aurions redouté de n'être pas l'interprète fidèle de ceux dont nous interrogions les livres, si bien souvent nous n'avions détaché quelques lignes de leurs ouvrages. Les citations, sans doute, sont parfois un péril pour l'écrivain, chez qui elles arrêtent ou ralentissent à chaque instant l'essor de la pensée et qu'elles rendent indécis et timide. Mais un Cours de Pédagogie n'est pas et ne saurait être une œuvre d'imagination; c'est le résumé impartial des méthodes suivies et éprouvées par le succès; c'est l'exposé fidèle des observations qu'a pu recueillir chacun de ceux qui ont consacré leur vie à l'enseignement primaire. En un mot, ce n'est pas une œuvre de critique, c'est la mise en commun, pour l'intérêt de tous, des trésors d'expérience que quelques-uns ont découverts.

On nous pardonnera donc d'avoir emprunté à tant de maîtres excellents les fruits de leur travail. Peu confiant en notre propre force, nous avons voulu nous assurer par avance le concours de tous ceux qui nous ont précédé, et placer notre ouvrage sous l'égide de leurs noms.

C'est ainsi que s'expliquent les principales modifications introduites dans cette nouvelle édition. Elles se rapportent d'ailleurs aux programmes nouveaux, dont nous avons ainsi voulu donner l'exposé le plus exact et le commentaire le plus sûr.

Il est cependant une partie importante du *Cours de Pédagogie* que nous ne pouvions modifier: c'est la partie essentiellement morale, consacrée à l'exposition des principes généraux de l'éducation et de l'instruction. Si nous avons cru devoir y joindre quelques indications nouvelles, exigées par le plan même de l'ouvrage, du moins nous n'avons rien changé à la méthode raisonnée, qui restera éternellement vraie comme les principes dont elle est le reflet. Nous étions trop soucieux de la chère mémoire à l'abri de laquelle nous voulons rester toujours, pour porter une main indiscrète sur l'œuvre de M. Ambroise Rendu.

Dans la partie réservée à l'instruction, c'est en ce qui concerne les modes d'enseignement primaire, les systèmes adoptés ou proposés, que nous avons eu à faire quelques changements. Nous l'avons fait avec une extrême réserve, et seulement quand la modification nous a paru indispensable.

Ce n'est donc à proprement parler qu'une édition nouvelle que nous offrons à ceux qui ont consulté le *Cours de Pédagogie*. Notre vœu le plus cher est que les modifications apportées n'enlèvent rien au mérite incontesté de l'ouvrage, et notre espoir est que le lecteur, dans ses appréciations bienveillantes, voudra bien associer le nom du fils au nom d'un père vénéré.

COURS DE PÉDAGOGIE

CHAPITRE PRÉLIMINAIRE

Importance et dignité des fonctions de l'Instituteur; qualités et dispositions qui lui sont nécessaires.

SOMMAIRE. — Des qualités et des dispositions nécessaires à l'instituteur : forte et saine constitution; instruction acquise et désir perpétuel de s'instruire encore; études toujours portées au delà de ce qu'il doit enseigner; intelligence et dévouement; conduite sans reproche; caractère élevé sans orgueil, ferme sans dureté, indulgent sans faiblesse; croyances fermes et éclairées; sentiment profond de ses devoirs envers Dieu, envers les enfants, envers les autorités, envers lui-même; gravité, autorité.

Dévouement à la profession; affection sincère et profond respect pour le précieux dépôt qui lui est confié par les familles et par la société et dont il répondra à Dieu même, âme pour âme.

Les mères et les instituteurs, voilà ceux qui jettent dans le monde presque toutes les semences du bien et du mal; et cette invariable loi de la nature physique, que tout être donne naissance à des êtres semblables à lui, a une application moins absolue, mais non moins importante, même dans l'ordre moral. Ainsi l'instituteur pensera qu'il reproduit sa propre image dans l'âme des enfants; que le bien ou le mal émanent constamment de lui ; que l'influence du bon, du mauvais exemple surtout, sera de sa part décisive pour l'avenir de ses élèves N'est-ce pas assez dire quels devoirs, quelle responsabilité pèsent sur lui, et de quel saint ministère il est revêtu ?

Les enfants lui sont confiés à cet âge où l'âme tendre et neuve reçoit de tout ce qui l'entoure des impressions profondes, où les sentiments et les idées se développent et se fixent, où la direction donnée déterminera peut-être irrévocablement la destinée de la vie entière. C'est donc à l'instituteur qu'il appartient d'inspirer à ces jeunes êtres des sentiments purs et élevés, des idées vraies, des habitudes vertueuses ; tâche bien douce, s'il n'avait à agir que sur des âmes dociles et préparées, mais bien difficile, bien pénible, si l'on pense aux mauvaises inclinations de notre nature, aux défauts déjà enracinés souvent, que l'instituteur aura à combattre. C'est une lutte incessante, comme une surveillance sans repos, qu'il accepte, le jour où il se présente pour tenir auprès des enfants la place des parents. Dès qu'il a entrepris cette mission solennelle, il faut qu'il la remplisse dans toute son étendue et réponde pleinement à la haute confiance de la société et des familles, qu'il a sollicitée lui-même. Quel compte terrible n'aurait-il pas à rendre, si ces enfants, qu'il s'était engagé à rendre plus instruits et meilleurs, il les donnait au monde corrompus et dégradés ; si les dispositions perverses qu'il devait vaincre, il les avait laissées se fortifier et devenir indestructibles ; si les bons penchants qu'il fallait favoriser, il les avait laissés s'énerver et périr ! Qu'il ne s'excuse pas sur sa faiblesse et son incapacité. Dans un instituteur, l'impuissance à elle seule est coupable ; car il a dû consulter sérieusement ses forces et s'éprouver lui-même avant de se mettre à l'œuvre. Qu'il commence donc par envisager toute l'étendue de ses devoirs, toutes les difficultés de ses fonctions ; et qu'il n'y cherche pas une voie pour s'enrichir, une spéculation, un métier comme un autre.

« Les ressources dont le pouvoir dispose ne réussiront jamais à rendre la simple profession d'instituteur communal aussi attrayante qu'elle est utile. La société ne saurait rendre à celui qui s'y consacre tout ce qu'il fait pour elle. Il n'y a point de fortune à faire ; il n'y a guère de renommée à acquérir dans les obligations pénibles qu'il accomplit. Destiné à voir sa vie s'écouler dans un travail monotone, quelquefois même à rencontrer autour de lui de l'injustice, ou l'ingratitude de l'ignorance, il s'attristerait souvent et succomberait peut-être, s'il ne puisait sa foi et son courage ailleurs que dans la perspective d'un intérêt immédiat et purement personnel. Il faut qu'un sentiment profond de l'importance morale de ses travaux le soutienne et l'anime ; que l'austère plaisir d'avoir servi les hommes et secrètement contribué au bien public, devienne le digne salaire que lui donne sa conscience. Sa gloire est de ne prétendre rien au delà de son obscure et laborieuse condition, de s'épuiser en sacrifices à peine comptés de ceux qui en profitent, de travailler enfin pour les hommes, et de n'attendre sa récompense que de Dieu (1). »

Nul ne doit donc entrer dans une telle carrière s'il ne s'y sent appelé par une véritable vocation. Le monde donne peu à l'instituteur, il exige beaucoup de lui ; et pour répondre à cette attente, il n'y a pas à compter sur des chances heureuses, à demander le succès aux circonstances : tout repose sur le zèle et sur le talent du maître.

« S'il est vrai de dire qu'avec un mauvais système d'éducation tous les efforts du meilleur professeur ne produiront que peu de fruits, il est également vrai, d'un autre côté, que des bonnes qualités du maître dépend principalement le succès des méthodes. Si le maître est indolent, les élèves seront inactifs ; s'il a de l'enthou-

(1) Circulaire de M. Guizot, ministre de l'instruction publique (1833).

siasme, tous participeront à son énergie : le maître est l'âme et la vie de l'école (1). »

On ne peut songer à la carrière de l'enseignement, si l'on n'est doué d'abord d'une constitution saine et énergique. Il y a, dans les fonctions d'un instituteur, de rudes fatigues à supporter, surtout quand aux classes ordinaires il joint ces leçons du soir, si utiles pour les ouvriers. Ceux-ci se reposent, en étudiant, des travaux du jour; pour le maître, c'est un surcroît de peine, et il lui faut une forte poitrine pour résister à des exercices aussi multipliés. La santé de celui qui dirige est la garantie de l'ordre et de la régularité de l'école, par conséquent de la discipline et des progrès. Rien ne nuit plus aux élèves que les interruptions, les délais qui leur font perdre l'habitude du travail, l'habitude, ce puissant moyen de triompher des difficultés, de lever les obstacles. Dans les campagnes surtout, les parents, les enfants eux-mêmes ne seront que trop portés à l'inconstance et à l'irrégularité; que, du moins la faiblesse physique du maître ne vienne pas favoriser cette fâcheuse disposition.

Mais les qualités corporelles ne sont rien si l'instituteur n'y joint les qualités intellectuelles et morales.

Consacré à l'instruction des autres, il doit lui-même avoir une instruction solide, savoir ce qu'il prétend enseigner : on montre toujours mal ce que l'on sait mal. Qu'il fasse une abondante provision, afin de la distribuer libéralement à ses élèves, afin de leur communiquer des connaissances acquises autant pour eux que pour lui-même : tel est son devoir; toutes ses réflexions, toutes ses études doivent tendre à le bien remplir.

L'instituteur s'adresse à des intelligences peu cultivées, qui ont besoin des explications les plus complètes. Il ne lui suffit donc pas d'avoir une notion, une idée, pour pouvoir la transmettre; il faut, pour qu'elle soit

(1) J. Wood. *Rapport sur les Écoles primaires d'Écosse.*

comprise des autres, qu'elle ait été parfaitement éclaircie, qu'elle soit entièrement nette dans l'esprit de celui qui l'expose; alors

> Ce que l'on conçoit bien s'énonce clairement,
> Et les mots pour le dire arrivent aisément.

Une certaine facilité d'élocution est tout à fait nécessaire dans l'enseignement; il faut donc que le maître s'exerce en toute occasion, dans ses relations les plus ordinaires, dans les conversations les plus simples, à s'exprimer correctement et sans hésitation. C'est là une précieuse habitude qu'on ne saurait trop recommander à ceux qui sont appelés à émettre souvent leurs idées en public. Celui qui s'accoutume, dans les causeries de chaque jour, à parler sans trop savoir ce qu'il va dire, a bien de la peine à parler avec bon sens dans des occasions plus solennelles.

Ce n'est pas assez de connaître, en se mettant à la tête d'une école, les matières qui doivent y être enseignées; si le maître abandonnait dès lors ses études propres, s'il cessait d'acquérir, il s'appauvrirait bientôt. Sous son influence, les esprits se développent, les intelligences s'enrichissent; tout est en progrès autour de lui; pour ne pas rester en arrière il faut bien qu'il avance lui-même. Son instruction serait certainement incomplète, si elle ne dépassait pas les limites rigoureuses du programme officiel. Les questions des élèves s'y renfermeront-elles toujours? et n'importe-t-il pas à la considération du maître qu'il puisse résoudre sans embarras les petites difficultés qui naissent à chaque instant? Ne sera-t-il pas heureux de se sentir capable de faire entrer par occasion, dans l'esprit des élèves, une foule de notions qui ne sont pas essentielles, mais qui sont agréables et utiles? D'ailleurs l'instituteur primaire est le conseil de la commune; c'est à lui que chacun demande des lumières, à lui que chaque ignorant a recours. Pourquoi, en se faisant un plan de travaux réguliers et constants, ne se mettrait-il pas à même de faire profiter ceux qui l'entourent du secours de son expérience ? pourquoi ne serait-il pas pour tous le bienfaiteur des intelligences ? L'instituteur a besoin, même pour agir dans son école, de l'estime, de la confiance universelle ; qu'il ne néglige donc aucun moyen de l'obtenir.

« Les efforts du maître (1) pour donner une instruction solide ne seront couronnés d'un véritable succès que s'il s'occupe consciencieusement même de ses plus faibles élèves, s'il sait se mettre à leur place, comprendre les difficultés qui les arrêtent, et trouver la méthode qui peut servir à résoudre chacune d'elles. Il y a beaucoup d'hommes de science et de mérite qui sont incapables de se plier à cette nécessité. Parfaitement maîtres de leur sujet, ils ne peuvent admettre que les autres aient de la peine à le concevoir; ils exigent de tous la promptitude d'esprit dont ils sont doués eux-mêmes. Qu'en résulte-t-il ? c'est que s'il y a quelque écolier qui ne puisse pas les suivre, qui succombe sous un fardeau réellement au-dessus de ses forces, ils le laissent là comme coupable d'une incurable paresse ou frappé d'une désespérante incapacité. Et cependant c'est à eux-mêmes qu'ils devraient presque toujours imputer le peu de progrès d'un tel élève, car ils ne se sont pas acquittés fidèlement de leur devoir à son égard. Le mérite d'un instituteur n'est pas de former un petit nombre d'élèves d'un talent supérieur, mais d'être juste envers tous, c'est-à-dire, non d'en faire des hommes également instruits, ce qui n'est pas possible, mais de donner à tous des soins proportionnés à leurs dispositions naturelles. »

Mandataire des parents, qu'il remplace dans leurs fonctions les plus importantes, chargé de former des hommes vertueux et honorables, le maître lui-même doit s'entourer de cette bonne réputation qui lui méritera la

(1) John Wood.

confiance; il doit donner ces bons exemples qui seuls rendront ses leçons profitables.

« L'instituteur, dit M. de Gérando, doit non-seulement avoir une vie pure et sans tâche, mais il ne doit pas même s'exposer au plus léger soupçon relativement à ses mœurs. Qu'il craigne d'aborder l'enfance, celui dont le cœur serait corrompu! Son souffle porterait la contagion dans de jeunes cœurs. Leur innocence est un sanctuaire dont la garde est remise au maître; en l'acceptant, il reçoit une sorte de consécration; et certes, il y a quelque chose de sacré dans ce beau ministère qui adopte et protége le jeune âge. Ici il n'y a pas de composition possible; la règle est absolue. Il n'y a pour le maître aucun espoir d'être respecté, s'il est l'esclave de ses sens, s'il s'abandonne à l'intempérance. Il n'y a plus de considération possible pour celui qui se dégrade.

Pénétré de l'idée qu'il doit échapper, non-seulement aux reproches, mais aux soupçons, l'instituteur ne se contentera pas d'éviter ces excès honteux qui avilissent tout homme; il s'interdira rigoureusement les lieux qui en sont ordinairement le théâtre. Que les parents ni les élèves ne voient jamais celui en qui ils doivent avoir si pleine confiance, dans les salles de danse ou dans les cabarets. La vie de l'instituteur primaire est une vie sérieuse et grave; il laisse à d'autres de grossiers amusements : sa joie, sa récompense, c'est la satisfaction qui suit l'accomplissement du devoir, c'est le bonheur d'un service rendu, c'est le contentement d'une vie consacrée à faire du bien.

Ces mœurs pures lui donneront une élévation de pensées sans laquelle il ne pourrait concevoir la noblesse de ses fonctions, ni les remplir dignement. Il faut que, appelé à vivre au milieu d'hommes ravalés par l'amour des vils plaisirs, exclusivement attachés aux intérêts matériels, il s'efforce de maintenir ses idées au-dessus de cette basse région, pour donner aux enfants le sentiment de la dignité humaine.

Dans la plupart de nos communes l'instituteur est chef de famille; il faut que sa vie puisse être donnée comme un modèle aux enfants qu'il doit instruire. Il faut que de son foyer domestique rayonnent au dehors les exemples de vertu modeste et sage qui sont l'honneur d'une famille chrétienne; il faut enfin que prêchant de paroles, il prêche aussi d'exemple.

« La famille de l'instituteur ne doit pas trop se produire au dehors. Sa vie modeste et simple lui fait un devoir de rester dans l'humble logis où s'abritent ses affections. C'est son jardin qui sera le rendez-vous de ses amis; c'est dans son jardin que ses enfants prendront leurs ébats, que ses élèves cultiveront avec lui les plus beaux légumes de la commune, qu'ils apprendront la greffe et la taille des arbres. C'est tout ce petit monde qui alignera et sablera les allées (1). »

Mais si l'élévation et la dignité de son caractère et la rectitude de sa vie doivent mériter à l'instituteur que nous souhaitons le respect et l'amour de tous ceux qui l'entourent, que la modestie surtout soit sa compagne; sans elle, la vertu n'a plus d'attraits, et l'estime exagérée de soi-même, la vanité et l'orgueil, anéantiraient bientôt le mérite de sa bonne conduite et en détruiraient l'influence en s'aliénant tous les cœurs.

« Les sentiments de vanité naissent de la comparaison que l'on fait de soi-même avec les autres, et de la préférence que l'on se donne; mais prendront-il jamais racine dans un cœur qui aurait appris à considérer et à déplorer ses propres misères, à reconnaître qu'il tient de Dieu tous ses mérites, et que si Dieu ne lui donnait son secours, il pourrait se livrer à toute espèce de mal ? (2) »

Cette modestie que nous demandons, l'instituteur devra en faire la règle de tous ses actes. Sans doute il est

(1) M. Malgras. *Conférences pédagogiques.*
(2) Manzoni.

nécessaire qu'il ait le sentiment de sa dignité, qu'il comprenne la grandeur de la mission qui lui est donnée; mais, avec quel soin il doit se garder de faire sentir la supériorité morale que nous lui reconnaissons, et que même dans sa tenue extérieure on remarque l'influence de la modestie; que sa mise présente le caractère de l'aisance et de la propreté; qu'elle n'offense pas les regards par le désordre d'une négligence volontaire et par l'aspect d'une misère dont on ne saurait expliquer les causes. Dans l'école il doit montrer une gravité exempte de pédantisme; sa familiarité avec les enfants doit être prudente et réservée; qu'il sache enfin, par une attitude irréprochable, mériter à l'école comme au dehors le respect de ses élèves.

« Mais aussi qu'il repousse loin de lui toutes ces apparences d'un luxe, qui, loin d'être un exemple pour les populations au milieu desquelles il vit, ne serviraient qu'à les blesser et à les éloigner de lui. Sa dignité extérieure n'aura pas à souffrir de la simplicité de sa tenue; il saura les allier l'une à l'autre dans une juste mesure et concillier sa modestie avec le soin de sa considération parmi les populations qui l'entourent et sur les enfants qu'il doit diriger (1). »

Son mobilier, comme sa tenue, sera simple et sans ornements frivoles. La propreté sera la décoration de son logis, et si ses goûts ou ses désirs le portaient à rechercher le bien-être, nous lui rappellerions ces lignes de l'ouvrage que M. Barrau dédiait aux instituteurs :

« Entrez, leur disait-il, dans ces saints asiles où de bonnes sœurs se dévouent au soulagement des indigents et des malades. Pour ce pieux service, rien n'est épargné; la propreté va jusqu'à l'élégance, l'abondance va jusqu'au luxe; mais, s'agit-il d'elles-mêmes, la simplicité dont elles se font un devoir, dépasse tout ce qu'on pourrait imaginer. Leur habit est grossier, leur nourriture

(1) Charbonneau. *Cours de pédagogie.*

frugale est à peine suffisante ; leurs modestes cellules n'ont pour tout ornement que la vertu de celles qui les habitent. »

L'humilité est sœur de la bonté et de la douceur, indispensables vertus de tout homme qui vit avec l'enfance. Qu'il attire à lui par une invincible patience ces êtres faibles et timides, qui, à leurs premiers pas dans la vie, ont tant besoin d'appui et de secours; que cette patience triomphe de tous les dégoûts inséparables de la profession de l'instituteur; que jamais l'ennui, la fatigue ne se manifestent en lui par la brusquerie et la mauvaise humeur, qui bannissent de l'âme des élèves toute confiance dans la justice du maître. Il aura sans doute à souffrir pour réprimer les mouvements rapides de notre nature, si portée à répondre au mal par l'indignation et la colère ; mais quand les forces lui manqueront, quand il sentira son courage défaillir, qu'il se rappelle l'inaltérable mansuétude de Celui qui à dit : *Laissez venir à moi les petits enfants !*

Cette douceur n'exclut pas la fermeté, sans laquelle le gouvernement d'une école serait impossible. La bonté doit modérer le ton des réprimandes, la rigueur des punitions ; elle ne doit pas dégénérer en faiblesse, et laisser aux fautes l'impunité. Il faut travailler de bonne heure et sans cesse, à prendre un ascendant complet sur les enfants, afin que le respect et la soumission deviennent en eux une habitude qui se conservera sans peine ; et le moyen d'éviter une trop grande familiarité avec les élèves, c'est de conserver un caractère digne et grave. de prendre garde à ne point se laisser aller à des puerilités en leur présence, d'être exact à récompenser comme à punir. Surtout soyez impartial ; ne vous montrez pas plus indulgent pour tel ou tel écolier ; ne rendez pas un enfant victime d'une injuste antipathie. Ayez toujours un ton égal, ferme et calme : c'est le signe le plus certain d'un véritable pouvoir sur soi-même, et la ressource la plus sûre pour acquérir de l'empire sur les autres. Si le maître sait toujours se posséder, si on ne peut ni l'irriter ni l'entraîner, s'il est toujours le même, on se pliera naturellement sous ses lois ; un regard, un geste, sa présence seule exercera une forte action sur les jeunes esprits : on fera mieux que de lui obéir, on l'aimera, on le respectera.

Au nombre des qualités, des vertus, pourrions-nous dire, que l'instituteur doit posséder, il en est deux que nous plaçons au premier rang : l'exactitude et le zèle. Il n'oubliera jamais qu'avant de commander il faut savoir obéir ; il se fera donc l'esclave de son règlement. Il observera une exactitude rigoureuse pour les heures d'entrée de l'école, car si le retard de l'élève n'est nuisible qu'à lui-même, le retard du maître est nuisible à tous ceux qu'il dirige. Comment d'ailleurs prêcherait-il l'obéissance, s'il ne la pratiquait lui-même ?

Le zèle, a-t-on dit, est souvent l'ennemi de l'exactitude, mais ce n'est pas un élan désordonné de l'âme vers le bien que nous demandons. Le zèle ne consiste pas à faire plus que le devoir, il consiste au contraire à faire tout le devoir, et c'est alors la plus précieuse des qualités. L'instituteur pénétré de cette pensée préparera toujours ses leçons, il s'efforcera de rendre son enseignement intéressant, et pour arriver à ce résultat ne reculera ni devant la fatigue ni devant les ennuis des répétitions. Il se livrera enfin chaque jour à l'étude, repassant les cours qu'il a suivis pendant son séjour à l'école normale et s'entretenant sans cesse dans les connaissances qu'il a acquises.

Que de qualités on demande au jeune homme qui veut devenir un maître, et cependant une simple et belle formule suffit à les résumer toutes : « Aimer l'enfance, se respecter soi-même. » Tout le secret de l'enseignement est contenu dans ces paroles. Heureux celui qui les aura méditées et qui les mettra en pratique !

Ces vertus d'un bon instituteur auront à la fois leur garantie et leur couronne dans une foi sincère, éclairée et pratique. Foi sincère ; car le maître, appelé à contribuer à l'éducation religieuse de la jeunesse, ne convaincra pas s'il n'est lui-même convaincu. D'ailleurs le doute et l'indifférence en matière de religion, déplorables dans tout individu, deviendraient bien plus funestes encore dans l'instituteur : ils seraient contagieux; et malheur à celui qui, par les incertitudes de son propre esprit, ébranlerait les croyances des enfants, qui les amènerait à cet état de scepticisme, véritable suicide de l'âme, qui vit de la foi comme le corps vit d'aliments ! Foi éclairée : car le maître, appelé à communiquer souvent les vérités religieuses, doit pouvoir en rendre raison. *Que votre obéissance soit raisonnable,* a dit le grand apôtre. Il faut que l'instituteur sache dévoiler aux enfants la fausseté des sophismes qui se débitent autour d'eux ; il faut qu'au milieu d'une population incrédule et ignorante, il puisse au besoin défendre ses croyances et faire triompher la vérité. Foi pratique enfin : les leçons du maître, contredites par son exemple, perdent toute leur autorité ; qu'il entre le premier dans la voie qu'il indique, et l'on y marchera à sa suite ; mais il n'a rien à espérer de ses préceptes, si sa vie est un scandale ou une inconséquence.

Dans ses croyances aussi le maître trouvera son guide et son but, son courage et sa récompense. Là il puisera un sentiment profond de ses devoirs envers Dieu, qu'il doit accomplir pour lui-même comme chrétien, qu'il doit accomplir pour l'exemple d'autrui, comme ayant charge d'âmes ; de ses devoirs envers les enfants, qui, avant tous autres, sont le prochain qu'il doit aimer comme lui-même, auquel il doit dévouer toute l'énergie de ses facultés, tous les fruits de ses travaux, de ses devoirs envers lui-même, devoirs sacrés pour tous, mais surtout pour celui dont la conduite doit servir à régler celle des êtres qui l'entourent.

Ces devoirs pourront sembler quelquefois sévères, mais ils ne seront jamais accablants que pour celui qui, ayant seulement en vue les récompenses terrestres, n'élèvera pas ses désirs au-dessus des choses d'ici-bas. Cette faible rétribution, ces rares couronnes que décerne l'autorité humaine, que sont-elles à côté d'une vie de dévouement et de sacrifices comme celle de l'instituteur ? Mais qu'il se regarde comme voué par Dieu lui-même à l'œuvre du salut d'une partie de l'espèce humaine ; qu'il considère la tâche qu'il s'est imposée, comme *le Talent que le père de famille lui donne à faire valoir ;* qu'il songe à tous les moyens qui sont donnés à un maître zélé pour mener au bien la jeunesse ; aux heureuses influences que peuvent exercer à tous les moments ses paroles et ses actions ; aux ressources immenses qu'il pourra trouver dans tous les exercices de la journée, dans toutes les circonstances les plus indifférentes en apparence, pour détruire une mauvaise pensée, faire naître un bon désir, développer un penchant honnête, qu'il se dise qu'à lui surtout il appartient de préparer des membres utiles et vertueux pour la famille, de bons citoyens pour la patrie, et pour la société des hommes capables de l'honorer et de la servir.

« L'instituteur ressemble à la sentinelle inconnue qui, placée au loin devant l'ennemi, peut compromettre l'armée par son défaut d'énergie, ou la sauver par sa vigilance. Il en est de même du prêtre, la considération publique s'attache aux fonctions qui entraînent avec elles de si lourdes responsabilités (1). »

Mais combien cette tâche si belle en tout temps, semble plus grande et plus patriotique aujourd'hui ! Aux jours d'épreuve, c'est à l'instituteur qu'il appartient d'inculquer à la génération qui s'élève l'amour ardent de la patrie. Des âmes jeunes et malléables sont entre ses mains, l'empreinte qu'il aura laissée en elles peut être la règle de toute leur vie. Qui donc, en présence du résultat à obtenir, ne se sentirait animé d'une noble fièvre !

Le doigt de Dieu s'est appesanti sur nous et nos plaies saignent encore. L'instituteur n'oubliera jamais que dans l'œuvre de régénération à laquelle se vouent tant de no-

(1) M. Charles Robert. *Conférences pédagogiques.*

bles intelligences, il est certainement l'instrument le plus actif et le plus efficace. La jeunesse qu'il aura formée sera un jour l'espoir du pays; qu'elle en soit aussi le salut. Hélas ! il faut aujourd'hui que nous allions chercher des leçons auprès de nos vainqueurs. Au moins sachons les recueillir, au moins sachons en profiter.

Que nos instituteurs méditent donc les paroles d'un philosophe allemand dont les patriotiques aspirations ont été réalisées, et qui lui aussi a préparé des destinées meilleures pour sa patrie vaincue.

C'était en 1808. La Prusse, accablée sous le poids de ses désastres, semblait être rayée du nombre des nations, et ses malheurs étaient si grands, que la France, au jour des revers, n'en a jamais connus de semblables. Dans ce pays ruiné, une voix puissante s'éleva. Fitche entreprit de rendre à sa patrie le courage et l'espérance : « Qu'on se le dise bien, s'écriait-il, l'éducation des générations futures est aujourd'hui le seul domaine ou notre Etat puisse agir librement. C'est la seule chose qu'il puisse faire encore... Résister, opposer la force à la force, nous ne le pouvons plus, cela saute aux yeux, tout le monde en convient, et nous sommes toujours partis de cet aveu comme d'un point de départ inévitable. Notre existence est ruinée..... Il n'y a qu'un chose à laquelle le vainqueur n'ait pas pensé : c'est l'éducation. Elle seule peut nous sauver de tous les maux qui nous écrasent. Je me plais à croire que le malheur nous aura appris à réfléchir et nous aura rendus plus sérieux.

« Puisse donc l'Etat, puissent ceux qui le dirigent et le conseillent ne pas se décourager devant leur nouvelle tâche, par la pensée que les résultats attendus sont lointains... Nous ne pouvons plus commettre la faute de ne songer qu'au présent : le présent n'est plus à nous. N'en commettons par une seconde, celle d'attendre de quelque autre que de nous-mêmes un meilleur avenir. Quiconque a besoin pour vivre, d'autre chose que de la simple nourriture du corps ne trouve certes, dans le présent, plus rien qui puisse le consoler du devoir de vivre. La foi dans l'avenir est le seul élément où il nous soit encore donné de respirer librement..... »

Et le discours se terminait par ces paroles prophétiques : « Du jour où une génération nouvelle aura traversé nos écoles, on n'aura plus besoin d'une armée spéciale, la génération nouvelle formera une armée, et une armée comme aucun siècle n'en aura encore vue.

C'est après ces éloquentes adjurations que le roi de Prusse pouvait dire à son tour : « Nous avons perdu une partie de notre territoire, l'État est déchu de sa force, de son éclat extérieur; eh bien, il faut lui assurer la force, l'éclat intérieur, et, dans ce but, ma volonté expresse est que l'attention la plus grande soit donnée aux écoles. » Méditons ces paroles empruntées à nos vainqueurs, et, puisque la Providence, en nous frappant, nous a cependant laissé l'espérance, qu'au moins nous sachions profiter de nos épreuves !

« Il faut aujourd'hui que chaque individu soit instruit contre l'ignorance, la misère et l'envie. Il faut enlever au socialisme brutal ces torches avec lesquelles il vient d'incendier Paris. L'instruction populaire est la seule force qui puisse les lui arracher (1). »

Et qui donc peut remplir cette mission généreuse et réparatrice, sinon les instituteurs de nos écoles primaires? L'éducation de nos enfants est confiée à leur zèle aussi bien qu'à leur patriotisme, et l'on peut dire que le salut du pays est entre leurs mains. Plaise à Dieu que grâce à leurs patients efforts, nous puissions, nous aussi, répéter un jour : « La génération nouvelle qui a traversé nos écoles forme une armée comme aucun siècle n'en a encore vue. »

Sans doute nous ne voudrions pas que dans notre France généreuse, les maîtres d'école, suivant l'exemple des pédagogues allemands, s'appliquassent surtout à

(1) Bulletin de la Société Franklin. — N° 29. 1871.

inspirer à leurs élèves la haine de l'envahisseur. De tels sentiments répugnent à nos mœurs; mais qui donc accuserait l'instituteur inculquant à nos enfants l'amour profond de leur pays, et le désir de le servir un jour ?

Qu'il se nourrisse de ces hautes et nobles pensées, et alors, avec quel courage, avec quelle ardeur il triomphera des dégoûts, des fatigues de chaque jour, pour entrer dans les vues de la Providence, qui se sert de lui comme d'un instrument pour faire le bonheur de ses semblables! Avec quelle douce satisfaction il repassera, chaque soir, une journée si utilement remplie, en demandant pardon des omissions de la veille, et force pour les travaux du lendemain! avec quelle confiance enfin il arrivera à son dernier jour, prêt à porter au pied du tribunal suprême les fruits de vertu et de savoir qu'il aura recueillis en ce monde!

PREMIÈRE PARTIE

DE L'ÉDUCATION

CHAPITRE PREMIER

Distinction entre l'instruction et l'éducation. — Objet de l'éducation en général.

SOMMAIRE. — Distinction entre l'enseignement et l'éducation. — Éducation privée, éducation publique. — Objet de l'éducation : l'homme tout entier ; l'homme composé d'un corps qui doit obéir et d'une âme qui doit commander. — Le corps considéré comme organe de l'âme ; l'âme envisagée comme possédant des facultés intellectuelles et des facultés morales. — De là trois branches de l'éducation : éducation physique, éducation intellectuelle, éducation morale.

Il existe entre l'instruction et l'éducation une distinction essentielle. Cependant rien de plus ordinaire que de confondre dans le langage, les mots d'*éducation* et d'*instruction ;* et ce qui est plus grave, c'est que la même confusion règne dans beaucoup d'esprits sur les idées qui se rattachent à ces mots. Un grand nombre de parents, il faut le dire, ne songent à réclamer pour les enfants rien autre chose que de l'instruction, ne voyant dans l'éducation d'autre intérêt que celui des études. Beaucoup de maîtres aussi croient avoir rempli toute leur mission quand ils ont convenablement instruit les jeunes élèves qui leur sont confiés. C'est là une erreur fatale qui, en rabaissant l'œuvre que les instituteurs sont appelés à exécuter, en dénature le caractère et enlève son véritable prix à l'instruction elle-même. L'éducation et l'instruction sont étroitement unies, comme éléments inséparables du même système ; mais l'instruction n'est qu'une branche de l'éducation, et une branche subordonnée.

L'instruction donne à l'homme quelques connaissances et quelques talents; l'éducation fortifie les facultés par lesquelles les connaissances doivent être acquises et les talents mis en pratique. L'instruction apprend certaines choses; l'éducation rend apte à faire de tout ce qu'on a appris un salutaire usage. L'instruction fournit des ressources pour telle ou telle circonstance de la vie, elle rend capable de parcourir telle ou telle carrière; l'éducation donne les règles générales applicables à toutes les circonstances, à toutes les carrières. C'est l'éducation enfin, et là surtout est la raison de son excellence, c'est l'éducation qui, en formant la conduite morale de l'homme, répond complétement à la haute destinée de notre nature et nous met en état de tirer parti de tous les dons que nous avons reçus de la Providence : elle cultive le premier âge pour rendre l'existence entière, féconde et productive; elle conduit l'homme dans cette vie d'un moment; elle le prépare à l'éternelle vie.

L'instruction et l'éducation, quoique distinctes, sont unies entre elles : il faut que toutes deux se prêtent un mutuel secours; l'une ne peut être complète sans l'autre. Ce serait en vain que l'on aurait exercé toutes les facultés, si on ne les appliquait à aucun objet; mais il serait également dangereux de donner des connaissances et des lumières, sans faire prendre en même temps de bonnes habitudes pour régler l'usage des trésors de l'intelligence.

Rien ne dispose mieux au développement de l'instruction qu'une bonne éducation : l'âme habituée à se contenir, agissant d'après des règles de conduite sages et certaines, douée de facultés rendues plus énergiques par un fréquent exercice, reçoit les divers enseignements avec ardeur, avec fruit. Mais le maître doit aussi tirer parti de l'instruction pour l'éducation en général. L'instruction, a-t-on dit avec raison, doit être *éducative*, c'est-à-dire que ses méthodes doivent tendre essentiellement au perfectionnement de l'intelligence et du cœur. Disons plus, l'instruction est essentielle à ce perfectionnement : elle éclaire sur les règles du devoir, elle élève l'homme à ses propres yeux ; elle contribue au moins à éloigner les grossiers penchants, les aveugles préjugés, les passions exagérées et brutales, suites ordinaires de l'ignorance.

Ayons donc une haute estime pour l'instruction, mais en même temps, pénétrons-nous bien de l'indispensable nécessité de l'éducation, surtout si nous sommes appelés à diriger les enfants des classes les plus pauvres. Ce sont eux dont l'éducation est le plus souvent négligée ; ce sont eux pourtant qui en ont le plus besoin : l'instruction sera pour eux nécessairement fort bornée, et par cela même elle ne produira pas les résultats qu'on peut quelquefois en attendre pour le progrès moral, quand elle est portée à une grande perfection. Combien n'est-il pas indispensable que celui à qui de tels enfants sont confiés, travaille de toutes ses forces à ennoblir leurs sentiments, à développer leur intelligence, à éveiller leurs facultés engourdies, à remplacer par des habitudes vertueuses et pures leurs habitudes trop souvent grossières et perverses ! Dans les professions pénibles qu'ils seront appelés peut-être à remplir, ils auront peu d'occasions de se servir de connaissances purement théoriques ; mais ils devront être munis de toutes les ressources de l'âme contre la dure nécessité. Étrangers à ces heureuses circonstances de position, de relations et de rang, dont il résulte pour l'enfant des classes aisées une sorte d'éducation naturelle, ils ont un besoin absolu d'une éducation positive, et c'est presque toujours de leurs maîtres seuls qu'ils peuvent l'attendre.

Ici se présente une grave question, souvent débattue et encore indécise.

Les enfants peuvent recevoir l'éducation, ou de leurs parents mêmes, au sein de leur famille, et c'est ce qu'on appelle l'éducation *domestique ;* ou de leurs maîtres, dans les écoles, au milieu d'un grand nombre de camarades :

c'est l'éducation *publique*. Chacune a ses inconvénients et ses avantages, et il est difficile de dire à laquelle des deux on doit, en thèse générale, donner la préférence.

L'éducation particulière vaut mieux, en général, pour les femmes, dont la destinée n'est pas de paraître sur un vaste théâtre, mais de mener une vie d'intérieur, de consacrer leurs soins à l'accomplissement de devoirs ennemis de l'éclat et du bruit. De bonne heure, il est utile qu'elles se renferment dans la famille qui plus tard sera tout pour elle; qu'elles s'habituent donc aux vertus domestiques, qu'elles devront pratiquer toujours.

On a dit aussi que l'éducation particulière était préférable pour les enfants très-jeunes encore, parce qu'une surveillance et des précautions toutes spéciales sont nécessaires à cet âge, où il s'agit de donner à l'âme ses principes, d'imprimer à la conduite les directions premières qui auront tant d'influence sur le reste de la vie. Ces raisons peuvent être vraies pour les classes aisées; mais on sait combien l'éducation du premier âge est négligée dans les classes pauvres, avec quelle indifférence un grand nombre de parents laissent leurs enfants exposés à toutes les impressions mauvaises. Il appartenait à la société de reprendre une tâche abandonnée par tant de familles, et l'expérience a prouvé qu'elle pouvait s'en acquitter avec succès. Nous admirons chaque jour les précieux résultats réalisés par les salles d'asile, où les enfants de deux à six ans, réunis sous la direction d'un maître zélé et intelligent, prennent ensemble les habitudes de soumission, d'ordre, de politesse, d'amour du travail. Ces merveilles d'une institution qui sera l'une des gloires les plus vraies de notre époque, prouvent quel parti on peut tirer de l'éducation publique, appliquée même à l'âge le plus tendre.

Il est incontestable que, pour les jeunes garçons, l'éducation publique offre toujours de grands avantages, parce qu'elle fournit beaucoup de moyens d'action qui manquent dans l'éducation particulière. En rapprochant les enfants les uns des autres, elle leur fait faire de bonne heure et sous beaucoup de rapports un véritable apprentissage de la vie sociale. L'école, comme on l'a souvent répété, est le monde en miniature ; les penchants, les passions, les intérêts qui animent la plupart des hommes s'y développent sur une plus petite échelle ; dès lors, les caractères doivent s'y façonner pour l'avenir. De la réunion des enfants de différentes familles sous une surveillance éclairée, résulte un développement rapide de dispositions variées et en même temps mille occasions pour le maître de faire naître et de fortifier les utiles penchants. Une vérité grave dont l'instituteur doit être profondément convaincu, c'est que l'éducation publique agit toujours énergiquement pour le bien ou pour le mal : l'exemple du maître, l'exemple mutuel des camarades, ne sauraient être perdus. Le maître pourra beaucoup, si sa vie elle-même présente un irréprochable modèle. Surtout il aura un grand parti à tirer des relations des élèves entre eux : par elles il pourra connaître leurs caractères, voir leurs qualités et leurs défauts en action, et par conséquent favoriser les uns et réprimer les autres par une sage et adroite direction. Heureux s'il peut donner à toute son école une tenue pleine de convenance, établir de bonnes et régulières habitudes ! car il arrivera ainsi à cet heureux résultat que l'éducation se fera presque d'elle-même, et que chaque élève nouveau, transporté comme dans une atmosphère plus pure, cédant à d'heureuses influences, se pliera sans peine au bien, par une pente naturelle qui porte chacun à imiter ce qui l'entoure.

Toutefois, il ne faut pas se le dissimuler, l'éducation particulière a en elle-même un caractère précieux et tout particulier, qui tient à la nature même des liens qui unissent les divers membres d'une famille. « Dieu a placé l'enfant à sa naissance dans la famille pour que, sous l'influence et la tutelle de la bienveillance, il y fît la première expérience des douces affections et l'apprentissage de tous les devoirs et de toutes les vertus. Rien ne peut être subs-

titué à une telle école ; les plaisirs qu'il y goûte, les peines qu'il y ressent, les soins qu'il est appelé à y recevoir et à y donner, toutes ces choses ne peuvent être remplacées pour son esprit et pour son cœur (1).»
Que conclure de là ? c'est que le but général de toutes les pensées, de toute la conduite de l'instituteur doit être de réaliser autant que possible, dans l'école, les bienfaits que présente l'éducation particulière en y maintenant par la douceur, le dévouement, l'affection sincère pour les élèves, quelques-uns de ces rapports qui règnent dans une famille, en diminuant de toutes les manières la distance qui semble séparer les deux modes d'éducation, en s'attachant à un système vraiment paternel, sans négliger les ressources spéciales que présente par elle-même la conduite d'une école. Tel était l'objet des plus vives recommandations de Pestallozzi, et certes, l'exemple du vertueux instituteur suisse a prouvé qu'une telle pensée n'était pas une chimère.

Le digne successeur du vénérable Fellenberg, M. Wherli, semble avoir réalisé d'une manière complète dans son école normale ou *séminaire* de Kreutzlingen, cette alliance de l'éducation publique et de l'éducation privée.

M. Wherli nomme son école une famille, et c'est effectivement la vie de famille qu'il se propose avant tout d'y faire aimer, parce qu'elle est le champ naturel où tous les sentiments chrétiens trouvent à se développer. « C'est ainsi, dit-il, que nous nous exerçons à l'amitié et à la confiance mutuelle. C'est moi qui suis le père, et voilà tous mes enfants qui vivent du même esprit que moi. L'instituteur qui ne sent pas ainsi, ne mérite pas de remplir la mission qu'on lui confie, et si sa plus douce joie n'est pas de se trouver au milieu de ses enfants, soit dans le temple de Dieu, soit dans l'école, soit dans sa maison, il n'est pas digne d'être instituteur (2). »

(1) Naville. *De l'éducation publique.*

(2) M. Prosper Dumont. *De l'éducation populaire, et des écoles normales primaires.*

« L'éducation, dit M. de Gérando, est pour chacun de nous l'œuvre de la vie entière. Elle doit continuer jusqu'au tombeau : car l'homme est un être éminemment perfectible. Le cours de sa carrière terrestre doit donc être un progrès continuel, comme le terme de cette carrière doit être aussi une grande transformation. »

« La destination de l'homme sur cette terre n'est pas le bonheur, mais le perfectionnement (1). » La Providence a fait à chacun de nous une loi de ce perfectionnement quand elle nous a donné à tous des forces diverses, qui produiront d'autant plus qu'elles seront mieux exercées et mieux cultivées. Les hommes cependant, destinés à vivre en société, ne sont pas capables d'accomplir seuls ce devoir : ils ont tous besoin, dans le premier âge, du secours d'autrui, pour être en état plus tard de se diriger eux-mêmes et de rendre aux générations qui les suivent le service qu'ils ont reçu de la génération qui les a précédés ; ils ont tous besoin d'une première éducation qui les initie à la science de la vie, qui leur donne à la fois la volonté et les moyens de parvenir à la perfection dont ils seront un jour susceptibles.

Pour que cette première éducation remplisse le grand objet qui lui est proposé, elle doit s'adresser à l'homme tout entier ; pour répondre véritablement aux intentions du Créateur, elle doit exercer son action sur chaque partie de cet être complexe, elle ne doit négliger aucun des dons que l'Auteur de toutes choses a prodigués à l'homme. Il nous a donné des facultés d'ordres différents, les unes plus excellentes que les autres ; les unes principales, les autres subordonnées ; il faut savoir les apprécier à leur juste valeur, donner à chacune le développement qui lui est nécessaire, et n'en sacrifier aucune, car il n'en est pas une seule dont nous ne devions rendre compte.

L'homme est composé d'un corps et d'une âme : l'âme

(1) Madame de Staël.

est la partie la plus noble et doit commander, le corps est fait pour obéir. L'âme ne parvient à toute la perfection qu'il lui est donné d'atteindre, que lorsqu'elle trouve dans le corps un organe fidèle. En vain elle se propose les plus belles actions, quand les moyens d'agir lui manquent : que l'instrument se fatigue et se brise, ses forces se consumeront en efforts superflus. Sans doute, si Dieu n'a voulu donner à l'un de nous qu'un corps faible et maladif, c'est qu'il exige surtout de lui des exemples de résignation et de patience : mais toutes les fois que des organes sains seront au service d'une âme saine, le devoir de l'homme sera d'employer ces organes à son perfectionnement : et l'instituteur à qui aura été confié un être si heureusement doué, ne devra rien négliger pour en faire un membre utile de la société, et pour rendre hommage à Dieu, en contribuant au bien-être physique et moral d'une de ses créatures.

L'éducation a pour objet le corps et l'âme ; mais elle évitera un grave abus, trop général chez les Anciens, qui, mettant au-dessus de tout la force et la beauté matérielles, s'occupaient principalement du corps et très-peu de la partie spirituelle de notre être. Le christianisme est venu rétablir les vrais principes, méconnus par les plus sages esprits de l'antiquité païenne. Le corps doit être exercé, mais dans ce but unique qu'il puisse être le digne compagnon, le serviteur fidèle de l'âme. L'âme, qui constitue véritablement l'homme, être agissant et responsable de ses actions, l'âme mérite bien plus encore le zèle et les soins de l'instituteur. Il faut qu'il la connaisse à fond, qu'il étudie toutes ses facultés pour donner à chacune la culture qu'elle réclame.

L'âme est *sensible*, c'est-à-dire que les objets extérieurs, matériels ou immatériels, produisent sur elle des impressions agréables ou désagréables, l'attirent ou la repoussent, sollicitent son affection ou excitent sa haine. Il y a donc nécessité à l'habituer à ne recevoir du plaisir que de ce qui est beau et bon, à ne se laisser aller que vers ce qui est digne d'elle, à donner son amour au bien, son aversion au mal.

L'âme humaine est *intelligente*, c'est-à-dire qu'elle pense, qu'elle est capable de comprendre et de savoir.

Avant de lui donner des connaissances qui pourraient être prématurées, et pour la disposer à les acquérir quand il sera temps, il faut développer ses facultés intellectuelles, étendre sa capacité d'apprendre, et en même temps diriger sa marche dans la route où sa nature la pousse de préférence.

L'âme enfin a une volonté *libre;* elle peut choisir entre le bien et le mal, se déterminer à son gré pour l'un ou pour l'autre : elle est par conséquent responsable de ses actes; blâmable quand elle fait le mal, louable quand elle fait le bien.

Voilà pourquoi il importe, et c'est là le point capital de l'éducation, d'éclairer l'homme sur ses devoirs, de l'habituer à écouter la voix de sa conscience, et à donner aux lumières naturelles de sa raison le secours indispensable des lumières plus certaines de la religion; il importe, en un mot, de lui faire connaître la sublime destinée qu'il a reçue de Dieu, et les moyens de la remplir.

De là, trois branches principales de l'éducation : éducation du corps, ou *éducation physique*; éducation de l'âme sensible et intelligente ou *éducation esthétique* (1) *et intellectuelle*; éducation de l'âme douée d'une volonté libre, ou *éducation morale.*

(1) On a donné ce nom à la partie de l'éducation qui a rapport au développement de la *sensibilité* dans l'âme humaine.

CHAPITRE II

Éducation physique

SOMMAIRE. — Procurer, autant que possible, force et santé au corps et par là même donner aptitude et goût pour le travail manuel est un devoir des instituteurs envers l'enfance. — Deux sortes de moyens : théorie et pratique : — Théorie : notions usuelles d'anatomie, de physiologie et d'hygiène. — Pratique : travail et sobriété, propreté et régularité ; exercices gymnastiques, parmi lesquels on comprendra la natation, toutes les fois que les localités s'y prêteront.

Une considération supérieure doit diriger l'éducation physique : le corps est l'organe de l'âme ; transition à l'éducation de l'âme.

Les parents, sans doute, sont chargés spécialement de l'éducation physique de leurs enfants : appelés à veiller dès les premiers jours sur ces jeunes êtres, ce sont eux qui doivent travailler à développer leurs organes, à affermir leur santé, à préparer leur corps aux fatigues de toute la vie. Mais les soins paternels, les soins de tous les instants, de toutes les circonstances, sont nécessairement partagés par ceux à qui les parents remettent une partie de leur tâche. L'instituteur primaire, quoique les enfants ne lui soient en général confiés qu'une partie de la journée, s'occupera, pendant ce temps du moins, et dans la mesure convenable, de préserver les élèves de toute fâcheuse influence, au physique comme au moral, et de donner à leurs membres la force et l'énergie. Un grand nombre de ceux que rassemblent la plupart des écoles sont destinés à gagner leur vie à la sueur de leur front, par des travaux qui exigent avant tout santé et vigueur. C'est donc un véritable devoir pour le maître de ne pas exercer l'esprit d'une manière assez exclusive pour faire perdre le goût et l'habitude des exercices du corps ; c'est un devoir pour lui de donner aux enfants de la classe ouvrière de l'aptitude pour le travail manuel : et la première condition de cette aptitude, c'est une santé vigoureuse. « L'âme et le corps, disait Platon, sont deux coursiers qui doivent marcher également pour conduire le char au but. » L'éducation de l'âme et du corps doivent donc marcher étroitement unies, il ne faudrait jamais les séparer; à cette condition seulement l'instituteur exercera dans les campagnes surtout, un véritable apostolat.

Et puis la carrière de l'enseignement est rude, et pour vaincre les difficultés sans nombre dont elle est hérissée il est une règle de conduite dont l'instituteur ne doit s'écarter jamais et qui est pour lui la plus sûre garantie du succès. « Aimer les enfants, les aimer beaucoup.» Tout le secret de l'enseignement est contenu dans ces quelques mots. Mais, pour aimer les enfants, il faut les connaître, et comment les connaître mieux qu'en leur donnant ces soins attentifs, délicats, dont ils sont trop souvent privés dans leurs familles.

Certainement il ne faut pas que l'instituteur croie pouvoir, armé de quelques notions d'hygiène, remplacer les hommes de l'art, se substituer au médecin et prendre le rôle d'un empirique; mais il peut élever ses prétentions jusqu'à savoir maintenir dans l'école un régime sanitaire convenable, porter les premiers secours aux accidents légers dont les enfants sont atteints si souvent, donner enfin quelques bons conseils aux pères et aux mères de famille ; il n'irait pas plus loin sans empiéter d'une manière fâcheuse sur le domaine de la science médicale.

SECTION PREMIÈRE

Hygiène proprement dite.

La maison d'école appartenant à la commune et les ressources du budget municipal ne permettant pas, le plus souvent, d'en modifier ou d'en améliorer la disposition, nous ne croyons pas nécessaire de donner ici des indications techniques qui seraient lettre morte. Mais, s'il n'appartient pas à l'instituteur de modifier la distribution de son école, il lui est presque toujours facile d'en rendre l'aspect propre et gai.

« Cette maison, simple et modeste comme le ménage qui va l'habiter doit frapper par son air de propreté ; on ne verra ni à l'intérieur, ni au dehors, rien qui puisse souiller les regards, et l'œil doit se reposer comme le cœur s'épanouir à l'aspect de la maison d'école et devant l'homme qui vient au-devant de ces jeunes gens qui lui demandent le pain de l'intelligence comme ils demandent le pain du corps à leur parents (1). »

Sans doute il est bien des maisons d'école qui ne répondent guère aux exigences que nous formulons. Mais avec de l'air, de la lumière, des arbres et des fleurs, trésors dont on ne manque point dans les campagnes, l'instituteur pourra toujours donner à son logis un aspect agréable et riant, nécessaire pour inspirer aux enfants l'amour de leur école. Il aura donc soin de ne laisser subsister auprès des fenêtres de l'école ni mare d'eau stagnante, ni amas d'ordures ou de fumier. Il en ornera les murs de ces plantes grimpantes ou de vigne vierge qui décorent si bien les plus humbles demeures.

Entrons maintenant dans l'école. Les vêtements de dehors des enfants, les paniers dans lesquels ils apportent leur nourriture, seront, s'il est possible, déposés hors de la salle même de l'école. Toutes les fois que le temps le permettra on fera manger les enfants au grand air, si l'école a une cour convenable.

Une des principales causes de la mauvaise santé, de la débilité des enfants des classes pauvres, c'est l'air corrompu qu'ils respirent dans leurs obscurs et étroits réduits, à l'âge où leurs poumons ont besoin de l'action la plus libre, du développement le plus facile. Ces mêmes inconvénients renaîtront infailliblement pour eux dans l'école, si on les y rassemble en grand nombre sans avoir soin d'y maintenir un air salubre. On sait que la respira-

(1) Malgras. *Conférences pédagogiques.*

tion vicie promptement le fluide sans lequel nous ne pouvons vivre. D'après des observations faites avec soin, on a reconnu qu'une personne en bonne santé épuisait en une heure plusieurs mètres cubes d'air respirable. A ce principe constant et uniforme de la décomposition de l'air, il faut joindre l'action dangereuse des gaz produits par les exhalaisons du corps et par celle des vêtements malpropres que portent si souvent les enfants des ouvriers et des villageois. Enfin l'hiver, quand on chauffe la salle de l'école, le danger augmente encore par la perte d'une certaine quantité de l'oxygène de l'air qui est employé à la combustion.

Il faut apporter à ce mal un double remède : écarter autant que possible tout ce qui tend à corrompre l'air, et le renouveler aussi souvent que le nombre et les dimensions de la classe le rendent nécessaire. « L'instituteur, aux termes du règlement des écoles (tit. II, art. 5), tiendra son école dans un état constant de propreté et de salubrité. Elle sera arrosée et balayée tous les jours ; même en hiver, les fenêtres resteront ouvertes dans l'intervalle des classes et toutes les fois que les élèves quitteront la salle. »

Mais cela ne suffit pas, il faut que pendant la classe même la masse respirable se purifie. Les meilleurs procédés à employer sont ceux que M. le docteur Riant a exposés dans son *Hygiène scolaire* ; mais plusieurs d'entre eux sont trop coûteux pour pouvoir être adoptés dans les petites écoles. Il en est cependant de très-simples et qu'un instituteur intelligent pourra mettre en usage. Ainsi en pratiquant des ouvertures dans les murs des deux côtés les plus longs de la classe, l'une un peu au-dessus du plancher, l'autre au ras du plafond de l'autre côté, on obtiendra une circulation d'air constante, sans inconvénient pour les enfants. Les ouvertures seront réglées par un registre.

On peut encore établir une circulation d'air suffisante en encadrant une petite roue à palette et tournant sur un essieu, dans un carreau des fenêtres. Ce procédé est très-simple, mais il faut que l'appareil fonctionne sans bruit.

Si on ne peut se procurer un de ces appareils, on établira des vasistas ou carreaux mobiles à la partie supérieure de la fenêtre. En général, il faut tenir les portes et les fenêtres ouvertes pendant l'été, pourvu qu'elles ne le soient que d'un côté de la salle, et qu'il ne s'établisse pas un courant d'air qui pourrait être funeste aux enfants. En hiver, il serait dangereux d'ouvrir les fenêtres durant la classe, surtout quand il y a des écoliers qui en sont rapprochés : l'air froid qui viendrait les frapper, faisant contraste avec l'air échauffé de l'intérieur, pourrait causer des fluxions de poitrine ou au moins des rhumes et des catarrhes ; on devra se contenter d'ouvrir les vasistas.

Un des objets qui doivent surtout attirer la consciencieuse attention du maître, c'est la surveillance des latrines : il y va, à la fois, de la moralité et de la santé des enfants. La mauvaise disposition des lieux d'aisance peut être une des plus fâcheuses occasions de corruption et de vice. Sous le rapport de la salubrité, il importe de les placer à une certaine distance des ouvertures de la salle de l'école, afin que les vapeurs qui s'en échappent ne puissent arriver jusqu'aux élèves. Il est fort difficile sans doute de maintenir la propreté des lieux d'aisance fréquentés par les enfants ; mais ce n'est qu'une raison de plus pour y veiller avec soin. Ils doivent être lavés fréquemment, à grande eau ; et, avant tout, il faut que l'air des cabinets puisse se renouveler facilement, au moyen d'ouvertures pratiquées, bien entendu, à une hauteur convenable.

Nous considérons comme très-important d'établir des urinoirs séparés des cabinets d'aisance. Quoique dans la plupart des écoles rurales on n'ait pas songé à construire des cabinets distincts, cependant il sera toujours possible à l'instituteur de disposer des urinoirs à côté des lieux d'aisance. La séparation des liquides et des solides est certainement le meilleur moyen de diminuer la production des miasmes malsains que dégagent les fosses.

S'il était difficile de se procurer de l'eau pour l'irrigation des cabinets, on pourrait adopter un système qui a donné d'excellents résultats en Angleterre. On établirait dans les lieux d'aisance un réservoir de terre séchée ou de cendres : une petite quantité de cette poudre projétée sur les matières en détruit promptement les émanations.

On peut encore arriver au même effet en introduisant de temps en temps dans la fosse de petites quantités d'huile lourde de houille. Cette huile, qui ne coûte que 10 centimes le kilog., a la propriété d'arrêter la fermentation des matières organiques.

Nous indiquons les différents moyens d'assainissement que l'instituteur pourra employer, mais nous rappellerons que le meilleur moyen pour assurer la salubrité des cabinets consiste certainement à établir des fosses mobiles.

Si l'on reconstruit les cabinets, l'instituteur, qui a toute la responsabilité de la santé des enfants qu'il élève, insistera donc pour que l'on adopte les procédés perfectionnés. Il s'opposera de toutes ses forces à ce qu'on conserve le système dit *à la Turque*, déplorable à tous les points de vue, et qui a été la cause de nombreux accidents.

Sous le point de vue moral, il semblerait superflu d'insister sur les précautions à prendre, tant elles sont indiquées par le simple bon sens, si des abus de toute espèce ne prouvaient qu'on est loin d'être bien pénétré de l'importance extrême de cet objet. Que les instituteurs, s'il y a dans l'école des filles et des garçons, se hâtent de supprimer, là où il existerait encore, le honteux usage d'envoyer les enfants des deux sexes satisfaire leurs besoins dans une cour ou un champ découvert ; qu'il obtienne à tout prix qu'on élève, en vue de l'école, des cabinets fermés par une porte : qu'on sépare complétement ceux qui seront destinés aux enfants de l'un et l'autre sexe, que jamais un cabinet ne soit ouvert qu'à un seul enfant à la fois, et qu'il n'y ait aucune communication possible entre plusieurs cabinets. Enfin, pour écarter toute occasion mauvaise, le maître évitera absolument de laisser sortir plusieurs enfants à la fois, à moins qu'ils ne soient constamment surveillés.

La malpropreté du corps et des vêtements est malheureusement trop habituelle aux enfants des classes pauvres : c'est d'abord la grande cause de l'insalubrité de l'air de beaucoup d'écoles, et surtout c'est un déplorable défaut qui peut influer sur toute la vie, pour rendre la pauvreté plus triste, plus pénible, plus dure à supporter. Sans doute la propreté ne peut être conservée sans beaucoup de soins et d'efforts par les personnes qui vivent toujours dans un état voisin de la misère; mais nous ne voyons là qu'un motif plus sérieux d'en faire prendre de bonne heure une forte et solide habitude.

N'en concluez pas que l'instituteur soit en droit de témoigner du mécontentement à l'enfant pauvre dont les habits seraient usés et déchirés : il l'humilierait, il ne le corrigerait pas d'une faute qui doit être imputée seulement à sa triste position : mais les vêtements même d'un indigent peuvent être arrangés avec un certain soin qui est à la portée de tous, et que l'instituteur peut recommander à tous. Il ne doit pas souffrir que les élèves arrivent à l'école sans avoir lavé leurs mains et leur visage; la saleté de la peau est dangereuse pour les enfants, dont elle gêne la transpiration, et qu'elle dispose ainsi à beaucoup de maladies. Sous ce rapport, les directeurs et directrices des salles d'asile offrent aux instituteurs un exemple bien remarquable. La plupart des enfants prennent bientôt l'habitude de ne venir à l'asile que bien lavés et bien peignés, et on les oblige de se laver à l'instant même, quand ils ne l'ont pas fait chez eux. Au milieu des figures propres et nettes qui brillent autour de lui, l'enfant malpropre a honte de lui-même, la petite leçon que lui fait le directeur ne manque pas de porter fruit, et les parents eux-mêmes, quelle que soit leur négligence habituelle, ne tardent pas à être frappés des avantages de ce régime si simple auquel on assujettit leurs enfants. Il n'y a aucune raison pour que dans chaque école on n'obtienne pas le même succès, alors surtout que l'instituteur primaire, recevant les enfants au sortir des asiles, n'a plus qu'à conserver chez eux des habitudes déjà prises.

Chaque matin, à l'ouverture de l'école, l'instituteur devra faire une inspection de propreté. Il examinera les mains, le visage et la tête de chacun, et ne devra pas hésiter à renvoyer l'enfant malpropre à ses parents. Il exigera de ses élèves des ablutions fréquentes, et, si l'eau est abondante dans l'école, il les obligera à se laver les mains et la figure après les repas.

Les enfants ne devront jamais conserver de vêtements mouillés.

Il aura également soin, dans les pays où passe une rivière, de développer chez les enfants le goût des bains froids ; il les y conduira lui-même pendant les chaleurs. Tous les instituteurs aujourd'hui devraient savoir nager, afin d'enseigner aux enfants les principes d'un art indispensable autant que salutaire, et malheureusement trop négligé dans les campagnes.

Beaucoup d'enfants arrivent à l'école déjà atteints des infirmités que font naître la négligence et le manque de toute précaution. La tête d'un grand nombre est couverte de vermine, qui leur cause des démangeaisons insupportables, et fait quelquefois tomber les cheveux. Il est essentiel que l'instituteur détruise chez les parents le préjugé trop répandu que ces sales insectes sont utiles à la santé ; qu'il les exhorte vivement, au contraire, à peigner avec soin et fréquemment l'enfant qui est en proie à cette vermine; car elle se propage avec une grande rapidité.

On ne saurait prendre avec trop de vigilance les moyens de préserver l'école de l'invasion des maladies contagieuses. On n'admettra aucun enfant sans avoir la certitude qu'il a été vacciné. Cette constatation est d'ailleurs facile : en l'absence d'un certificat de vaccine, il suffit de regarder les bras de l'enfant ; s'il a été vacciné, on y trouvera des cicatrices caractéristiques.

Cette visite indispensable sera une occasion de donner un avertissement salutaire aux parents, qui auraient négligé le précieux spécifique qui seul peut détourner la petite vérole. Il faut encore prévenir les parents toutes les fois qu'une éruption notable à la peau peut faire craindre une atteinte de rougeole ou de fièvre scarlatine.

Si l'on remarque un enfant qui se gratte souvent aux articulations, et qui a dans ces endroits de petits boutons pointus et blanchâtres, on peut être sûr qu'il est attaqué de la gale. Cette maladie se communique avec une telle facilité, qu'il devient indispensable d'interdire l'entrée de l'école à celui qui l'a contractée, jusqu'à ce qu'il en soit débarrassé tout à fait. La guérison, au surplus, n'est ni longue ni difficile. Le médecin indiquera un traitement qui réussira en peu de jours.

La lumière et la chaleur ont une influence réelle sur la santé des enfants. Trop ou trop peu de lumière fatigue les yeux d'une manière extrêmement fâcheuse. Il faut donc prendre garde que des obstacles placés devant les fenêtres n'interceptent le jour. On ne laissera pas non plus des enfants travailler dans les coins obscurs de la classe, ni faire usage de livres d'une impression trop fine, quand le jour commence à baisser.

« La forme oblongue de l'école permet de mieux répartir la lumière : on évitera de donner aux tables et aux bancs une disposition telle que les enfants reçoivent la lumière en face. La lumière de face éblouit les yeux, la lumière qui arrive de côté porte l'ombre de la main, celle qui arrive par derrière porte l'ombre de la tête et du corps, sur le papier et sur le livre : de là une fatigue continuelle pour les yeux, le danger de la myopie déterminée par l'effort pour lutter contre une lumière insuffisante ou mal disposée, et celui des attitudes vicieuses pouvant entraîner bientôt des déviations de la taille, des déformations des épaules (1). »

Au contraire, lorsque le soleil brille avec un grand éclat, et que la lumière pénètre trop abondamment dans la classe, il est nécessaire qu'elle n'arrive qu'indirectement aux yeux des élèves. On affaiblira les rayons au moyen d'un rideau vert, abaissé devant la fenêtre. Ce rideau a l'avantage de modérer un peu la chaleur pendant l'été.

Dans certaines écoles d'Autriche, on a introduit un excellent système de rideaux à rouleaux qui se déploient de bas en haut, de telle sorte que la lumière du jour vient toujours d'en haut. Nous ne saurions trop recommander cette ingénieuse invention, qui peut être mise en pratique dans les plus petites écoles.

Comme la lumière qu'elle reflète, la couleur des murs à une grande influence sur la vue des enfants. Le vert clair paraît être le ton le plus agréable et le plus favorable à la conservation des yeux ; il est adopté dans presque toutes les écoles neuves. Il faut enfin, au point de vue hygiénique comme au point de vue moral, que les murs de l'école ne ressemblent pas à ceux d'une prison, et ne soient pas un perpétuel effroi pour les enfants : Que la muraille présente donc, suivant le conseil de M. le docteur Riant, aux yeux de douces nuances et à l'esprit d'agréables et utiles images. Ici, des bibliothèques, des livres ; là, des emblèmes, de saines maximes, des échantillons, des cartes... En un mot, l'enseignement sous sa forme la plus aimable, la plus facile, la plus pénétrante, celle qui crée l'impression la plus profonde et la plus durable ; en un mot, l'enseignement par les yeux.

Comme il est indispensable de les laver entièrement deux fois par an, les murs intérieurs de l'école seront peints à l'huile.

(1) Docteur Riant. *Hygiène scolaire.*

L'éclairage artificiel joue un grand rôle au point de vue de l'hygiène; nous devons donc en parler aussi. Mais comme cet éclairage est exceptionnel, et qu'il n'est guère employé dans les petites écoles, nous nous contenterons de signaler les moyens pratiques de le rendre moins dangereux et moins coûteux. Pour les détails, nos lecteurs voudront bien se reporter aux ouvrages spéciaux qui traitent de l'hygiène scolaire.

Dans presque toutes les villes, l'éclairage au gaz s'est substitué aux anciens systèmes; mais dans les campagnes, l'instituteur n'a que le choix entre l'huile de colza et les huiles minérales.

L'huile de colza bien épurée donne une lumière douce, et ne répand que très-peu de vapeurs échauffées, dans l'air. Mais ce système d'éclairage exige une ventilation très-active et a l'inconvénient d'être malpropre. C'est cependant celui que nous conseillons aux instituteurs pour la classe du soir.

Quant aux huiles minérales, huiles de schiste ou de pétrole, elles dégagent, en brûlant, des vapeurs malsaines et sont très-facilement inflammables. Les explosions sont malheureusement si fréquentes, qu'il faut, lorsqu'on emploi ce mode d'éclairage, des précautions constantes. Les lampes devraient donc être placées hors la portée des élèves et sans cesse surveillées.

Partout où on pourra l'employer, le gaz sera évidemment préférable. Il donne une grande lumière, mais exige une ventilation spéciale. On devra donc, dans les classes où on brûlera le gaz d'éclairage, tenir les vasistas ouverts et ménager dans les parois et près du plafond, des orifices d'évacuation pour l'air vicié; ces orifices seront, autant que possible, pratiqués du côté opposé aux vasistas.

On obtiendra ainsi une aération constante de la salle et une plus belle lumière.

Mais la lumière artificielle fatigue la vue; il est donc nécessaire de disposer les lampes ou les becs de gaz de telle façon que les yeux des enfants ne soient pas affectés par une trop vive lumière.

Si l'on emploie les lampes, on les suspendra et on leur adjoindra un abat-jour qui renverra la lumière sur les tables et produira l'éclairage de haut en bas, le plus favorable à tous les points de vue.

Si, au contraire, l'école est éclairée au gaz, on munira tous les becs d'un verre qui évite les vacillations de la flamme, et d'un réflecteur disposé de telle sorte que la lumière vienne obliquement. Les globes et les verres dépolis seront soigneusement écartés.

Enfin, pour garantir les yeux des enfants, aussi bien que pour protéger leur tête contre l'excès de température qu'amène bientôt la combustion du gaz, on réservera entre la table où ils travaillent et le réflecteur, un espace de 1 mètre 40 au moins.

Le plancher de la classe sera également l'objet des soins de l'instituteur. S'il ne lui appartient pas de faire remplacer les carreaux dont la plupart des salles d'écoles sont garnies, par un plancher de bois, il aura la précaution de le balayer chaque jour et de l'arroser, surtout en été. L'odeur et les émanations qui se dégagent souvent des salles d'écoles, tiennent surtout à la malpropreté du plancher. La poussière, qu'on ne l'oublie pas, est le véhicule le plus actif des miasmes contagieux; les lavages répétés l'empêcheront de remplir les interstices des carreaux ou des planches qui couvrent le sol.

La question du chauffage des classes pendant l'hiver est certainement la plus importante de toutes celles que soulève notre chapitre de l'hygiène scolaire.

L'appareil de chauffage peut, en effet, être une cause de salubrité pour la classe, comme il est aussi l'origine de bien des maladies. On a inventé depuis quelques années des calorifères fort ingénieux, mais trop dispendieux pour être introduits dans les écoles rurales, et c'est un poêle de faïence ou de tôle qui les remplace presque partout. Le poêle est économique, il sera donc conservé longtemps encore, et d'ailleurs, il peut, à certaines conditions, être considéré comme un appareil relativement bon. Mais il y a des conditions à remplir pour que le chauffage par les poêles ne soit pas nuisible, et nous appelons l'attention et la sollicitude des instituteurs sur les précautions à prendre quand ils se servent de poêles.

Le poêle en fonte a certains avantages ; il chauffe vite, mais se refroidit très-rapidement et dégage souvent des odeurs désagréables et même de l'oxyde de carbone quand il est porté au rouge. Ce dernier inconvénient est si grand que nous n'hésitons pas à recommander le poêle de f ïence, dont la chaleur est plus douce et plus égale, quoique plus lente et qui ne dégage pas d'odeurs. Mais le poêle de faïence ne ventile pas et serait plus dangereux que le poêle de fonte, si on n'avait recours à certains procédés pour activer la circulation de l'air.

Le plus simple et le plus pratique de tous ceux que nous connaissons a été recommandé dans les conférences pédagogiques de la Sorbonne. Il est aisé de l'appliquer dans les plus modestes écoles.

Si le tuyau du poêle sort dans le mur, on le fera passer dans une espèce de manchon de tôle d'un diamètre un peu supérieur, s'ouvrant d'une part dans la pièce à chauffer et de l'autre à l'extérieur, à l'endroit où le tuyau traverse la paroi. Grâce à ce procédé, que tout instituteur peut employer, on assurera une ventilation très active. En effet, dès que le tuyau sera échauffé par la fumée, il échauffera l'air du manchon. Cet air devenu plus léger s'élèvera dans le manchon, sortira et attirera l'air de la classe qui viendra le remplacer. Cet appareil si peu compliqué et qu'on peut adapter à tous les poêles, établit un courant d'air salutaire et très-suffisant, quelle que soit la grandeur de la classe.

Si le tuyau passait dans une cheminée il ne serait même pas nécessaire de l'entourer d'un manchon. On aurait seulement le soin de ne pas fermer complétement la cheminée et de laisser assez d'espace autour du tuyau pour que l'appel de l'air puisse s'opérer.

Quel que soit le mode de chauffage employé, la température de la salle ne doit être jamais inférieure à 12 degrés ni supérieure à 16. Enfin on tiendra toujours un vase plein d'eau sur le poêle, afin de conserver dans l'air une certaine humidité, sans laquelle la respiration des enfants deviendrait bientôt pénible.

Dans les écoles qui sont en construction, on a adopté le calorifère *Geneste*, qui paraît excellent et dont le prix est modéré.

Nous avons examiné les conditions de l'hygiène scolaire dans les classes. Examinons maintenant, au point de vue hygiénique, la tenue même de la classe.

Il importe au développement physique des enfants, non moins qu'au bon ordre et à la régularité de l'école, d'obtenir de tous les élèves une tenue convenable. Les dernières constatations qui ont été faites par les médecins accusent en effet une proportion sans cesse croissante dans les cas de myopie et de déviation de la colonne vertébrale.

La myopie scolaire, car cette affection a déjà un nom particulier, tient uniquement à la position vicieuse que prend l'élève sur son banc ou sur sa table et qui rapproche ses yeux de son livre ou de son cahier. Les déviations de la colonne vertébrale ont exactement la même cause. Il est aussi beaucoup d'élèves dont la taille, sans devenir difforme, dévie sensiblement par suite de la mauvaise habitude de croiser les jambes, en posant toujours le genou droit sur le genou gauche, et de placer en écrivant l'épaule droite beaucoup plus haut que l'épaule gauche. Nous empruntons à un traité du docteur Liebreich, populaire en Angleterre, quelques observations sur les attitudes vicieuses qu'il convient de corriger chez les enfants.

« 1° Le coude gauche est placé sur la table, près du bord; en conséquence, la partie supérieure du corps, tournée elle-même vers la droite, est plus ou moins penchée en avant, suivant le degré de distance qui existe entre la table et le banc; la main droite est placée sur le cahier, pendant que le coude droit vient s'appuyer contre les côtes, l'espace réservé entre chaque élève étant très-étroit;

« 2° La tête penche sur la table et s'abaisse graduellement; le coude est entraîné en avant, la partie supérieure du corps est contournée sur la droite. Les côtes du côté gauche s'appuient sur le bord de la table;

« 3° Le cahier de l'élève est poussé en avant, surtout son bord droit, de sorte qu'il cesse d'être parallèle avec le bord de la table, et forme avec lui un angle de 45 degrés ou même davantage. La tête est abaissée et tournée de façon que l'œil gauche n'est plus qu'à quelques pouces du livre; la joue gauche touche presque la main et souvent même repose sur le poing; le thorax est comme suspendu à l'épaule gauche et aux côtes du même côté, qui s'appuient sur le rebord de la table et le dépassent. »

Ces différentes attitudes sont usuelles chez les enfants des écoles, et comme elles ont toutes pour résultat de comprimer la poitrine, elles amènent bien souvent des suites fatales et engendrent des maladies terribles.

Il est du devoir de l'instituteur de surveiller sans cesse ses élèves et surtout de les empêcher de conserver pendant plusieurs heures certaines positions défectueuses qui, fatiguant toujours les mêmes muscles, contournant et pliant la colonne vertébrale au même point, déterminent peu à peu des modifications dans la forme et la direction des os.

Aussi l'article 28 du règlement des écoles enjoint-il à l'instituteur de veiller à ce que les élèves se conforment exactement aux principes qu'il leur aura donnés sur la position du corps pour l'écriture.

Ces principes d'hygiène élémentaire sont certainement connus de tous ceux qui sortent des écoles normales. Nous les avons cependant résumés d'après les hygiénistes les plus célèbres.

L'attitude normale de l'élève devant sa table lui épargnera la fatigue et le préservera de toutes les déformations de taille auxquelles il est exposé. En voici les conditions :

La partie supérieure du corps doit être maintenue droite, les pieds rapprochés l'un de l'autre et en avant ; les omoplates, à la même hauteur, doivent, avec le bras, être appliquées sur les côtes sans jamais porter le poids du corps, qui sera parallèle à la table. Les deux coudes, de niveau et presque perpendiculaires sous les omoplates, ne doivent pas être appuyés, les mains et une partie de l'avant-bras seulement reposant sur la table. Il faut que le poids de la tête soit bien en équilibre sur la colonne vertébrale, de façon qu'elle ne penche jamais en avant ; elle ne doit tourner sur son axe horizontal que juste assez pour que, la face légèrement inclinée, l'angle formé par le rayon visuel dirigé sur le livre ne soit pas trop aigu.

Mais malheureusement le mobilier scolaire dont nos écoles sont encore aujourd'hui munies ne permet guère de faire prendre aux enfants la position normale, et nous ne pouvons ici qu'indiquer aux instituteurs le moyen de s'en rapprocher le plus possible et de corriger eux-mêmes les vices que ce mobilier présente dans la plus grande partie des classes. Ils pourront toutefois, grâce aux indications du docteur Riant que nous résumons, donner à leurs élèves des habitudes correctes. Ils devront ainsi veiller à ce que l'écart entre la table et le banc soit le plus faible possible. Ces deux meubles étant fixés ensemble et ainsi disposés, l'enfant se tiendra naturellement droit.

Les bancs auront un dossier d'environ 10 centimètres de large, et les appuis des pieds seront de différentes hauteurs, suivant les différentes tailles des enfants. Le banc sera assez large pour soutenir les cuisses dans toute leur étendue.

Entre les tables un couloir sera ménagé afin d'assurer aux élèves une circulation facile. Ils ne devront jamais enjamber les bancs.

Nous avons dit que des attitudes vicieuses prises par les enfants naissait souvent la myopie; il est aussi certains enfants qui, ayant la vue naturellement basse, approchent excessivement de leurs yeux l'objet qu'ils veulent discerner, et augmentent ainsi leur infirmité naturelle. On leur rendrait service en les habituant à écarter, au contraire, leur cahier peu à peu; il en résulterait souvent une amélioration sensible dans la vue. Il ne faut pas souffrir que ceux qui ont une bonne vue mettent moins de trois ou quatre décimètres de distance entre leur livre et leurs yeux.

Malgré tous ses soins, l'instituteur ne peut pas se flatter d'obtenir pendant plusieurs heures de suite une tenue toujours régulière, toujours immobile : il ne doit pas même chercher un pareil résultat. Les enfants ont naturellement besoin de mouvement et d'exercice : la trop longue durée d'une même position devient pour eux une véritable souffrance. On doit donc, par humanité, trouver des moyens pour varier de temps en temps leur posture, sans tumulte et sans désordre. L'enseignement mutuel offrirait certainement, sous ce rapport, de grandes ressources par les évolutions fréquentes qu'il nécessite. Mais il paraît abandonné aujourd'hui, surtout dans les petites écoles. L'instituteur devra donc faire alterner les exercices intellectuels et les exercices physiques de façon à éviter la fatigue.

Nous lisons d'ailleurs dans une circulaire du 25 septembre 1866 relative à la distribution du temps : « Aux termes du règlement des écoles communales, les classes durent trois heures. Un repos de dix minutes ou d'un quart d'heure est indispensable aux enfants, pour qui le mouvement est une nécessité et dont il n'est pas possible, malgré la diversité des exercices scolaires, de maintenir l'attention éveillée pendant trois heures. »

En dehors même de ces récréations aujourd'hui réglementaires, les élèves pourront, à un signal donné, se lever et rester debout après chaque exercice.

Mais les heures d'étude une fois bien fixées, on exigera absolument que les enfants s'y trouvent avec une régularité parfaite ; on ne permettra pas les retards du matin, les départs avant la fin des exercices. On ne saurait faire prendre aux enfants une habitude trop forte de l'exactitude ponctuelle.

En dehors de ces prescriptions hygiéniques dont une expérience constante a fait le règlement de nos écoles, il est encore d'autres moyens de développer l'intelligence en même temps que l'organisme. Nous voulons parler des promenades utiles, visites de fabriques, etc., que le maître peut faire à la tête de ses élèves, les jours de congé, et qui seront pour eux en même temps qu'un divertissement, un excellent exercice pour le corps et l'esprit.

« Que de notions utiles peuvent ainsi s'acquérir par les yeux, par le toucher, par les oreilles, sans fatigue, sans effort ? Que d'applications intéressantes, usuelles, des sciences peuvent être ainsi mises sous les yeux des élèves, au grand profit de leur instruction, tout en donnant au corps cette action salutaire qui permet aux enfants de reprendre bientôt avec plus de fruit et de plaisir le travail de l'esprit » (1) !

SECTION II.

Exercices physiques.

Le maître a dû s'attacher dans la classe à préserver la santé des élèves de toute influence mauvaise ; au dehors, pendant les récréations, il y a quelque chose de plus à faire : par des mouvements convenablement exécutés, il peut développer, fortifier tous les organes : c'est là l'objet de la gymnastique, à laquelle devront se joindre les travaux du jardinage et de la culture. Ces différents exercices font aujourd'hui partie des programmes et tiennent une place légitime dans l'éducation des enfants. Nous

(1) Docteur Riant.

ne saurions trop recommander aux instituteurs de les développer dans leurs écoles, non point seulement au point de vue de la santé des enfants qui leur sont confiés, mais aussi au point de vue de leur assiduité à l'école. La mère de famille, en effet, ne voit l'intelligence de son enfant qu'à travers l'enveloppe du corps; soigner le corps c'est donc répondre à son vœu le plus cher et flatter chez elle le sentiment maternel; quant au paysan, homme pratique par excellence, qui estime le maître d'école surtout pour les services qu'il lui rend, lorsqu'il verra son fils acquérir à l'école où il l'envoie, l'agilité et la force, il n'aura plus la tentation de le retenir à la maison, et jugeant par ses propres yeux des progrès accomplis, il attachera plus de prix à la fréquentation de la classe. Quelle reconnaissance enfin le maître n'excitera-t-il pas chez les parents quand il leur renverra leur fils alerte autant qu'instruit !

Les exercices gymnastiques, dont nous devons parler d'abord, sont aujourd'hui en grand honneur dans nos établissements d'éducation, et les résultats obtenus en peu d'années montrent assez l'excellence des méthodes qui font maintenant partie de tous les programmes d'éducation.

Avant d'examiner ce que l'on doit faire dans nos écoles, nous croyons devoir citer sur ce sujet les réflexions que Niemeyer a publiées en Allemagne, où la gymnastique a fait les premiers et les plus grands progrès.

« Outre son influence heureuse sur la santé, la force et l'adresse du corps, la gymnastique a aussi une grande importance morale. Trop souvent, dans les établissements d'éducation, les jeunes gens perdent leurs heures de loisir dans une fâcheuse oisiveté et dans un triste ennui, ou dans des sociétés dangereuses et dans des jeux qui ne sont pas moins nuisibles. Si ces heures étaient consacrées aux exercices gymnastiques, le caractère des élèves y gagnerait à coup sûr.

« Marcher, courir, sauter, grimper, lutter, voilà des

exercices auxquels il est facile dans toute école d'accoutumer les élèves.

« Le mouvement le plus ordinaire, celui qui est aussi le plus utile, et qui ne devrait pas être négligé un seul jour, c'est celui de la marche. En le faisant avec suite, avec vitesse, avec dextérité, on exerce le corps et on le fortifie, si l'on ne s'inquiète ni du temps ni des mauvais chemins. Cet exercice est surtout salutaire quand on peut gravir des montagnes, grimper au haut des rochers, parcourir des chemins qui semblent impraticables.... On développera en même temps chez l'enfant le sentiment des beautés de la nature. Il faut s'efforcer de varier les promenades journalières, et d'y joindre, autant que possible, pour prévenir l'ennui, quelque autre intérêt : celui de la conversation, de la découverte d'objets nouveaux pour les élèves, de la recherche de produits naturels que les jeunes gens ont tant de plaisir à rassembler en collection.

« La course fortifie les poumons et les muscles des extrémités inférieures, rend agile et procure souvent de grands avantages. On excite les enfants en déterminant un espace à parcourir, et en mettant en jeu l'émulation. Mais en même temps il faut user de précautions et avoir soin de la santé de l'élève. Il faut surtout tenir à ce que, dans cet exercice, il soit vêtu légèrement, et qu'il garde une bonne attitude. Porter la poitrine en avant ; écarter tout ce qui pourrait la gêner ; serrer autant que possible les bras contre les flancs ; incliner un peu en avant la partie supérieure du corps et tâcher de ne pas hâter la respiration ; enfin, remettre promptement, à la fin de l'exercice, les vêtements que l'on avait quittés avec raison pendant le temps de la course : telles sont les règles à faire observer. Il faut, de plus, empêcher tout effort excessif. On peut facilement connaître, soit à une respiration précipitée, soit à un teint trop vivement coloré, ceux qui sont épuisés et qui ont besoin de se reposer.

« La course fait partie de certains jeux excellents,

tels que le jeu de barres, le jeu du cerceau, qui sont très-utiles, parce qu'ils exercent à la fois les bras et les jambes.

« Le saut de haut en bas, de bas en haut, ou pour franchir un espace, fortifie à la fois les pieds, la poitrine et l'épine du dos. Le saut à l'aide de perches, et la voltige sur un cheval de bois ou sur une poutre, servent en même temps à fortifier les muscles des bras. Mais ce dernier exercice, qui peut être dangereux, ne doit être introduit dans l'école que si le maître en a une certaine expérience; quant au premier, on peut le permettre partout, en ayant soin toutefois d'observer quelques précautions. Quand le saut est précédé d'une course, celle-ci ne doit pas être trop longue; il faut faire attention d'ailleurs à ce que le lieu de départ ne soit pas glissant, et à ce que celui où l'on arrive ne soit pas trop dur. Observons aussi, pour ce qui concerne le saut de bas en haut, que le bâton et la ficelle tendue, par dessus lesquels on doit sauter, doivent être disposés de manière à tomber au moindre contact.

« En grimpant on fait agir particulièrement les parties supérieures du corps, surtout les bras. Les exercices préparatoires s'exécutent à l'aide d'une perche fixée horizontalement sur deux appuis. Les uns consistent à suspendre, à soulever le corps jusqu'à ce que le menton atteigne la perche; à cheminer le long de la perche avec les mains, tout en restant suspendu. D'autres ont pour objet, par exemple, de faire avancer et reculer, monter ou descendre le corps entre deux perches parallèles, sur lesquelles s'appuient ou se suspendent les mains, sans que les pieds touchent la terre. Après ces exercices, on peut faire grimper, d'abord à une perche, ensuite à un mât, enfin à une corde, d'abord avec le secours des extrémités supérieures et inférieures, et plus tard seulement avec les premières. Grimper sur les arbres et sur les parois des rochers, pendant les promenades, peut offrir quelque danger. L'instituteur ne permettra donc ces exercices qu'avec prudence; cependant il ne doit pas être trop timide, surtout si ses écoliers sont élevés dans la campagne. Il doit prendre garde en tout cas de ne jamais avertir l'enfant par des cris, ni d'une manière qui puisse l'effrayer dans des moments où il a besoin de tout son sang-froid.

« L'habitude de se tenir en équilibre est une des plus utiles par la dextérité qu'elle donne, et à cause de l'usage fréquent que l'on peut en faire dans la vie. On évitera tout ce qui ressemble à des tours de force; mais on habituera les élèves à marcher d'un pas assuré sur des planches et des poutres étroites. En commençant, les planches et les poutres doivent être près du sol, afin que les chutes n'effrayent pas, et qu'il n'en résulte pas d'accidents. Les plus exercés apprendront ensuite à marcher sur une poutre fixée à un mètre environ de hauteur; à s'y tourner et à s'y asseoir sans se tenir, à se relever de même, à passer l'un à côté de l'autre sans se renverser. Ils pourront même finir par pratiquer ces exercices sur une poutre dont une moitié seulement est soutenue et l'autre en balance.

« Glisser sur la glace est, suivant beaucoup de médecins, un des exercices les plus salutaires et les plus fortifiants. L'air pur, l'action du froid, la circulation accélérée du sang, les efforts des muscles, tout cela agit à la fois sur toutes les parties du corps. Les enfants apprennent aisément cet exercice, qui n'offre pas plus de dangers que la plupart des autres. Le maître pourra donc laisser établir des glissades dans la cour de l'école pendant les froids de l'hiver, en ayant soin que les moins expérimentés ne se mêlent pas aux plus habiles, et que ni les uns ni les autres ne se provoquen- à d'imprudents efforts.

« La lutte fortifie surtout le dos. On s'y prépare en soulevant un objet à bras tendu, en se couchant sur les mains et sur la pointe des pieds, de manière à ce que le reste du corps ne touche pas sur le sol en fait sant mouvoir des masses pesantes. Les jeunes garçons n'ont guère besoin d'être encouragés à la lutte ; ils aiment beaucoup à mesurer réciproquement leurs forces. Veillez avec grand soin à ce qu'il n'en résulte pas des querelles et des rixes. Excluez sur le champ du jeu tous ceux qui se laissent aller à la colère, et défendez rigoureusement tous les coups dangereux.

« Lancer un objet quelconque vers un but déterminé exerce la poitrine, le bras et l'œil. On rend cet exercice plus actif en l'animant par l'émulation, ou en variant agréablement le but : ainsi on placera à distance une pomme, qui sera donnée à celui qui l'aura abattue. On peut aussi diviser les élèves en deux corps, qui se lancent réciproquement des balles molles; celui qui est atteint quitte les rangs. Enfin le jeu de balles, avec toutes ses variétés, est un des meilleurs passe-temps, et doit être introduit toutes les fois qu'un mur élevé et une cour unie se prêteront à son développement.

« Le bain et la natation ne sont pas seulement salutaires sous le rapport de la propreté et du maintien de la santé : la natation fortifie le corps, elle est un excellent exercice de gymnastique, et en même temps un moyen d'inspirer du courage et de la résolution.

« Le maître, tout en profitant avec empressement des occasions qui lui seraient offertes par les localités pour exercer les enfants à la natation, aura le plus grand soin de ne jamais les laisser se disperser dans une eau profonde, et surtout s'exposer à un courant trop rapide. Fût-il lui-même un habile nageur, du moment où il conduit avec lui plusieurs enfants, il ne doit pas leur permettre des ébats qui seraient peut-être sans danger pour un enfant qu'il surveillerait seul. Il va sans dire que les enfants conserveront toujours un léger vêtement, et ne se baigneront entièrement nus sous aucun prétexte (1). »

(1) Niemeyer. *Principes d'éducation.*

Il n'y a certainement rien à ajouter à ces excellents conseils du professeur allemand, et tous les instituteurs les liront avec fruit. Aujourd'hui, d'ailleurs, la gymnastique fait officiellement partie de l'éducation. Un décret du 3 février 1869 et une circulaire du 8 juin 1872, en ont organisé l'enseignement dans les écoles primaires.

Les exercices gymnastiques sont donc compris dans le programme scolaire; mais quelle direction convient-il de leur donner? Telle est la question, que bien des instituteurs se sont posée et à laquelle une circulaire du 9 mars 1869 a répondu.

L'enseignement de la gymnastique, porte-t-elle, n'aura pour but que « de développer d'une manière normale et progressive les forces du corps, et d'en rétablir au besoin l'équilibre et l'harmonie. C'est un exercice que le médecin surveille et contrôle, et non pas un moyen de produire des prodiges d'agilité et de hardiesse. »

La gymnastique comporte l'emploi de certains appareils et d'agrès. Si la commune a pu les acquérir, les exercices seront faits à l'aide de ces appareils, sous la direction de l'instituteur ou d'un maître spécial et toujours en plein air. Mais la plus grande partie des écoles et surtout des écoles rurales est absolument privée d'appareils; aussi, pour ne pas priver les enfants de la campagne d'un aussi utile exercice, des circulaires ministérielles du 3 février 1869 et du 8 juin 1872 ont-elles organisé l'enseignement de la gymnastique des *mouvements*.

« Dans les écoles rurales, où le plus souvent les exercices gymnastiques ne pourront être faits à l'aide d'appareils, on devra se borner à des mouvements d'ensemble qui donneront au corps plus de légèreté et de souplesse. Au village, l'enfant a l'air et l'espace qui lui manquent dans les villes; mais les jeux gymnastiques remplaceraient d'une manière heureuse le vagabondage dans les rues et sur les places, le maraudage dans les champs ou la destruction des nids d'oiseau dans les bois. L'attitude embarrassée et lourde d'un grand nombre de conscrits des communes rurales suffirait à montrer combien ils ont encore besoin qu'on assouplisse leurs membres, qu'on rende leur démarche plus dégagée, qu'on leur apprenne enfin à tirer meilleur parti de toutes les forces que la nature a mises en eux.....

« En outre, il faut bien remarquer que ces mouvements cadencés, dirigés par le maître, sont encore une habitude d'ordre qu'il fait prendre à ses élèves, et que cette discipline du corps est aussi une discipline de l'esprit. C'est pour cela que les plus grands philosophes de la Grèce donnaient à la gymnastique tant d'importance dans l'éducation (1). »

Nous avons sur ce point bien des progrès à faire encore ; quelques efforts qui aient été tentés, l'enseignement de la gymnastique dans nos écoles est tout à fait insuffisant. L'Allemagne et la Suisse, qui nous ont montré la voie, ont, dans presque toutes les écoles, des salles de gymnastique et donnent une place considérable à ces exercices utiles au développement de l'enfance et féconds pour l'avenir du pays.

Il y a là de grands exemples donnés à nos instituteurs; c'est à eux de les suivre, car il y va de la santé de leurs élèves.

Les élèves maîtres peuvent, au reste, se convaincre par expérience, dans les écoles normales elles-mêmes, des bons effets de la gymnastique. Tous les directeurs signalent de grandes améliorations dans les écoles, sous le rapport moral comme sous le rapport sanitaire, depuis que les maîtres y sont exercés à la gymnastique. C'est à ceux-ci à faire profiter plus tard leurs propres écoliers des bienfaits qu'ils ont reçus eux-mêmes.

Le maniement des armes est certainement un des meilleurs exercices physiques. « Temps marqués, exercices rhythmés, mouvements divers combinés pour les membres supérieurs et inférieurs, droits et gauches, répartis-

(1) Circ. 3 mars 1869.

sant également l'activité musculaire, positions variées, réformant les attitudes vicieuses de la classe ; marches plus ou moins accélérées, mise en jeu de l'intelligence et de l'adresse, exécution immédiate des commandements, habitude de l'obéissance et de la tenue ; rien de plus favorable pour faire des élèves intelligents, disciplinés et robustes (1). »

Et ce n'est pas seulement au point de vue de l'hygiène elle-même que les exercices militaires peuvent être utiles. A notre époque où la France appelle tous ses enfants à la servir, il n'est pas de meilleure préparation pour l'armée. Quand tous les élèves des classes connaîtront les principes de l'école du soldat, de l'école de peloton et sauront exécuter les marches et même le maniement des armes, il ne leur restera presque plus rien à apprendre en arrivant au régiment ; les conscrits seront déjà des soldats exercés, et le temps qu'on employait jadis à leur instruction sera bien plus utilement consacré à augmenter leurs connaissances théoriques. L'école deviendra ainsi la pépinière de l'armée.

Nous attachons donc, pour notre part, la plus grande importance à ces exercices militaires que le ministre de l'instruction publique recommandait dès 1869 aux instituteurs : « Au point de vue de l'éducation, leur disait-il, il ne faut point dédaigner ce moyen de donner au corps une meilleure tenue, à l'âme plus d'assurance. On a dit que certaines vertus tenaient aux armes. Ceux qui ont le soin paternel d'élever les jeunes générations ne doivent rien négliger de ce qui peut les aider à former des hommes (2). »

Si ces conseils étaient bons en 1869, combien ils sont plus impérieux aujourd'hui où la France a besoin de tous ses enfants ! Et d'ailleurs ne cherchât-on point à former des soldats, l'usage des armes serait salutaire, car il donne à l'homme le sentiment de sa valeur.

(1) Docteur Riant.
(2) Circ. 3 mars 1869.

Si maintenant on nous objecte que bien peu d'instituteurs pourront exercer leurs enfants, nous leur répondrons : Quand il s'agit d'un devoir patriotique les difficultés sont peu de chose. Il n'est pas de communes où l'on ne possède des armes, et où d'anciens soldats ne puissent venir donner quelques leçons aux enfants. D'ailleurs, pour les marches, il n'est pas besoin d'études ni d'exercices préparatoires; avec ces manuels que l'on met aux mains de chaque soldat, l'instituteur arrivera bien vite à faire exécuter à ses élèves tous les mouvements d'ensemble qui constituent l'école du soldat et l'école de peloton.

Les travaux de jardinage et de culture sont aussi excellents pour les enfants des écoles. Ils ont le double avantage de développer leurs forces et d'occuper agréablement leurs récréations.

L'instituteur pourra d'ailleurs rendre de vrais services aux élèves, si, instruit lui-même dans l'horticulture, il leur communique d'utiles observations, leur enseigne quelque procédé nouveau, leur fait abandonner des préjugés vieillis.

Nous nous proposons donc dans un chapitre spécial de poser les bases de l'enseignement agricole et horticole qui fait aujourd'hui partie de l'instruction primaire.

Il est enfin une dernière recommandation que nous ne saurions passer sous silence. Pendant les récréations qui partagent les exercices scolaires, l'instituteur devra faire varier les jeux auxquels se livrent ses élèves. Il les empêchera de se livrer à des occupations sédentaires, et comme il en est toujours qui tantôt se plaisent aux causeries, et tantôt recherchent les exercices violents, il aura là un excellent moyen de punir les uns et les autres, lorsqu'ils l'auront mérité. A ceux qui par indolence ou timidité préfèrent les jeux tranquilles, il imposera les exercices de corps, qui sont excellents pour la santé. A ceux au contraire qui se donnent trop de mouvement, il imposera des jeux plus calmes. C'est ainsi que par l'observation du tempérament de ses élèves, et surtout par la pratique de leurs habitudes, l'instituteur habile saura tirer bon parti, pour la santé de chacun, de tous les instants pendant lesquels les enfants restent sous ses yeux.

SECTION III.

Précautions contre les accidents.

Toutes les fois qu'un accident de quelque gravité a compromis la santé d'un élève, c'est un devoir impérieux pour le maître de prévenir les parents, et d'appeler aussitôt le médecin. Il n'a aucun titre pour appliquer lui-même les remèdes ; sa négligence ou sa présomption feraient peser sur lui une responsabilité terrible.

Mais il y a d'autres accidents qui sont si peu graves que la moindre expérience suffit pour y remédier, ou qui demandent des soins si prompts que le moindre retard pourrait être fatal. Il est nécessaire que l'instituteur soit en état d'opérer, dans le premier cas, de petites cures infiniment faciles ; et, au second cas, sinon de guérir l'enfant blessé, du moins de le mettre en état d'attendre l'arrivée du médecin.

Il est enfin certaines connaissances médicales élémentaires que tous les instituteurs doivent posséder, non pas seulement dans l'intérêt des enfants qu'ils élèvent, mais surtout dans l'intérêt des habitants de la commune, auxquels ils pourront dans bien des circonstances rendre service et dont ils parviendront ainsi à se concilier l'affection.

« Il est une hygiène particulière à l'école sur laquelle on insistera particulièrement. L'instituteur se trouvera en état de donner les premiers soins pour les accidents qui se produisent fréquemment dans les écoles, et de vulgariser parmi les populations rurales une foule de notions nécessaires pour conserver la santé, développer les forces physiques et éloigner tant de maladies qui naissent de l'imprudence ou de l'ignorance. Mais il n'oubliera pas que la meilleure hygiène est celle de l'âme; la santé du corps tient à celle de l'esprit (1). »

Nous indiquerons donc d'abord les soins à donner quand un accident s'est produit, et nous terminerons ce chapitre par l'exposé de quelques-unes de ces règles d'hygiène qu'il est utile de répandre dans les campagnes. L'hygiène, a-t-on dit avec raison, est le meilleur des médecins.

Dans toute réunion d'enfants, rien n'est plus commun que les chutes. Il en est beaucoup auxquelles il ne faut pas attacher d'importance; mais il est dangereux de ne pas faire attention à celles qui ont affecté quelque partie délicate de l'organisation, comme la tête et les reins. Il est bon de frictionner à l'instant la peau avec un linge imbibé d'une liqueur spiritueuse, arnica ou alcool camphré, de faire avaler quelques gorgées d'eau froide, surtout de mettre les pieds dans une eau aussi chaude qu'on pourra la supporter, afin d'attirer le sang aux extrémités, et de l'empêcher de s'amasser à la partie contusionnée. Si l'enfant continue pendant quelque temps à ressentir des douleurs et surtout des douleurs de tête, on doit consulter le médecin, qui ordonnera probablement une saignée ou l'application des sangsues. Les effets des entorses et des foulures peuvent être souvent prévenus par l'application immédiate de l'eau froide sur l'articulation offensée : on y laissera le membre plongé pendant plusieurs heures. L'extrait de Saturne coupé par moitié d'eau fraîche produit aussi d'excellents résultats.

Si, par suite d'un coup ou d'une chute, un membre a été fracturé, l'instituteur, en attendant le médecin qu'il fait appeler sans retard, se bornera à faire enlever le blessé avec précaution et à maintenir le membre fracturé dans un bain d'eau froide. On évite ainsi l'enflure et presque toutes les complications qui viennent à la suite des fractures et en rendent la réduction plus difficile et plus douloureuse.

(1) Circ. 2 juillet 1866.

L'application de l'eau froide est aussi le meilleur comme le plus simple moyen de guérir les brûlures. On pourra y mêler de l'encre à écrire ou du vinaigre ; mais le point important, c'est que le liquide soit fréquemment renouvelé, afin qu'il ne s'échauffe pas, et que la partie brûlée puisse rester exposée à son action pendant un certain temps.

La pulpe de pommes de terre râpées, la gelée de groseilles, et mille autres substances réfrigérantes, ne sont pas plus efficaces que l'eau, et sont d'un emploi moins commode ; cependant on pourra les employer utilement à défaut d'eau bien fraîche.

Si la brûlure a produit des cloques, nous conseillons de les percer avec une aiguille huilée. On soupoudrera la partie brûlée de farine ou d'amidon et on la recouvrira de ouate.

Ces petits remèdes suffiront pour guérir entièrement les brûlures ordinaires : ils seront toujours fort bons comme mesures provisoires, en cas d'accidents capables de produire une inflammation violente et une altération profonde des parties attaquées; mais alors ils ne pourraient remplacer les soins plus complets du médecin.

Quand un enfant se sera fait avec un couteau ou un canif une blessure légère, il suffira de la laver dans de l'eau fraîche, de bien enlever les matières étrangères qui pourraient s'y être introduites, de rapprocher les bords de la plaie, et de les maintenir unis en y collant un morceau de taffetas d'Angleterre ou de sparadrap, substances dont il faut toujours être muni.

Ces coupures, en général, n'affectent que de petites veines, et le peu de sang qui s'écoule par ces ouvertures n'appauvrit pas sensiblement l'organisation; mais il peut se faire que l'instrument tranchant aît atteint une artère; alors le moindre épanchement de sang est une perte dangereuse, et, s'il se prolonge, il pourrait amener la mort. Heureusement les artères, plus profondément engagées dans les chairs que les veines, sont aussi moins fréquemment lésées. On reconnaît que le sang qui s'échappe d'une blessure vient d'une artère, quand il est rouge clair et qu'il coule par un jet rapide et saccadé ; mais le signe le plus certain, c'est qu'on l'arrête en comprimant le vaisseau entre l'endroit blessé et le cœur, puisque le sang artériel va du cœur aux extrémités, tandis que si c'était du sang veineux, il s'arrêterait par la compression du vaisseau entre la blessure et l'extrémité voisine. Un bandage arrête le sang veineux, qui se reconnaît à sa couleur noirâtre, et la plaie se cicatrise promptement. Mais la blessure d'une artère ne se cicatrise pas, et il faut une petite opération chirurgicale pour que la perte de sang ne soit pas indéfinie. En attendant, il est essentiel d'y mettre un obstacle provisoire. Le seul moyen efficace est de comprimer l'artère elle-même au-dessus de la blessure, à l'aide d'un tampon de charpie ou seulement du doigt, et de maintenir cette pression jusqu'au moment de l'arrivée du chirurgien.

L'hémorragie n'est pas seulement le résultat d'une coupure; chez les enfants surtout elle se manifeste à la suite d'un afflux de sang dans la tête et constitue le saignement de nez si commun dans les maisons d'éducacation.

L'hémorragie nasale n'est pas toujours provoquée par un coup, elle est souvent spontanée et présente alors certains caractères de gravité. Le meilleur moyen de l'arrêter consiste à appliquer des compresses d'eau froide sur les tempes et à faire aspirer par le nez, de l'eau mélangée d'un peu de vinaigre ou de perchlorure de fer.

Si l'hémorragie ne cédait pas à ce premier traitement, il serait nécessaire de tamponner le nez avec de la charpie imbibée de perchlorure de fer, qui est l'hémostatique le plus puissant.

Les vomissements ou crachements de sang sont plus graves encore, car ils révèlent des désordres intérieurs. Il est indispensable alors d'appeler le médecin, mais, en attendant son arrivée, on maintiendra élevée la tête du patient, on lui fera boire un peu d'eau glacée, et on lui frictionnera les avant-bras et les jambes avec une flanelle imbibée d'eau-de-vie camphrée ou d'ammoniaque. Enfin on mettra des sinapismes aux jambes.

Ce traitement suffit dans bien des cas pour arrêter une hémorragie interne. Mais que l'instituteur se garde d'avoir recours aux remèdes préconisés dans les Manuels dits de santé, dont les prescriptions sont presque toujours dangereuses.

Les coliques, surtout chez les enfants, ne sont pas graves ; il suffira le plus souvent, pour les calmer, d'appliquer un cataplasme sur le ventre. Si les douleurs sont vives, on fera boire en trois ou quatre fois, un verre d'eau sucrée additionnée de 8 à 10 gouttes de laudanum.

Pour les vomissements provenant le plus souvent d'indigestion, prendre une infusion de thé, de camomille ou de fleurs d'oranger.

Si les vomissements persistent, on n'hésitera pas à appeler le médecin, car il y a là un symptôme très-grave et en attendant on fera boire de l'eau glacée à petites gorgées.

Les empoisonnements proviennent soit de l'absorption de substances vénéneuses, comme les champignons, les oxydes de cuivre (vert-de-gris), ou de l'inhalation de gaz méphitiques ; c'est alors une des formes de l'asphyxie.

Si l'empoisonnement provient de l'absorption d'une substance vénéneuse, il ne faut pas se préoccuper de chercher un contre-poison. Le contre-poison absolu n'existe pas, mais il y a bien des moyens d'une grande simplicité pour éviter les progrès du mal et même l'écarter complétement.

La première chose à faire sera de rechercher quelle est la substance dangereuse qui a causé l'empoisonnement. Ceci fait, on donnera, diluées dans l'eau, des substances inoffensives qui s'assimilant avec les poisons absorbés, en paralysent l'effet.

Si le poison était un acide, on donnera un alcali, eau de chaux, magnésie, ou simplement de l'eau de savon.

Si, au contraire, l'empoisonnement a été causé par un alcali, on prendra un acide, par exemple du vinaigre étendu, du jus de citron.

Ces remèdes sont presque toujours efficaces, mais à la condition de provoquer sans retard les vomissements, à l'aide de l'émétique ou de l'ipécacuana dont chaque instituteur devrait être muni. A défaut d'un de ces vomitifs, il suffirait de mettre les doigts dans la bouche.

A certaine époques de l'année, la rage attaque un assez grand nombre de chiens, que l'on voit, le poil hérissé, la queue basse, l'œil sanglant, la gueule écumante, parcourir les campagnes, et propager par leurs morsures une épouvantable maladie. Toutes les fois qu'un enfant en promenade aura été mordu par un chien inconnu ou errant, il faudra, aussitôt que possible, sucer la plaie et la faire saigner, puis on la lavera avec grand soin et on la cautérisera avec une clef chauffée à blanc ou avec de l'ammoniaque pure ; mais la cautérisation avec le fer rouge est préférable et n'est certainement pas plus douloureuse. Dans ce cas d'ailleurs l'excès de précautions n'a jamais d'inconvénients ; la négligence, au contraire, pourrait avoir des suites funestes, irrémédiables.

Quand l'instituteur conduit ses élèves en promenade dans les sables et dans les bois, il peut arriver que quelqu'un d'entre eux soit mordu par une vipère. Les symptômes qui suivent un tel accident sont, d'abord une vive douleur dans la partie blessée, puis une enflure rouge, qui devient bientôt livide et s'étend aux parties environnantes ; le pouls est fréquent, irrégulier ; le malade éprouve des mouvements d'estomac et des sueurs froides. Rarement il succombe dans nos climats, où la température n'est pas assez ardente pour donner au venin de la vipère toute son activité; mais il ne guérit qu'après de longues souffrances. Le premier remède est simple et efficace. Dès qu'une personne a été mordue par une vipère, il faut pratiquer à la hâte une forte ligature au-dessus de la plaie, la faire saigner le plus possible, en l'élargissant un peu avec un instrument tranchant, puis la sucer — cette succion est absolument sans danger — et enfin la cautériser avec quelques gouttes d'alcali volatil. Un instituteur doit toujours être muni d'un flacon de ce liquide quand il vit dans un pays où les serpents sont communs. En tous cas, après un accident de ce genre, il faut se hâter de faire venir un médecin.

Parmi les maladies des enfants, il n'en est pas de plus commune que la fièvre : on la guérit presque toujours avec du sulfate de quinine. Si la fièvre a un caractère éruptif, le mieux est de prévenir les parents et de ne laisser rentrer l'enfant à l'école qu'au moins un mois après la guérison, et sur une attestation du médecin.

Contre la coqueluche, qui est également contagieuse, on prendra les mêmes précautions.

Les enfants d'un âge tendre sont sujets à une maladie qui a le privilège d'exciter une grande frayeur, surtout dans les localités où l'on n'a pas de médecin. Nous voulons parler du croup et du faux croup. Il appartient à l'instituteur de rassurer les parents, et il pourra, après avoir examiné l'enfant, leur dire avec certitude quelle est la maladie dont il est affecté. Le croup est heureusement très-rare et ne se manifeste jamais subitement; il apparaît après quelques jours de maladie, la toux devient rauque, et l'oppression commence. Il faut appeler le médecin sans retard, car la vie de l'enfant dépend de la rapidité des soins qu'on peut lui donner.

Quant au faux croup, qui est très-fréquent et qui, parce qu'il est subit, effraye bien davantage, hâtons-nous de le dire, il est peu dangereux. Le faux croup apparaît la nuit, la toux du malade est rauque, son visage brûlant. Un vomitif et quelques bains de pieds à la moutarde sont les seuls remèdes, et en deux ou trois jours la maladie disparaît.

La danse de Saint-Guy, bien connue dans les écoles, est aussi une maladie de l'enfance. Elle consiste en tressaillements subits, en mouvements désordonnés et en grimaces. La science n'a pas trouvé encore le moyen de la guérir; mais il est facile d'en atténuer considérablement les effets. L'instituteur aura donc le soin d'user de beaucoup d'indulgence envers l'enfant malade, et surtout il engagera les parents à lui donner une nourriture saine. L'hygiène paraît être le meilleur moyen de faire disparaître la danse de Saint-Guy.

Nous avons engagé les instituteurs à conduire leurs élèves aux bains de rivière, pour les exercer à la natation, pendant les chaleurs de l'été; mais qu'ils prennent garde de les laisser entrer dans l'eau quand ils sont échauffés ou que leur digestion n'est pas encore terminée; qu'ils les surveillent constamment dans leurs ébats. Malgré toute la vigilance du maître, une circonstance imprévue, la désobéissance d'un enfant peuvent amener un malheur. L'enfant a disparu sous les eaux, il n'a été retiré qu'après un temps plus ou moins long, il est ramené sans connaissance; il ne faut pas se troubler et désespérer : souvent on a pu rappeler à la vie des noyés qui avaient demeuré plusieurs heures sous l'eau. On transportera l'enfant le plus doucement possible, et on s'abstiendra de la pratique inutile et même dangereuse de suspendre le noyé par les pieds. Après avoir débarrassé le malade des vêtements mouillés qui le couvrent, l'avoir étendu sur un lit, le corps légèrement penché pour faire écouler l'eau, et avoir dégagé la bouche et le nez des matières étrangères qui gêneraient la respiration, on emploiera divers moyens d'excitation : ce seront, par exemple, des aspersions sur la figure et sur le corps entier avec de l'eau froide vinaigrée; des frictions avec une flanelle imbibée d'un liquide spiritueux, comme l'eau-de-vie camphrée, l'eau de Cologne, ou même avec une brosse un peu rude; on présentera sous le nez des substances d'une odeur forte et piquante; on chatouillera les narines avec une barbe de plume, et l'on cherchera à introduire dans l'estomac quelque liqueur excitante; enfin, on aura recours à des lavements stimulants : on y pourra joindre, lorsque le noyé tardera trop à revenir, l'action du feu, en faisant brûler sur les cuisses, les bras, ou le creux de l'estomac, de petits morceaux d'amadou ou de papier. L'insufflation de l'air dans les poumons est une dernière ressource qui a cependant donné d'excellents résultats. Nous répétons qu'il ne faut pas se lasser d'administrer des secours, même contre toute espérance, puisqu'on a vu le succès se manifester au bout de plusieurs heures.

Les règles de l'hygiène que nous croyons devoir joindre à ces conseils pratiques, font partie de tous les programmes des écoles normales primaires. L'instituteur aura donc à les vulgariser dans les campagnes. Noble et touchante mission que celle de faire ainsi le bien et de répandre autour de soi le rayonnement bienfaisant des connaissances qu'il a lui-même reçues. Mais que l'instituteur ne l'oublie pas, cette science, ces leçons dont on l'a fait profiter, il ne les détient qu'en dépôt et à la charge pour lui de s'en servir pour être utile.

Nous résumons donc, d'après les excellents préceptes de M. Charbonneau, les règles d'hygiène qu'il est utile de répandre dans les populations rurales, parce qu'elles sont la garantie certaine de la santé physique et de la santé morale.

Il faut renouveler souvent l'air des appartements, même de ceux où se trouvent des malades, mais en usant des précautions nécessaires. On doit veiller avec soin, dans les habitations, à la propreté des murs, des meubles et des effets.

Rien n'est plus sain que le séjour des champs, les lieux plantés d'arbres, l'air pur et frais du matin. Il faut donc accoutumer les enfants à se lever de bonne heure.

La température des appartements doit être modérée en toute saison.

La lumière est saine et nécessaire à l'homme; on la laissera pénétrer avec le grand air, dans les maisons; il faut que les enfants aillent au grand air et au soleil, pour prévenir l'étiolement et les scrofules, et pour raffermir la peau et les chairs.

On évitera dans le vêtement tout ce qui peut gêner le mouvement et le développement des membres; ainsi les habits serrés, les cravates, corsets, chaussures étroites.

Il faut éviter tout ce qui sent la recherche et la mode, et préférer les vêtements simples, mais décents.

Quoique variés selon les saisons, les vêtements ne doivent jamais être lourds.

La tête doit être ordinairement découverte, la nuit, et surtout dans l'intérieur des habitations.

Les pieds doivent être généralement tenus à l'abri et au chaud.

La couche ne doit pas être délicate, ni les couvertures trop lourdes.

L'enfant doit être soumis avec précaution et graduellement aux impressions des différentes températures, qui endurcissent son corps et par suite conservent sa moralité.

La propreté du corps et des vêtements est indispensable au jeu régulier de la transpiration. On usera donc fréquemment des bains et on évitera de passer subitement du froid au chaud et du chaud au froid.

Pendant les grandes chaleurs de l'été et toutes les fois que le corps sera en transpiration, on se gardera de boire de l'eau froide, de se découvrir ou de rester inactif.

Les boissons pendant la saison chaude seront absorbées en petites quantités et on usera toujours de produits fermentés mélangés à l'eau. Voici à ce propos la recette d'un excellent mélange qui ne coûte que quelques centimes le litre et qui constitue une boisson agréable au goût autant que salutaire.

Eau.	1 litre.
Teinture de gentiane. . . .	4 grammes.
Rhum.	40 grammes.

Pour les aliments, il faut éviter surtout pour les enfants ceux qui sont lourds et échauffants, tels que les graisses, pâtisseries, sucreries, ragoûts épicés, mais on tiendra à ce qu'ils s'accoutument à tous les mets qu'on leur donne.

Les végétaux et les fruits bien mûrs constituent une excellente nourriture.

En général, dans le Midi, la nourriture végétale convient mieux; dans le Nord la nourriture animale.

Comme boisson pour les enfants on emploiera l'eau, le lait et peu de vin toujours trempé d'eau. On ne leur donnera ni liqueurs alcooliques, ni boissons échauffantes comme le thé, le café, et on aura soin de ne jamais les faire boire trop chaud ni trop froid.

La sobriété est une vertu en même temps qu'une règle d'hygiène; il faut donc en donner l'habitude aux enfants et mettre de l'ordre dans les heures de leurs repas.

Telles sont les prescriptions générales dont l'instituteur devra se pénétrer, et qu'il pourra, à l'aide de leçons intelligentes graver dans l'esprit de ses élèves ; ceux-ci devenus hommes mettront en pratique les leçons données à l'école et les habitudes prises au logis paternel.

Il est encore d'autres conseils que nous devons joindre à ceux-ci. L'instituteur aura souvent dans les campagnes l'occasion de rendre aux adultes les services que les règlements scolaires lui font un devoir de rendre aux enfants. Il est souvent l'homme le plus instruit du pays, les soins qu'il pourra donner augmenteront encore son influence morale. Qu'il n'hésite jamais, avec discrétion et réserve, bien entendu, à porter secours à ceux qui souffrent.

S'il y a une épidémie dans le pays, il aura soin d'en rechercher les causes afin d'en pouvoir indiquer le remède. Presque toutes sont dues au développement de miasmes malsains. Il conseillera de dessécher les marais, de drainer les terrains humides et de planter des arbres autour des marécages.

Au cas d'évanouissement on examinera d'abord la figure du malade ; — si elle est colorée, même violacée, si les yeux sont gonflés de sang, la respiration bruyante, c'est une congestion. Alors on placera le malade la tête haute, on enlèvera les vêtements qui le serrent, on mettra des compresses sur le front, et on se gardera surtout de saigner sans médecin.

La saignée, souvent utile, peut être dangereuse; et c'est au médecin seul qu'il appartient de décider s'il faut la pratiquer.

Si au contraire le visage est pâle et la respiration lente, c'est une syncope. On couchera alors le malade la tête basse, on lui chatouillera les narines et on lui jettera quelques gouttes d'eau sur le visage. On aura aussi recours à des coups secs sur la paume des mains, à des frictions dans la région du cœur avec un spiritueux, aux pressions alternatives sur les côtes, et on essayera de faire boire un liquide fort, eau-de-vie ou eau de mélisse.

Contre l'épilepsie, il n'y a rien à faire, sinon de dégager les vêtements.

Quand un homme est ivre, lui faire boire quelques gouttes d'ammoniaque dans de l'eau.

C'est un préjugé généralement respecté dans nos campagnes, que pour couper la corde d'un pendu il faut attendre l'autorité. L'instituteur comprendra que sa mission consiste à réagir contre d'aussi ridicules habitudes ; il portera donc aussitôt secours, et après avoir coupé la corde emploiera les moyens curatifs que nous avons donnés contre l'asphyxie.

Il aura soin, dans ses conversations, de déraciner ces préjugés, dont certaines contrées de France sont encore infestées et que l'éducation a pour but de détruire.

Enfin, il prendra des renseignements pour le cas où il y aurait des recherches judiciaires, et se tiendra en état de pouvoir fournir son concours à la justice.

Par ces soins, par cette sollicitude active et éclairée, l'instituteur méritera la confiance et l'estime des habitants au milieu desquels il vit. Mais nous ne saurions trop le dire, qu'il n'exploite pas cette confiance, qu'il n'ait pas la présomption de vouloir supplanter le médecin, en se faisant son rival. Il ne doit jamais chercher qu'à préserver la santé des enfants de mauvaises influences, ou à mettre un blessé en état d'attendre les secours judicieux des gens de l'art.

CHAPITRE III.

Éducation intellectuelle et esthétique. Son objet et ses moyens.

SOMMAIRE. — Notions précises sur son objet : sur ses moyens ; sur le principe supérieur qui doit la dominer. — Son objet : donner les connaissances et les talents qui sont nécessaires pour les diverses conditions. — Deux sortes de moyens : théorie et pratique. — Théorie : étude générale des principales facultés : sensibilité, intelligence, attention, jugement, mémoire, imagination. — Pratique : application des facultés intellectuelles aux diverses branches d'études ; exercices spéciaux pour fixer l'attention, pour former le jugement, pour fortifier la mémoire, pour régler l'imagination. — *Analyse grammaticale, analyse logique*, analyse des choses.

Une considération supérieure doit présider à l'éducation intellectuelle elle a pour fin de seconder l'éducation morale.

L'éducation intellectuelle est celle qui a pour objet de développer les facultés par lesquelles l'homme apprend et connaît. Il faut que les facultés, qui existent toutes ensemble dans l'âme, soient aussi toutes ensemble exercées et cultivées, de même que nous voyons tous les organes du corps croître et se fortifier à la fois; sinon on ne parviendra pas à établir entre ces puissances de l'âme l'harmonie qui seule peut donner à chacune sa véritable valeur; il manquera toujours quelque chose d'essentiel à l'intelligence. Cependant, il est vrai de dire que le développement spécial de telle ou telle faculté est plus utile dans telle ou telle circonstance particulière, et que les diverses professions exigent des dispositions différentes.

Chaque esprit, en général, a une aptitude plus grande pour un certain ordre de connaissances, et c'est le meilleur indice de l'état vers lequel sa vocation l'entraîne ; le maître favorisera cette vocation en donnant une direction convenable à la faculté dominante, afin qu'elle porte les fruits les plus utiles et pour l'individu et pour la société. Tel est, en effet, l'objet qu'il faut toujours avoir en vue dans l'éducation intellectuelle.

S'il est certain que la vérité connue est plus funeste qu'utile à l'homme, quand il n'en fait pas l'application à sa conduite pour régler sa vie et ses mœurs : disons-le aussi, ce serait rendre un triste service aux élèves que de s'attacher à étendre leur intelligence, à leur donner une grande capacité et un désir ardent de connaître, sans tirer immédiatement parti de ce désir, de cette capacité pour faire naître les connaissances pratiques, les talents utiles qui doivent distinguer chacun dans le rang que la Providence lui destine en ce monde. L'éducation intellectuelle, loin d'inspirer de vagues ambitions qui éloignent et dégoûtent des réalités si souvent pénibles de la vie, doit être toujours donnée aux enfants en vue de leur position sociale, avec les applications convenables à cette position. Sans doute l'éducation pourra développer, de temps à autre, de brillantes facultés, qui, dès qu'elles auront conscience d'elles-mêmes, éprouveront le besoin de s'exercer sur de grands objets. Toutefois l'instituteur primaire ne doit jamais oublier que son devoir n'est pas de faire sortir de leur condition les enfants de la classe inférieure, mais de leur apprendre à honorer, à ennoblir leur condition, par la manière dont ils sauront en tirer parti pour le bien de la société. « Les idées qu'il faudra répandre parmi les ignorants des classes humbles pour les éclairer, sont celles qui les préserveront de l'erreur et de l'exagération ; celles qui, sans vouloir en faire de lâches adorateurs de celui qui sait et peut plus qu'eux, leur imprimeront une noble disposition au respect, à la bienveillance et à la reconnaissance, et qui les éloigneront des folles et funestes idées de désordre et d'anarchie; celles qui leur enseigneront à exercer, avec une religieuse dignité, les obscures mais honorables professions auxquelles la Providence les a appelés; celles qui leur démontreront que les inégalités sociales sont nécessaires, bien que, si nous sommes vertueux, nous devions paraître égaux devant Dieu (1). »

Pour travailler à l'éducation des facultés intellectuelles, il faut connaître d'abord ces facultés et les moyens d'action que nous avons sur elles. Les facultés intellectuelles, liées entre elles, ne se développent pas indépendamment de certaines facultés d'un ordre différent qui existent en même temps dans l'âme et que l'on rapporte à la *sensibilité*. Il n'est pas besoin d'avoir résolu l'épineuse question de l'influence de la sensibilité sur l'origine des idées, pour reconnaître que les sentiments occupent une place immense parmi les phénomènes de la vie des hommes, surtout de la vie des enfants, et qu'ils modifient d'une manière frappante leurs dispositions à connaître. Nous ne séparerons donc pas l'étude de ces différentes forces de l'âme, mais nous chercherons en quoi elles peuvent s'aider, se servir mutuellement. Nous nous occuperons de l'éducation *esthétique* en même temps que de l'éducation *intellectuelle*.

ÉTUDE DES DIFFÉRENTES FACULTÉS

SECTION PREMIÈRE.

Sensibilité. — *Moyens de cultiver la sensibilité, ou esthétique.*

La *sensibilité* est la faculté (ou mieux la capacité) d'éprouver des impressions agréables ou désagréables, à la vue de certains objets dans l'ordre physique, intellectuel ou moral; d'être naturellement attiré vers les uns, éloigné des autres; de craindre ceux-ci, de désirer ceux-là; et par suite, d'être entraîné spontanément à faire ce que

(1) Silvio Pellico. *Devoirs des hommes.*

nous inspirent cette crainte ou ce désir. Dans l'enfance, qui cède ordinairement à toutes les impressions, parce qu'elle ne raisonne guère, la sensibilité joue le plus grand rôle. Si l'enfant a du goût pour un objet, il s'y portera aussitôt avec ardeur, avec joie ; il y fixera son attention sans fatigue, et arrivera promptement à le connaître. Si on le laisse s'habituer à des répugnances pour telle ou telle partie de ses études, ce sera chose presque impossible que de l'y ramener plus tard avec fruit. La sensibilité peut être le plus puissant auxiliaire comme le plus grand ennemi des facultés intellectuelles : c'est assez faire entendre combien il importe d'en régler la direction.

Il ne s'agit pas de développer inconsidérément la faculté de sentir ; il faut, dans beaucoup de circonstances, l'épurer, la modérer, la contenir. Ainsi, nous sommes en général trop portés à apprécier vivement les peines et les plaisirs du corps, pour qu'il faille rendre nos organes plus sensibles à des impressions purement physiques. On doit accoutumer, au contraire, de bonne heure, les jeunes enfants à ne les considérer que comme des sentiments d'un ordre inférieur, qui ont bien leur importance dans la vie, mais une importance secondaire ; qui sont utiles quand ils sont bien réglés, mais qui deviennent funestes quand on leur laisse prendre sur l'âme un empire que la faiblesse de notre nature leur donne trop souvent. Que le maître témoigne sa satisfaction à ceux qui ne s'inquiètent ni de la délicatesse de la nourriture, ni de la finesse des vêtements ; qui ne redoutent ni le froid, ni le chaud ; qui reposent aussi bien sur une couche dure que sur une couche molle ; qui supportent sans peine les privations physiques auxquelles il est si essentiel de s'accoutumer de bonne heure. Qu'il représente à ses élèves, par des exemples faciles à trouver, quel avantage ont toujours dans la vie ceux qui ne se laissent pas dominer par leurs sens. Qu'il leur peigne des plus vives couleurs le misérable état d'abrutissement et de grossièreté de ceux qui s'abandonnent aux excès dans le boire et le manger. C'est un grand service à rendre aux jeunes gens des classes ouvrières que de leur inspirer de bonne heure l'horreur de l'ivrognerie, ce vice qui produit tant de ravages autour d'eux.

Il ne faut pas mettre au nombre de ces sensations physiques et grossières, un sentiment qui, bien loin d'avilir notre âme, l'élève et l'ennoblit : le sentiment musical, que tout instituteur peut cultiver en exerçant ses élèves à la musique vocale. « L'influence de la musique (1) pour la civilisation et l'adoucissement des natures les plus sauvages, a souvent frappé ceux qui ont écrit sur l'éducation. Mais malheureusement on a voulu exagérer cette influence, et les exagérations même de ses partisans ont engagé beaucoup de personnes à renoncer entièrement aux bienfaits qu'on en peut raisonnablement attendre. Cependant, il est incontestable que tous les esprits, plus ou moins cultivés, ont leurs heures de relâche et de repos ; que ces heures seront probablement données à de mauvaises pensées, au dérèglement, si elles ne sont pas occupées par d'innocents plaisirs ; et en est-il de plus pur, de plus attrayant que la musique ? En Allemagne, en Suisse, en Hollande, en Prusse, la connaissance de la musique vocale est regardée comme indispensable à un maître d'école. « Le principal objet de l'enseignement de la « musique dans les écoles, dit une circulaire du ministre « de l'instruction publique en Prusse, est de cultiver la « sensibilité, de faire prendre de douces habitudes, de « fortifier l'âme, objets que l'instruction seule ne saurait « remplir ; aussi forme-t-elle une partie essentielle de « l'éducation, qui ne doit pas être séparée de l'instruction ; « et si on s'en sert avec discrétion et intelligence, elle « peut rendre les natures les plus agrestes susceptibles « de bonnes et suaves émotions. »

« Sans doute la musique a été souvent l'instrument de

(1) Dunn. *L'Éducation populaire.*

la dépravation, le moyen par lequel de honteuses passions ont été nourries et développées ; mais ce résultat ne prouve qu'une chose, c'est le pouvoir de la musique sur le cœur humain, et la nécessité où se trouve le maître d'en faire un plus noble et meilleur usage, en donnant aux jeunes gens le goût de l'harmonie douce et pure, pour leur faire prendre en horreur les chants grossiers et dissolus. »

L'exemple de ce qui se passe dans un pays voisin vaudra mieux que tous les raisonnements, pour prouver l'heureuse influence que peut exercer la musique. Nous avons entendu les chants des jeunes villageois, dit un voyageur en Suisse, quand ils étaient à leurs occupations du matin ; nous avons été témoin de leur joie et de leur enthousiasme, quand par leurs mélodies, ils célébraient les belles scènes de la nature, ou s'animaient à remplir quelque devoir. Nous les avons entendus répéter l'hymne des moissonneurs, quand ils partaient avant le jour pour recueillir les grains; nous les avons vus, le soir, se réunir pour chanter un cantique de louange, de reconnaissance pour la bonté divine, ou pour entonner un air national, au lieu de se livrer aux conversations frivoles et corrompues qui rendent ordinairement ces réunions si funestes ; nous avons vu enfin, aux jours de fête, les jeunes gens, après avoir assisté aux offices divins, venir de plusieurs milles à un rendez-vous donné, au lieu de perdre le reste de la journée dans les excès de l'ivrognerie, la terminer en chantant des hymnes patriotiques ou religieux.

Hâtons-nous de le dire, notre pays, s'il n'a pas donné l'exemple, a su du moins le suivre, et les efforts généreux qui ont été tentés en France pour y populariser l'enseignement de la musique ont été pleinement couronnés de succès. Dans les plus petites communes, des orphéons ont été organisés ; l'instituteur les dirige souvent ; des concours annuels entretiennent l'émulation, et les résultats obtenus par les méthodes de MM. Wilhem, Galin-Chevé,

Laurent de Rillé ont développé bien vite chez les enfants de nos écoles, chez les artisans de nos ateliers, des dispositions musicales qu'on leur refusait gratuitement. L'impulsion est donnée, il n'y a plus qu'à la suivre et, nous pouvons dire, avec quelque fierté, qu'aujourd'hui l'instruction musicale de nos sociétés chorales et de nos orphéons ne laisse plus rien à désirer. Aussi les hommes les plus habiles dans la science musicale déclarent-ils hautement que l'Allemagne elle-même, cette terre classique de la musique d'ensemble, n'offre rien de supérieur aux concerts de nos orphéons. Dans les salles d'asile, dans les écoles des frères, les exercices de chant servent d'intermède aux travaux de la classe. Dans les écoles d'adultes, on a créé des cours de chant, et on est ainsi parvenu à faire naître, au moyen de la musique, les impressions les plus religieuses et les plus morales; on est surtout arrivé, répétons-le bien haut, à faire une rude concurrence aux cabarets.

Nous pouvons dire, d'ailleurs, que le chant ne doit pas être seulement considéré comme une récréation salutaire, il a acquis droit de cité dans les écoles primaires, et fait partie du programme ministériel.

« On enseignera le chant, lisons-nous dans une circulaire du 2 juillet 1866, parce qu'il ajoute à la pompe des cérémonies religieuses, et qu'il habitue à des mœurs plus douces. Au lieu de se chercher et de se réunir pour des plaisirs grossiers ou violents, on s'assemblera pour un plaisir délicat et relevé. L'instituteur peut beaucoup pour en répandre le goût dans les campagnes. »

Le sentiment musical se rattache à un sentiment plus général d'un ordre purement intellectuel, le sentiment du beau et du vrai, qui se manifeste par le plaisir que fait éprouver l'acquisition d'une connaissance nouvelle, la découverte d'une vérité cherchée, la contemplation du beau. L'amour de la vérité, dont la conséquence naturelle est l'amour du travail, se développera dans l'âme des enfants, si, par les explications claires et satisfaisantes du maître, ils voient la lumière pénétrer en eux, si on leur fait sentir qu'ils avancent, qu'ils deviennent plus capables de triompher des difficultés, surtout si on leur laisse entrevoir l'usage qu'ils pourront faire de leurs connaissances, et les avantages que la vérité a toujours sur l'erreur.

Pour développer l'amour de ce qui est beau et simple à la fois, que le maître grave dans la mémoire de ses élèves des morceaux de littérature, choisis avec soin et discernement parmi ceux qui sont à la portée de tous (1) ; qu'il ne leur mette entre les mains que des ouvrages écrits avec bon goût. Mais c'est peu encore ; si le maître se croit sérieusement obligé de cultiver les sentiments délicats de l'âme, il ne devra pas borner sa tâche aux heures de classes, à la salle de l'école; s'il peut trouver l'occasion de faire de temps en temps, avec quelques-uns de ses élèves, des excursions dans la campagne, ce qui sera tout d'abord une excellente manière de gagner leur affection, il se ménagera par là même le moyen le plus efficace d'ouvrir leurs yeux et leurs oreilles au magnifique spectacle, à la grande voix de la nature. Il leur fera sentir ainsi que les joies les plus vives sont celles qui s'achètent sans or et sans argent. Et ne sera-ce pas rendre un service inappréciable à ceux qui vivent continuellement en présence des scènes les plus naïves, les plus touchantes de la nature, que de leur apprendre à en goûter le charme et la douceur? Cette sensibilité n'est pas commune parmi les pauvres, et c'est pourtant à eux, dont les jouissances sont si restreintes, si rares, qu'elle serait surtout précieuse.

Ce moyen et mille autres qui se présenteront continuellement au maître, formeront dans l'âme des enfants le goût du beau et du bon, goût qui n'est pas encore la vertu, mais qui du moins est éminemment propre à lui préparer les voies. Pourquoi ces puissantes influences seraient-elles négligées dans les écoles élémentaires, quand, dirigées par la pensée des grandes vérités religieuses qui doivent

(1) Par exemple, les Hymnes du premier âge, quelques-unes des Fables de La Fontaine et de Florian.

les dominer toujours, elles peuvent contribuer efficacement à donner aux enfants un caractère à la fois aimable et élevé?

Le sentiment du vrai et du beau se décèle de bonne heure par le désir si vif de tout voir et de tout savoir, que l'on appelle curiosité.

« La curiosité (1) n'est dans les enfants qu'un désir de connaître; il faut donc tâcher de l'augmenter en eux, non-seulement parce qu'elle autorise à concevoir de bonnes espérances sur celui qui la manifeste, mais encore parce que c'est un secours que la nature fournit au maître pour dissiper l'ignorance dans laquelle les enfants viennent au monde, ignorance qui, sans ce vif désir de connaître, rendrait les hommes inutiles à la société et à eux-mêmes.

« Voici comment on pourra exciter la curiosité dans les enfants, et la tenir toujours en haleine.

« Quelques questions qu'un enfant puisse faire, il n'en faut rejeter aucune avec mépris, ni permettre qu'on en fasse un sujet de railleries; au contraire, il faut, sans se choquer des interrogations les plus naïves, répondre à tout ce qu'il demande, et lui expliquer les choses qu'il devra savoir, de manière à les lui rendre aussi intelligibles que son âge et l'étendue de ses lumières peuvent le permettre : et pour cela, rien n'est plus utile que d'employer fréquemment des comparaisons, pourvu que les termes en soient parfaitement connus des enfants. C'est presque toujours par comparaison que les enfants aiment à s'exprimer. Pour se faire comprendre d'eux, il faut parler leur langue. Une des plus grandes raisons qui éloignent les enfants de l'étude, c'est l'obscurité des explications qu'on leur donne, et surtout le mépris que l'on montre pour leur désir de savoir. Il faut donc prendre grand soin de ne faire jamais aux enfants des réponses trompeuses et illusoires,

« Les enfants sont autant de voyageurs arrivés nou-

(1) Locke. *De l'Éducation des enfants.*

vellement dans un pays étranger, qui leur est entièrement inconnu ; c'est pourquoi nous devons nous faire conscience de les jeter dans l'erreur. Bien que leurs questions semblent quelquefois frivoles, il faut y répondre sérieusement. Quoiqu'elles nous paraissent indignes d'examen, à nous qui en connaissons la solution depuis longtemps, elles ne laissent pas d'être importantes pour ceux à qui cette solution est entièrement inconnue. Et d'ailleurs, quel que soit le point de départ des questions de l'enfant, il faut savoir y répondre avec complaisance et clarté ; elles seront l'occasion de questions nouvelles, plus instructives, plus profondes, et vous pourrez mener ainsi votre élève plus loin que vous n'auriez osé l'imaginer. La connaissance est aussi agréable à l'entendement que la lumière l'est aux yeux (1). »

On méditera ces sages considérations pour comprendre les avantages que le maître peut tirer de la curiosité, et ceux dont il se prive en l'étouffant par impatience, ou en la faisant languir par négligence. Cependant la curiosité a aussi ses excès qu'il faut prévenir. En expliquant aux enfants ce qui peut être expliqué, il faut leur bien persuader qu'il est, dans l'ordre de la religion, des vérités que la raison humaine ne peut comprendre, à cause de sa faiblesse, mais qu'elle doit recevoir avec une humble et ferme foi en la parole de Dieu même.

Il faut enfin que le maître s'efforce de ne donner lieu, par les sujets d'entretien qu'il choisit, à aucune question indiscrète et inconvenante. Si malgré ces précautions on lui en adresse quelqu'une de ce genre, qu'il tâche de

(1) Dans une école, le maître ne pourra pas, sans doute, permettre aux enfants de lui adresser, au milieu de tous les exercices, des questions qui troubleraient l'ordre de la classe ; mais il devra toujours les engager à lui demander, à la fin des classes, les éclaircissements dont ils ont besoin, et saisir, dans les récréations, les occasions favorables pour exciter et satisfaire la curiosité des élèves ; il devra même, comme nous l'exposerons plus en détail, adopter certains exercices où toute latitude est donnée aux questions des enfants.

l'éluder ou qu'il réponde avec mesure et surtout avec gravité. Un sourire scandaliserait les enfants, et provoquerait sur le même sujet des interrogations nouvelles.

Il est encore un sentiment qui porte l'homme à s'intéresser à tout ce qui arrive à ses semblables, à ressentir la douleur et la joie des autres ; un sentiment qui fait éprouver un plaisir spontané à la vue de ce qui est juste et bon ; enfin une tendance aux choses religieuses, indice d'une *âme naturellement chrétienne* (1). Nous parlerons de ces différentes dispositions quand nous nous occuperons de l'éducation morale.

Nous avons maintenant à examiner les facultés de l'intelligence, qui produisent la pensée.

SECTION II.

Facultés intellectuelles. — Perception. — Attention. — Mémoire. — Imagination. — Jugement et raisonnement.

§ I. — *Théorie des facultés intellectuelles.*

Nous apercevons ce qui se passe en nous, dans notre âme, et ce qui se passe hors de nous, dans le monde qui nous entoure ; notre âme voit elle-même ses opérations, elle connaît ses émotions, ses idées, ses déterminations ; d'un autre côté, elle se met en rapport avec les objets extérieurs : c'est ce qu'on appelle *perception intérieure* et *perception extérieure.*

La perception extérieure a lieu par le moyen des sens.

On reconnaît cinq principaux sens : le toucher, la vue, l'ouïe, l'odorat et le goût.

Le toucher, qui a pour organe toute la surface du corps, et spécialement la main, nous fait connaître la forme des objets, et en même temps plusieurs autres de leurs qualités, telles que la dureté, l'aspérité, la pesanteur, etc...

La vue, dont l'œil est l'organe, aperçoit la lumière et

(1) Tertullien.

la couleur ; aidée par le tact, elle apprécie la configuration des objets, et leur distance.

Par l'ouïe, qui s'exerce à l'aide de l'oreille, nous recevons les sons, nous en discernons la force, la douceur, les différentes articulations ; nous sommes sensibles à l'harmonie.

L'odorat perçoit les odeurs qui agissent sur les parties intérieures du nez.

Enfin, le goût est la faculté par laquelle nous apprécions les saveurs. On sait que les organes du goût sont la peau de la langue et du palais.

Pour que nous arrivions à connaître les différents objets, il ne suffit pas que nous les ayons aperçus, que notre esprit en ait eu une vue rapide et passagère : l'impression qu'il en aurait reçue s'effacerait promptement sans laisser de trace. Tout le monde sait qu'on peut avoir eu sous les yeux une multitude d'objets, et cependant, au bout de quelques instants, ne plus en conserver la moindre idée, si on n'y a pas arrêté sa vue, si on ne les a pas *regardés*. Eh bien ! il en est de même pour toutes les perceptions de l'esprit. Pour que l'esprit connaisse, il ne suffit pas qu'il voie, il faut aussi qu'il regarde ; et le regard de l'esprit, le retour de la pensée vers l'objet qui nous a frappés, s'appelle l'*attention*. Sans elle, tout enseignement, tout effort tenté pour donner des idées, demeureront inutiles : on aura des oreilles pour ne pas entendre, des yeux pour ne pas voir ; l'âme demeurera dans un engourdissement perpétuel ou dans une continuelle distraction. L'attention est donc d'une indispensable nécessité à l'âge où l'on a tout à apprendre, et cependant, comme elle exige un certain effort de l'esprit, elle est très-rare dans l'enfance. Chaque maître a déjà compris combien il doit avoir à cœur de donner à ses élèves une habitude, sans laquelle toutes ses peines, toutes ses tentatives seraient frappées de stérilité.

Nous ne percevons pas seulement les objets qui sont mis en rapport avec nous, nous nous rappelons encore les choses perçues auparavant ; nous revoyons par une force toute particulière de notre esprit ce que nous avons déjà vu, et qui n'est plus sous nos yeux : cette force est appelée *mémoire* ou *souvenir*. La mémoire assure le succès de l'enseignement, en donnant une durée aux résultats ; sans la mémoire, l'attention même graverait en vain dans notre esprit des idées qui devraient s'évanouir chaque jour : la mémoire est un trésor où l'esprit met en réserve et retrouve tout ce qu'il a reçu.

Cette faculté est donc une des plus précieuses; c'est aussi une de celles qui présentent le plus de variété : elle peut avoir une grande énergie quand on l'applique à certains objets, et se trouver d'une faiblesse extrême en présence de certains autres. Ainsi la *mémoire des mots* ou *des signes* n'appartient pas toujours à celui qui a la *mémoire des choses* ou *des faits*, et même dans chacune de ces deux mémoires il y a beaucoup d'inégalités. On voit certains esprits retenir très-vite les mots et les choses, et les perdre aussi promptement ; d'autres, avec une mémoire moins facile, mais plus tenace, apprennent avec peine, mais n'oublient jamais.

Nous chercherons ailleurs les moyens de développer dans un seul esprit les qualités diverses de la mémoire.

L'*imagination* produit des effets encore plus extraordinaires : ce n'est pas seulement la faculté de se représenter, sous de vives apparences, les choses réelles, les choses qu'on a vues ou entendues ; c'est aussi la faculté de percevoir des êtres purement fictifs, qui n'ont d'existence que dans l'esprit où ils ont été formés à plaisir. « La mémoire retrace le passé ; l'imagination conçoit l'avenir : l'une répète, l'autre crée ; l'une conserve, l'autre combine ; l'une reçoit en dépôt les acquisitions de l'esprit, l'autre revêt à son gré de mille couleurs l'objet auquel elle aspire : la première est fondée sur l'habitude, sa force consiste dans les choix qu'elle s'impose ; la seconde est spontanée, et sa puissance est dans sa liberté (1). »

(1) De Gérando.

L'imagination est de toutes les facultés celle qui, peut-être, exerce la plus forte influence sur la conduite de l'homme. Une fois épris de l'idéal qu'il a formé dans son esprit, il n'est rien qu'il ne tente pour le réaliser, lors même que ce ne serait que le fruit du rêve le plus extravagant ; il n'est rien aussi qu'il ne fasse pour fuir l'objet auquel il a gratuitement attribué des qualités funestes. C'est l'imagination qui fait les artistes et les poëtes, les écrivains de génie, et les esprits en délire qui corrompent la littérature et les arts ; c'est elle qui fait les enthousiastes et les fanatiques, les héros et les fous, qui échauffe le sentiment vrai de la religion, qui nourrit les superstitions les plus odieuses ; c'est elle qui donne quelquefois à la jeunesse tant d'ardeur pour le bien, et qui la précipite souvent dans de si déplorables écarts. Avec quel soin le maître devra la surveiller, la contenir, la diriger dans les jeunes intelligences dont la conduite lui est confiée! Mais aussi quel parti il pourra tirer de cette précieuse faculté, qui aide à triompher des difficultés, qui bannit l'ennui, le découragement, et qui, pour adoucir le mal présent, offre toujours le magique remède de l'espérance!

A côté de l'imagination, et pour contrebalancer ou pour régler son action puissante, se développe la *raison*, qui voit la vérité, qui se tient à elle et ne va pas au delà. Sous le nom de raison on comprend, en général, deux opérations de l'esprit qui se lient et se servent mutuellement, mais qui cependant doivent être distinguées : le *jugement* et le *raisonnement*.

Le jugement ne se borne pas à apercevoir les objets isolés, il saisit les rapports qui unissent les différents objets entre eux, les qualités qui les distinguent. Le produit du jugement dans le langage est la proposition, qui affirme ou nie le rapport du sujet avec l'attribut. Ainsi un arbre se présente à mes yeux, ce n'est là encore qu'une simple perception ; mais je vois que cet arbre est grand ou petit, j'affirme qu'il a l'une ou l'autre de ces qualités, je fais et j'exprime un jugement.

Le raisonnement est quelque chose de plus que le jugement, et c'est par lui surtout que se manifeste la grandeur et la dignité de l'âme humaine, à qui il fait connaître des vérités dont l'évidence cependant ne la frapperait pas immédiatement. Raisonner, c'est combiner un certain nombre de jugements ; c'est poser un principe et en tirer les conséquences. Là est toute la science de la vie ; par là toutes nos observations deviennent fécondes ; par là nous nous donnons des règles de conduite ; par là enfin, nous éclairons véritablement notre esprit. Ainsi, je suis animé de ressentiment contre un homme par qui j'ai été offensé ; mais je raisonne ainsi : La religion me commande d'aimer mon prochain ; cet ennemi dont je veux me venger est mon prochain ; donc je je dois lui pardonner ; et mon cœur et ma main s'arrêtent au moment de commettre peut-être un crime.

Un jugement droit, c'est-à-dire qui aperçoit les vrais rapports des choses, et un raisonnement rigoureux, qui ne tire des principes donnés que de justes conséquences, forment cette raison saine que l'on nomme *bon sens* ou *sens commun*. Elle est indispensable à l'acquisition de toute connaissance, et surtout de cette science de tous les moments, de toutes les conditions et de tous les âges, qu'on appelle la conduite de la vie ; sans elle, il n'est aucun moyen certain de discerner dans nos études la vérité de l'erreur, de reconnaître avec sûreté ce qui nous est utile ou nuisible, ce qui nous est permis ou ce qui nous est défendu. Le premier devoir du maître, c'est de préparer les élèves à être vraiment des hommes, en en faisant des êtres *raisonnables*

Si les vues du jugement humain, si les déductions du raisonnement étaient toujours infaillibles, l'homme n'aurait pas besoin d'autre guide que ces facultés ; mais depuis sa chute fatale, une foule de passions sont venues troubler le jugement, en obscurcissant ou éclairant d'une fausse lumière les objets qu'elles ont intérêt ou à cacher ou à faire voir sous un certain jour ; elles sont venues fausser la rectitude du raisonnement, en inventant tous les artifices du sophisme, pour établir de vaines liaisons entre les jugements, pour en forcer ou en atténuer les vraies conséquences. Et en supposant même la raison droite et saine, il faudrait encore reconnaître que, finie et limitée comme elle l'est, elle s'efforcerait en vain de s'élever par ses propres forces jusqu'à ces vérités dont l'objet est infini et éternel. Aussi, Dieu a daigné secourir notre faiblesse en nous révélant lui-même tout ce qu'il nous importe de savoir avec une entière certitude, et nous ne devons pas nous lasser de bénir ce divin secours. L'étude de nos facultés, l'observation de nous-même, la vue des erreurs, des préjugés, des fautes des esprits les plus éclairés et les plus droits, sont bien propres à nous convaincre de notre propre impuissance et de la nécessité de l'appui d'en haut. Le maître, humblement pénétré de cette vérité, ne cultivera pas la raison des enfants, toujours si faible à cet âge, sans leur inspirer une défiance salutaire d'eux-mêmes, une juste déférence pour les conseils de ceux qui savent plus qu'eux, et surtout une confiance absolue dans les lumières que donne la religion.

§ II. — *Application des facultés intellectuelles aux diverses branches d'études. — Moyens de les cultiver.*

Chacune de nos facultés a son application plus spéciale à quelque branche d'études ; le maître devrait donc les cultiver avec le plus grand soin dans l'intérêt seul de l'instruction qu'il donne, quand même ce ne serait pas pour lui un devoir que de rendre les diverses facultés capables de servir en toute occasion pendant le cours de la vie. La *lecture*, dans ses commencements, demande au moins autant d'attention que de mémoire (1); et cette

(1) La lecture *courante*, au contraire, dans un livre rempli de sujets bien choisis, est un des exercices qui intéressent le plus les enfants, dont elle excite et satisfait sans cesse la curiosité.

légèreté qui rend l'attention si rare chez les enfants, explique pourquoi ils préfèrent à la lecture, l'*écriture*, pour laquelle il leur suffit de bien voir et d'exercer ce penchant à l'imitation, si remarquable et si précieux à leur âge. Plus encore que l'écriture, le *dessin linéaire* exige cette faculté d'imitation, et surtout une perception exercée et sûre qu'on appelle rectitude du coup d'œil. La *géographie* réclame surtout de la mémoire ; c'est pourquoi elle est du goût de presque tous les enfants. La géographie est d'ailleurs, avec l'*histoire naturelle*, ce qui, dans l'enseignement primaire, met le plus en jeu l'imagination, dont l'exercice a tant de charmes pour la jeunesse. La mémoire est indispensable aussi pour fixer dans l'esprit les faits de l'*histoire ;* l'imagination, pour animer ses tableaux ; mais il faut, de plus, quelque jugement pour apprécier la liaison des faits et leurs résultats, sans quoi l'enseignement de l'histoire est incomplet et stérile. Enfin le développement de la raison devient de plus en plus nécessaire pour tout enseignement qui oblige à suivre des propositions dans leurs développements, des principes dans leurs conséquences, des règles dans leur application, comme la *grammaire* et l'*arithmétique*.

La perception, la mémoire, sont les facultés qui se manifestent les premières chez les enfants ; l'imagination ne tarde pas à apparaître ; l'attention se montre longtemps rebelle ; le jugement et le raisonnement viennent ensuite. Or, d'après la liaison que nous avons montrée entre les facultés et les diverses branches d'études, nous pouvons déjà établir, en général, que l'écriture doit, chez les jeunes enfants, accompagner la lecture pour la faciliter, et qu'elle peut être suivie de près par le dessin linéaire, comme aussi par la géographie et les premières notions d'histoire ; qu'il faut occuper très-modérément de grammaire les élèves qui commencent à peine, et leur présenter uniquement cette partie mécanique du calcul qui ne demande que de la mémoire, réservant de compléter plus tard ces deux enseignements ; enfin, qu'il n'y

5.

a rien à négliger pour fixer l'attention si nécessaire, si difficile toujours.

L'éducation intellectuelle doit réaliser un double objet : donner beaucoup de notions, beaucoup d'idées : et, surtout, donner des idées claires et distinctes. C'est donc un problème indispensable à résoudre pour tous ceux qui s'occupent d'éducation, que de trouver quelles sont les facultés qu'il faut exercer pour procurer ces idées, et de quelle manière il faut diriger ces facultés pour que les idées acquises aient cette clarté qui seule peut les rendre réellement utiles. Il n'est pas besoin d'avoir résolu la grande question de l'origine des idées, pour reconnaître que la plupart de celles qui se trouvent dans l'esprit des jeunes enfants, leur viennent par la *perception sensible* (qui s'exerce au moyen des *sens*). S'ils sont peu capables de réfléchir sur eux-mêmes, d'observer le mouvement intérieur de leur âme, ils sont infiniment prompts à apercevoir ce qui se passe autour d'eux, et l'exercice facile de cette faculté est pour eux la source d'une foule de plaisirs. Cela est vrai non-seulement pour les enfants, mais pour les hommes faits. Telle est la faiblesse de notre nature, que nous ne pouvons guère concevoir les choses les plus immatérielles qu'en nous aidant de comparaisons tirées des objets matériels, et que, pour exprimer les opérations métaphysiques de l'âme, nous employons souvent les mêmes mots que pour désigner des actes physiques du corps. On l'a dit avec grande raison : « Le développement des idées est, en général, dans un rapport exact avec la manière dont la nature extérieure a frappé les sens. Deux enfants du même âge et d'une capacité semblable acquièrent des connaissances à un degré différent, s'ils ne sont pas également en rapport avec les choses qui les entourent : que l'un soit confiné dans un espace étroit, qu'on ne songe pas à lui faire envisager les choses sous un point de vue intéressant ; que l'autre ait la faculté de voir un plus grand nombre d'objets, qu'on ait soin de les lui présenter sous toutes leurs faces : celui-ci acquiert une multitude de connaissances pendant que ses organes sensibles sont excités, et, par suite, ses facultés intellectuelles exercées ; le premier, dans sa sphère étroite d'observations, n'a que des connaissances restreintes et tronquées, et ses facultés intellectuelles étant moins cultivées, sont nécessairement moins développées.

« Il y a dans l'esprit d'un enfant, quelque désavantageuses que soient les circonstances où il se trouve, une infatigable activité des facultés de perception et une disposition à la curiosité qui lui permettent toujours d'acquérir une certaine somme de connaissances pratiques : quoique abandonnée à elle-même, sa puissance intellectuelle est suffisante pour découvrir les qualités les plus apparentes des objets ! mais celles qui échappent à une première observation lui restent étrangères, ou bien il se forme des notions bizarres de leur nature, s'il n'a personne qui le conduise dans la recherche de la vérité. D'une observation incomplète et mal dirigée naissent des idées incorrectes et vagues, d'où découlent de fausses conséquences ; l'imagination y supplée par des images sans vérité : l'erreur et le préjugé se substituent ainsi aux connaissances positives.

« C'est donc le devoir du maître de faire observer aux enfants, dès les premiers degrés de l'éducation, les objets qui les entourent, et de les accoutumer à analyser avec soin les impressions qu'ils en reçoivent, et cela pour deux raisons principales : parce que cette méthode est en harmonie parfaite avec leur âge, et d'une utilité constante dans la conduite générale de la vie pratique ; ensuite, parce que cet exercice développe la puissance intellectuelle d'une manière facile et naturelle (1). »

Ces principes sont depuis longtemps appliqués dans un grand nombre d'écoles d'Angleterre, au moyen d'exercices dont voici un exemple, tiré de l'ouvrage d'Aikin :

(1) *Manuel général de l'instruction primaire.*

Exercice d'observation et de jugement

Le Maître. Qu'est-ce que je tiens dans ma main? — *L'Élève.* Un morceau de verre. — Examinez ce verre qu'y remarquez-vous? Pouvez-vous dire ce qu'il est?— Il est brillant. — Prenez-le et touchez-le. — Il est froid. — Touchez-le encore, et comparez-le avec l'éponge qui est attachée à votre tableau... Dites-moi maintenant ce que vous remarquez dans le verre? — Il est poli, il est dur. — Y a-t-il d'autre verre dans la chambre? — Oui, aux fenêtres. — (*Le Maître ferme les volets.*) Pouvez-vous voir le jardin maintenant? — Non. — Pourquoi? — On ne peut voir à travers les volets. — Que dites-vous alors du verre? — Nous pouvons voir au travers. — Pouvez-vous me dire un mot qui exprime cette propriété? — Non. — Je vais vous le dire; faites-y attention, pour vous le rappeler : le verre est *transparent*. Quelle idée aurez-vous maintenant quand on vous dira qu'une chose est transparente? — Qu'on voit au travers. — Nommez-moi une chose qui soit transparente. — L'eau. — Si je laissais tomber ce verre, ou si vous jetiez une pierre contre la fenêtre, qu'arriverait-il? — Le verre se casserait; il est fragile. — Quelles sont donc les substances fragiles? — Celles qui se brisent facilement.

Exercice de comparaison.

Le Maître. Voici quatre objets que je vous ai apportés pour que vous me disiez en quoi ils sont différents et en quoi ils se ressemblent. Nommez-les. En quoi le plomb et la plume diffèrent-ils? — *L'Élève.* La plume est légère et le plomb est lourd. — De ces quatre objets, quel est le plus lourd après le plomb? — C'est le sucre. — Le sucre est-il plus lourd que le lait?... Regardez. (*Le maître met dans le lait un morceau de sucre et une plume.*) Dites-moi, mes enfants, qu'est-ce que vous voyez? — Le sucre tombe au fond, la plume reste dessus. — Le sucre tombe au fond parce qu'il est plus lourd que le lait, la plume reste dessus parce qu'elle est?... — Plus légère que le lait. — Dites-moi encore comment le sucre et la plume diffèrent? — Le sucre fond et la plume ne fond pas. — Le plomb fond-il dans l'eau? — Non, mais il fond dans le feu. — Dites-moi si le lait et le sucre se ressemblent en quelque chose? — Ils sont tous deux blancs et doux. — Trouvez en quoi ils ne se ressemblent pas? — Le lait est liquide et le sucre ne l'est pas. — En quoi le lait et le sucre sont-ils différents du plomb et de la plume? — Le sucre et le lait sont agréables au goût, mais le plomb et la plume ne sont pas bons à manger. — Si vous aviez faim ou soif, qu'est-ce que vous demanderiez; serait-ce du plomb ou de la plume? — Non, mais du sucre ou du lait. — Le plomb et la plume ne servent-ils donc à rien? — Avec les plumes on fait des lits et des oreillers. Le plomb sert à faire des tuyaux, des réservoirs, des balles à fusils, etc... — Qui nous a donné toutes ces choses pour notre usage? — C'est Dieu. — Pourquoi nous les a-t-il données? Parce qu'il est... — Très-bon (1).

Le maître pourra consacrer quelques instants de la fin d'une leçon à des exercices semblables : il devra surtout les adresser aux plus jeunes enfants, dont il est essentiel d'éveiller l'intelligence si souvent engourdie, et pour lesquels il faut tâcher de diminuer la fatigue et l'ennui des premières études.

Ces exercices, en offrant l'avantage de tirer parti des intelligences les plus ingrates et les plus rebelles, ont aussi pour effet de rendre l'enfant capable d'attention en général; et celui qu'on est parvenu à fixer sur une chose, est déjà disposé à s'appliquer à d'autres.

Hâtons-nous d'ajouter aux moyens de tirer parti de l'influence des sens, l'emploi fréquent des images. « Plus

(1) Traduit du *Modèle de leçons à l'usage des écoles de l'enfance*. Nous ne saurions trop exhorter les instituteurs à essayer l'application de cette méthode pour l'exercice des facultés intellectuelles, qui a produit en Angleterre, d'excellents résultats.

les enfants sont jeunes (1), plus ils sont étrangers aux tristes réalités de la vie, et plus ils sont frappés des images qui leur représentent les prodiges de l'Histoire sainte, les actions louables de toute espèce, les monuments de tous les genres. Avec leur mémoire encore si neuve, leur imagination déjà si vive, leur inquiète curiosité, leur élan vers toutes choses, ils saisissent, ils retiennent, ils répètent jusque dans le sein de la famille les scènes plus ou moins étonnantes dont ils ont vu, chaque matin, le dessin ou la peinture appendus dans la classe... Pour les plus jeunes enfants des écoles, les idées abstraites sont inabordables, la parole seule est un vain son qui se dissipe dans les airs, les longues exhortations sont stériles. Mais les images, voilà les livres des petits enfants, voilà leurs cahiers, voilà leurs premiers maîtres. »

Multipliez donc sur les murs de l'école les images qui retracent les scènes de l'histoire et les objets d'histoire naturelle, les figures du dessin linéaire, les cartes de géographie; elles fixent merveilleusement l'attention, elles rappellent sans cesse, elles redisent, elles résument la leçon ; et ces enseignements, nettement réfléchis dans d'heureuses mémoires, s'y fixeront ineffaçables et fidèles comme ces traits que grave la lumière sur la planche docile de la chambre obscure.

C'est d'après les mêmes principes tirés de l'observation vraie de l'esprit humain, que le sage abbé Gaultier cherchait à fixer l'attention, en donnant à chaque étude la forme d'un jeu, dans lequel il s'agissait de répondre le mieux possible aux questions adressées à chacun en particulier, puis de reprendre celui qui venait à se tromper. Ainsi le gain était pour le plus instruit, mais surtout pour le plus attentif; la perte tombait inévitablement sur l'écolier distrait et négligent. Une pareille méthode n'est guère susceptible d'être introduite dans une école nombreuse; mais pourquoi le maître entouré d'un petit nombre

(1) *Un mot sur les Images*, par M. le conseiller Beudu

d'élèves ne l'emploierait-il pas de temps à autre comme un des moyens de solution du grand problème : rendre les enfants attentifs?

Plus les enfants sont jeunes, plus il est nécessaire, pour obtenir d'eux cette attention, d'entourer l'étude de circonstances agréables, intéressantes. Au lieu de leur faire lire des phrases détachées et insignifiantes, que le maître mette entre leurs mains des anecdotes instructives et morales; que leurs modèles d'écriture soient composés de petits traits historiques, de notions utiles : les enfants s'attacheront naturellement à leurs leçons de lecture et d'écriture. Il faut éviter seulement ce qui donnerait à l'étude un caractère de puérilité et de niaiserie. Du reste, les moyens accessoires deviendront de plus en plus rares, à mesure que les objets d'enseignement seront plus élevés; et l'enfant arrivera toujours à comprendre que l'étude est une chose sérieuse, que tout progrès exige des efforts.

On a dit qu'il fallait se garder de déguiser le travail sous une forme trop attrayante, que l'instruction n'était solide que quand elle était acquise à force de peines. L'expérience a protesté contre ces théories absolues.

Il faudrait cependant se garder d'aller trop loin dans la voie de simplification et de matérialisation de l'enseignement. Depuis quelques années on a donné aux enfants des facilités exceptionnelles pour apprendre. La méthode intuitive est en grand honneur et ce n'est que justice, mais on l'a pour ainsi dire réduite à une collection de tableaux ou d'images qui tendraient à remplacer le travail de l'esprit par un simple effort des yeux. Il y a là un danger que nous signalons aux instituteurs et qu'ils ont certainement déjà compris.

« Facilitons le travail de l'enfant; épargnons-lui, par des explications préliminaires, les efforts inutiles et improductifs, accélérons ses progrès en lui faisant comprendre plus aisément et plus vite ce que nous lui enseignons; rien de mieux. Mais ne supprimons pas tout effort chez lui ; rappelons-nous que le travail personnel est, pour l'enfant comme pour l'homme, une condition essentielle d'amélioration et de progrès.

« L'instituteur cherchera donc tous les moyens d'éveiller l'intelligence de ses élèves, il les aidera ; mais s'il leur présente le travail comme la source la plus pure de la satisfaction, il leur rappellera sans cesse que le travail, s'il produit les fruits les plus doux, exige cependant de longs et patients efforts. Il élèvera ainsi leurs âmes, les fortifiera pour les luttes de la vie et ne leur laissera pas dans l'esprit cette idée profondément fausse que le travail doit nécessairement être une distraction (1). »

Sans doute bien des utopistes ont rêvé d'atténuer la peine et de supprimer la fatigue. Beau rêve si l'on veut, mais rêve irréalisable. Combien nous préférons à ces aspirations dangereuses ces quelques lignes qui furent aussi le testament d'un écrivain chrétien :

« N'affranchissons personne de la loi du travail, car le travail est un bienfait. Il nous coûte l'effort et la peine ; mais il nous rapporte la vigueur et la joie. C'est parce qu'il lasse qu'il aguerrit ; c'est parce qu'il est dur qu'il est salutaire. O la triste philantrophie de ceux qui ont rêvé pour l'homme le travail attrayant ! Ce n'est plus le travail alors, ce n'est que le plaisir ; ce n'est plus un maître sévère, ce n'est qu'un joyeux compagnon. Pour moi, je dis avec un sage : Si Dieu offrait aux hommes de supprimer la faim, la soif et le froid ; s'il disait au laboureur : dételle ta charrue, le blé poussera tout seul ; s'il disait au forgeron : Jette là ton marteau, le fer mollira sous tes doigts, nous répondrions au bon Dieu : Seigneur, ne changez rien au monde tel que vous l'avez fait, avec le froid à endurer, la faim à prévenir et la nature à vaincre. Vous nous avez donné une intelligence et des bras ; laissez-nous travailler et mériter le paradis (2). »

(1) Thery. *Journal des Instituteurs.*
(2) H. Rigault.

L'attention n'est pas seulement difficile à exciter, elle est plus difficile encore à soutenir longtemps, chez les enfants surtout. N'exigeons pas d'eux des efforts au-dessus de leur âge, dont les effets pourraient être désastreux pour leur santé, pour leur instruction même. Afin de ne pas fatiguer l'attention, il faut varier habilement les objets d'études ; séparer les leçons de nature semblable par des leçons d'un genre tout différent : l'esprit se repose par le changement plus que par l'inaction. La variété des études, si on ne la porte pas à l'excès, est loin de nuire à leur solidité. Il y a longtemps qu'on a proclamé cette vérité. « Partageons nos heures en plusieurs genres d'études, la variété répare les forces de l'esprit ; rien n'est difficile, au contraire, comme de s'appliquer longtemps à un même travail : la lecture nous repose après l'écriture, et il faut la quitter elle-même quand elle fatigue. Nous avons beau nous livrer à beaucoup de travaux, notre esprit retrouve sa vigueur quand nous l'appliquons à un nouvel objet. L'intelligence succomberait s'il fallait écouter toute une journée la leçon d'un seul maître : le changement suffira pour la renouveler, comme la diversité des mets réveille l'appétit et chasse le dégoût (1). »

L'attention ainsi exercée aura une grande influence sur la mémoire ; chacun sait que sans attention la mémoire la plus heureuse est bientôt en défaut. Il est certain cependant que la mémoire ne répond pas toujours à l'attention donnée, et que l'on trouve des enfants en qui cette faculté semble constamment rebelle, malgré la meilleure volonté. Reste donc à étudier les conditions dans lesquelles elle se produit, afin de les mettre en œuvre pour la fortifier et l'étendre. La mémoire, en général, tient à une loi de l'esprit appelée association des idées, d'après laquelle un objet ne peut se présenter à notre pensée sans y faire naître le souvenir d'un grand nombre d'objets analogues. C'est ainsi que nous ne passons pas dans un

(1) Quintilien.

lieu où il nous est arrivé quelque accident, sans que la vue de cet endroit ne nous rappelle le mal que nous y avons éprouvé; c'est ainsi qu'il nous suffit de penser à un personnage de l'histoire pour que ses actions nous reviennent à l'esprit. Le maître pourra tirer grand parti de ce phénomène intellectuel, pour exercer la mémoire *des choses* ou *des faits*, surtout s'il considère que les idées des choses sensibles sont celles qui font le plus d'impression sur l'esprit des enfants, que ce sont par conséquent celles qu'il faut employer comme moyen de rappel pour les autres idées. Voilà pourquoi, en racontant aux élèves quelque trait d'histoire, il est bien de leur montrer une image où les particularités de ce trait historique se trouvent représentées; puis de faire répéter aux enfants eux-mêmes l'histoire qu'ils ont entendue, en aidant leur mémoire par la vue de l'image. Voilà pourquoi il est si essentiel de saisir, par exemple, l'occasion d'une belle action accomplie en présence des enfants, pour les exhorter, eux aussi, à bien agir; car le souvenir du fait qui s'est passé devant eux ne reviendra pas sans ramener celui des conseils du maître.

La mémoire des choses est indispensable dans la vie; c'est elle que le maître devra cultiver avec le plus de soin : et pour cela il habituera ses élèves à répéter ce qui aura fait l'objet de ses leçons, plutôt en reproduisant les mêmes idées qu'en redisant les mêmes paroles.

La mémoire des mots pourtant ne doit pas être négligée; car elle aussi à son utilité pratique dans mille circonstances. Il faut donc, de bonne heure, accoutumer les jeunes enfants à *apprendre par cœur*. L'expérience prouve qu'il est facile d'y réussir. Ne voyons-nous pas chaque jour que dans les salles d'asile, où les enfants ne savent pas lire, ils retiennent fort bien ce qu'ils entendent répéter au maître ou à leurs camarades. L'instituteur primaire pourra de même commencer à exercer la mémoire de tous ceux qui entrent dans son école, même avant qu'ils ne sachent lire. Il pourra déjà leur faire faire les calculs faciles de la table de multiplication, leur apprendre quelques petites sentences, quelques couplets, quelques prières. Plus tard, les enfants apprendront des fables, des préceptes de morale, les leçons de l'Evangile.

Pour que la mémoire soit non-seulement prompte, mais tenace, le maître inculquera dans l'esprit de ses élèves tout ce qu'ils auront appris une fois, par des répétitions fréquentes; car il vaut mieux qu'ils sachent peu, mais qu'ils sachent bien, que d'avoir dans la tête une multitude d'idées confuses, dont il leur serait impossible de tirer parti plus tard.

On a cru souvent qu'il était avantageux, pour graver les mots dans la tête des enfants, d'avoir recours à une foule de moyens purement mécaniques, tels que des combinaisons de syllabes qui étonnent par leur bizarrerie, des rimes étranges, des analogies ridicules souvent, mais frappantes : il faut se défier de ce moyen et même le proscrire de nos écoles. Une mémoire habituée à n'agir qu'à l'aide de pareils artifices peut être quelquefois utile dans les exercices de la classe, mais elle sera de bien peu d'usage dans le cours de la vie

Il ne suffit pas que les leçons soient bien apprises, elles doivent encore être bien récitées. Beaucoup de maîtres reculent devant la prétendue impossibilité d'obtenir une récitation convenable et naturelle; et cependant si les élèves récitent mal, l'instituteur doit bien souvent s'en prendre à lui-même. Un écolier nouveau arrive au milieu d'un grand nombre d'enfants dont chacun récite à sa manière; il imite toutes les mauvaises coutumes qu'il voit établies autour de lui. Si le maître avait tenu à ce que tout enfant, dès son entrée dans l'école, récitât posément, avec le ton et l'inflexion convenables, il verrait qu'il n'est pas beaucoup plus difficile de faire prendre l'habitude de réciter bien que celle de réciter mal.

Il faut l'avouer cependant, la mauvaise récitation des enfants tient ordinairement à une cause assez grave pour que le maître y donne toute son attention. La plupart du temps, ce que les enfants apprennent dans les écoles est appris sans intelligence ; comment s'étonner s'ils ne font pas ressortir, en récitant, des idées qu'ils n'avaient pas même aperçues ? Ils ne substitueraient pas si souvent dans leurs leçons un mot à un autre, s'ils avaient bien compris le sens de chacun des termes qu'ils ont à répéter. Une mémoire purement machinale est certainement plus nuisible qu'utile aux enfants ; elle arrête le développement de l'intelligence, dont elle offre quelquefois une apparence à laquelle le maître lui-même est trompé : qu'il ait donc soin, avant de faire apprendre une leçon à ses écoliers, de leur donner exactement le sens de chaque phrase et la valeur de chaque mot; qu'il ait soin d'intervertir souvent l'ordre des questions qu'il adresse, afin de s'assurer que les réponses ne viennent pas par routine, et que l'esprit de l'enfant est autre chose qu'une horloge montée; enfin qu'il termine la récitation de toutes les leçons importantes, en faisant répéter les explications qu'il a données lui-même en commençant. C'est là peut-être ce qu'il y a de plus essentiel dans l'exercice de la mémoire, et c'est cependant ce que l'on néglige le plus souvent : aussi, que reste-t-il ordinairement aux élèves de tant de pages de prose et de vers qu'ils ont récitées dans l'école?

En prenant les mêmes soins pour cultiver la mémoire de tous les enfants, le maître ne peut pas espérer obtenir de tous les mêmes résultats. Il aura le plus grand égard aux dispositions naturelles de ses élèves, qui, sur ce point, varieront prodigieusement. Il exigera peu de celui dont la mémoire est rebelle, il lui saura gré de tous ses efforts, lui signalera tous ses progrès ; sans cela le découragement aurait bientôt anéanti en lui les faibles ressources de sa nature. Enfin par des exercices prudemment gradués, il développera chez lui cette faculté précieuse qui n'est jamais totalement absente et qui le plus souvent sommeille.

L'association des idées, dont nous avons vu l'influence sur la mémoire, tient elle-même intimement à la faculté d'imagination, et se fait en général avec d'autant plus de facilité, que celle-ci est plus vive. L'instituteur pourra exercer heureusement l'imagination en faisant connaître aux enfants les apologues si pleins de charme, les fables si naïves et si profondes de notre La Fontaine, dont la plupart, dans des comparaisons faciles à saisir et à retenir, offrent d'utiles enseignements. Mais ici déjà il faut savoir s'arrêter : il n'est pas bon de mettre entre les mains des enfants les contes de fées, les histoires imaginaires, qui, en leur inspirant la passion du merveilleux, les disposent à prendre en dégoût la vie réelle, et qui souvent ont le grave inconvénient de remplir leur esprit d'espérances et surtout de terreurs chimériques.

Écartons avec soin de l'école tous les livres où les plaisirs des sens sont peints avec des couleurs vives et animées, qui enflamment d'une manière si dangereuse l'imagination des jeunes écoliers, surtout à l'âge de l'adolescence ; qu'ils soient de bonne heure habitués à chercher leurs plus grands plaisirs intellectuels dans la lecture de l'histoire, et de la plus intéressante des histoires, celle de l'Ancien et du Nouveau Testament : là ils trouveront des tableaux capables de remplir leurs esprits d'images pures et réelles, là tout leur inspirera le goût du bien.

S'il faut empêcher les enfants de se nourrir de lectures romanesques, à plus forte raison l'instituteur qui habite les villes devra-t-il se garder de voir dans les spectacles un moyen de récompense pour les élèves. Quel maître censé voudrait encourager les enfants au travail par l'attrait d'un plaisir qui compromettrait leurs mœurs, ou tout au moins ébranlerait leur imagination, agiterait leur âme au delà de toute mesure ?

Sans cesser d'employer à l'égard de tous les élèves ces moyens généraux, un bon instituteur étudiera avec attention le caractère de chacun. S'il trouve chez un enfant l'imagination engourdie, il ne craindra pas, toutes les fois que l'occasion s'en présentera, de lui faire lire et apprendre plus particulièrement des descriptions pittoresques, des morceaux de poésie gracieuse; il excitera sa curiosité sur les objets qui l'entourent, il multipliera pour lui les explications intéressantes. Si un élève présente les symptômes d'une imagination exaltée, le maître s'attachera à lui faire analyser froidement ses idées, à lui faire chercher les raisons des choses ; il mêlera aux récits plus animés, des réflexions graves, des explications longues et détaillées.

De tels soins ne peuvent que difficilement être donnés à chacun, dans l'éducation publique ; et cependant, si un maître sait profiter de tous les moments où il peut, hors le temps des classes, se trouver en relation avec les enfants, comme aux repas, dans les promenades ; s'il choisit avec discernement les livres qu'il peut mettre de temps en temps entre les mains des élèves, que de moyens il a encore de rendre à chaque enfant un inestimable service, en le préservant autant que possible des écarts de la plus dangereuse faculté !

Voici maintenant l'instituteur appelé à une de ses plus nobles fonctions : il s'agit de former la raison, c'est-à-dire d'apprendre aux enfants à bien juger, à bien apprécier les choses et les faits, et à bien raisonner, ou à apercevoir les effets, à tirer rigoureusement les conséquences. Certes les moyens, les occasions ne manquent pas pour exercer avec fruit le jugement et le raisonnement.

Les exercices sur les objets purement physiques dont nous avons parlé sont déjà propres à habituer les plus jeunes enfants à ne juger qu'après avoir examiné, et à contrôler leurs impressions par l'observation et l'expérience. Que le maître, dans ses conversations avec les élèves, leur demande souvent ce qu'ils pensent de tel ou tel fait facile à apprécier, il les habituera ainsi à se rendre bien compte de l'effet que produit sur eux la première vue des choses. Qu'il ne rectifie pas à l'instant même le jugement faux d'un élève, surtout qu'il ne l'arrête pas par une observation dure et humiliante; mais qu'il le laisse s'expliquer et développer sa pensée; ensuite il lui montrera en quoi et comment il s'est trompé, il le ramènera doucement au vrai, dont la faiblesse de son esprit l'avait éloigné. Et ceci pourra être mis en pratique à tout moment : à la fin d'une lecture, d'une leçon d'histoire, à l'aspect d'un monument, d'un tableau, le maître demandera à quelques élèves ce qu'ils pensent de ce qu'ils ont lu, de ce qu'ils ont vu, ce qui les a frappés davantage, ce qu'ils croient devoir être imité ou devoir être évité, ce qui leur a paru bon ou mauvais.

« Lorsque dans un exercice quelconque, la recherche d une vérité ou l'application d'un principe demandent un raisonnement, une petite série de déductions, il faut amener l'élève à l'exécuter lui-même. Bien plus, il ne faudra pas craindre, toutes les fois que cela sera nécessaire pour rendre ses idées et ses raisons plus précises et plus claires, pour dégager les vérités principales des idées accessoires, il ne faudra pas craindre de lui faire exécuter un petit raisonnement *en forme*. C'est un excellent moyen d'exercer le raisonnement pratique d'un enfant, et même de fortifier son intelligence en général. Comme exemple, supposons que dans une leçon de grammaire on ait à faire rendre compte à l'élève de l'accord du participe passé dans les deux propositions suivantes : Votre sœur est *tombée*, votre frère a *nui* à son voisin. Au lieu de lui laisser donner des explications, justes sans doute, ou à peu près, mais incomplètes, tronquées, dénuées de tout ordre satisfaisant, on pourrait l'amener à formuler ainsi ses raisons : Dans la première proposition, le participe passé *tombée* est accompagné de l'auxiliaire *être*; il faut donc chercher l'accord avec le sujet; or, le sujet *sœur*, est du féminin singulier; *tombée* sera donc du féminin singulier. Dans la seconde proposition, le participe passé *nui* est accompagné de l'auxiliaire *avoir;* il faudrait donc chercher l'accord avec un complément direct placé devant lui : or, il n'y a pas de complément direct; donc *nui* est invariable (1). » Nous ne saurions recommander trop vivement cette méthode, applicable à tous les genres d'étude, et dont les avantages sont inappréciables. C'est le moyen d'ouvrir et d'éveiller toutes les intelligences, de briser peu à peu ces lisières où se tient toujours l'esprit de tant de gens, dont l'opinion est constamment celle de leur voisin, dont la pensée n'est que l'écho de la pensée d'autrui ; c'est le moyen de donner à la société des hommes capables de se servir par eux-mêmes de la plus belle faculté humaine ; c'est le moyen surtout de douer promptement les enfants de ce bon sens usuel qui, par l'habitude de bien voir, arrive presque toujours à la vérité, en dépit des ténèbres dont la couvrent les passions et les intérêts divers.

Le bon sens, au reste, se forme à une condition essentielle : c'est qu'on s'accoutume de bonne heure à ne pas juger avec précipitation, à examiner toujours avant de décider. Que l'instituteur prenne donc en considération la faiblesse de l'esprit de ses élèves ; qu'il attende patiemment leurs réponses, plutôt que de les trop presser, et qu'il ne leur demande leur avis que sur des objets parfaitement à leur portée.

Une des causes les plus ordinaires des faux jugements, c'est l'ignorance de la vraie signification des mots, ignorance dont nous avons déjà fait entrevoir les effets funestes en parlant de la mémoire : « Les enfants arrivent auprès des instituteurs paraissant connaître leur langue maternelle, tandis qu'ils ne l'ont apprise qu'au hasard. Ils se sont hâtés de répéter des mots qu'ils ont entendus sans en connaître la valeur, et dont la plupart ne leur représentent aucune idée. Tout cet apprentissage de la langue maternelle est pour eux en quelque sorte à refaire. C'est sous la direction du maître qu'ils apprendront à imposer aux choses leurs véritables noms. Il n'est pas nécessaire pour cela de prendre un dictionnaire et de faire une étude spéciale de tous les termes de la langue.

(1) Voy. Cours de Pédagogie, de M. Charbonneau.

Chaque instant offrira une occasion naturelle de reconnaître si l'enfant comprend bien la signification des mots qu'il emploie et de l'amener naturellement à la compléter ou à la rectifier, s'il ne l'a pas bien saisie. Ne lui faites jamais grâce quand vous le voyez parler sans savoir ce qu'il dit ; contraignez-le alors par des questions à se l'avouer à lui-même. Peut-être sentira-t-il qu'il parlait d'une chose qui est au-dessus de sa portée, et il apprendra à s'abstenir ; si, au contraire, il était en état de la concevoir, vous le conduirez à la bien comprendre à l'aide de ses propres efforts (1). »

On amène ainsi l'enfant à donner l'explication de choses qu'il sait sans les avoir apprises, parce qu'ils les a vues, mais qu'il n'a jamais raisonnées. On l'amène ainsi par les déductions les plus simples à une véritable découverte qui flatte son amour-propre et qui est certainement le meilleur encouragement à l'étude. Quelle joie pour lui quand il a été doucement poussé à expliquer de lui-même une vérité qu'il affirmait inconsciemment chaque jour !

Le raisonnement, qu'en théorie l'on sépare du jugement, ne s'en isole donc point dans la pratique. Le raisonnement est la suite, le complément, l'application du jugement ; lui seul rend les jugements utiles, non-seulement pour le présent, mais aussi pour les temps à venir. Il est vrai de dire, pourtant, que le raisonnement doit être exercé avec beaucoup de discrétion dans l'école. Habituer les enfants à n'admettre que ce que leur raisonnement leur démontre, alors que leur raison est si incomplète et si faible, serait leur rendre le plus déplorable service, puisque l'homme, dans toute la force de son intelligence, est lui-même obligé de se soumettre humblement à tant de vérités que sa raison ne peut atteindre. Mais, sur tout ce qui est à la portée de l'enfance, il est bien que chaque élève s'habitue à conclure de ce qu'il a vu dans un cas particulier à ce qui doit être dans tous

(1) *Cours de pédagogie* de M. Charbonneau.

les cas semblables ; il ne suffit pas qu'il ait dans la tête des principes de religion et de morale, il faut que le maître lui en fasse tirer les conséquences : par exemple, lorsque l'enfant aura commis une faute, le maître lui rappellera la règle qu'il a violée, et l'amènera de déductions en déductions, à caractériser lui-même sa faute, à s'avouer coupable. Les règles générales de la morale seront des prémisses fécondes, qui serviront à la fois au développement de l'esprit et du cœur. Les élèves apprendront à déduire des devoirs généraux les obligations particulières qui y sont contenues ; à conclure une défense du précepte contraire ; à tirer d'une même raison différents devoirs ; à rattacher un même devoir à plusieurs motifs divers. On pourra encore très-utilement, toutes les fois que les enfants réciteront quelques-unes des admirables maximes des saintes Écritures, leur proposer un fait auquel ils feront eux-mêmes l'application de la maxime ; enfin il sera bon, tout en se gardant bien d'employer habituellement les formules du syllogisme, de leur montrer comment une idée générale quelconque se développe, comment elle embrasse une foule de propositions particulières.

Les exercices mêmes de l'instruction, qui exigent déjà une certaine force de raisonnement, réagiront à leur tour sur cette faculté, et contribueront puissamment à la développer, si le maître sait en tirer parti. L'application de chaque règle de la grammaire, bien expliquée, bien comprise, est une occasion de raisonner juste ; chaque petit problème d'arithmétique demande encore un travail de la raison. Ainsi la faculté en se développant facilitera l'étude, l'étude en s'étendant exercera la faculté : l'éducation et l'instruction se prêteront un mutuel secours.

Mais il ne suffira pas au maître d'avoir ainsi donné ses soins à chacune des facultés intellectuelles de ses élèves. Quoique les philosophes aient distingué diverses forces dans l'intelligence, il n'en est pas moins vrai que l'intelligence agit le plus souvent sans se diviser, comme une force unique. A tout instant nous employons à la fois nos facultés de perception, de mémoire, de jugement, de raisonnement : il faut donc habituer l'esprit à faire usage de toutes ses puissances par des exercices qui les mettent toutes en action; or, il n'en est pas de meilleurs, de plus faciles à répéter, que les exercices *analytiques*. L'*analyse* nous est pour ainsi dire naturelle, car nous nous en servons pour acquérir nos premières connaissances ; nous ne pouvons avoir l'idée bien exacte d'un tout qu'après avoir étudié ses parties séparément ; nos sens mêmes nous donnent les premières leçons d'analyse, en agissant eux-mêmes indépendamment les uns des autres sur des parties diverses du même objet, en nous obligeant de l'envisager sous des points variés. Mais pour que l'analyse soit vraiment utile, elle ne doit pas être faite au hasard ; il faut qu'elle soit complète et régulière, n'omettant aucun détail important, et les observant dans leur ordre naturel. Elle devra, en outre, se terminer par une recomposition qui rende la vie à l'objet mis en pièces pendant un moment : c'est alors que l'inventaire est terminé, que l'objet est véritablement connu. Cette recomposition, que les philosophes appellent *synthèse*, n'est pas moins nécessaire et moins naturelle que la décomposition, appelée analyse. Il serait aussi fâcheux de n'avoir que l'idée des parties isolées sans avoir l'idée générale du tout, que d'avoir une notion vague du tout sans connaître les parties.

Voici, par exemple, un tableau représentant un beau paysage historique. Si nous examinons confusément le dessin et la composition du tableau, la manière dont les personnages sont groupés, l'expression de leur figure, le paysage qui les entoure et le coloris, nous verrons mal.

Au contraire, analysons le tableau. Que signifient ces personnages ? Ce point une fois connu, cherchons si la figure des personnages exprime bien les sentiments qui doivent s'y retracer, si leurs postures sont naturelles ou forcées ; examinons si le site est en harmonie avec le sujet, si le théâtre répond à l'action ; puis enfin jetons un coup d'œil général pour résumer tous les détails, pour embrasser l'ensemble : notre première idée, vague et incertaine, sera devenue précise et complète ; nous pourrons juger plus sûrement le tableau, nous en aurons senti, goûté tout le mérite, et son souvenir restera pour longtemps gravé dans notre mémoire.

Tels sont les principes que l'abbé Gaultier a appliqués avec tant de succès à toutes les parties de l'enseignement (1).

L'analyse, nécessaire à tout, exige des procédés particuliers, et reçoit des noms différents, suivant les objets pour lesquels on l'emploie. Ainsi on distingue :

L'*analyse grammaticale*, ou la décomposition d'une phrase en mots considérés seulement comme parties du discours, comme *noms*, *adjectifs*, *adverbes*, etc.

L'*analyse logique*, ou décomposition d'une proposition en ses diverses parties, *sujet*, *verbe* et *attribut*, pour montrer les rapports de ces parties entre elles.

Enfin l'*analyse des choses*, ou l'examen des détails dont la réunion forme le tout que nous avons sous les yeux.

L'analyse grammaticale et l'analyse logique ont pour but de faire connaître spécialement le mécanisme de la langue : leur application à l'éducation intellectuelle n'est donc pas très-directe. Elles se rapportent à l'enseignement spécial de la grammaire.

Quant à l'analyse des choses, elle a une tout autre portée, un tout autre intérêt. Nous l'avons déjà envisagée par rapport aux objets physiques, et nous avons donné des exemples de la manière dont ils doivent être étudiés, avant même d'avoir prononcé le mot d'analyse, tant cet exercice est ordinaire et indispensable. On peut encore l'employer à faire connaître, non plus seulement la valeur grammaticale des mots, mais leur signification ; on peut l'appliquer enfin à toute pensée exprimée par le discours ou l'écriture : et c'est alors ce qu'on appelle une *analyse littéraire*.

(1) Voir l'*Exposé des méthodes de l'abbé Gaultier*, par M. de Jussieu.

Si la connaissance du sens vrai de chaque mot est nécessaire pour le sage exercice du jugement, l'analyse est la meilleure manière de donner cette connaissance. Le maître n'aura donc pas tout fait, quand il aura donné le sens général d'un terme, pour faciliter l'emploi de ce mot à l'avenir, et dans toute autre phrase que celle où il l'aura rencontré la première fois ; il devra encore expliquer, au moins dans les mots d'un usage fréquent, la valeur des racines, des dérivés, des composés de ces mots. Par exemple, l'enfant lit : *il arriva un événement imprévu;* sans doute il aura l'intelligence générale de la phrase quand le maître lui aura dit que le mot *imprévu* signifie *ce qui n'est pas prévu, une chose à laquelle on ne s'attend pas.* Mais une explication des mots ainsi bornée ne répondrait pas, à beaucoup près, à l'objet qu'elle doit remplir dans l'éducation intellectuelle ; les enfants n'auront pas acquis une idée bien nette du mot, et lorsqu'il reviendra dans une autre circonstance, surtout avec quelque modification, ils seront peut-être aussi embarrassés que la première fois pour en saisir le sens. Mais appelez leur attention sur les trois éléments du mot *im-pré-vu.* Demandez-leur le sens de la syllabe *im* dans la composition ; dites-leur de vous indiquer, ou indiquez-leur, s'ils ne répondent pas, d'autres mots dans lesquels elle a de même une valeur *négative* (*incommode, incivil...*), en leur montrant du reste les modifications que cette particule peut subir sans changer de sens, comme dans *impatient, illisible, irréparable...* Expliquez ensuite le sens de la syllabe *pré;* citez des exemples de la manière dont elle influe sur les composés où elle prend place, comme *préférer, prématuré, prédiction...* Enfin, arrivez au mot *vu,* et indiquez la signification variée des divers composés du mot *voir.* Alors l'enfant aura certainement une idée complète et applicable du mot ainsi analysé, et en même temps de beaucoup de mots analogues.

De telles analyses prennent du temps, et par conséquent il ne faut pas trop les multiplier ; mais ce serait un grand tort que d'y renoncer entièrement pour cette raison; car il est peu d'exercices plus utiles. Les enfants trouvent toujours, même dans les livres les plus simplement écrits, une multitude de mots qu'ils n'entendent qu'imparfaitement ou qu'ils n'entendent pas du tout. N'est-ce pas cette incomplète intelligence des mots qui explique pourquoi les gens sans éducation ne voient, dans la lecture des ouvrages les meilleurs et les plus intéressants, que des exercices laborieux et pénibles, et préfèrent occuper leurs loisirs par des délassements grossiers et souvent honteux?

Remarquez, au reste, que ces analyses doivent être faites *accidentellement*, à propos de toute autre étude. Profitez, pour donner des notions utiles, de ces mille occasions qui semblent naître par hasard; c'est certainement le meilleur moyen de les inculquer dans l'esprit. Tout ce qui est accessoire dans l'enseignement doit être montré d'après ce principe. Une analyse de mots, par exemple, faite au milieu d'une leçon de lecture, fixera beaucoup plus l'attention que si elle est l'objet d'une leçon spéciale, à laquelle les enfants arriveront ennuyés et distraits d'avance.

Saisir toutes les occasions de donner à propos et agréablement des notions de tout genre, c'est là le grand moyen, et de tenir en éveil l'attention des enfants, et de développer et d'enrichir leur esprit.

Nous ne dirons qu'un mot de l'analyse purement littéraire, dont l'objet est de discuter de vive voix ou par écrit une pensée séparée, ou mieux encore, un morceau choisi d'un écrivain, pour en faire remarquer les défauts et les beautés. Sans doute c'est un des plus utiles exercices de l'intelligence; mais il excède la portée de la plupart des enfants qui fréquentent les écoles primaires. Le maître ne l'emploiera que dans des cas exceptionnels, et seulement à l'égard des élèves les plus instruits, en le simplifiant même autant qu'il sera possible. Pour les autres enfants, et dès l'âge le moins avancé, un autre exercice pourra être mis en usage avec un grand profit: il consiste, après la lecture d'une histoire ou d'un morceau quelconque, non pas à en faire ressortir les qualités, mais à en rappeler dans un court extrait les parties les plus saillantes; et c'est là encore une analyse qui exerce et forme l'intelligence.

Tels sont les principaux moyens que le maître peut employer pour cultiver l'esprit des élèves. Mais tout en y travaillant avec zèle, il doit penser qu'il ne multiplie pas ainsi les moyens de connaître, sans faire naître beaucoup d'occasions de dangers; que ce perfectionnement intellectuel sera funeste à la société, s'il vient à n'être qu'un moyen de tromper les plus simples et d'exercer une perfide supériorité sur les ignorants. Or, l'instituteur disposera les élèves à abuser de leur intelligence, s'il ne semble considérer tous les moyens de la développer que comme de purs exercices gymnastiques destinés à rendre l'esprit capable de tout, au lieu de pénétrer de bonne heure les enfants de cette idée, que leurs facultés ne doivent jamais être employées qu'à chercher et à répandre le bon et le vrai: idée salutaire, qu'on n'inspire guère aux autres si l'on n'en est pas bien persuadé soi-même.

« L'amour de la vérité, dit Silvio Pellico, une confiance pleine et entière dans la vérité, est le premier de nos devoirs.

« La vérité, c'est Dieu. Aimer Dieu et aimer la vérité sont la même chose.

« Prenez la ferme résolution de rester attachés à la vérité, de ne pas vous laisser éblouir par la fausse éloquence de ces méprisables sophistes qui s'appliquent à jeter des doutes décourageants sur toute chose.

« La raison ne sert de rien, elle nuit même, quand elle se plie à combattre la vérité, à accréditer, à soutenir de déplorables mensonges; quand, tirant des conséquences exagérées des maux dont la vie est semée, elle nie que la vie soit un bien; quand, après avoir cité quelques désordres apparents dans l'univers, elle ne veut pas reconnaître l'existence de l'ordre; quand, frappée de la matérialité et de la mortalité des corps, elle refuse de croire à un être spirituel et immortel; quand elle traite de rêveries les distinctions entre le vice et la vertu; quand elle veut voir dans l'homme une brute, et qu'elle ne trouve en lui rien de divin.

« Il n'y a d'autre usage convenable de la raison que celui qui donne à l'homme une haute idée de la dignité à laquelle il peut atteindre, et qui l'excite à y arriver. »

C'est avec de tels principes que le maître pourra travailler à éclairer la raison des élèves, à leur montrer la vérité, et qu'il préparera efficacement leur éducation morale et religieuse. « La vérité, selon l'ingénieuse pensée d'un auteur anglais, la vérité, considérée en elle-même et dans ses effets naturels, peut être comparée à une source d'eau chaude qui jaillit du sein de la terre au milieu d'une masse de neige et de glace que l'hiver a amoncelée sur son ouverture. Elle tourne d'abord, puis elle entame, elle creuse, elle mine l'obstacle qui l'arrête, elle l'entraîne enfin, et augmente par cela même son volume et sa force. Quand elle est arrêtée dans sa course par la froide saison, elle éprouve du retard, jamais de pertes, et n'attend que le changement du vent pour se réveiller et reprendre sa course (1). »

CHAPITRE IV.

Éducation morale.

SOMMAIRE. — Notions précises sur son objet, sur ses moyens, sur le principe supérieur qui doit l'animer. — Son objet : développer régulièrement les facultés morales et donner ainsi des habitudes fortes et pures. — Deux sortes de moyens : théorie et pratique. — Théorie : étude des principales facultés; activité, liberté, volonté, penchants, habitudes et

(1) Coleridge.

passions; conscience du bien et du mal. Reconnaissance du devoir remords.— Connaissance des dispositions de l'enfance, de ses penchants, de ses habitudes, des moyens d'influence et d'action qui peuvent la diriger, la contenir, l'améliorer.— Étude particulière des différents devoirs : devoirs de la morale privée; devoirs de la morale publique; devoirs de la morale religieuse; unité et accord de tous les devoirs —Pratique : application des facultés morales aux devoirs de l'istituteur. Soumission à la règle: respect envers les supérieurs; égards et bons procédés envers les élèves; bienveillance, bons exemples, conversations sages et utiles, ardeur pour le travail, modestie dans le succès.

De la part que doit prendre l'instituteur à chacune des trois éducations : à l'éducation physique, dont il partage la direction avec les parents de l'élève; à l'éducation intellectuelle, qui lui est confiée presque exclusivement; à l'éducation morale et religieuse, que dirigeront plus particulièrement les ministres de la religion.

L'éducation intellectuelle, nous l'avons dit, forme l'esprit ; l'éducation morale, plus importante encore, forme le cœur : c'est-à-dire qu'elle règle la conduite, en apprenant à la volonté à suivre les préceptes de la vertu, à se conformer au devoir. La nécessité de cette double éducation apparaît à tous ceux qui, éclairés par le dogme chrétien et par l'étude de notre nature, se sont fait une juste idée de la dégradation et de la misère de l'homme. « Cherchons à connaître avant tout (1) l'être sur lequel nous avons à exercer les saintes influences de l'éducation. N'entrons pas dans la carrière avec cette idée séduisante, mais fausse, que le cœur d'un enfant est une source d'amour et de pureté ; que l'enfant, encore à l'abri des impressions funestes du mal, goûtera spontanément tout ce qu'on lui offre de bon et de beau ; que son âme est, pour ainsi dire, une page blanche et nette, sur laquelle nous écrirons tout ce que nous voudrons. Notre désappointement serait amer et complet. Soyons persuadés que la folie et le mal sont au fond du cœur de tous les hommes, même du cœur des enfants, et réglons nos plans et nos espérances d'après ce point de départ. »

Dans l'éducation morale, il y a un double but à atteindre : 1° rendre la faculté de raison capable de discerner la vé-

(1) *Manuel des écoles normales primaires* de Horner.

rité et l'erreur, le bien et le mal; 2° donner une telle habitude de bien agir, que l'imagination, les passions, les affections s'accoutument à suivre les décisions de la raison, éclairée par la religion. Qui ne connaît, en effet, la puissance extrême des habitudes en bien comme en mal : habitudes lentes à former, mais obstinées, difficiles à détruire, surtout quand elles ont pris naissance dans le jeune âge ?

« Ne méconnaissons jamais, dit l'illustre Gerson, le pouvoir de l'habitude, qu'Aristote appelle une seconde nature : n'est-il pas évident que rien n'est plus à charge, plus funeste, plus amer, qu'une habitude mauvaise; mais aussi que rien n'est plus doux, plus facile, plus divin, qu'une bonne habitude ? Aussi, tous ceux qui se sont occupés d'éducation sont-ils d'accord sur ce point, qu'il importe grandement de former de bonne heure les habitudes des jeunes gens. Ce que tu ne peux porter maintenant, disait Ovide, tu le porteras avec l'habitude.

« La force incroyable de l'habitude nous est révélée tristement par les superstitions sacriléges qui s'établissent chez les peuples, par les mœurs perverses qui s'y enracinent. Mais aussi, qui doutera que l'habitude de la vraie religion et des mœurs pures ne puisse avoir une grande et heureuse influence ! Si l'on cherche à réformer les mœurs, que l'on commence donc par les enfants; sans espérer les trouver exempts de défauts, on les trouvera cependant moins corrompus, moins imbus de mauvaises doctrines. Jeunes plantes encore, elles peuvent n'être pas droites; mais du moins elles cèdent à la main qui les redresse : plus tard, elles se briseraient avant de plier. »

D'après ces considérations, nous exposerons d'abord les devoirs généraux de la morale, puis nous chercherons comment appliquer à l'enfance ces règles salutaires, comment former cet ensemble d'habitudes fortes et pures, qui n'est autre chose qu'une conduite irréprochable.

Nous ne pouvons être obligés à remplir un devoir, qu'autant que nous sommes capables de le connaître, et capables d'agir conformément à cette connaissance, c'est-à-dire, tout à la fois intelligents et libres. Aussi avons-nous reçu de Dieu, qui a voulu faire de nous des êtres moraux, le libre arbitre et la conscience, dont l'exercice devrait être aidé toujours par les sentiments et les penchants naturels.

SECTION PREMIÈRE.

Facultés morales. — Libre arbitre; conscience ou perception du bien et du mal; sentiment moral.

La volonté de l'homme est libre : entre deux partis à prendre, elle choisit à son gré l'un ou l'autre. Je puis, comme bon me semble, aller ici ou aller là, adopter telle ou telle résolution, m'arrêter à tel ou tel dessein. Sans doute ma liberté physique, c'est-à-dire, le mouvement de mon corps, peut être enchaînée par des forces plus grandes que la mienne; mais rien ne détruit la liberté morale, celle qui caractérise véritablement l'homme, qui échappe à toute contrainte, qui, de la manière dont nous en usons, fait notre dignité ou notre honte, notre bonheur ou notre malheur. En vain on a souvent accumulé les sophismes pour attaquer le libre arbitre Des raisonnements subtils pourront bien faire naître un instant des doutes sur sa réalité, mais il suffit à chacun de se replier sur lui-même pour faire évanouir devant l'évidence ces ténèbres de l'esprit. Quel est celui qui, songeant à la manière dont il se détermine, dont il s'est déterminé dans les différentes occasions, ne soit forcé de s'écrier : Je suis libre, j'ai été libre; ce que j'ai fait, je l'ai voulu faire, et si j'ai mal agi, la faute en est à moi!.

Le libre arbitre de l'homme est en effet le fondement de toute morale; rien ne serait plus injuste que d'imputer de bonnes ou de mauvaises actions à celui qui y aurait été poussé par une force irrésistible, que de prescrire des règles de conduite à celui qui serait incapable de s'y conformer. Mais du moment où Dieu a donné à l'homme une faculté aussi énergique, et par conséquent aussi dangereuse que la liberté, il a dû nécessairement lui prescrire la manière dont il devait en user pour qu'elle ne lui devînt pas funeste; il a dû lui imposer des règles, des devoirs.

Le flambeau naturel qui éclaire tout homme sur ses devoirs, est la conscience. Nos actions et celles des autres nous apparaissent comme justes ou injustes, bonnes ou mauvaises ; nous approuvons les unes, nous blâmons les autres ; nous jugeons les premières dignes de récompense, les autres dignes de châtiment : et ce témoignage de la conscience est une des plus invincibles preuves de la liberté humaine. Quand nous avons fait le mal, non-seulement nous reconnaissons la faute que nous avons commise, mais encore nous nous la reprochons comme étant responsables de notre action. Cette voix de la conscience, que l'on appelle le remords, s'élève au-dessus de la voix de l'intérêt et de la passion; elle suit partout le coupable pour l'accabler. Notre conscience, qui nous a jugés, se charge elle-même de nous punir; c'est là un châtiment terrible, mais en même temps, une dernière ressource qui reste au coupable pour revenir au bien; une lumière qui l'importune, mais qui lui montre encore la vérité; une force qui le fatigue et le tourmente, mais qui lui fait violence pour l'arracher à ses fautes. Bien plus funeste est l'état de celui en qui la conscience elle-même s'est tue, en qui le remords s'est assoupi; celui-là est parvenu au dernier degré de la dépravation et de la misère morale, et il n'y a plus qu'un secours surnaturel qui puisse le tirer de l'abîme où il est tombé.

L'exercice de la liberté et de la conscience est modifié par les émotions particulières de l'âme, que l'on peut appeler *sentiments moraux*. A la vue d'une action bonne et vertueuse, nous éprouvons un sentiment de plaisir, d'admiration et d'amour, qui nous dispose à imiter cette action; en présence d'une action mauvaise, d'un désordre ou d'un crime, notre âme est involontairement saisie de peine, de dégoût et de haine. Ce sentiment moral se manifeste de bonne heure dans l'enfance, et commence déjà à donner une certaine direction à la conduite, avant que la raison soit assez éclairée pour avoir de justes notions du bien et du mal; sentiment bien précieux à cultiver, puisqu'il prête un constant appui à notre pauvre nature, si impuissante pour le bien et si faible contre le mal. Heureux celui qui sent en son âme cette noble indignation contre le mal, et ces généreux élans d'enthousiasme pour le bien, qui soutiennent le courage défaillant, renversent les obstacles, font naître les admirables dévouements, les sacrifices sublimes !

Le libre arbitre, c'est-à-dire la volonté, éclairé par la conscience, secondé par le sentiment moral, serait suffisant pour conduire l'homme dans la voie de la vertu et du devoir, si les lumières de la conscience ne faisaient jamais défaut, si le sentiment moral était toujours pur et droit. Mais depuis la chute de l'homme, les penchants mauvais ont obscurci, altéré l'une et l'autre. Par une déplorable corruption de la nature, le vice, malgré ses horreurs, a eu pour nous des attraits; des objets criminels ont enflammé nos désirs, et la passion du mal a été très-souvent plus forte que celle du bien. L'intérêt est venu obséder notre raison, altérer ses vues, fausser ses jugements; il a habitué la volonté à préférer, non pas ce qui est bien, mais ce qui est utile et agréable. L'abus des plaisirs des sens a abruti l'intelligence et affaibli les forces de l'âme; les passions, nourries, échauffées par mille influences mauvaises, se sont exaltées jusqu'à subjuguer toutes les puissances de notre être, jusqu'à nous jeter dans une telle ivresse, que souvent le libre arbitre vaincu ne peut reprendre l'empire que par un de ces magnanimes efforts qui effrayent bien des courages. Entraînés dès l'enfance par des penchants pervers, nous réclamons en vain le secours de ce guide intérieur qui devrait nous conduire toujours. Vaines rêveries, dangereuses illusions, que ces doctrines qui ne nous donnent, pour nous éclairer, que les lumières qui sont en nous-mêmes ! Que l'on réfléchisse sérieusement à la dépravation de notre nature, et l'on sera profondément persuadé que, tout en travaillant à rendre à nos facultés morales leur pureté et leur énergie, il faut nous hâter de leur donner l'appui des croyances religieuses, d'opposer à la terrible influence des passions la puissance de ces grandes sanctions que la foi chrétienne peut seule établir d'une manière inébranlable, d'appuyer notre vacillante raison sur les règles immuables qui nous sont données d'en haut.

« Tout ce qui est hors de nous, dit Silvio Pellico, est régi par une loi harmonique et éternelle, tout a une destination dont l'objet est de prouver la sagesse et d'exécuter les volontés de cet être qui est la cause et la fin de toutes choses.

« L'homme a également une destination, une nature. Il faut qu'il soit ce qu'il *doit* être, ou il n'est estimé ni des autres ni de lui-même ; il n'est pas heureux. Sa nature est d'aspirer au bonheur, mais il ne peut y arriver qu'en étant vertueux... L'accomplissement du devoir est tellement nécessaire à notre félicité, que même les douleurs et la mort, qui semblent être la cause de nos plus grandes peines, se changent en plaisirs pour l'homme généreux qui souffre et meurt avec l'intention de faire du bien à son prochain, et de se conformer aux adorables décrets du Tout-Puissant.

« Il faut que l'homme soit ce qu'il doit être. Dans cette maxime, nous trouvons à la fois l'idée du devoir et celle du bonheur. La religion, en disant que l'homme est fait à l'image de Dieu, exprime cette vérité d'une manière sublime. Son devoir et son bonheur sont d'être cette image, de ne vouloir pas être autre chose, parce que Dieu est bon, et qu'il a donné pour destination à l'homme de s'élever à toutes les vertus, et de ne faire qu'un avec lui. »

L'homme, créé par le Tout-Puissant, qui le conserve et le protége, chargé de lui rendre compte de la vie qu'il a reçue, et placé au milieu d'êtres semblables à lui qui sont ses frères, l'homme a des devoirs envers lui-même, envers le prochain, envers Dieu.

SECTION II.

Devoirs de l'homme (1)

DEVOIRS DE L'HOMME ENVERS LUI-MÊME. — L'homme placé sur la terre à la tête de la création, fait pour aspirer à d'éternelles destinées, comblé des dons de la Providence, doit répondre aux intentions divines, en se maintenant au rang où il a été élevé, et en tirant tout le parti possible des forces qu'il a reçues, des facultés dont il est pourvu.

« L'homme n'est qu'un roseau, le plus faible de la nature, mais c'est un roseau pensant. Il n'est pas nécessaire que l'univers entier s'arme pour l'écraser : une vapeur, une goutte d'eau suffit pour le tuer. Mais, quand l'univers l'écraserait, l'homme serait encore plus noble que ce qui le tue, parce qu'il sait qu'il meurt; et l'avantage que l'univers a sur lui, l'univers n'en sait rien. Ainsi, toute notre dignité consiste dans la pensée : c'est par là qu'il faut nous relever, et non par l'espace et la durée. Travaillons donc à bien penser, voilà le principe de la morale.

« Il est dangereux de faire trop voir à l'homme comment il est égal aux bêtes, sans lui montrer sa grandeur; il est encore dangereux de lui faire trop voir sa grandeur sans sa bassesse; mais il est très-avantageux de lui représenter à la fois l'une et l'autre. Il faut donc que l'homme

(1) Ce livre n'étant pas un *traité de morale*, nous passerons rapidement sur l'exposition des différents devoirs qui fait l'objet spécial du cours d'instruction morale et religieuse; nous nous occuperons surtout d'indiquer les moyens de donner aux enfants l'idée du devoir, de leur inspirer les vertus plus spéciales à leur âge, et de détruire les défauts qui se développent le plus fréquemment en eux

s'estime son prix, qu'il s'aime : car il a en lui une nature capable de bien ; mais qu'il n'aime pas pour cela les bassesses qui y sont (1). »

Que l'homme composé d'un corps et d'une âme, cultive ses forces physiques comme des instruments utiles, tout en s'efforçant d'en éviter l'abus ; qu'il développe son intelligence faite pour connaître la vérité ; qu'il fortifie sa volonté pour la rendre capable de résister aux passions, et de suivre les préceptes de la morale développés et complétés par les préceptes de la religion ; enfin, qu'il rapporte humblement tout ce qu'il pourra faire à celui dont il a tout reçu : il aura alors vraiment compris sa dignité, et se sera conformé, autant qu'il était en lui, aux vues de la Providence.

Devoirs de l'homme envers ses semblables. — L'expression la plus lumineuse, la plus féconde et la plus simple des devoirs de l'homme envers ses semblables, est certainement ce divin précepte de l'Évangile : *Aimer son prochain comme soi-même.*

Il est naturel à chacun de désirer que son droit soit respecté, que nul n'attente à ce qu'il regarde comme ses inaliénables priviléges, sa liberté, sa vie, sa propriété ; de désirer des appuis à sa faiblesse, des secours à sa misère, des consolations à son malheur. Le précepte d'aimer son prochain comme soi-même résume en lui seul les deux préceptes qui embrassent toute la morale : *Ne pas faire à autrui ce que nous ne voudrions pas qu'il nous fît : faire à autrui ce que nous voudrions qui nous fût fait à nous-mêmes.* Devoirs de justice, qui détournent des actes contraires à l'ordre ; devoirs de bonté, qui ne se bornent pas à nous interdire l'injustice, mais nous commandent d'aller au-devant des besoins du prochain. Devoirs moins rigoureux peut-être les uns que les autres, et pourtant presque également nécessaires à la vie et au bien-être de la société.

(1) Pascal, *Pensées.*

En développant chacune de ces maximes générales, on en fera sortir toute la série des devoirs particuliers: défense d'attenter à la liberté physique du prochain en contraignant les mouvements de son corps, et à sa liberté intellectuelle en nuisant au développement de son esprit; défense d'usurper son bien en aucune manière : voilà pour la justice.

D'un autre côté, obligation de fournir à autrui les occasions d'augmenter son bien-être, d'étendre son intelligence, de devenir meilleur, de se perfectionner en un mot : voilà pour la bienfaisance; et tout cela est dans le précepte : *Aimer son prochain comme soi-même.*

En exprimant tous les devoirs à la fois, ce précepte remplit encore un objet non moins important: il indique un moyen simple et sûr de reconnaître ces devoirs. Bien souvent nous hésitons, nous sommes embarrassés quand il s'agit pour nous de l'intérêt de nos semblables; l'amour-propre, les passions de tout genre troublent notre vue: le droit d'autrui est la chose du monde que nous avons le plus de peine à reconnaître. Mais qu'il s'agisse de nous, l'amour de nous-même, ce sentiment si vif, si profond, si indestructible, nous prête une attention, une perspicacité incroyables. Nous qui offensons souvent les autres sans scrupule, à peine sommes-nous offensés que nous crions à la tyrannie: si nous voyons mal le droit d'autrui, nous voyons parfaitement le nôtre. Que notre droit soit donc la règle et la mesure du sien; en nous aimant, apprenons comment nous devons aimer notre prochain.

Tels sont les devoirs envers nos semblables, considérés individuellement. Au-dessus de ces devoirs, nous devons placer ceux qui nous lient à la société dont nous sommes les enfants, et qui a droit à notre dévouement en retour de la protection qu'elle nous donne.

« Si je savais quelque chose qui me fût utile et qui fût préjudiciable à ma famille, je le rejetterais de mon esprit; si je savais quelque chose qui fût utile à ma famille et qui nuisît à mon pays, je le regarderais comme un crime (1) : » tel est, en abrégé, le devoir du citoyen.

DEVOIRS DE L'HOMME ENVERS DIEU. — En accomplissant ces différents devoirs, déjà nous travaillons à la tâche que Dieu nous a donnée, déjà nous remplissons la destinée pour laquelle il nous a mis en ce monde, déjà nous rendons un culte à Dieu, en nous conformant à sa volonté. Mais ce n'est pas à dire que nous puissions nous dispenser d'un culte spécial envers celui dont nous tenons tout, et qui, après nous avoir créés, a bien daigné abaisser sa majesté jusqu'à notre misère infinie, et se sacrifier pour la réparation de nos crimes.

« Dieu est notre père, nous devons l'aimer; il est infiniment bon, nous devons nous attacher à lui; il est juste et tout-puissant, nous devons le craindre et le respecter. C'est lui qui nous a créés, c'est lui qui nous conserve l'être et la vie; tous les avantages dont nous jouissons, nous les tenons de sa main libérale, et il nous prépare des biens infiniment plus précieux que ceux qu'il nous a déjà donnés; il veut nous rendre éternellement heureux : c'est donc avec justice qu'il exige de nous un culte.

« Ce culte doit être intérieur et comprendre toutes les facultés de notre âme; il doit être extérieur, afin que le corps puisse concourir, en sa manière, à l'honneur que l'âme rend à Dieu; il doit aussi être public, parce que les hommes, étant destinés à vivre en société, doivent se réunir pour bénir et adorer ensemble celui qui les a tous créés.

« Sans un culte fixe et invariable, la religion ne pourrait subsister longtemps parmi les hommes; ils ont besoin de s'édifier mutuellement et de s'exciter les uns les autres à la pratique de leurs devoirs. Aussi, dès l'origine du monde, les hommes se sont-ils réunis pour rendre ensemble leurs hommages au Seigneur. La même lumière qui découvre à l'homme l'existence d'un être dont il dépend, lui fait aussi connaître l'obligation de l'honorer.

(1) Montesquieu.

Ce culte a été différent chez les divers peuples, mais il a toujours eu le même principe, c'est-à-dire le besoin d'honorer une puissance suprême, un Dieu créateur et conservateur, une Providence qui règle tout.

« Vos études et votre raison vous conduiront à reconnaître que, parmi les différentes religions, il n'y en a pas qui soit pure, exempte d'erreurs, resplendissante de sainteté, divine, sinon le christianisme; il n'y en a pas qui ait autant contribué à faire marcher et à propager la civilisation, à faire sentir à tous les mortels leur fraternité avec Dieu même.

« Réfléchissez à tout cela, et principalement à la solidité des preuves historiques du christianisme; elles sont telles qu'elles peuvent supporter tout examen non passionné.

« Et, pour n'être pas trompés par des sophismes sur la force de ces preuves, rappelez-vous, en faisant cet examen, le grand nombre d'hommes distingués qui l'ont reconnue parfaite, depuis quelques-uns des plus profonds penseurs de notre temps, jusqu'à Bossuet, jusqu'à saint Thomas, jusqu'à saint Augustin, jusqu'aux premiers pères de l'Église (1). »

Salut! salut! Église une et vraie, s'écrie le poëte Moore, converti, après de longues recherches, à la foi catholique; ô toi qui es l'unique chemin de la vie, et la seule dont les tabernacles ne connaissent pas la confusion des langues! Mon âme se repose à l'ombre de tes saints mystères. Mon Dieu, vous avez rompu mes liens; que mon cœur et ma langue vous louent à jamais, car vous m'avez fait recevoir votre joug si aimable et le fardeau si léger de votre loi. Combien ai-je trouvé de douceur et de plaisir à renoncer aux vaines joies du monde! Combien ai-je été heureux d'abandonner ce que j'avais tant redouté de perdre! Vous êtes le seul véritable plaisir capable de remplir mon âme; vous êtes ma lumière, mon bien et mon salut.

(1) Sivio Pellico, *Devoirs des hommes.*

La loi que Jésus-Christ est venu apporter au monde forme un corps de doctrine si parfait, qu'on ne peut rien y ajouter ni rien en retrancher. Elle montre à l'homme tous ses devoirs envers Dieu, envers son prochain, envers lui-même; elle convient aux hommes considérés en corps, et à chacun d'eux en particulier dans toutes les situations où il peut se trouver : elle est propre à tous les peuples et à tous les temps. Lorsqu'on examine cette morale de près, on est forcé de convenir que celui qui en est l'auteur a eu la connaissance la plus profonde de l'homme, de son esprit, de son cœur, de ses passions, de ses faiblesses, de tous ses maux et des remèdes qu'il fallait y appliquer, aussi bien que de sa véritable fin et des moyens qu'il doit employer pour y parvenir. Si les hommes se conformaient à cette morale, ils seraient aussi bons et aussi heureux qu'on peut l'être en ce monde : et, en effet, qu'on se représente un peuple de vrais chrétiens, c'est-à-dire, d'hommes qui aiment Dieu comme leur père, qui s'entr'aiment comme des frères, qui n'aient tous qu'un cœur et qu'une âme, qui tendent tous à une même fin, qui marchent tous vers le même terme, qui est le ciel ; aucun d'eux ne faisant jamais céder le bon droit à la passion, l'intérêt général à l'intérêt personnel, mais plaçant au contraire son bonheur dans celui de ses semblables, prenant part à leurs peines et les aidant à les supporter; un peuple pareil serait certainement un grand spectacle dans l'univers ! Ainsi serait un état composé de chrétiens.

Ce sont de tels hommes, de tels citoyens, que les instituteurs doivent contribuer, autant qu'il est en eux, à préparer pour la famille, pour la patrie, mais qu'ils ne pourront former qu'autant qu'ils seront pénétrés eux-mêmes des vérités salutaires et fécondes de la religion ; disons-leur donc avec J.-J. Rousseau : « Fuyez, fuyez tous ceux qui sèment dans le cœur des hommes de désolantes doctrines. Sous le hautain prétexte qu'eux seuls sont éclairés, vrais, de bonne foi, ils nous soumettent impérieusement à leurs décisions tranchantes, et prétendent nous donner pour les vrais principes d'actions les inintelligibles systèmes qu'ils ont bâtis dans leur imagination. Du reste, renversant, détruisant, foulant aux pieds tout ce que les hommes respectent, ils ôtent aux ouvriers la dernière consolation de leur misère, aux puissants et aux riches le seul frein de leurs passions; ils arrachent du fond des cœurs le remords du crime, l'espoir de la vertu, et se vantent encore d'être les bienfaiteurs du genre humain. Jamais, disent-ils, la vérité n'est nuisible aux hommes. Je le crois comme eux, et c'est à mon avis une grande preuve que ce qu'ils enseignent n'est pas la vérité. »

L'École sans Dieu, tel est aujourd'hui le mot d'ordre et le programme d'une secte incrédule. Comme si la science suffisait à remplir le cœur de l'homme; comme si l'étude pouvait seule assouvir ces aspirations vers l'infini dont sa pensée est pleine. La philosophie matérialiste a tenté d'arracher Dieu de nos consciences; et qu'a-t-elle laissé à ses adeptes?... le désespoir.

Méditez donc, vous tous qui êtes appelés à l'insigne honneur de diriger les premiers pas de nos enfants sur le rude chemin de la vie, méditez ces lignes que nous détachons à dessein du Règlement général des écoles, promulgué le 12 août 1763 par le grand Frédéric, et qu est aujourd'hui encore la base de l'enseignement scolaire en Prusse.

« Nous croyons utile et nécessaire, dit-il, de poser les fondements du véritable bien-être de nos peuples, en constituant une éducation raisonnable en même temps que chrétienne, pour donner à la jeunesse, avec la crainte de Dieu, les connaissances qui lui sont utiles... Les enfants ne pourront quitter l'école avant d'être instruits des principes du christianisme... Les instituteurs plus que les autres doivent être animés d'une solide piété. Avant toutes choses, ils doivent posséder la vraie connaissance de Dieu et du Christ, en sorte que fondant la rectitude de leur vie sur le Christianisme, ils accomplissent leur mission devant Dieu, en vue du salut, et qu'ainsi par le dévouement et le bon exemple, rendant heureux leurs élèves dans cette vie, ils les préparent encore à la félicité éternelle. »

SECTION III

Application des règles de la morale à la conduite de l'instituteur.

Il est incontestable que l'instituteur ne pourra enseigner ce qu'il aura mal appris, et cela n'est pas moins vrai pour la science morale que pour la science intellectuelle. Pendant le temps précieux que le maître futur passe dans l'asile de l'école normale, occupé tout entier à acquérir ce trésor que bientôt il sera chargé de dispenser à la jeunesse, il ne doit pas se contenter d'enrichir son esprit de connaissances diverses, il faut encore qu'il façonne son cœur à toutes les vertus qu'il devra inspirer plus tard. L'école normale est pour lui déjà un abrégé de la société, où se présentent sans cesse les occasions de pratiquer ces devoirs sans lesquels les relations des hommes entre eux seraient autant de causes d'inimitiés et de désordres.

On a dit avec une grande raison que, pour savoir commander, il fallait avoir su obéir. Que l'élève-maître se conforme scrupuleusement aux habitudes de la maison avec une scrupuleuse exactitude : il sait que, loin d'être une tyrannie, la règle n'est qu'une salutaire contrainte, qui, du reste, sous une forme ou sous une autre, doit dominer chaque homme pendant toute sa vie. Tous, dans une société bien organisée, dépendent d'une loi à laquelle doit se plier leur volonté ; alors même que la loi ne les atteindrait pas, ils devraient encore se tracer un plan de conduite invariablement suivi, sans quoi, leur vie, dissipée au hasard, n'arriverait jamais à aucun but. Placé à la tête des enfants, l'instituteur aura encore à conserver une règle : qu'il s'habitue donc, avant tout, à suivre la règle sage et paternelle de l'école normale.

Dans cette école sont des maîtres ayant autorité sur ceux qui seront maîtres à leur tour; à eux le respect et les égards : celui qui aurait refusé à ses supérieurs l'hommage qu'il leur doit, aurait plus tard bien mauvaise grâce à exiger pour lui soumission et obéissance. D'ailleurs, en quittant l'école normale, l'instituteur ne fera que changer de supérieurs, et sa soumission aux autorités devra toujours être le modèle de la soumission de ses élèves envers lui-même.

Les bons procédés, les égards affectueux, la politesse, présideront à toutes les relations des élèves-maîtres entre eux. Il se formera, en outre, quelques-unes de ces amitiés, fortes et durables, parce qu'elles ont pour base *un parfait accord sur les choses divines ou humaines* (1). « Dans le monde, dit saint François de Sales, il est nécessaire que ceux-là même se réunissent qui veulent combattre sous la bannière de la vertu, sous la bannière de la croix. Les hommes qui sont dans le siècle, où ils ont à franchir tant de pas difficiles pour aller à Dieu, ressemblent à ces voyageurs qui, dans les sentiers rudes ou glissants, s'attachent les uns aux autres pour se soutenir, pour cheminer plus sûrement. »

Mais, s'il est vrai que l'amitié, dans toute la force du terme, ne peut exister qu'entre quelques-uns, tous ne devront pas moins conserver cette bienveillance mutuelle, qui, seule, met du charme dans les rapports sociaux, cette bienveillance dont l'instituteur aura tant besoin pour se concilier l'affection et le concours d'autrui dans l'exercice de ses fonctions. L'impolitesse gâte le cœur de l'homme, en le disposant à n'avoir que des sentiments malveillants; elle irrite et afflige nos semblables. Au contraire, « quelle heureuse influence exercera sur le caractère des enfants un instituteur chez qui le mécontentement ne provoquera jamais ni un terme injurieux ni l'accent de la colère; qui montrera à tous les élèves, sans

(1) Cicéron.

aucune exception, des égards également affectueux, et qui dans toutes ses relations de société, de famille et d'école, sera constamment le modèle des qualités les plus aimables ! (1) »

L'affabilité ne doit pas être seulement dans les manières, elle doit être aussi dans le langage; et c'est à l'école normale que le futur instituteur peut et doit s'habituer à donner à son élocution cette douceur, cette aisance, cette netteté, qui seront pour lui des conditions presque indispensables de succès. Écoutons le sage avis de M. Matter : « Soyez attentifs à vos pensées, à vos sentiments; avant de les communiquer, voyez s'ils sont justes, s'ils peuvent plaire à d'autres et vous faire honneur. Si cela est, songez à les communiquer sous la forme la plus simple, la plus naturelle, la plus concise : c'est toujours la plus agréable; c'est en même temps la seule élégance qui soit de bon goût et de bon ton. Le langage le plus insupportable dans la conversation est le langage prétentieux ; et parler comme un livre est parler comme un sot. » Mais aussi, vous qui devrez former la jeunesse, habituez-vous de bonne heure à rendre toutes vos expressions parfaitement pures des trivialités inconvenantes, des grossières exclamations que les personnes sans éducation sèment sans cesse dans leur langage; et des railleries bouffonnes qui trop souvent offensent les bonnes mœurs.

Que tous les élèves-maîtres travaillent avec ardeur à se former à leurs nobles fonctions, et de l'exemple général naîtra pour chacun un puissant encouragement; que leurs conversations soient souvent consacrées à examiner entre eux les difficultés qui les arrêtent : c'est là une gymnastique des intelligences qui rend chacun plus capable de se suffire à lui-même. Au milieu de ces exercices, divers élèves-maîtres se distingueront déjà par une aptitude, une capacité plus grande : que ceux-là chassent loin d'eux toute pensée d'orgueil et de vanité; qu'ils craignent de

(1) M. Barrau. *De l'éducation morale de la jeunesse, à l'aide des écoles normales primaires.*

blesser les autres par un air de supériorité. Une pensée grave doit préoccuper ceux qui réussissent mieux que leurs émules : plus ils ont de talents, plus ils ont d'obligations à remplir : Dieu demande beaucoup à ceux qui ont beaucoup reçu. Et d'ailleurs, n'ont-ils pas à redouter un dangereux écueil où se sont brisés tant de mérites naissants? La facilité est funeste à celui qui s'y confie jusqu'à dédaigner le travail : tel a été un brillant élève, qui, par sa présomption, ne devient jamais qu'un homme inutile à la société et à lui-même.

SECTION IV.

Moyens d'enseigner les règles de la morale aux enfants

Nous avons déjà dit de quelle manière les devoirs généraux de la morale doivent être appliqués à la vie de l'instituteur ; il nous reste à examiner comment le maître les inculquera aux élèves.

L'éducation morale presque entière devrait sans doute appartenir aux parents. Quel est celui qui plus que les parents a les moyens de former de bonne heure les jeunes âmes à la vertu ? quel est celui qui peut le plus facilement corriger les défauts, écarter l'occasion du mal, et préparer le bien ? Mais malheureusement, et surtout dans les classes pauvres et ouvrières, les parents, occupés sans relâche du travail qui leur donne du pain, ne trouvent guère le loisir de veiller sur la conduite de leurs enfants ; plus malheureusement encore, c'est à peine s'ils ont en général souci des plus graves intérêts de ces âmes, dont pourtant ils répondront devant Dieu ! On devrait même se réjouir si les parents n'étaient jamais les propres corrupteurs de leurs enfants, s'ils ne leur donnaient de bonne heure la leçon et l'expérience des vices. Infortunés dont l'âme est flétrie, alors qu'elle devrait être si naïve et si pure ! Certes l'institution des salles d'asile a remédié déjà à un mal si affreux ; déjà elle a sauvé un grand nombre de ces pauvres êtres sans défense contre des influences funestes. Reste à l'instituteur primaire le soin d'achever cette noble tâche.

La loi sur l'instruction primaire a proclamé hautement la nécessité de l'instruction morale et religieuse, qu'elle a placée en tête des objets de l'enseignement que tout instituteur doit donner à ses élèves. Une partie du temps d'études sera donc régulièrement consacrée à la lecture d'un livre de morale chrétienne, de morale évangélique, qui reproduise et l'esprit et la forme attachante de nos livres sacrés. De pareilles lectures, que le maître variera du reste autant qu'il le pourra par des exemples et des explications faciles et pratiques, ne devront pas être trop multipliées, car l'ennui et la fatigue en détruiraient tout le fruit. Mais que d'occasions de faire naître dans l'esprit des enfants de salutaires pensées ! Ne peut-on pas leur présenter sans cesse de bonnes maximes au moyen des exemples d'écriture, de grammaire, comme avait coutume de le faire le sage et vertueux Lhomond ? Il n'est pour ainsi dire pas d'exercice qui ne puisse offrir à un maître intelligent et attentif des moyens de cultiver le sens moral chez les enfants. M. Dumont cite un exemple intéressant dont il a été témoin en visitant l'école de M. Wherli. « La composition qui fut donnée devant moi était le développement du sujet suivant : Un enfant apporte à sa mère un oiseau ; la mère lui demande comment il s'y est pris pour l'attraper ; l'enfant répond qu'il a saisi l'oiseau dans son nid, au milieu de ses petits. Ce fait d'une nature si simple, devient l'occasion d'une petite conversation morale. L'enfant est conduit à remarquer que les petits oiseaux privés de leur mère ne pourront pas trouver leur nourriture : alors il veut aller les chercher pour les mettre dans la même cage. Mais on l'arrête encore en lui demandant ce qu'il penserait, si des hommes sauvages après s'être emparé de ses parents, venaient l'emprisonner à son tour afin qu'il ne mourût pas de faim. L'enfant finit par conclure de lui-même qu'il est bien plus à propos de rendre la liberté à la mère (1). » On sait quels merveilleux succès une pareille méthode, régulièrement appliquée, a obtenus en Suisse dans les écoles du P. Girard, qui a entrepris de faire servir l'étude la plus indispensable, celle de la langue maternelle, à développer toutes les facultés de l'intelligence et du cœur (2). Il faut, nous le répétons, qu'une atmosphère morale entoure l'enfance, que les conseils, les préceptes lui arrivent, non pas seulement sous la forme dogmatique, qui, présentée seule, déplaît et rebute, mais à la faveur des enseignements les plus divers.

Le sentiment moral, si souvent affaibli dans l'âme des jeunes enfants, a besoin d'être ravivé et nourri. Pourquoi l'instituteur ne mêlerait-il pas de temps en temps à ses leçons le récit de quelques-unes de ces actions nobles et généreuses qui réveillent l'enthousiasme du bien dans les cœurs où il reste encore quelque chaleur et quelque énergie. M. Willm conseille, d'après Kant, de donner à l'enseignement de la morale, au moyen d'exemples, une forme régulière dont il espère d'heureux résultats. Les instituteurs pourraient livrer au jugement de leurs élèves la vie de certains personnages historiques, pour leur faire apprécier le degré de moralité de leurs actions. Ils rechercheraient d'abord si l'action en elle-même est conforme a la morale et à quel précepte, et si ce précepte est d'obligation rigoureuse ou de simple conseil. Puis, venant à l'examen du motif, ils se demanderaient si cette action, reconnue morale en elle-même, n'a pas cependant perdu sa valeur et son mérite par des vues étrangères au désir du bien et au sentiment du devoir (3). Cet exercice aurait certainement l'excellent effet de rendre la conscience plus délicate et plus clairvoyante.

Ce sont là des exercices pour ainsi dire spéculatifs, qui, sans doute, porteront déjà leurs fruits en dévelop-

(1) M. Dumont. *De l'éducation populaire.*

(2) *Étude de la langue maternelle*, du P. Girard.

(3) *Essai sur l'éducation du peuple*, par M. Willm.

pant les facultés morales de l'âme des enfants, mais dont l'application ne sera complète que dans la suite de la vie. Il ne suffit donc pas de se borner à exposer aux enfants d'une manière plus ou moins intéressante ces devoirs généraux, qu'ils seront quelquefois peu en état de comprendre ; il faut que le maître agisse plus directement sur l'enfance, en travaillant à lui donner les bonnes qualités et à détruire les défauts dont cet âge est plus particulièrement susceptible.

Étude des principales dispositions des enfants. — Le défaut capital de la plupart des écoliers est la paresse, qui du reste résulte bien plus souvent de l'habitude de ne rien faire que d'un dégoût prononcé pour le travail. Beaucoup d'enfants, d'un caractère mou et faible, reculent, à leur entrée dans la carrière, devant les premiers efforts, parce qu'ils manquent de l'aide et de l'encouragement nécessaires. Les mauvais succès dès le début font naître ordinairement en eux le sentiment d'une incapacité imaginaire, qui leur semble une excuse légitime de leur inaction, et à laquelle par malheur ils se résignent trop vite. Hâtons-nous donc de le dire : le maître doit toujours commencer par donner aux enfants des tâches aisées, afin qu'il puissent apercevoir promptement quelques progrès, sentir l'efficacité de leurs efforts ; il doit rendre les premières études attrayantes, afin que les enfants s'y livrent avec ardeur, avec amour. Qu'il exige de tous un travail régulier et suivi, mais qu'il le facilite en développant les avantages qu'il procure ; et l'habitude du travail s'établira dans la classe. Cette habitude elle-même a besoin d'être sans cesse fortifiée : aux penchants naturels de mollesse et d'indifférence il faut opposer d'autres penchants qui excitent et réveillent, donner aux élèves le secours de l'émulation.

Que n'a-t-on pas dit sur l'émulation ? Les uns l'ont préconisée comme le seul moyen d'agir sur l'enfance ; les autres l'ont réprouvée comme une source de bas sentiments, comme le plus dangereux des mobiles :

tâchons, entre ces opinions extrêmes, de découvrir la vérité.

D'abord il est d'expérience qu'une école ne peut guère prospérer, si l'on n'y emploie l'énergique stimulant de l'émulation ; nous la regardons comme un des secours que Dieu a donnés à la faiblesse humaine pour se soutenir dans la voie du bien. « Je vois un homme qui fait une bonne action (1), j'éprouve le désir de l'imiter et de mériter comme lui l'estime des autres et de moi-même ; voilà l'émulation. Ce sentiment, juste, louable, utile, un des premiers qui se développe dans le jeune âge, est inséparable de la nature humaine, et l'on peut dire que son absence est un vice d'organisation dans celui qui en est privé. Chez les enfants, comme chez les hommes, il est un puissant mobile, un aiguillon pressant qui, employé avec sagacité, peut offrir les plus grandes ressources à tous les genres de perfectionnement. »

L'émulation serait sans doute inutile, si les hommes pouvaient toujours agir par le pur amour du devoir ; mais, bien que ce motif doive être le principal, ne faisons pas orgueilleusement abstraction de nos misères : à nos passions mauvaises opposons toutes les résistances qui sont bonnes en elles-mêmes ; appuyons-nous sur tout ce qui peut nous soutenir et nous défendre : le contraire serait présomption et témérité. Personne n'a songé à nier l'influence du bon exemple ; n'est-ce donc pas l'émulation qui lui donne tant d'efficacité ?

On dit que l'envie, la jalousie, la haine, sont souvent engendrées par l'émulation. Nous ne nions pas que ce sentiment, comme tous les autres, ne puisse dégénérer en dangereuses passions, et produire, quand on en tire mauvais parti, de déplorables effets ; mais la jalousie et la haine entre les élèves naissent bien plus souvent de la partialité d'un maître injuste, que du succès loyal d'un bon écolier : même dans les moments où l'émulation est

(1) *Exposé des méthodes de l'abbé Gaultier*, par M. de Jussieu.

excitée au plus haut degré, le maître a sans cesse l'occasion de reconnaître parmi les rivaux le signe d'un caractère généreux et désintéressé. Quels sont, en général, les amis les plus sincères et les plus inséparables aux heures de la récréation? Ne sont-ce pas ceux qui, aux heures de travail, luttent le plus énergiquement les uns contre les autres? Ce fait est bien remarquable, et chacun peut en être témoin, s'il étudie la marche d'une école bien organisée. Les liaisons les plus solides dans la vie ont commencé dans les écoles entre ceux qui s'y sont le plus vivement disputé les couronnes.

Nous ne pouvons cependant pas taire une objection grave. Un petit nombre d'élèves, parmi les plus instruits, peuvent aspirer aux distinctions et aux récompenses; ceux-là travaillent avec ardeur; c'est à ceux-là que le professeur donne des soins trop souvent exclusifs. Mais les autres, qui auraient surtout besoin des leçons du maître, que font-ils? Rien ou presque rien. Pour eux, pas d'émulation, car partis de trop loin, ils n'arriveraient jamais au but. Le succès ne leur est pas possible; ils se décident à subir leur infériorité, et la nonchalance devient leur habitude.

Mais il faut avouer qu'un tel reproche tombe d'abord sur les maîtres, et condamne bien plus la manière dont ils font usage de l'émulation que l'émulation ellemême. Il trahit la confiance des parents celui qui, satisfait de présenter quelque brillant produit du travail de ses meilleurs élèves, désireux surtout d'obtenir les premières places dans les concours, ne s'occupe que d'eux, n'excite, ne stimule qu'eux seuls. Si le maître ne fait attention qu'au travail heureux, s'il n'envisage que le succès du moment, sans doute il jettera dans le découragement la plupart des élèves : il doit, au contraire, avoir le plus grand égard pour la bonne volonté persévérante, quoique infructueuse; il doit réserver des distinctions pour celui qui avance lentement, mais qui avance à force de peine. Alors, l'émulation s'établira entre tous, et les plus faibles rivaliseront d'efforts avant qu'ils puissent rivaliser de succès. Donner aux progrès de ceux dont on ne peut attendre que de très-faibles résultats la même approbation qu'à l'avancement rapide de ceux qui sont doués de dispositions plus heureuses, voilà le vrai moyen de combattre la paresse chez tous les élèves, parce qu'on fait agir sur tous un même et énergique mobile.

Il y a d'ailleurs une espèce d'émulation parfaitement applicable à tous, et qui échappe entièrement aux reproches que l'on adresse à l'émulation en général : c'est celle qui naît du désir de se surpasser soi-même. L'enfant laborieux reçoit des éloges et des récompenses, non parce qu'il a mieux travaillé que les autres, mais parce qu'il a fait des progrès, et que sa conduite a été meilleure qu'auparavant. « Tous les quinze jours, dit un directeur « d'école normale, je fais venir dans mon cabinet ceux « des élèves qui se sont bien conduits, et qui ont bien « travaillé pendant la quinzaine : on amène aussi les pa- « resseux, les turbulents, les indociles. J'inscris sur un « registre à deux colonnes, les bons d'un côté et les « mauvais de l'autre. Lorsqu'un enfant a été inscrit trois « fois de suite sur la colonne des bons sujets, il mérite « un éloge, et je lui dois une petite récompense ; il subit, « au contraire, une punition quand il figure trois fois « parmi les mauvais élèves. A mesure qu'on avance, la « colonne des mauvais s'éclaircit, et au contraire celle « des bons se garnit davantage (1). »

Voilà, sans doute, une excellente méthode que tout instituteur pourra introduire dans son école avec succès. Ce sera un fort bon moyen d'exciter une âme bien née, que de lui rappeler ce qu'elle a déjà fait, pour l'exhorter à faire plus encore, ou au moins à ne pas rester au-dessous d'elle-même, et à soutenir son honneur. Toutefois quelques maîtres persistent à repousser l'émulation *indivi-*

(1) M. Lebrun. *Écho des écoles primaires.*

duelle, accusée, sous toutes ses formes, de favoriser l'égoïsme, et n'admettent qu'une émulation en quelque sorte *sociale*, qui substitue à un sentiment privé ce sentiment plus général et plus élevé, qui, dans sa plus simple expression, est l'*esprit de corps*, et qui, agrandi et développé, devient le *patriotisme*. « Nous avons vu dans diverses écoles, les compositions ou concours pour une branche d'études, établis, non pas entre les élèves pris individuellement, mais entre deux fractions de la classe, ou deux *camps* opposés. Chacun des camps avait pour chef l'un des deux élèves qui avait le mieux réussi dans le concours antérieur ; par suite de cet arrangement, il y avait de part et d'autre à remporter non plus un triomphe personnel, mais une victoire collective à laquelle chacun pouvait contribuer en quelque manière par son application (1). »

Sans proscrire, ni sans adopter systématiquement aucun de ces modes, prenons à chacun ce qu'il présente d'utile ; en admettant l'émulation particulière, ne rejetons pas celle qui se fonde sur le bon exemple d'autrui ; ne craignons pas d'avoir trop de ressources à notre disposition. L'expérience ne prouve-t-elle pas qu'avec les meilleures intentions et les efforts les plus soutenus, les maîtres n'obtiennent encore qu'avec peine des résultats complets ?

Nous ne pouvons le dissimuler cependant, la paresse chez quelques enfants paralysera les effets de l'émulation ; chez quelques autres, l'émulation et les avantages obtenus exciteront l'amour-propre et la vanité. A ce double mal, nous ne savons qu'un genre de remède, mais il est infaillible. Que la pensée de Dieu guide le maître lui-même ; que, pénétré des destinées de l'homme, il représente sans cesse aux enfants le travail comme un devoir et comme l'expiation de notre corruption originelle ; qu'il leur fasse considérer leurs facultés comme

(1) M. Brun, *Des moyens d'éducation*.

des bienfaits de Dieu, comme des secours particuliers qu'ils tiennent, non d'eux-mêmes, mais de la Providence. Il leur apprendra à triompher de leur indolence naturelle par de consciencieux efforts, à rapporter leurs succès à l'Auteur de tout bien, à agir enfin en vue de se conformer à la volonté divine : c'est ainsi seulement qu'au lieu de corriger des manifestations extérieures, il modifiera le fond des cœurs et le motif des actions qui en fait toute la valeur et tout le mérite. Voilà les considérations qui doivent présider à l'ensemble de l'éducation morale; voilà ce qui donnera l'efficacité aux travaux du maître, voilà ce qui élèvera véritablement sa tâche à la hauteur d'un sacerdoce.

Né de la paresse et de l'amour-propre, le mensonge est un des défauts auxquels les enfants sont le plus portés par le désir d'éviter les punitions et les réprimandes, et en même temps c'est un de ceux que le maître peut combattre avec le plus de succès. « Il faudrait toujours en parler devant les enfants, dit Locke, comme de la chose la plus exécrable du monde, comme d'un vice qui déshonore entièrement un homme, qui le dégrade et le met au rang de ce qu'il y a de plus bas et de plus méprisable. » Cela ne suffit pas. Souvent le maître lui-même contribue à enraciner ce défaut, en punissant indistinctement toutes les fautes avec une sévérité extrême : il devrait, au contraire, se faire une loi de pardonner les fautes légères, de punir moins sévèrement même les fautes graves, si elles lui sont avouées sans détour, et de réserver toute sa rigueur pour les coupables qui auraient cherché à le tromper. Il retirera ostensiblement toutes les petites charges de confiance à ceux qui auront mérité l'odieuse réputation de menteur; surtout il imprimera dans l'âme de l'enfant cette grande pensée, que ce qui est caché aux hommes n'est pas caché à Celui qui lit au fond des cœurs; il représentera le mensonge comme un des plus grands outrages que l'on puisse faire à Dieu, qui est la vérité même; et jamais il ne se laissera aller à cette disposition trop ordinaire de pardonner à ceux qui ont su se tirer d'embarras par un ingénieux mensonge, ou par une ruse adroite.

En nous occupant de la discipline, nous parlerons des moyens d'établir dans l'école les habitudes indispensables de soumission et d'obéissance.

Voilà pour les relations entre le maître et les élèves. Mais l'instituteur s'acquitterait incomplètement de sa tâche s'il se bornait à corriger les fautes qui le touchent directement, s'il ne surveillait pas les actions des élèves entre eux, s'il ne s'efforçait pas de régler d'avance leur conduite par rapport à la société où ils doivent vivre, par rapport à eux-mêmes.

Les élèves entre eux ne vivent pas toujours en bon accord ; ils se querellent souvent dans leurs jeux, ou se parlent avec malhonnêteté et rudesse. Sans les fatiguer en intervenant maladroitement au milieu de leurs petites disputes, sans encourager surtout les délations, qui dénotent d'ordinaire un caractère faible et lâche, il faut agir constamment pour polir, pour adoucir des natures à qui bientôt les habitudes de condescendance et de bienveillance mutuelles seront si nécessaires dans la société.

Quoiqu'un ton poli soit malheureusement quelquefois le voile d'un égoïsme odieux, il faut avouer cependant que la politesse est l'expression naturelle de la bienveillance, et la grossièreté le fruit accoutumé de l'indifférence pour les intérêts et les sentiments d'autrui. D'après cette idée, ne souffrons pas que les élèves emploient les uns envers les autres des termes injurieux, et qu'ils se parlent avec dureté : ce sont de mauvaises habitudes dont on se corrige difficilement plus tard.

Souvent aussi dans les écoles un certain nombre d'enfants s'arrogent le droit de dominer, de tourmenter les nouveaux venus. Rien n'est plus dur que la tyrannie qu'ils exercent sur ceux qu'ils ont choisis pour leurs victimes ; et cependant ceux-ci aiment encore mieux supporter pendant longtemps la persécution de quelques condisciples, que de recourir à une plainte adressée au maître, plainte qui les exposerait à la vengeance de tous. Il n'y a guère d'autre remède à ce mal que de disposer les esprits à la douceur, soit en combattant avec le plus grand soin, et à chaque occasion, toute disposition à l'insensibilité, soit en encourageant la bienveillance témoignée aux plus faibles et aux plus petits.

Au reste, la bienveillance, même chez les enfants, peut et doit se manifester autrement que par de bons procédés envers leurs camarades. Un maître doit tâcher de faire en sorte que l'émotion excitée dans de jeunes âmes par la misère d'autrui soit suivie de secours portés à ceux qui souffrent. Faire naître des émotions sans que l'action qu'elles appellent y réponde, c'est gâter le caractère, en inspirant peu à peu une sentimentalité froide et inactive ; c'est favoriser l'égoïsme au lieu de le réprimer. Voilà pourquoi il est vrai de dire que les récits d'infortunes fabuleuses endurcissent le cœur à la longue plutôt qu'ils ne l'attendrissent. Un maître avait coutume, quand la famille d'un de ses élèves était dans une grande misère, d'en parler, avec les ménagements convenables, à toute son école, et toujours les autres élèves lui apportaient leurs petites épargnes pour secourir leur camarade. Il donnait ainsi aux enfants des habitudes de compassion vraiment pratique.

Le respect pour les femmes est une branche de la civilité qui mérite une grande attention dans l'éducation des enfants des classes pauvres, à qui ce sentiment est souvent inconnu. Le maître devra insister fréquemment sur les égards et la soumission que les fils doivent à leurs mères ; il tâchera de faire sentir à tous combien est naturelle, et en même temps douce et aimable, l'obligation où est un frère de se montrer le protecteur et l'appui de sa jeune sœur. Ainsi il contribuera, autant qu'il le peut faire, à resserrer les liens de famille si nécessaires à l'union, à l'harmonie de la société.

Le respect pour la vieillesse tient aussi à tout ce qu'il

y a de plus délicat et de plus élevé ; il sera donc également recommandé aux enfants. Un vieillard leur apparaîtra comme un athlète éprouvé par des luttes difficiles, comme un soldat blessé qui a survécu à de rudes batailles, comme un honorable citoyen qui s'est consumé au service de sa patrie, enfin comme un voyageur fatigué qui aspire au repos. Ils apprendront à vénérer ce vieux courage, à consoler ces blessures du temps, à glorifier ces bons et loyaux services, à charmer ces dernières heures d'une longue vie.

Les deux vertus qui semblent plus particulièrement devoir être celle des ouvriers et des villageois, dont les enfants peuplent nos écoles, sont la tempérance et l'économie : il faut travailler avec d'autant plus de zèle à les inspirer aux jeunes élèves, qu'elles ne se maintiennent que par une longue habitude.

Chacun sait quelle influence la tempérance exerce sur le caractère et sur le bonheur de l'homme ; combien est triste la vie de ceux qui se sont faits esclaves du plus grossier de tous les appétits, l'amour du boire et du manger. Chaque enfant a probablement vu trop souvent jusqu'où les excès de ce genre peuvent entraîner, pour avoir besoin d'autre preuve de cette vérité ; et cependant telle est la force du penchant à l'imitation, que ces exemples de tous les jours, quelque hideux qu'ils soient, conduisent facilement ceux qui en sont témoins à contracter ce vice déplorable. Avertissez donc vos élèves, et avant qu'ils n'aient fait le premier pas dans cette carrière de dégradation, prévenez-les des suites fatales qui s'attachent aux plaisirs des sens.

Les maux de tout genre que l'intempérance produit en sont la suite si infaillible, qu'il n'y a guère de meilleure occasion de montrer comment, dans le plan de la divine Providence, la peine s'attache à la mauvaise action comme la conséquence s'attache au principe. On aura rendu aux enfants un service immense, si on leur prouve que la liaison entre le bien et le bonheur, entre le mal et le malheur, loin d'être arbitrairement établie, est souvent, même en ce monde, un rapport constant et nécessaire.

Que peut faire un maître pour inspirer à des enfants l'économie, cette qualité qui se forme, qui vit par la pratique bien plus que par les conseils et les exhortations? On a trouvé un ingénieux moyen d'introduire cette pratique même au sein de l'école : c'est l'établissement de petites caisses, que tiennent les instituteurs, et où les enfants versent leurs épargnes, quelque faibles qu'elles soient. En Angleterre, l'usage des banques de bienfaisance s'est établi depuis plusieurs années, et a produit les plus heureux fruits. Des personnes aisées se sont chargées de recueillir les dépôts faits par les enfants dans les mains de l'instituteur, et de leur en payer les intérêts. En France, les instituteurs versent les sommes qui leur sont remises dans les grandes caisses d'épargne, et en retirent des livrets au nom de leurs élèves,

Cette institution est maintenant adoptée par une foule d'instituteurs ; elle agit avec une efficacité pareille sur l'esprit des élèves et sur celui des parents, jaloux de réaliser pour eux-mêmes les avantages qu'ils voient leurs enfants se ménager si aisément. Les directeurs des caisses d'épargne de Paris et des départements ont donné aux instituteurs toutes les facilités possibles, les familles ont applaudi, les enfants se sont empressés, et dans beaucoup d'endroits les élèves ont renoncé aux jouets inutiles, aux friandises souvent nuisibles, pour grossir leur petit trésor, si bien que dans les plus pauvres communes les premiers résultats ont dépassé les espérances.

Un des plus dangereux écueils de l'économie dans les villes, un de ceux contre lesquels il est le plus important de prémunir les enfants, c'est l'amour du jeu.

« Cette passion (1) est une de celles qui s'éveillent le plus tôt dans le cœur de l'enfant du pauvre ; elle amène

(1) *Des classes dangereuses de la population*, par M. Frégior.

d'ordinaire le vagabondage, car elle finit par absorber l'enfant tout entier, et lui faire prendre en dégoût toute autre occupation. Combien de malheureux enfants chez qui cette passion ne se fût jamais développée, si elle n'avait été encouragée et fomentée par les excitations de ces petits joueurs de profession qui errent sur les places, sur les ports, sur les boulevards, et dont l'influence vicieuse attaque dans leurs premières années, et pour ainsi dire à leur début dans la vie, les enfants des classes laborieuses! Quelle occasion pour l'instituteur de faire ressortir les avantages de la soumission, de l'ordre et du travail, en les opposant aux privations et à l'abandon, qui sont la suite, triste mais nécessaire, de l'inconduite et de la dissipation! Dans la vie de l'école, le travail est tempéré par le plaisir; les amusements et la gaieté de la cour ou du préau font oublier aisément la contrainte passagère de la classe. Dans la vie de l'enfant qui abandonne l'école pour le jeu, tout est difficulté et embarras. Les premiers pas dans la voie du désordre sont marqués, dès qu'ils sont connus de la famille, par de sévères remontrances, des menaces et des punitions. L'enfant dominé par l'amour du jeu vend sa cravate, son mouchoir, sa casquette, pour en jouer le prix; peut-être même tenterait-il de dérober quelques sous au salaire de ses parents. Plus ses torts se multiplient, plus il fuit la vue de son père et de sa mère. C'est en vain que ceux-ci essayent des corrections nouvelles, le retiennent captif, doublent ses privations; au bout de quelques jours il redevient libre, et c'est pour recommencer sa vie désordonnée.

« Que fera-t-il alors? Après tant d'épreuves toujours inutiles, peut-il espérer de nouveau son pardon? Oui, sans doute, s'il savait se résoudre à rentrer sérieusement dans le devoir. Mais ses mauvais penchants l'emportent: il était joueur, il devient vagabond. De ce moment, l'enfant insoumis et égaré par ses mauvaises pensées, n'a plus d'asile. Faible et inexpérimenté, il s'est privé volontairement de tout appui. Dans la maison paternelle, il n'avait pas à s'inquiéter de sa subsistance, de ses vêtements, de son gîte. Livré désormais à lui-même, il faut qu'il pourvoie à tous ses besoins ; nécessité d'autant plus pénible, que ses habitudes vicieuses l'ont assujetti à des besoins étrangers à son âge, et qu'il n'eût pas connus s'il fût resté fidèle à ses devoirs.

« Pour subsister, il offrira ses services sur les halles et sur les ports ; mais ils ne seront pas toujours acceptés ou n'offriront qu'un salaire insuffisant. Il sera contraint de descendre au rôle de mendiant ; mais la mendicité est interdite, et, d'ailleurs, il sait bien que le dénûment où il se trouve réduit ne doit être imputé qu'à sa désobéissance et à ses mauvais penchants, et qu'il est peu propre à exciter la compassion.

« Cependant il faut vivre, il faut un abri pour y prendre son sommeil. Il se nourrira de quelques pommes de terre, d'un morceau de pain noir ; il reposera sur le pavé, au coin de quelque borne, comme un chien errant et abandonné. Mêlé à de jeunes vagabonds plus corrompus et plus audacieux que lui, il finira par se livrer comme eux à la fraude et au vol. Ce dernier pas franchi, le voilà posé en ennemi de la société : il court risque, d'un moment à l'autre, d'encourir les rigueurs que la loi réserve aux enfants qui vivent en état de vagabondage et de rapine. Bientôt il est mis sous la main de la justice. Ses parents, invités à le reprendre, exposent devant le tribunal ses torts envers eux, ses égarements, les vaines tentatives qu'ils ont faites pour le ramener à des sentiments meilleurs ; en un mot, la nécessité d'infliger un châtiment à celui que l'indulgence et le pardon n'ont pu toucher. Le tribunal rend une sentence qui ordonne la détention du jeune vagabond dans une maison de correction pendant plusieurs années. »

Ces détails, empruntés aux écrits d'un homme qui a vu de près toutes les misères, toutes les plaies de la société, pourront, dans les villes, fournir à l'instituteur la matière d'instructions utiles et intéressantes par le contraste des situations. En fait de morale, les circonstances les plus simples, les plus usuelles, les plus rapprochées de nous, sont celles qui nous frappent davantage. En parlant aux enfants du pauvre des écueils qu'il lui importe d'éviter, il convient de lui signaler les chutes que ces écueils ont occasionnées à des enfants de sa condition qui n'ont pas su s'en garantir. C'est ainsi qu'on réussit à les préserver de fautes semblables, et à les maintenir dans la voie de la raison et du devoir.

Enfin, il est un objet de la plus haute importance, plus grave que tous les autres, et sur lequel l'attention et la conscience de l'instituteur doivent être éveillées sans cesse : c'est le soin de conserver la pureté des enfants.

Souvent un jeune enfant est remis entre les mains d'un maître encore plein de candeur et de naïveté : il sort de l'école perdu et gâté ; pour quelques lambeaux de science humaine qu'il a recueillis dans ses années d'étude, il a reçu un poison funeste qui consumera son âme et son corps. C'est au prix de la plus nécessaire des vertus qu'il aura acheté quelques lueurs d'intelligence ! Quelle effrayante responsabilité accablera celui à qui les parents ont confié leur enfant, si sa coupable indifférence l'a laissé tomber dans la fange du vice !

Tout instituteur a sur ce sujet des précautions générales à prendre dans une école ordinaire, et des précautions plus spéciales, s'il a été autorisé à recevoir des élèves pensionnaires.

Dans les écoles de village où la population sera trop faible pour entretenir deux écoles séparées pour les enfants des deux sexes, les filles et les garçons réunis dans la même salle seront rigoureusement séparés par une cloison suffisamment élevée. Les lieux d'aisance pour les uns et les autres seront à distance convenable. L'instituteur aura soin de mettre entre l'entrée et surtout la sortie des filles et celle des garçons, un certain intervalle, afin qu'ils ne sortent pas confusément, et ne soient pas nécessairement mêlés ensemble au dehors. Il veillera à ce que, dans les récréations, chacun participe aux jeux de tous, que quelques enfants ne se tiennent pas isolés des autres; il surveillera avec plus de soin ceux qui auraient une disposition marquée à la mélancolie, à la taciturnité; il punira sévèrement ceux qui se permettraient des conversations indécentes; sa vigilance sera constamment occupée à découvrir les mauvais livres ou les mauvaises images qui pourraient s'introduire dans l'école; il les détruira aussitôt en présence de tous, et infligera un châtiment rigoureux à celui qui les aura apportés. Enfin, si le même enfant retombe plusieurs fois et opiniâtrement dans des fautes de ce genre, il faudra que l'intérêt d'un seul cède à l'intérêt de toute l'école, que toute considération personnelle s'efface devant un devoir sacré; il faudra que l'enfant corrupteur soit éloigné à tout prix de ceux qu'il gâterait par la contagion du vice. C'est peut-être le seul cas où il faille exclure un enfant de l'école; mais ici l'exclusion est indispensable.

Quand les enfants ne sont réunis sous les yeux de l'instituteur que pendant les heures d'étude et de courtes récréations, son devoir se borne à peu près à empêcher, de leur part, toute espèce de manifestation indécente à l'extérieur; il ne lui est guère possible d'exercer une action plus directe sur leur conduite. Ses obligations sont bien autres quand les enfants passent auprès de lui leurs journées et leur nuits. Non-seulement il doit empêcher le vice de se répandre parmi eux, mais il doit travailler de toutes ses forces à guérir celui qu'il en croit atteint. La pâleur de la figure et surtout des lèvres, un changement fréquent et prompt du teint, des yeux enfoncés, creux, sombres, battus; un relâchement des muscles de la figure, de l'embarras sous le regard d'autrui, des boutons sur le visage, une mauvaise odeur de l'haleine, un épuisement à chaque effort, sont les symptômes ordinaires, quoique cependant ces mêmes signes puissent résulter aussi quelquefois d'un état prolongé de faiblesse et de maladie. Mais lorsqu'on remarque encore dans les jeunes gens une inquiétude, une mauvaise humeur presque constantes, un engourdissement progressif des facultés de l'intelligence, un extérieur triste et morne, un penchant marqué pour la solitude, de l'éloignement pour les distractions bruyantes, des postures peu décentes, on peut être à peu près certain qu'ils ont contracté de déplorables habitudes.

Dès lors il faut sans cesse avoir l'œil sur eux, leur faire apercevoir, par une surveillance active, qu'ils sont découverts. On peut même leur dire, simplement, et sans les intimider, que l'on a reconnu qu'ils tendent à se rendre malheureux par des manies nuisibles; que la chose est d'une importance plus grande qu'ils ne le croient eux-mêmes, et qu'on veut les instruire à cet égard. Dans la plupart des cas, un aveu muet en sera la suite, et l'instruction elle-même pourra porter ses fruits. Plus on parlera au jeune homme d'une manière tranquille, mais grave en même temps, plus on le trouvera doux et sincère. Ordinairement il ne faudra pas multiplier les reproches; la faute tient autant à l'ignorance et à la faiblesse de la nature qu'à une volonté mauvaise. Mais une fois la faute connue et bien découverte, il faut représenter combien désormais elle serait plus grave; il faut peindre surtout avec les plus vives couleurs les funestes effets du vice, citer quelques-uns de ces exemples frappants d'abrutissement, de morts prématurées qui sont malheureusement trop fréquents. Enfin, le mépris auquel le coupable s'expose, la crainte que mille signes extérieurs ne trahissent son défaut secret, ne manqueront pas de produire sur lui un effet salutaire. En même temps on pourra agir sur la nature physique, par une nourriture frugale, un coucher dur, une règle fixe pour l'heure du lever, de grandes promenades, bonnes au reste dans tous les cas pour tous les élèves, et répétées tous les jours de congé, sans crainte de quelque fatigue corporelle.

A ces divers remèdes, hâtons-nous d'ajouter le plus efficace de tous les moyens d'éducation morale, et souvent le seul capable de rompre une mauvaise habitude déjà invétérée : c'est la pensée de Dieu, et des peines qu'il réserve au vice ; c'est l'idée constamment entretenue que rien n'échappe à ses regards, et que, dans l'endroit le plus secret et le plus obscur, le coupable, loin de la présence des hommes, est encore en la présence de Dieu. On ne peut guère se flatter de vaincre sans la religion la plus forte des mauvaises habitudes.

La pensée religieuse, nous ne saurions trop le répéter, c'est la vie de l'éducation morale. Sans elle la morale peut plaire par la beauté de ses préceptes, quand l'âme calme et recueillie l'examine sans intérêt et sans passion ; mais qu'un sentiment violent s'empare d'elle, trouble sa vue, tyrannise sa volonté ; oh ! alors, nous ne connaissons qu'une force capable de briser ce joug, qu'une lumière assez vive pour dissiper ces ténèbres, c'est la force que l'on puise dans l'assistance d'en haut, c'est la lumière des préceptes divins.

CHAPITRE V

Éducation religieuse.

SOMMAIRE. — Exercices religieux scolaires. — Chant des cantiques. — Notions de morale religieuse. — Nécessité de revenir sans cesse sur ces principes de morale religieuse qui se gravent dans l'âme de l'enfant et sont pour lui une règle de conduite de toute la vie. — Sentences et pensées morales.

Il s'agit avant tout de donner à l'école des habitudes et une physionomie religieuses ; et pour cela certains exercices de piété seront régulièrement pratiqués. Le maître ne manquera jamais de faire prononcer, comme les règlements le prescrivent, une courte prière au commencement et à la fin de chaque classe, le *Veni Sancte Spiritus*, et le *Sub tuum*, par exemple.

« Mais quel affligeant spectacle présentent tant d'écoles, où, pour se conformer aux règlements, il y a matin et soir un simulacre de culte, qui devient un acte de profanation au lieu d'être un saint exercice. Combien de classes où le mot sacré de prière ne rappelle qu'un formalisme extérieur et de vaines redites étrangères à la piété ; où jamais les genoux ne fléchissent sous l'influence d'un sentiment vif et sincère ! Nous en avons été témoin avec douleur : le signal de la prière était donné ; les élèves, pour y obéir, sortaient des bancs et s'agenouillaient en tumulte ; les paroles convenues étaient prononcées sans attention, sans respect, au milieu de la distraction générale, et le maître lui-même affichait son mépris pour les choses saintes, en choisissant ce moment pour ranger du papier et tailler des plumes, ou s'occuper de mille soins incompatibles avec l'adoration du Seigneur.

« Nous ne devons pas craindre qu'un maître chrétien insulte à ce point toutes les convenances, et ce que nous aurions à lui prescrire lui est dicté d'avance par son cœur plein de foi et de zèle : il n'aura pas attendu le moment d'inviter les élèves à l'accomplissement de la prière pour élever lui-même sincèrement son âme à Dieu, et pour le supplier de le préparer convenablement à la pratique de ses devoirs. Aussi quand vient l'heure de prier dans l'école, contemplez cette physionomie rayonnante du sentiment dont elle est animée ; les élèves sont avertis par ce muet langage, mieux que par toute recommandation expresse, des dispositions qu'ils doivent apporter en la présence du Seigneur ; leurs fronts s'inclinent avec respect, et leurs cœurs sont déjà pleins de la foi et de la piété dont cet acte sacré va devenir l'expression solennelle (1). »

(1) *Des moyens d'éducation morale et religieuse*, par M. Brun.

Les enfants ne donneront à la prière une véritable attention que s'ils en comprennent bien le sens. Le maître aura donc soin de leur expliquer de temps en temps les termes que leur bouche prononce trop souvent par routine, de leur faire partager les sentiments d'amour, de foi, de désir qui y sont exprimés ; il les pénétrera de la nécessité où nous nous trouvons, pauvres créatures que nous sommes, d'implorer à tout instant l'assistance de Celui sans lequel nous n'avons ni force ni vertu ; il leur montrera que tout dans ce monde, et leur existence, et leur santé, et cette instruction qu'ils viennent recevoir, est un bienfait de la Providence divine ; il s'efforcera de faire naître en eux un doux mais impérieux besoin de reconnaissance. Outre les prières ordinaires, le chant des cantiques est d'une merveilleuse efficacité pour développer le sentiment religieux. Qui de nous n'a éprouvé dans son enfance et n'éprouve encore tous les jours ces délicieuses émotions que font naître les airs doux et touchants de l'Église, répétés par des voix fraîches et pieuses ? Il semble que les idées revêtues de cette forme harmonieuse pénètrent irrésistiblement jusqu'au plus intime de notre être, que sous cette céleste influence la pensée s'épure et s'élève, que les grossiers sentiments s'évanouissent, pour ne laisser dans l'âme que l'enthousiasme du beau et du bien. Et d'ailleurs ces chants, appris dans l'enfance, ne resteront-ils pas toujours dans la mémoire ; ne reviendront-ils pas en mille circonstances de la vie réjouir, consoler les cœurs, en les ramenant aux religieux souvenirs du jeune âge, et conserver la pureté des mœurs en bannissant ces chansons indignes, qui ne devraient jamais souiller la bouche d'un chrétien ?

Tout ce qui occupe un enfant dans l'école doit contribuer plus ou moins directement à cette partie de l'éducation, la plus importante de toutes, l'éducation religieuse. Il n'est pas un exercice qui n'offre au maître l'occasion de porter l'âme des enfants vers Dieu, de leur montrer partout son action toute-puissante : le monde n'est-il pas un miroir où se réfléchissent les perfections divines? Occupez donc souvent les enfants de l'idée de la présence de Dieu: vous ferez beaucoup pour les rendre meilleurs, si vous les persuadez de cette vérité, qu'il y a un être à la vue duquel ils ne peuvent se soustraire, au pouvoir duquel ils ne peuvent résister; que cet être souverain, malgré sa grandeur et sa majesté, est cependant si bon, qu'il écoute toutes leurs prières, toutes leurs paroles. C'est ainsi qu'on peut parvenir à leur inspirer des motifs de conduite purs et élevés en occupant leurs pensées, non de la crainte de l'homme, qui ne voit que les apparences, mais de la crainte de Dieu qui voit le fond des cœurs.

Enfin, et ceci est essentiel dans un siècle d'incrédulité, où le matérialisme, descendu des classes supérieures de la société, pénètre de plus en plus dans les campagnes, il appartient à l'instituteur de rendre quelque dignité aux âmes de ses élèves, de relever leurs pensées, de purifier leurs affections, d'ennoblir leurs espérances, en les entretenant souvent des vérités générales sur lesquelles le christianisme s'appuie, comme les dogmes de l'existence de Dieu, de l'immortalité de l'âme, de la rédemption, des peines et des récompenses futures. L'expérience prouve à chaque instant combien les occupations de la vie, les travaux assidus auxquels la plupart des hommes sont assujettis par leur position sociale, affaiblissent peu à peu dans les âmes ces fortes et nécessaires convictions. Les intérêts matériels, en s'emparant de la pensée, finissent par en bannir les idées d'un ordre supérieur; et il est malheureusement trop vrai de dire que plus l'homme avance vers le terme de la vie, plus il oublie sa véritable destinée. Il est donc indispensable de graver bien profondément dans les âmes ce sentiment de la dignité morale et ces croyances positives qui devront résister plus tard à tant d'influences funestes.

Il faut bien se persuader, tout d'abord, que ce n'est pas d'un cours de philosophie qu'il s'agit ici; il ne faut pas mener l'esprit des enfants à travers une longue série de démonstrations difficiles, qui les fatigueraient, les rebuteraient sans les persuader. La marche la plus simple et la plus facile sera toujours la meilleure. Prenons pour exemple le dogme de l'existence de Dieu et de sa providence.

La conviction que tout effet a une cause qui lui est proportionnée résulte du simple exercice de nos facultés; l'enfant pense et agit d'après cette idée, chaque jour, à chaque moment. S'il a entre les mains un joujou curieux, il songe instinctivement à un ouvrier habile; s'il voit une maison, il en conclut certainement que des maçons ont été employés à sa construction. Chaque pas que fait un être raisonnable le conduit, pour ainsi dire, de la créature au Créateur. Son pouvoir, sa sagesse, sa bonté, se révèlent dans chaque herbe, dans chaque fleur, se lisent dans ces dispositions qui assurent la conservation de tous les êtres. Cependant l'inattention, la légèreté des enfants les rendent souvent insensibles à toutes ces perfections. C'est un mal auquel l'instituteur doit porter remède. Qu'il habitue ses jeunes élèves à remarquer l'admirable habileté et la profonde sagesse avec lesquelles sont conduites toutes les opérations de la divine Providence; qu'à toutes ces preuves tirées de la nature, il joigne l'autorité des enseignements que donne la religion; qu'il unisse toujours les leçons de l'une et de l'autre. Ainsi il offrira aux enfants les marques les plus claires comme les plus touchantes de la bonté que Dieu nous témoigne, en nous donnant non-seulement ce qui nous est nécessaire, mais aussi ce qui nous est agréable. Et combien n'est-il pas juste et sage de faire naître des pensées de reconnaissance et d'amour pour l'Etre souverainement miséricordieux, dans les âmes de ceux qui, dévoués à une condition laborieuse, et obligés de supporter le poids du jour et de la chaleur, ont tant besoin de croire à un Dieu qui les protége, d'espérer un avenir meilleur !

L'occasion se présentera bien souvent d'analyser aux enfants des écoles les vérités les plus importantes de la morale religieuse.

L'instituteur véritablement pénétré de sa mission saura tirer parti de chaque exercice pour orner l'esprit de ses élèves de ces pensées pieuses bien propres à élever et à épurer les cœurs. Afin d'enlever à l'enseignement de la morale ce qu'il peut avoir d'austère, il mêlera à ses leçons de lecture, d'écriture, d'histoire, l'énoncé ou le souvenir d'un de ces préceptes sages qui composent les cours de morale. En un mot et pour mieux exprimer notre pensée, il créera autour de ses élèves comme une atmosphère morale et pure, dont leurs jeunes âmes s'imprégneront doucement et sans effort.

L'exemple des écoles protestantes, dont les murs sont tapissés de sentences chrétiennes, est bon à suivre. Les enfants qui apprendront à lire sur ces tableaux n'oublieront jamais les phrases qu'ils ont épelées d'abord et dont les explications du maître leur ont ensuite donné le secret.

L'histoire elle-même est féconde en semblables leçons et il sera facile au maître de dégager de chaque événement nouveau son côté moral. Que d'exemples à tirer ainsi de la vie de saint Louis, de l'épopée de Jeanne d'Arc, et quel meilleur moyen de parer les leçons de morale de l'attrait d'un récit historique!

Quant aux modèles d'écriture, sur lesquels nous aurons à revenir, quel puissant secours ils peuvent fournir à l'instituteur! Ce que l'enfant copie, il le retient et peut mieux le comprendre.

Voici, à titre d'exemple, quelques-unes de ces courtes sentences formulées par le père Girard, et que M. Charbonneau, dans son *Cours de pédagogie*, a soigneusement reproduites:

— C'est Dieu qui nous a donné la vie; c'est pour lui que nous devons la conserver; c'est à le servir et à le glorifier que nous devons la consacrer.

— Nous devons, quand les circonstances le demandent, savoir faire le sacrifice de notre vie à Dieu et à la patrie.

— L'âme est supérieure à ce corps mortel et pétri de boue ; elle a le droit de lui commander.

— Il faut manger pour vivre et non pas vivre pour manger.

— Les ivrognes se ravalent au-dessous de la brute et n'inspirent que le dégoût.

— Dieu a formé l'homme pour le travail, et il a voulu qu'il exerçât et développât ses facultés : agir autrement c'est aller contre la loi de Dieu.

— Le travail est nécessaire pour le besoin de la famille et pour le bien de l'humanité.

— On n'obtient rien sans peine, et c'est dès l'enfance qu'il faut s'habituer à travailler.

— Oisiveté, mère de tous les vices.

— Le divin maître n'est pas venu pour se faire servir, mais pour se mettre au service des hommes et donner sa vie pour eux.

— Aide-toi, le ciel t'aidera. Ainsi tout en travaillant, songeons à la Providence et comptons sur son aide et sur sa bonté.

— La Providence, qui nourrit les petits oiseaux, ne laisse pas sans ressources l'homme de bien qui travaille.

— C'est par l'épargne, l'ordre et l'économie qu'on s'enrichit.

— Ceux qui courent après les richesses négligent la vertu, le seul bien qui nous soit utile pour l'éternité.

— Jésus a dit : Il y a plus de bonheur à donner qu'à recevoir.

— Il n'y a qu'une beauté qui ne passe pas, c'est celle d'un cœur honnête et bon.

— Celui qui fait le bien pour être loué des hommes, n'espère pas de récompense d'en haut, car il l'a déjà reçue ici-bas.

— Quand vous faites l'aumône, que votre main gauche ignore ce que votre main droite a donné.

— Dieu est la vérité ; rechercher la vérité, c'est rechercher Dieu.

— C'est rarement par charité qu'on s'occupe des choses du prochain.

— Si vous mentez, on ne vous croira plus, même quand vous direz vrai.

— Les splendeurs de la nature nous révèlent la beauté de Dieu.

— Nous devons tout à nos parents ; ils nous ont donné la vie et ont soutenu la fragilité de notre enfance ; il faut donc leur témoigner la plus vive reconnaissance et la plus tendre affection.

— Nos parents sont pour nous les représentants de Dieu sur la terre, et nous leur devons obéissance et respect.

— La patrie nous nourrit et nous protége ; il est juste que chacun contribue, selon ses moyens, aux dépenses du pays.

— Il n'est pas donné à chacun de rendre d'éclatants services à son pays ; mais chacun peut lui être utile à sa manière.

— Quiconque se soustrait aux charges de l'État, vit aux dépens de ses concitoyens ; c'est véritablement un voleur.

— Aimez-vous les uns les autres.

— C'est en Dieu et pour Dieu que nous devons aimer nos semblables.

— Ouvrez les yeux sur vos fautes et soyez indulgent pour celles d'autrui.

— Qui donne au pauvre prête à Dieu.

— Ne gardez jamais la colère dans votre cœur.

De telles leçons répétées souvent et à chaque occasion, fortifieront les jeunes âmes que des parents livrés aux travaux matériels ne songent guère à nourrir du pain de la vérité ; elles feront une grande et utile impression venant de la part de l'instituteur, précisément par cette raison qu'il ne semble pas avoir mission spéciale de les donner.

Du reste, il faut prendre garde de n'en user qu'avec discrétion et ménagement, pour qu'elles conservent tout leur effet; il faut en proportionner le développement à l'âge et à la capacité des élèves, selon cette parole du divin maître : « Il est d'autres vérités que je ne vous enseigne pas maintenant : parce que vous ne pourriez les porter à présent. » On ne doit pas donner une trop forte nourriture aux intelligences et aux cœurs qui n'ont encore besoin que des aliments les plus doux et les plus légers.

CHAPITRE VI

Relations de l'instituteur avec les autorités et avec les parents

SOMMAIRE. — Des relations que l'instituteur doit entretenir avec les autorités civiles et ecclésiastiques, et avec les parents, afin de mieux remplir tous ses devoirs. De la connaissance spéciale qu'il doit avoir des lois, ordonnances, règlements et instructions qui concernent les écoles primaires.

L'instituteur primaire n'est pas un fonctionnaire isolé dans la commune. Son action est subordonnée à beaucoup de circonstances extérieures, et elle n'aura toute son efficacité que si elle obtient le concours de tout ce qui a pouvoir autour de lui.

La commune est soumise à une triple autorité : autorité civile du maire, autorité religieuse du curé; autorité intellectuelle de l'instituteur. Si ces différentes influences se contrarient et se combattent, il n'y a guère de bien possible pour l'une ni pour l'autre; tandis qu'au contraire, de leur harmonie et de leur accord naissent la paix et la prospérité générales. L'instituteur est appelé à partager avec le maire les soins d'une partie de l'administration ; s'il refuse de s'y prêter, il met entrave à toutes les affaires. D'ailleurs, plus il a de crédit par son état et par ses connaissances, plus l'exemple qu'il donnerait de l'insubordination et du manque de respect serait contagieux et funeste. Il doit travailler pour sa part à l'éducation morale et religieuse des enfants spécialement confiés au ministre de la religion. Or, quel fruit le pasteur de la commune pourra-t-il retirer de ses instructions, si elles sont contredites par l'instituteur? Comment établira-t-il l'esprit religieux, si l'instituteur le déracine dans le jeune âge? Comment agira-t-il sur la commune entière, si l'instituteur qui, lui aussi, est souvent l'homme de confiance des familles, s'interpose entre le curé et les habitants, pour anéantir la déférence des uns et l'autorité de l'autre ?

Il est par sa position même le lien entre l'Église et l'État, et son intervention toujours discrète n'aura jamais d'autre but que le maintien de l'harmonie entre les différentes autorités de la commune. Mais la neutralité est pour lui un devoir.

Quand l'esprit de soumission et l'esprit religieux disparaissent d'une commune où l'instituteur est en lutte avec le maire et le curé, l'instituteur est le premier coupable de cet irrémédiable malheur. De quelle terrible responsabilité ne se charge-t-il pas, en se faisant l'artisan du trouble et du désordre, lui qui devrait être toujours l'homme de la conciliation et de la paix; lui que la nature de ses fonctions appelle à un rôle aussi utile qu'honorable! Attaché à la fois à l'autorité civile et à l'autorité religieuse, il peut dans beaucoup de circonstances leur servir d'intermédiaire, il peut faciliter leurs rapports, il peut même les réconcilier.

L'instituteur lui-même est le premier intéressé à ce bon accord. Beaucoup de parents refuseraient leur confiance à celui qui n'aurait su mériter ni ni celle du maire, ni celle du curé; et, dans la plupart des cas, ils auraient grandement raison.

Au contraire, quelle n'est pas la prospérité de l'école que toutes les autorités protégent!

Le maire, par ses fréquentes visites, encourage les élèves, heureux de l'intérêt qu'il leur témoigne et jaloux de le justifier; il augmente l'efficacité des punitions en s'en faisant rendre compte; il donne du prix aux récompenses en présidant lui-même, de temps en temps, à leur distribution. Il s'emploie auprès des autorités supérieures pour assurer à l'école les avantages et les secours utiles aux élèves et à l'instituteur lui-même.

Le curé vient aussi, par le respect dû à son caractère, confirmer les leçons morales que donne le maître; il vient, au nom de la religion, représenter aux enfants le travail comme un devoir, et par là même comme un bonheur. Au dehors, ses exhortations, unies à celles du maire, agissent sur les parents pour les déterminer à faire jouir pleinement leurs enfants des bienfaits de l'instruction; et de l'école ainsi soutenue, ainsi vivifiée, sortent des citoyens éclairés, dévoués, chrétiens.

Que doit faire l'instituteur pour obtenir cet heureux résultat? Sans s'abaisser à une soumission servile, il témoignera au maire et au curé un inaltérable respect; il demandera souvent leurs conseils; il les suivra ou du moins les écoutera et les méditera avec l'attention la plus sérieuse. Il s'acquittera avec zèle, avec assiduité, de ses devoirs comme secrétaire de la mairie, comme dépositaire des archives, comme employé dans l'église aux fonctions de chantre ou de sacristain; sa tenue, pendant les offices divins, sera toujours pleine de gravité et de convenance, et pour aucune raison frivole il ne privera le curé de son assistance.

Si, malgré son zèle et son dévouement, l'instituteur rencontre dans les autorités des personnes indignes de leurs fonctions, que leur ignorance ou de mauvaises intentions animent contre lui, il n'a plus qu'à appeler à lui toute sa patience, toute sa prudence surtout.

Comme il doit donner l'exemple du respect de l'autorité, il ne parlera d'elles qu'avec ménagement, les propos acerbes ne se trouveront jamais sur ses lèvres et il poussera l'abnégation jusqu'à dissimuler les fautes ou les erreurs de ceux que la loi a fait ses supérieurs et qui cependant ne le valent pas.

Si des compétitions fâcheuses s'élèvent entre les autorités locales et lui, que son extrême modération soit aux yeux de tous la preuve la plus claire que les torts ne sont pas de son côté. A des exigences injustes, son devoir lui défend de céder, mais les droits réels de l'autorité, alors même qu'elle se montrerait malveillante, n'en doivent pas moins être respectés. Dans tous les cas, ce ne sera pas en soulevant contre le pouvoir l'opinion publique, par des récriminations et des reproches, qu'il pourra espérer faire cesser une position fâcheuse ; il la rendrait ainsi plus difficile, plus insupportable encore. Il fera aux autorités locales elles-mêmes ses représentations respectueuses; s'il n'est pas écouté, c'est à une autorité plus élevée, selon la hiérarchie des pouvoirs, qu'il devra s'adresser.

L'instituteur a lui-même des supérieurs particuliers, les membres des différents comités, les délégués cantonaux, les inspecteurs primaires, les recteurs et les membres du Conseil supérieur de l'instruction publique. Les recevoir avec une déférence extrême, se conformer à leurs observations, suivre les directions qu'ils donnent, c'est le premier des devoirs de l'instituteur envers l'Université, dont il a l'honneur de faire partie.

Le jeune homme qui sort de l'école normale, et qui est envoyé pour débuter dans une petite commune, s'il est abandonné à sa propre inexpérience, rencontrera certainement de grandes difficultés qui paraîtraient à beaucoup insurmontables. Les parents lui sont hostiles, les autorités l'ont mal accueilli, les enfants semblent le fuir. Quels conseils ira-t-il chercher, quel appui invoquera-t-il contre le découragement qui l'envahit. Mais il n'est pas seul et cette grande armée de l'instruction publique qui l'a détaché comme une sentinelle avancée ne l'a pas abandonné. Qu'il écrive au directeur de l'école normale qu'il vient de quitter et qu'il se tienne en correspondance avec lui. Les avis, les encouragements ne lui manqueront pas de ce côté. Il y a plus encore. Dans les environs, sans doute, il peut choisir un instituteur déjà âgé, un vétéran de l'enseignement, auquel il confiera ses embarras et ses chagrins, et dont il recevra certainement les secours et les conseils que l'expérience aime à donner à la jeunesse. Heureuse et puissante solidarité que celle du dévouement; elle prête au faible les lumières du savant, elle le console et le soutient.

Parmi les influences qui devraient aider, mais qui trop souvent contrarient l'action des instituteurs sur les enfants, sont les exemples des parents. L'éducation morale de chaque enfant est déjà bien avancée quand il met le pied pour la première fois dans l'école. Pendant qu'il apprenait à marcher et à parler, sa jeune intelligence a fait des observations, s'est formé des habitudes, a conçu des pensées, éprouvé des sentiments, qui auront nécessairement une influence plus ou moins puissante sur toute sa vie. Cette éducation première est trop souvent mauvaise. Chaque jour, un grand nombre d'enfants reçoivent quelque leçon de perversité, ou de leurs parents ou de leurs amis; leçons trop faciles à recevoir et à retenir, et qu'on fait difficilement oublier.

C'est là un grand mal, qu'il ne faut pas se dissimuler, mais qu'il faut combattre. Le moyen, c'est d'agir autant que possible sur les parents, de lier des relations bienveillantes et amicales avec eux, afin d'obtenir leur coopération ; c'est de converser avec eux sur les talents particuliers, sur les dispositions de leurs enfants; c'est de les exhorter à suivre, autant qu'ils le pourront, à leur égard, un plan régulier de conduite, à leur faire faire de temps en temps chez eux de bonnes lectures, qui profiteront à toute la famille, et de les engager à puiser dans la bibliothèque scolaire dont il est le gardien ; c'est de donner aux uns des leçons de jardinage, aux autres des conseils pour la culture; de leur enseigner des procédés nouveaux, d'être en un mot leur providence ; c'est enfin, à un point de vue plus spécial, de leur retracer énergiquement la nécessité de travailler avec soin, avec zèle, à l'éducation de leurs enfants tandis qu'ils sont jeunes, s'ils veulent trouver en eux l'appui et la consolation de leur vieillesse. Quelle leçon pour les parents que le triste sort de tant de vieillards abandonnés à la misère par des fils et des filles dont ils ont négligé le premier âge !

« La fréquentation des écoles se produit presque toujours en raison de la vigilance et du mérite des instituteurs. Mais pour que leur action conserve toute sa valeur et son efficacité dans la commune, il faut que l'instituteur s'y fasse accepter sans distinction par les familles et qu'il se concilie leur bienveillance, qu'il se place et soit toujours laissé en dehors des luttes qui passionnent et qui divisent; que, s'il reste libre, en tous cas, d'exercer ses droits de citoyen, jamais sa fonction ne soit ni engagée ni compromise en dehors des devoirs qui lui sont propres, et que, incessamment voué à l'instruction des enfants qui lui sont confiés, il sache et apprenne à tous ceux au milieu desquels il vit, qu'il n'est, aujourd'hui, pour le fonctionnaire à tous les degrés, qu'un moyen de servir utilement la politique du Gouvernement, c'est de remplir avec dévouement, au profit de tous, les fonctions qu'il remplit en son nom (1). »

Certainement une pareille tâche imposera à l'instituteur beaucoup de fatigues et de soins; mais ce n'est pas une raison pour y renoncer. Nous devons avoir assez de courage pour travailler et travailler toujours, avec la pensée qu'une partie de nos peines sera perdue. Si nous ne

(1) Circulaire, 2 août 1870.

sommes pas assez forts pour nous soumettre à ce résultat presque inévitable de toutes les entreprises humaines, nous serons peu utiles dans ce monde. Il faut nous regarder comme trop heureux si nous parvenons à faire quelque bien après beaucoup d'efforts.

« Je me suis fait un devoir, dit un instituteur anglais, de visiter de temps à autre les parents de tous mes élèves; j'ai trouvé que cette pratique produisait les plus heureux résultats : elle m'a mis à même de corriger en moi de fausses idées, d'écarter des préjugés, de connaître les vraies dispositions des enfants, de prévenir des absences et des inexactitudes, de découvrir et d'empêcher des tromperies, de réprimer enfin une foule d'abus. J'ai eu soin aussi de faire connaître moi-même aux parents les progrès, les succès de leurs enfants, de leur prouver mon intérêt pour mes élèves. Il n'est presque personne qui n'ait apprécié ces petites attentions, et qui ne m'ait récompensé en mettant plus de zèle à me seconder. »

Qu'on imite cet exemple, on arrivera au même but.

Au reste, l'instituteur devra faire ces visites avec beaucoup de discrétion, et se permettre très-rarement celles qui n'auraient pas pour but l'intérêt des élèves. « Si quelquefois on l'invite à faire une partie de jeu dans quelques lieux publics, cabarets ou autres, il évitera prudemment de s'y rendre. S'il est prié à un baptême, à une noce, il n'aura pas les mêmes raisons de s'y refuser; mais dans ces occasions, comme toujours, s'il se livre à la gaieté, que ce soit une gaieté douce, innocente; il n'est pas obligé de garder ces jours-là avec les enfants l'air grave et sévère qui lui est nécessaire dans son école; mais il n'oubliera pas qu'il doit les retrouver demain à la classe, et qu'il lui sera difficile d'obtenir sur ses élèves la même autorité, s'il s'est permis la veille, en leur présence, des éclats d'une gaieté immodérée, ou peut-être quelque excès de table. Les parents eux-mêmes, tout en le provoquant par politesse à ces petits excès, seront bien aises de le voir refuser à temps. Ils l'en estimeront davantage, et se féliciteront d'avoir remis l'éducation de leurs enfants en des mains sûres. Surtout, quand il acceptera quelque invitation de ce genre, qu'il évite le reproche de rechercher le riche et de mépriser le pauvre. Au dedans de l'école, tous les enfants sont égaux à ses yeux, il ne leur connaît de différence que celle du mérite; au dehors, tous les parents ont sur lui le même droit (1). »

L'instituteur aura également à recevoir les visites de ceux, malheureusement trop rares, qui s'intéressent aux études de leurs enfants ou de ceux qui se croient une sorte de droit de contrôle sur l'école et sur celui qui la dirige. Il accueillera les uns et les autres avec politesse, mais sans faiblesse. Aux parents des bons élèves, il fera l'éloge mesuré de leurs enfants; mais que cet éloge soit sincère, car l'autorité de l'instituteur serait sérieusement compromise s'il imitait certains maîtres qui distribuent les éloges pour flatter l'amour-propre des parents. S'il a, par contre, un blâme à exprimer, il se gardera mieux encore de toute expression désobligeante et n'emploiera un langage sévère que si les parents cherchaient à excuser leurs enfants.

Quant aux habitants de la commune, qui se font les inspecteurs volontaires de l'école et qui ont sans cesse des plans ou des réformes à introduire, l'instituteur les accueillera avec bienveillance et réserve. Obligé de ménager une foule d'intérêts, il faut qu'il résiste à toutes les tentatives qu'on peut faire pour le dominer, et qu'il sache cependant conserver la faveur de ceux dont il n'accepte pas l'influence; il n'y pourra réussir sans l'esprit de conduite et le juste sentiment de sa dignité.

Pour accomplir régulièrement les devoirs spéciaux de sa profession, l'instituteur a besoin de connaître les lois, les règlements qui concernent l'instruction primaire. Le peu d'étendue de cet ouvrage ne nous permet pas de don-

(1) *Manuel complet de l'enseignement simultané.*

ner ici le tableau de cette législation, tableau qui, pour être utile, ne saurait être restreint ni tronqué. Nous nous sommes efforcés de donner un résumé fidèle de la législation actuelle. Mais nous n'avons pas, bien entendu, la prétention de suppléer à l'absence de livres spéciaux : les bibliothèques scolaires en devront contenir un certain nombre, et l'instituteur se procurera un bulletin officiel. Il trouvera d'ailleurs tous les renseignements nécessaires dans le *Guide des écoles primaires*, ouvrage approuvé et recommandé par l'Université, et il aura, dans le *Journal des Instituteurs*, que la modicité de son prix met à la portée de tous les budgets, un recueil excellent des circulaires, documents officiels, méthodes pédagogiques, exercices scolaires (1).

(1) *Le Journal des Instituteurs* est publié sous le patronage du Ministère de l'Instruction publique. Il paraît chez M. Paul Dupont, rue Jean-Jacques-Rousseau, 41, à Paris. — Prix par an : 6 francs.

DEUXIÈME PARTIE

DE L'INSTRUCTION

CHAPITRE PREMIER.

Principes généraux sur l'enseignement.

SOMMAIRE. — Principes généraux sur l'enseignement. — Enseignement privé. — Enseignement public. — Enseignement populaire, enseignement scientifique. — Enseignement primaire, enseignement secondaire, enseignement supérieur.

Après avoir défini l'éducation, qui se propose le développement de toutes les facultés, et l'instruction ou l'enseignement qui applique les facultés et enrichit l'esprit de connaissances positives; après avoir fait connaître les règles de l'éducation proprement dite, il reste à exposer les principes spéciaux de l'enseignement.

On distingue plusieurs espèces d'enseignements, non pas d'après leur but général, qui est toujours le même, mais d'après les divers moyens qu'on met en œuvre pour obtenir ce résultat et d'après les objets plus ou moins étendus que l'on embrasse. On distingue l'enseignement *privé*, l'enseignement *public*, l'enseignement *populaire*, l'enseignement *scientifique*, l'enseignement *primaire*, l'enseignement *secondaire*, l'enseignement *supérieur*.

L'enseignement privé est celui que les parents ou les précepteurs donnent en particulier à un très-petit nombre d'enfants.

L'enseignement public est l'enseignement de nos écoles, où beaucoup d'enfants réunis participent en même temps aux mêmes leçons.

L'enseignement privé est préférable pour des enfants

d'un esprit paresseux et engourdi, qui ne pourraient suivre aisément la marche de plusieurs condisciples plus heureusement doués; il est nécessaire pour des intelligences qui réclament des secours et des soins continuels; mais, en général, il a le double inconvénient, et de manquer de ces stimulants énergiques qui agissent sur toutes les âmes pourvues de bonnes dispositions, et de ne pouvoir être employé avec fruit que dans des circonstances de fortune et de position toutes particulières.

L'enseignement public offre d'abord le grand avantage social d'utiliser au profit d'un grand nombre d'enfants la capacité d'un seul homme, par conséquent de mettre l'instruction à la portée de tous, en la rendant plus générale et moins dispendieuse. Elle est précieuse pour les enfants, parce qu'elle les soumet à l'influence de l'exemple et de l'émulation, parce qu'elle tourne les efforts de chacun au profit de tous, et entraîne tous les esprits dans un mouvement commun de progrès.

On appelle enseignement populaire, l'enseignement réduit, sous le rapport de la théorie, aux notions les plus indispensables, les plus claires, les plus accessibles à toutes les intelligences, mais en même temps fécondé sans cesse par l'application, dirigé vers la pratique, adapté, pour ainsi dire, à l'usage perpétuel de la vie. L'enseignement scientifique, au contraire, loin de se borner aux éléments, suit la science dans ses régions les plus élevées, dans ses spéculations les plus difficiles : il expose avec une rigoureuse précision les théories complètes de chaque branche des connaissances humaines, et tend toujours à s'agrandir à mesure que les sciences se perfectionnent.

L'enseignement que donne l'État reçoit différents développements, suivant les besoins de ceux auxquels il s'adresse.

Il se partage en trois degrés : instruction *primaire, secondaire, supérieure.* L'instruction primaire offre les connaissances essentielles à toutes les classes de la société;

elle s'étend même un peu au delà, et, par quelques études plus spéciales, prépare aux différentes professions industrielles.

La loi de 1850 distingue :

L'instruction primaire *élémentaire,* qui comprend nécessairement l'instruction morale et religieuse, la lecture, l'écriture, les éléments de la langue française et du calcul, le système légal des poids et mesures ;

L'instruction primaire *supérieure*, qui, outre l'instruction élémentaire, comprend nécessairement les éléments de la géométrie et ses applications usuelles, spécialement le dessin linéaire et l'arpentage, les notions des sciences physiques et de l'histoire naturelle, applicables aux usages de la vie ; le chant, les éléments de l'histoire et de la géographie, et surtout de l'histoire et de la géographie de la France.

L'instruction primaire, à ses deux degrés, peut recevoir les compléments qui seront jugés convenables, selon les besoins et les ressources des localités.

Plus étendue que l'instruction primaire, l'instruction *secondaire* donne les connaissances exigées de tous ceux qui exercent quelque profession judiciaire ou administrative ; elle est l'objet spécial des études dans les pensions, les institutions et les collèges.

Enfin, les facultés des lettres, des sciences, de droit, de médecine, de théologie, achèvent, complètent l'instruction secondaire, et offrent, pour certaines fonctions, des connaissances difficiles, qui ne sont ni accessibles à tous, ni utiles à tous : tel est l'enseignement supérieur.

C'est de l'instruction primaire seule que nous avons ici à nous occuper.

Quelques principes généraux doivent toujours être présents à la pensée de celui qui donne l'instruction primaire. C'est l'aliment intellectuel le plus indispensable à la jeunesse. Il faut que cette nourriture, saine et fortifiante puisse être facilement digérée ; que, par conséquent, aucune considération de vanité n'engage l'instituteur à faire sortir ce premier enseignement des bornes où la prudence du législateur l'a renfermé. Il doit, avant tout, le mettre à la portée de tous les esprits auxquels il est destiné. Car, nous l'avons déjà dit, sa tâche n'est pas de former de temps à autre quelques-uns de ces petits prodiges, qui, pour avoir jeté dans leur enfance un éclat prématuré, n'en deviennent pas moins souvent des hommes fort ordinaires, mais c'est de satisfaire au vœu général de la société, en distribuant à tous une part égale de soins et d'instruction. L'amélioration du grand nombre est pour l'instituteur une plus belle gloire que le développement extraordinaire de quelques-uns.

Cet enseignement doit être mis en rapport avec les besoins des classes de la société qui fournissent aux écoles primaires élémentaires la plupart de leurs élèves. « Il faut que l'instruction donnée dans les communes rurales soit une instruction pratique, solide, appropriée aux besoins des cultivateurs... Non pas que ce soit une instruction inférieure. Loin de moi cette pensée. L'instruction donnée par l'instituteur doit avoir un double caractère : d'un côté elle doit être appropriée aux besoins spéciaux des populations. Dirigée vers les applications industrielles dans les villes, elle doit avoir une tendance agricole dans les campagnes. D'un autre côté elle doit, d'une manière générale, former le jugement, ouvrir l'intelligence, élever l'âme, abstraction faite de la profession à laquelle l'élève se destine (1). »

Nous avons parlé déjà des caractères généraux de l'éducation. L'enseignement doit nécessairement avoir un caractère plus pratique, plus sensible. Ainsi on montrera l'application immédiate de chaque connaissance. On donnera à copier, par exemple, de temps en temps, des modèles d'actes, de billets, de comptes ; on fera dessiner des instruments aratoires ou des machines, plutôt que des vases étrusques ou égyptiens ; on posera en arithmétique

(1) Charles Robert. *Conférences pédagogiques.*

une foule de ces petits problèmes que fait naître l'administration du plus modique ménage ; on parlera, en fait d'histoire naturelle, bien plutôt des animaux et des plantes du pays, que des productions étrangères, que les enfants n'auront peut-être jamais sous les yeux.

D'après le même principe, il est bon de saisir toutes les occasions d'opposer les connaissances données aux enfants dans l'école, aux idées étroites, aux préjugés, aux fausses terreurs qu'on peut leur avoir inspirés. L'instruction doit élargir l'esprit, et le dégager de tous les obstacles dont les habitudes mauvaises entravent trop souvent sa marche : c'est dire qu'il faut aussi prendre garde de se préoccuper trop exclusivement des applications positives, et d'exclure les hautes considérations morales qui naissent de toute étude sérieuse. Que l'instruction prépare chacun de nous à tirer tout le parti possible de ce monde où il est placé : c'est bien sans doute ; mais elle ne doit pas borner là nos pensées et nos espérances : elle doit, en agrandissant notre âme, la disposer à mieux comprendre ses sublimes destinées.

Sans doute il ne sera pas toujours aisé pour l'instituteur d'associer ainsi dans son enseignement le côté matériel des choses et leur côté élevé ; les meilleurs conseils ne pourraient que médiocrement l'aider dans l'accomplissement de cette tâche confiée à son intelligence et à son cœur. Toutefois nous croyons utile de formuler ici quelques observations pratiques qui ont été écrites lors de l'enquête agricole et qui ont le grand mérite de refléter fidèlement les côtés faibles de certains enseignements.

Les conclusions des nombreux rapports peuvent se résumer dans ces quelques lignes :

1° L'enseignement des instituteurs est trop théorique.

2° Il détourne le plus souvent les enfants de la vie agricole, et tend à en faire des employés, des commis, des ouvriers pour les divers corps d'état et les pousse ainsi vers les villes.

Il y a donc là, signalé de la manière la plus nette, un

grand danger sur lequel nous appelons l'attention et le patriotisme des instituteurs. C'est un intérêt social de premier ordre qui est en jeu et les événements passés ont, hélas ! montré quelles funestes perturbations économiques entraînait la dépopulation des campagnes au profit des grandes villes. On sait aussi quelles déplorables conséquences au point de vue des mœurs cette émigration constante a amenées. C'est à nos instituteurs de réagir ; ils connaissent le mal, à eux de lui trouver un remède.

Mais ce remède faut-il le chercher bien loin ? Non... Il suffit que le maître fasse pénétrer dans l'esprit des enfants des notions qui leur donnent le goût, l'amour des professions agricoles ; par ce moyen il les rattachera à leur pays et les amènera à préférer les rudes labeurs et les nobles jouissances de la terre, aux séductions périlleuses des villes où s'ensevelissent trop souvent les patrimoines et la moralité.

Qu'on ne s'imagine pas d'ailleurs que l'enseignement pratique n'ait pas aussi son côté élevé et moral. Il n'est pas un genre d'études qui ne puisse servir au développement de l'âme et de l'esprit. Ainsi l'arithmétique, tout en servant d'occasion à l'exercice du raisonnement, « favorise surtout, quant aux facultés morales, l'esprit d'ordre et d'économie sans égoïsme, base d'une conduite régulière et sage, et auxiliaire efficace quoique secondaire, dans l'accomplissement de la loi du devoir... L'histoire et la géographie peuvent admirablement aider à la culture du sentiment religieux.

« Mais l'enseignement de la langue est celui de tous qui peut le mieux servir à un développement général et complet. La langue, en effet, est l'expression de la pensée : or, la pensée s'étend à tout : le passé, le présent, l'avenir, les faits de l'ordre moral comme ceux du monde sensible, la mémoire comme le jugement, le raisonnement comme l'imagination, les sentiments comme la volonté (1). »

(1) Charbonneau. *Cours de Pédagogie*.

Enfin n'oublions pas qu'il ne suffit point d'enseigner, mais qu'il faut enseigner de manière à faire retenir. Ne parcourons pas un grand cercle d'études sans nous inquiéter si nous sommes suivis ou non : marchons lentement, revenons souvent sur nos pas, et chacun de nos progrès sera véritablement profitable.

« Ce qui est utile c'est ce que l'on sait, ce n'est pas ce que l'on a su. »

CHAPITRE II

Des Méthodes

SOMMAIRE. — Principes généraux sur les méthodes. — Ce que c'est qu'une méthode. — Distinction entre la méthode générale suivie pour la direction d'une école, et les méthodes particulières qui ont pour objet chacune des branches de l'enseignement. — Distinction entre les méthodes et les procédés. — Conditions essentielles de toute méthode et de tout procédé.

Méthode d'enseignement individuel. — Ses avantages, relations directes entre le maître et l'élève : inconvénients, multiplicité de relations avec chaque élève. — Cette méthode ne peut convenir que dans une école bornée à un très-petit nombre d'enfants.

Méthode d'enseignement simultané. — Son principe, ses caractères, ses avantages et pour le maître et pour les élèves. — Ses inconvénients dans le cas d'une école nombreuse.

Méthode d'enseignement mutuel. — Son principe, ses caractères, ses avantages. — Conditions spéciales de succès ; l'assistance de moniteurs capables de suppléer le maître. — Difficultés d'application.

Méthode mixte d'enseignement, formée de diverses modifications de la méthode simultanée et de la méthode mutuelle.

Des circonstances qui rendent préférable l'emploi de l'une ou de l'autre de ces méthodes : population, esprit et ressources des différentes localités ; études et capacité spéciale de l'instituteur.

SECTION PREMIÈRE

Principes généraux sur les méthodes.

Le succès de l'enseignement ne dépend pas uniquement des connaissances de l'instituteur : pour qu'il les communique avec fruit, il faut qu'il enseigne avec régularité, d'après des principes fixes et arrêtés ; sinon l'esprit des élèves s'égarera, en le suivant dans une route où il avance lui-même au hasard. S'il ne va pas au but par une marche droite et sûre, il s'expose à épuiser sa capacité et ses talents en efforts superflus; il est fréquemment obligé de revenir en arrière, pour avoir avancé inconsidérément; il fatigue les élèves par des expériences, des tâtonnements quelquefois sans résultat. Celui qui veut tracer une simple ligne droite a besoin d'une règle pour conduire sa main; autrement la main vacille et hésite. De même l'esprit, abandonné aux inspirations du moment, s'égare et chancelle s'il n'a pas d'appui : la *méthode* est la règle de l'esprit.

« Une bonne méthode est comme un instrument bien monté, qui centuple les forces et les succès d'un artiste. Elle a le double et précieux avantage de faire gagner du temps et de fortifier le jugement du maître aussi bien que celui des élèves. Elle condense tout ce qui sert, élimine tout ce qui nuit à l'œuvre, elle remédie aux défectuosités de l'esprit, comme elle sait en rendre les facultés plus puissantes ; elle simplifie et résout ce qui, sans elle, serait compliqué, inextricable ; en un mot, une méthode vraiment rationnelle est le plus énergique levier que puisse manier le génie de l'enseignement (1). »

La méthode ne produit de bons effets que quand elle est fidèlement suivie. Mais afin d'appliquer ce principe avec discernement, il faut bien se fixer sur la valeur du mot méthode. Il y a une méthode générale, que chaque maître, instruit par son expérience ou par les conseils des autres, adopte pour la direction de son école entière. Cette méthode détermine toute la marche, tout le plan, toute l'organisation de l'école : c'est d'elle que dépendent toutes les mesures que le maître doit prendre dans les cas particuliers; c'est d'après elle qu'il les modifie, qu'il les coordonne; c'est sur elle qu'il fonde tout son système,

(1) Théry. *Lettres sur la profession d'instituteur.*

tous ses moyens d'éducation et d'instruction. Ces grandes méthodes, ces méthodes générales, dont chacune sera caractérisée tout à l'heure, doivent être choisies avec beaucoup d'examen et de prudence ; mais une fois établies et fondées sur de bonnes raisons, elles ne doivent pas changer dans l'intérêt d'un perfectionnement de peu d'importance. Un changement n'irait à rien qu'à bouleverser l'école entière ; on ne s'y déterminera que pour de graves motifs.

Outre cette méthode générale, des méthodes particulières s'appliquent à chaque branche d'enseignement ; méthodes qui doivent avoir pour base la connaissance des facultés et des dispositions des enfants, et dont par conséquent on ne peut adopter aucune sans l'avoir examinée, non-seulement dans la spéculation, mais encore dans son effet pratique sur les esprits qu'elle doit conduire. Les méthodes ont été très-multipliées ; cependant elles peuvent en général se ramener à deux classes : méthodes *synthétiques*, commençant par l'étude de l'ensemble pour revenir ensuite aux détails ; méthodes *analytiques*, qui s'attachent aux détails avant d'embrasser l'ensemble. Par exemple, d'après le premier de ces systèmes, les enfants lisent sans décomposer les syllabes, et copient d'abord des mots tout entiers : d'après l'autre, ils commencent la lecture par des exercices d'épellation, et l'écriture, en traçant les parties séparées de chaque lettre. Viennent enfin les méthodes nées de la combinaison des deux principes. Il faut se garder de prendre inconsidérément tantôt les unes, tantôt les autres de ces méthodes ; cependant, comme les modifications qu'on leur a fait subir ne s'étendent souvent qu'à une partie de l'enseignement, et non pas toujours au système général, il est bon qu'un instituteur soit au courant de toutes, et apporte dans celles qu'il suit, avec ménagement, mais sans répugnance, les améliorations que l'expérience lui indique.

Chaque méthode a nécessairement à son service un

certain nombre de moyens à peu près mécaniques, que l'on appelle aussi à tort des méthodes, mais auxquels il faudrait réserver le nom de procédés. Il n'est guère de maître qui n'ait quelque procédé spécial : ainsi l'un fera écrire en copiant des modèles, l'autre en guidant la main par des lignes toutes tracées. Il est des maîtres qui ne se servent que de cartes écrites pour l'enseignement de la géographie; d'autres aiment mieux faire remplir des cartes muettes par les enfants, aidés de leurs seuls souvenirs. On comprendra sans peine qu'il ne serait pas raisonnable de se fixer pour toujours à tel ou tel procédé, avec la résolution de ne le jamais modifier. Le changement des procédés ordinaires ne détruit pas forcément la méthode spécialement adoptée pour chaque branche d'enseignement. C'est donc là surtout que le progrès est facile, parce que les tentatives n'exposent pas à de grands dangers. Cependant il y a une règle à suivre : c'est de ne jamais changer de procédés par pure inconstance, pour n'obtenir que des avantages équivoques. Toute irrégularité dans la marche de l'instruction est fâcheuse quand elle est sans but. Choisissons avec soin nos procédés, et tenons-nous y jusqu'à ce qu'il en paraisse d'évidemment meilleurs. On en voit bien peu qui ne réussissent pas, quand on les emploie avec intelligence.

Il y a néanmoins certaines conditions essentielles sans lesquelles toute méthode et tout procédé doivent être impitoyablement rejetés. Le premier mérite d'une méthode, c'est d'être simple; la complication fatigue, surtout dans les commencements. Elle doit dès l'abord conduire aux notions les plus aisées, graduant avec art les difficultés, partant ordinairement du monde sensible, qui frappe tous les enfants, pour s'élever de là au monde intellectuel et moral. L'esprit n'avance qu'en allant du *connu à l'inconnu*, qu'en s'appuyant sur ce qu'il sait pour arriver à ce qu'il ne sait pas encore. Ainsi les exercices qui précèdent, se retrouvent dans ceux qui suivent; les idées se gravent plus profondément dans la mémoire, et les efforts que l'on réclame de l'élève lui en garantissent la véritable et solide possession : on oublie difficilement des résultats auxquels on est parvenu par ses propres réflexions. Viennent-ils pourtant à échapper? L'intelligence peut les ressaisir à l'aide des associations naturelles dont on s'était servi pour les former.

Commencer par l'exemple et finir par la règle, tel est, en quelques mots, le secret d'une bonne méthode. C'est aussi le seul moyen d'éveiller l'intelligence un peu paresseuse de certains enfants de la campagne.

Pour qu'une méthode atteigne ce but, il faudra qu'elle n'exige point de trop grands pas, qu'elle multiplie suffisamment les intermédiaires, les points de repos, qu'elle n'offre jamais à la fois des détails trop compliqués; il faudra qu'elle appelle à son secours toutes les circonstances qui peuvent soutenir l'attention de l'esprit. Elle devra donc être lente et patiente. Semblable au sentier qui mène au sommet des monts, elle devra suivre quelquefois des sinuosités et des circuits, afin de conduire l'esprit à des sommités trop ardues pour qu'il puisse y atteindre directement. Surtout elle devra être éminemment claire et précise; car dans les travaux de l'esprit, la clarté rend tout facile.

Notre siècle d'ailleurs est celui des solutions précises; il doit cette précieuse prérogative aux progrès des sciences et des applications industrielles. L'instituteur ne répondrait donc pas aux exigences de son temps et n'en aurait pas compris le caractère, s'il n'évitait les abstractions et si dans son enseignement il ne s'attachait à donner à toute chose une forme et un corps. Un exemple ingénieux, une application pratique valent mieux que toutes les théories nuageuses dont les idéologues se nourrissent.

L'enfant comprend ce qu'il voit, ce qu'il saisit par ses sens, et il y a longtemps déjà que Lhomond pouvait écrire : « La métaphysique ne convient point aux enfants. »

Les méthodes, faites pour aider et fortifier l'esprit, ne doivent pas le débiliter et l'amoindrir, en lui épargnant tout travail, en arrêtant tous ses développements. Cette considération est surtout importante dans le choix des procédés; il faut repousser comme funestes tous ceux qui réduisent l'enseignement à une série d'opérations entièrement machinales, qui inculquent les notions sans que l'intelligence soit mise en jeu. Ce n'est pas ainsi que l'instruction contribuerait à l'éducation intellectuelle; ce n'est pas ainsi, d'ailleurs, que l'instruction serait solide et féconde. Le mécanisme des procédés doit être accepté comme secours, il ne doit pas dominer exclusivement. Celui qui, par exemple, n'aura appris les termes géographiques que dans une suite de combinaisons de mots, frappantes parce qu'elles sont bizarres, sera plus tard fort embarrassé pour s'en servir dans une foule de circonstances; et, en tous cas, sa mémoire, exercée exclusivement de la sorte, sera d'un pauvre secours quand de pareils moyens viendront à manquer tout à fait.

Ainsi, en général, toute méthode, au lieu d'agir seule et de donner les notions toutes faites, c'est-à-dire d'habituer l'esprit à la servilité, lui laissera toujours quelque chose à chercher, quelques efforts à faire. Le maître prendra pour principe général de n'enseigner directement à l'élève que ce qu'il ne peut connaître par lui-même, et lui faire découvrir le reste, en lui donnant néanmoins les directions nécessaires pour que son activité ne s'épuise pas en vains efforts.

Qu'il lui montre les conséquences d'abord, et qu'il l'amène ensuite, par le seul effort de son intelligence, à atteindre le principe. Toutes les vérités, en effet, sont en germe dans l'esprit de l'enfant; et le rôle de l'instituteur a quelque analogie avec celui du lapidaire: d'une pierre informe il peut faire jaillir un diamant.

L'instituteur aura donc soin, toutes les fois qu'il aura à développer quelque notion qui doit exister déjà dans l'esprit des enfants, de l'en faire sortir, à la manière de

Socrate, par des interrogations bien ménagées. Par exemple, après la lecture d'un trait d'histoire, il demandera aux élèves quelles conséquences morales on en peut tirer. Quand il leur aura expliqué une règle d'arithmétique, il les chargera de chercher les petits problèmes qu'elle doit aider à résoudre. Faciliter, mais non remplacer l'action de l'intelligence, tel doit être uniquement son but.

SECTION II.

Exposé et comparaison des méthodes. — Méthodes d'enseignement individuel, simultané, mutuel. — Méthode mixte.

Les méthodes générales, qui déterminent la conduite de toute l'école, sont connues sous le nom de méthodes d'enseignement individuel, simultané, mutuel.

Enseignement individuel. — Dans l'enseignement individuel chaque élève reçoit directement et séparément les leçons de l'instituteur; chacun se comporte à peu près comme s'il était seul; le maître passe successivement de de l'un à l'autre, lui trace sa besogne et la corrige.

Cette méthode, qui est celle dont se sert le précepteur chargé d'un ou de deux enfants, a été adoptée d'abord et à peu près universellement, parce qu'on a été séduit à la vue des avantages qu'elle présente dans l'éducation privée. On ne songeait pas que les moyens efficaces dans la famille sont souvent tout à fait insuffisants dans l'école, étant fondés pour la plupart sur cette supposition, que le maître n'a qu'un élève auquel il peut donner constamment toute son attention. Il est certain que l'enseignement individuel, en mettant le maître en contact immédiat avec chaque écolier, en l'obligeant à donner des soins spéciaux à chaque intelligence, permet d'avoir continuellement égard aux dispositions et à la capacité de l'enfant, de constater chacun de ses progès, de lui fournir les conseils qui lui conviennent particulièrement. Mais les bienfaits qui résultent de la multiplicité de ces relations directes sont entièrement paralysés dans toute école un peu nombreuse; s'il y a vingt-cinq élèves réunis dans la classe, et que le temps d'étude soit de trois heures le matin, de trois heures le soir, le maître le plus actif ne pourra donner, dans chaque séance, que six ou sept minutes au plus à chacun; et encore, durant cet espace de temps, il faudra parcourir trois ou quatre objets d'enseignement. Tout le reste de la journée, l'enfant travaillera seul et abandonné à lui-même, ou plutôt restera inoccupé. Quels progrès possibles en suivant une pareille voie? Joignez à cela que, dans une école ainsi organisée, l'enfant se trouvant dans la même position que s'il était seul, ne profite d'aucun des moyens d'excitation que toute réunion d'enfants fournit si aisément, tandis qu'il n'en est pas moins exposé aux inconvénients ordinaires de semblables réunions. Tout ce qu'il peut y avoir de fâcheux pour la conduite et les mœurs dans une assemblée de jeunes élèves devient d'autant plus difficile à éviter, que l'obligation où se trouve le maître de s'occuper exclusivement de chacun, l'empêche de veiller sur tous. La discipline est à peu près impossible à maintenir, si on ne veut pas avoir recours à toutes ces odieuses ressources de la force brutale, qui n'amènent l'ordre et la régularité qu'à l'aide de la terreur et de l'abattement physique et moral. Il ne faut pas croire que les cruelles punitions employées autrefois aient toujours été l'invention d'une méchanceté gratuite : elles ont été le plus souvent la triste mais presque inévitable conséquence de la méthode individuelle d'enseignement, appliquée indifféremment à toutes les écoles.

« Beaucoup de personnes, dit Walter Scott, ont été, avec grand plaisir, témoins des transports de joie qui signalent la sortie d'une école de village par une belle soirée. L'esprit léger des enfants, réprimé avec tant de peine durant de longues et fatigantes heures, éclate alors en chants, en rires, en espiègleries, à mesure que les petits garçons se réunissent et organisent leurs jeux. Mais il y a un autre individu, qui n'est point sous les yeux, quoiqu'il prenne aussi sa part de ce moment de relâche : c'est le maître lui-même, qui, étourdi par le bourdonnement, suffoqué par l'atmosphère renfermée de la classe, a passé tout le jour, seul contre une horde ennemie, à corriger la pétulance, à exciter l'indifférence, à combattre l'obstination et l'entêtement ; le maître, dont toutes les facultés intellectuelles se sont confondues à entendre la même et ennuyeuse leçon cent fois répétée, sans autre variation que celle du ton de la voix de chaque enfant. Si à ces tourments de l'intelligence vous ajoutez une délicate constitution physique, une vive ambition d'arriver à un rôle plus élevé que celui de tyran de l'enfance, vous comprendrez avec quel bonheur il doit saisir un moment pour reposer sa tête endolorie, calmer ses nerfs agacés. »

Quel portrait ! Un *tyran de l'enfance*, qui sort du milieu du désordre et du bruit, des gémissements et des pleurs, des punitions et des douleurs de son misérable empire ! Et pourtant c'est celui du *magister*, c'est-à-dire du directeur d'une école nombreuse suivant la méthode individuelle. Quelle différence avec l'instituteur primaire d'aujourd'hui, entouré de l'estime, de la considération, de la confiance de ses élèves et de ses concitoyens.

Au reste, cette méthode d'enseignement individuel a presque complétement disparu de nos écoles. L'expérience l'a définitivement condamnée et on ne pourrait la laisser subsister que dans les écoles aujourd'hui bien rares où un très-petit nombre d'élèves d'inégale instruction se partageraient les soins d'un seul instituteur.

Enseignement simultané. — La méthode d'enseignement simultané proprement dite a pour objet de faire participer dans le même temps, à une leçon donnée par le maître, tous les élèves capables de la recevoir (1). Elle consiste à diviser, d'après leur degré d'instruction, les

(1) Elle a été créée par le vénérable chanoine La Salle, fondateur de la Congrégation des Frères de la doctrine chrétienne.

enfants en plusieurs classes, et à faire lire, écrire, calculer ensemble tous ceux d'une même classe ; de telle sorte que chaque élève profite de la leçon donnée à tous les autres.

« On voit, du premier coup d'œil, la supériorité d'un tel enseignement sur l'enseignement individuel. Le temps, qui, consacré à un seul, aurait été dérobé, pour ainsi dire, à tous les autres, n'est plus employé que pour l'utilité générale.

« Supposons soixante-quinze enfants réunis dans une même classe, où une heure et demie est consacrée le matin et le soir à la lecture, une heure à l'écriture, et une demi-heure au calcul. Séparons-les en cinq divisions chacune de quinze enfants, d'une force à peu près égale, ayant les même livres, les mêmes devoirs, les mêmes leçons.

« Le maître appelle devant lui la première division ; tous les enfants ont les yeux fixés sur leur livre, et le maître fait commencer la lecture : tous les enfants lisent ensemble. La leçon doit durer dix-huit minutes : chacun profitera des dix-huit minutes.

« Il est convenu que lorsqu'un élève lira mal, et qu'un autre placé auprès de lui reprendra juste, l'élève qui s'est trompé par étourderie, par légèreté, descendra d'un rang et cédera sa place à un élève plus attentif ; dès lors il est évident que tout le monde suivra avec intérêt la leçon, et cherchera à obtenir le premier rang, surtout si l'on attache des récompenses et des faveurs à la place de premier.

« Chaque division d'écriture aura, pendant douze minutes, les soins particuliers du maître : le même désir d'occuper la première place soutiendra l'attention des élèves, et la copie d'un modèle, le même pour quinze élèves, rendra la comparaison du travail plus facile.

« La classe d'arithmétique n'étant que d'une demi-heure, la leçon sera de six minutes par division ; mais tous les élèves ont fini leur calcul avant d'arriver en présence du maître ; celui-ci peut donc encore examiner les cahiers, et faire faire le calcul à haute voix par un ou plusieurs élèves.

« Chaque division aura par jour trente-six minutes de leçon de lecture, vingt-quatre minutes de leçon d'écriture, et douze minutes de leçon de calcul (1). »

Avec l'enseignement individuel, dans une école composée aussi de soixante-quinze élèves, chacun aurait eu quatre minutes de soins dans toute sa journée !

Avantageuse aux élèves, pour qui elle multiplie les conseils et les secours, pour qui elle fait naître sans cesse des motifs nouveaux de zèle et d'émulation, la méthode d'enseignement simultané n'est pas moins précieuse pour le maître, à qui elle épargne de grandes fatigues, à qui elle facilite les moyens de surveillance et de discipline.

Dans l'enseignement individuel, l'instituteur ne cesse de répéter à chaque élève en particulier ce qu'il a déjà dit quarante ou cinquante fois, et cela sans interruption, sans relâche, puisqu'il a à peine quelques instants pour cette incomplète leçon : il doit donc, s'il veut s'acquitter avec conscience d'une fonction aussi pénible, consentir à épuiser en peu de temps la plus robuste poitrine, à ruiner la plus forte santé. Dans l'enseignement simultané, chacune de ses paroles est adressée à toute une division : quelle économie de temps et d'efforts ! Pendant que le maître s'occupe particulièrement d'une section, les autres ne restent pas oisives : il leur faut préparer la tâche qui, dans quelques instants, sera examinée et corrigée. Tous les élèves d'une division, dont le maître va comparer les travaux, sont puissamment excités à se mettre en état de supporter honorablement cette comparaison ; car, d'après un système que nous aurons occasion de développer plus tard, les places peuvent être assignées sur chaque banc d'après les progrès et la réussite de

(1) *Manuel de l'enseignement simultané.*

chacun : l'élève placé en tête s'efforcera de conserver son rang, ceux qui sont derrière lui tâcheront de le dépasser. De cette lutte perpétuelle naîtront l'élan et l'ardeur, si difficiles à exciter et à soutenir dans l'enseignement individuel.

Enfin l'enseignement simultané ne détruit pas les rapports directs du maître et des élèves, rapports qui permettent au premier d'observer, de reprendre, de corriger sans cesse.

Ces avantages incontestables ne peuvent toutefois se produire que sous certaines conditions. Supposons une école extrêmement nombreuse : ou le maître multipliera les divisions, ou il placera dans chaque division beaucoup d'élèves. S'il multiplie les divisions, sans doute les élèves réunis dans une seule seront à peu près d'égale force, et la conduite de chacune sera isolément plus facile ; mais la conduite générale en souffrira. Le maître, obligé de partager ses soins entre toutes ces classes, n'aura plus que très-peu de temps à donner à chacune d'elles, et nous verrons renaître les inconvénients de l'enseignement individuel. Si, au contraire, il n'y a pas plus de quatre ou cinq classes, on y rassemblera nécessairement beaucoup d'enfants de capacité et d'instruction différentes : les plus faibles devront donc rester en arrière, ou bien les plus forts seront retardés pour rester au niveau de leurs camarades, et les progrès cesseront.

Il deviendra d'ailleurs extrêmement difficile d'observer chaque enfant au milieu des leçons communes, de corriger toutes les fautes, qui échapperont facilement, pour peu qu'il se mette un peu de confusion dans les exercices ; et cette confusion ne pourra guère être évitée dans une école trop nombreuse. Alors combien sera rude la tâche du maître, assisté même d'un ou de plusieurs sous-maîtres, qui aura à enseigner et à surveiller sans relâche une foule d'enfants, que son coup d'œil devra embrasser à la fois !

Enseignement mutuel. — Une troisième méthode, la

méthode d'enseignement mutuel, s'est efforcée de parer à ces inconvénients, en facilitant et en perfectionnant la classification des élèves, et en soulageant le maître par l'adjonction de plusieurs suppléants tirés de l'école elle-même.

Hâtons-nous de dire qu'elle n'y a pas réussi et que, préoccupée de points de vue certainement importants, elle en a négligé beaucoup d'autres plus essentiels encore.

Nous devons cependant, avant de proscrire complètement cette méthode, exposer en quelques lignes son mode de fonctionnement et les bons côtés qui ont pu séduire en elle.

L'enseignement mutuel se distingue de l'enseignement simultané en ce que le maître ne divise plus son école seulement en trois ou quatre classes, mais établit un grand nombre de cercles ou de divisions, dix ou douze, par exemple, dans une école ordinaire, afin que chaque cercle ne comprenne que des élèves également instruits. Il peut multiplier ces divisions sans inconvénient, car ce n'est plus lui qui ira de l'une à l'autre porter lui-même l'enseignement : il laisse ce soin aux élèves les plus avancés. Il fait la leçon en particulier à ces élèves d'élite, nommés moniteurs, puis il les charge de la direction d'un cercle, auxquels ils doivent répéter ce qu'ils ont appris du maître, et dans lequel ils peuvent et doivent empêcher qu'il n'y ait aucun moment perdu. La place de moniteur est la récompense du travail ; l'espérance de l'obtenir anime constamment le courage des élèves. A part le temps qu'il emploie à enseigner les moniteurs, le maître n'a plus qu'à surveiller toute la classe, à y maintenir le bon ordre. On conçoit que, ces circonstances une fois réunies, rien n'empêche d'accroître le nombre des élèves, en multipliant celui des cercles et des moniteurs. Quatre ou cinq cents élèves pourraient s'instruire à la fois dans une bonne école d'enseignement mutuel.

Le premier avantage que présente le système d'enseignement mutuel est sans doute de maintenir l'ordre, en assurant à tout instant l'emploi régulier du temps de chaque élève. Il est évident aussi que les progrès, dans une école où les enfants sont constamment occupés, doivent être plus grands qu'ils ne peuvent l'être dans celle où le maître, ayant tout à faire par lui-même, ne peut s'occuper aussi efficacement de la direction générale.

D'ailleurs, les moniteurs bien formés, tels qu'ils le sont, par exemple, en Angleterre, deviennent sous certains rapports préférables à des maîtres proprement dits. Ils comprennent mieux les difficultés qui doivent arrêter les élèves ; ils sont souvent plus féconds en expédients pour aplanir les obstacles ; ils communiquent plus facilement avec ceux qu'ils dirigent ; enfin ils s'instruisent eux-mêmes en instruisant les autres, et se perfectionnent par tous les progrès qu'ils font faire autour d'eux. Comme maîtres en second, ils valent mieux que des adultes, en ce sens que, n'ayant pas de vues particulières, de système à eux, ils se conforment plus aisément au plan et à la direction que leur imprime le chef de l'établissement. Ainsi leur concours tend à établir cette unité d'action si essentielle au succès. La position intermédiaire qu'ils occupent entre le maître et les élèves les rend capables d'être également utiles aux uns ou aux autres. Ils rendent service au maître, en le dispensant d'employer à diriger les études préparatoires et mécaniques des plus faibles élèves, un temps qu'il peut réserver à l'instruction moins facile des plus avancés ; ils lui font aussi mieux connaître les dispositions de tous les enfants qu'ils sont parfaitement à même d'observer. Ils rendent service aux élèves, en adoucissant pour eux la sévérité des rapports avec l'autorité, et en se mettant à leur portée pour faciliter leurs premiers efforts. Enfin leur propre exemple, la vue de la distinction qu'ils ont méritée par leur travail est un puissant encouragement pour tous à parvenir, par la même voie, au même honneur.

La régularité, la simplicité des moyens employés dans l'enseignement mutuel permet à un seul maître d'étendre son action à un très-grand nombre d'écoliers. Chargé seulement de la surveillance générale de la classe et de la direction spéciale de quelques-uns des plus instruits, il peut consacrer beaucoup plus de temps à cette surveillance et s'en acquitter mieux. Les degrés multipliés, que la quantité de sous-maîtres ou de moniteurs permet d'établir entre les élèves, donnent moyen de classer les élèves en un grand nombre de séries, où chacun est rangé selon son instruction, et cela dans chaque branche particulière d'enseignement ; de sorte que le cercle qu'un enfant occupe pour la lecture peut fort bien n'être pas celui qu'il aura à la leçon de calcul. Dans l'enseignement simultané pur, la séparation plus tranchée qui existe nécessairement entre les quatre ou cinq grandes divisions, eût empêché ces déplacements continuels.

Voilà des effets tellement heureux qu'ils mettraient le système d'enseignement mutuel au-dessus de tous les autres, s'ils n'étaient contre-balancés par de graves inconvénients, contrariés par beaucoup d'obstacles, et s'ils ne dépendaient de circonstancecs qui, dans la pratique, se rencontrent difficilement.

D'abord un maître qui ne serait pas parfaitement instruit des principes de l'enseignement mutuel, ou dont la capacité serait douteuse, ne devrait pas espérer en tirer grand parti. Lancaster, dans son enthousiasme pour sa méthode, a prétendu, dit-on, qu'avec son système un automate pourrait être un excellent maître d'école. Ce ne serait qu'une preuve des exagérations où peut porter l'admiration exclusive d'une bonne chose. La vérité est, comme l'expérience le prouve, qu'une école d'enseignement mutuel, pour être bien conduite, a peut-être plus besoin d'un maître vigilant et zélé que toute autre école. Il faut au directeur plus d'énergie, plus d'activité, plus de prudence, plus de force ; et c'est pourquoi tant d'écoles d'enseignement mutuel ont répondu si peu aux espérances de ceux qui les ont établies. L'organisation même de l'école, d'après laquelle beaucoup d'exercices doivent avoir lieu en même temps, dans une même classe, dispose nécessairement au bruit et à l'agitation. Maintenir le calme et la régularité au milieu d'une foule d'interrogations et de répétitions faites à la fois, est une tâche qu'il n'est pas sans doute impossible de remplir, mais qui exige absolument, à peine de la confusion la plus complète, une habileté, une expérience, que bien peu de maîtres possèdent.

Avec le mode simultané, l'instituteur enseigne lui-même et à sa manière; quelque médiocre qu'il soit, il parviendra toujours à inculquer dans l'esprit des élèves quelques-unes des connaissances qu'il a lui-même. Dans le système de l'enseignement mutuel, si le maître n'a pas de bons suppléants, de bons moniteurs, s'ils sont infidèles à leur mandat ou trop faibles pour le remplir, l'école entière est désorganisée et sa marche impossible, malgré tous les efforts de l'instituteur; les instruments lui manquent, son action est nulle. Nous n'avons pas besoin de dire quels maux peuvent résulter de l'influence des moniteurs, si ceux-ci s'entendent avec les élèves pour éluder la règle et permettre le désordre.

Le choix des moniteurs est donc une chose extrêmement grave. On y a réussi quelquefois en Angleterre, en Allemagne et en Suisse, mais les conditions du succès sont tellement difficiles à réunir que dans les petites écoles on a dû renoncer à ce système. En France on l'a totalement abandonné; comment, en effet, dans les campagnes, trouver des moniteurs, c'est-à-dire des élèves plus instruits que leurs condisciples et capables de leur apprendre ce qu'ils savent. « Il y avait des groupes, et il n'y avait pas de moniteurs, j'entends de moniteurs formés, comme de jeunes maîtres, à l'enseignement qu'ils étaient chargés de transmettre, et remplissant leurs fonctions sous l'œil vigilant d'un instituteur expérimenté. Les enfants étaient rassemblés autour d'un autre enfant, un peu moins ignorant, un peu plus âgé qu'eux, propre, non sans peine, à maintenir dans les rangs une certaine discipline, mais incapable de porter dans les esprits la lumière nécessaire, surtout à l'enseignement des premiers principes (1). »

Telles sont les constatations faites, en France, par un juge dont nul ne déniera la compétence ; elles ont été confirmées par l'observation elle-même dans un des pays où le mode mutuel est resté en vigueur. « C'est, dit M. Horner, un système qui pèche par la base, en ce qu'il ne peut rien pour l'éducation intellectuelle, morale et religieuse des enfants ; c'est là l'opinion des hommes qui ont le plus médité sur l'enseignement, et examiné avec le plus d'attention les effets de chaque méthode. Quand on visite une bonne école mutuelle (en Angleterre), on est sans doute frappé des connaissances et de l'habileté de plusieurs élèves ; puis il est difficile de résister à ce qu'il y a dans une pareille école d'animé et, pour ainsi dire, de dramatique ; mais il n'en est pas moins vrai que l'éducation y manque, parce qu'il n'y a d'éducation possible que par la communication directe du maître et de l'élève. » Il semble, en effet, de toute évidence que dans une école le maître possède seul assez d'expérience et d'habileté pour former le cœur et l'esprit des enfants.

MÉTHODE MIXTE D'ENSEIGNEMENT. — On a cherché un système qui pût réunir autant que possible les avantages de ceux que nous venons d'exposer, et en éviter les principaux inconvénients : c'est la *méthode mixte*, formée de diverses modifications de la méthode d'enseignement simultané et de la méthode d'enseignement mutuel. Le double but que l'on se propose dans cette méthode, c'est d'assurer aux élèves le profit qu'ils tirent des leçons directes du maître dans l'enseignement simultané, et en même temps celui qui résulte de la multiplicité des moniteurs dans l'enseignement mutuel. C'est là un problème fort difficile sans doute, et que l'instituteur ne parviendra

(1) Rapport de M. Gréard, inspecteur général (1871-1872).

guère à résoudre bien complétement que par l'expérience. Le moyen employé consiste à établir dans l'école, constituée à peu près comme une école simultanée, des élèves *répétiteurs* et *surveillants*, chargés d'aider le maître dans l'instruction de plusieurs de leurs camarades, mais qui ne prennent pour eux que la partie ou purement mécanique, ou du moins tout à fait simple de l'enseignement. Ces répétiteurs, qui doivent être très-assidus à l'école, et s'y rendre toujours les premiers, sont chargés de faire réciter, le matin et l'après-midi, les leçons de huit ou dix écoliers. Ils donnent aussi les notions les plus élémentaires de lecture, d'arithmétique, de dessin linéaire, de géographie. Enfin ils inspectent les élèves de leur banc, notent leur bonne ou mauvaise conduite, et veillent à ce que le travail se soutienne, pendant que le maître est occupé plus spécialement d'une autre partie de la classe.

Supposons, par exemple, une école partagée en trois divisions, mais dirigée par un seul maître. Dans chaque classe l'instituteur nomme, pour un certain temps, quatre ou cinq élèves surveillants et répétiteurs. Dès lors, il peut, sans inconvénient, répartir son temps entre les trois sections, et donner successivement à chacune d'elles les différentes leçons suivant le mode simultané. Tandis qu'il enseigne la première division, les répétiteurs font réciter les leçons dans les deux autres, font préparer ou répéter ce que le maître va montrer bientôt lui-même, ou ce qu'il vient de faire apprendre. Ainsi les élèves sont constamment au travail, et la dissipation leur est difficile. Le maître, débarrassé des soins pour lesquels les répétiteurs le remplacent aisément, peut s'occuper avec succès de cette partie de l'enseignement que lui seul est véritablement capable de donner; il reste en rapport fréquent avec les élèves; il peut travailler à leur éducation comme à leurs progrès dans l'instruction. Il doit en outre avoir soin de contrôler fréquemment la conduite des répétiteurs, de changer immédiatement ceux qui viendraient à tromper sa confiance, de faire réciter chaque jour quelques élèves pris au hasard dans tous les bancs, afin de s'assurer que ses lieutenants font bien leur office.

Telles sont les différentes méthodes entre lesquelles l'instituteur primaire doit choisir celle qu'il suivra dans son école. Nous avons dit qu'il fallait renoncer entièrement à la méthode d'enseignement individuel, dès qu'on a plus de six ou huit écoliers. Quant aux trois autres méthodes, quoiqu'elles aient inégalement réussi et que l'une d'elles soit même presque partout écartée, elles peuvent, dans une situation donnée, rendre de réels services à l'instituteur. Nous n'avons donc pas en principe de choix à faire, ni de répugnance à manifester et nous pensons qu'un instituteur prudent devra se décider pour l'une ou pour l'autre, suivant la population de son école, ses ressources, et surtout suivant le degré d'instruction vers lequel il veut amener ses élèves. Il aura même à tenir compte des préférences locales, qui souvent sont assez puissantes pour lui imposer une méthode.

Mais ce sont là des considérations dans lesquelles, nous ne pouvons entrer et qui échappent à l'examen. Aussi nous contenterons-nous de donner ici quelques conseils généraux tirés eux-mêmes de l'observation et inspirés de l'expérience.

Toutes les fois que l'instituteur pourra se procurer plusieurs sous-maîtres, qui partageront la direction avec lui en se chargeant exclusivement des différentes divisions ; ou bien encore, lorsque l'école entière ne comprendra pas plus de 40 à 50 élèves, la méthode simultanée pure sera employée avec avantage. C'est à la méthode d'enseignement mutuel ou à la méthode mixte qu'il faudra recourir quand l'instituteur, réduit à lui-même, aura de 50 à 110 écoliers. Cette dernière méthode pourra s'appliquer même à une école plus nombreuse encore, si le maître a beaucoup de zèle et d'activité. En pareil cas, l'enseignement mutuel proprement dit sera peut-être adopté de préférence par quelques-uns; mais on ne devra jamais entreprendre de l'établir, lorsque le nombre restreint des élèves empêchera d'y mettre le mouvement, la régularité, le vaste ensemble qui sont indispensables à son succès. Cette méthode sera généralement plus profitable dans les villes que dans les campagnes, où l'intelligence souvent peu développée des enfants ne permet pas d'espérer l'aide et le secours que les bons moniteurs offrent au maître. Il serait à désirer que l'on pût employer la méthode d'enseignement mutuel pour les premiers éléments, la méthode simultanée pour les degrés supérieurs de l'instruction. Au reste, c'est en s'appliquant à développer, à organiser une bonne méthode mixte ou simultanée-mutuelle susceptible par sa nature de se prêter à toute espèce d'améliorations, que l'instituteur pourra constituer un système applicable à toutes les exigences, et sous le rapport pécuniaire et sous le rapport de l'éducation.

Nous ne nous arrêterons pas à exposer les procédés purement mécaniques de ces différentes méthodes, ni même les méthodes particulières appliquées à chaque branche d'enseignement. A la fin du cours de l'école normale, les élèves-maîtres sont exercés pendant plusieurs mois à la pratique des méthodes générales et des méthodes particulières; c'est là qu'ils se feront une juste idée des divers rouages sans lesquels une école ne marche pas régulièrement. Ces exercices d'application pourront seuls faire bien saisir tout ce qui, en pure théorie, serait à peu près inintelligible. Nous nous bornerons donc à donner les principes qui doivent inspirer, vivifier tous ces procédés, et sans lesquels les méthodes, quelles qu'elles soient, ne peuvent produire de bons et solides résultats.

CHAPITRE III

Règles particulières pour chaque branche d'enseignement.

SOMMAIRE. — Des méthodes particulières pour chaque mode d'enseignement. — Règles de l'enseignement toujours données avec l'enseignement même, de manière que la mise en pratique suive toujours l'exposition de la théorie.

Quelle que soit la liberté laissée à l'instituteur dans le choix de sa méthode et dans la direction qu'il entend donner à son enseignement, il est cependant certaines règles posées par le législateur qu'il doit avoir sans cesse présentes à la pensée et dont il doit faire la base même de ses leçons. Nous voulons parler des programmes imposés par les lois organiques de l'enseignement primaire; programmes salutaires à tous égards, puisqu'ils renferment dans certaines limites précises l'enseignement de l'instituteur et le mettent à la portée de toutes les intelligences enfantines; programmes utiles surtout en ce qu'ils ont eu pour résultat de substituer à l'ancienne routine une méthode uniforme et féconde en résultats, que l'expérience a depuis longtemps consacrés.

Ces programmes renferment toutes les matières de l'enseignement primaire, c'est-à-dire :

L'instruction morale et religieuse,

La lecture,

L'écriture,

Les éléments de la langue française,

Le calcul et le système légal des poids et mesures,

Les éléments de l'histoire et de la géographie de la France.

Telles sont les matières dites obligatoires, parce qu'elles sont la base même de l'enseignement élémentaire et qu'elles constituent le minimum légal de l'instruction dans les écoles primaires. Mais il convient d'ajouter que si l'enfant peut se contenter de ces premières notions indispensables, il est du devoir de l'instituteur de tendre plus haut et de ne voir dans les matières obligatoires que la première assise d'une instruction sérieuse. Aussi les lois organiques ont-elles eu soin de mentionner des matières dites facultatives, qui sont :

L'arithmétique appliquée aux opérations pratiques,

Les éléments de l'histoire et de la géographie générales,

Des notions de sciences physiques et d'histoire naturelle applicables aux usages de la vie,

Des instructions élémentaires sur l'agriculture, l'industrie et l'hygiène,

L'arpentage, le nivellement et le dessin linéaire,

Le chant et la gymnastique,

Le dessin d'ornement, le dessin d'imitation, les langues vivantes étrangères, la tenue des livres et les éléments de la géométrie.

Enfin, pour les écoles de filles, « les travaux à aiguille. »

A lire ce programme des matières facultatives on voit qu'il en est beaucoup dont la nécessité a fait des matières vraiment obligatoires. L'instituteur devra donc se rendre compte par avance de la carrière qu'il doit parcourir, et tout en s'attachant spécialement aux matières obligatoires, qui empêchent seulement d'être compté au nombre des ignorants, il réservera une partie de son temps pour l'étude élémentaire de ces sciences pratiques qui, à notre époque plus qu'à aucune autre, constituent véritablement la science de la vie.

Mais comment l'instituteur distribuera-t-il ce programme que la loi lui impose? Comment, en un mot, organisera-t-il son enseignement ?

Pendant bien des années cette double question est restée sans réponse ; dans les écoles, où la routine régnait en souveraine, le maître se préoccupait peu de savoir quelle méthode il devait suivre. Aujourd'hui, les progrès de l'enseignement ont substitué à ce fâcheux ordre de choses un système complet et éprouvé que l'on appelle la pédagogie rationnelle.

La pédagogie rationnelle ! Telle est la formule nouvelle de la science, et quelles admirables ressources elle renferme! « Elle admet le développement, la culture simultanée de toutes les facultés de l'enfant. Elle le jette tout de suite au milieu de toutes les matières fondamentales de l'instruction primaire, de la lecture, sans doute, mais aussi de l'écriture, de l'histoire, de la géographie, de la grammaire, du système métrique ; première initiation à tout. Plus tard encore les mêmes choses, mais avec un développement plus large, et enfin avec tout le développement qu'elles comportent dans nos écoles primaires » (1). De ces données dictées par l'expérience est sorti le plan d'études, indispensable dans toutes les écoles, et dont voici le résumé :

1° Division de l'école en trois cours;

2° Subdivision de chaque cours en plusieurs divisions recevant l'enseignement direct du maître.

3° Obligation de voir dans chaque cours et dans chaque subdivision de cours le programme tout entier.

Le plan d'études ainsi formulé n'a pas pris naissance dans un livre ou dans une circulaire ministérielle. Les instituteurs l'ont eux-mêmes créé et développé naturellement, parce que l'expérience leur montrait dans les écoles trois couches d'élèves plus ou moins instruits, auxquelles devaient logiquement correspondre trois nuances plus ou moins foncées d'enseignement. Si bien que tous les bons maîtres, comme si un mot d'ordre avait été donné, se trouvèrent avoir adopté la même méthode.

Les trois cours s'appellent : cours élémentaire, cours moyen et cours supérieur. Mais il faut bien dire que, si dans les villes on peut mettre en pratique le plan d'études tel que nous l'avons donné, il en sera rarement de même dans les villages. La méthode d'ailleurs n'a rien

(1) Brouard et Defodon. *Inspection des écoles primaires.*

d'absolu et doit se prêter aux circonstances et aux localités.

Ainsi, que dans un village l'instituteur ne puisse grouper assez d'élèves pour organiser les trois cours, il se contentera d'en établir deux : le cours élémentaire et le cours intermédiaire. Dans les hameaux même, il n'y aura plus qu'un cours élémentaire avec une division préparatoire pour les petits.

C'est donc seulement d'après le nombre de ses élèves que l'instituteur divisera ses cours au commencement de l'année. Mais quelle que soit la division qu'il aura choisie ou subie, il est indispensable que le programme de ses cours soit arrêté à l'avance et coupé en sections correspondant aux subdivisions elles-mêmes. C'est pour lui le seul moyen d'établir une sorte de niveau entre les élèves et de tirer ainsi parti du temps qu'ils passent à l'école.

Notons que ce programme, tel qu'il a été organisé, exige l'emploi de l'enseignement simultané et oral. Le maître, s'il est seul comme dans la plupart des écoles, professe en se conformant aux prescriptions d'un journal de classe sur lequel nous aurons à revenir dans notre chapitre de la division du temps ; s'il est aidé d'un ou de plusieurs adjoints, il les charge d'un cours spécial et se réserve d'ordinaire le cours supérieur, afin de pouvoir surveiller les autres.

Nous avons maintenant à parler des programmes. Aucun n'a été officiellement imposé aux instituteurs, qui restent maîtres de les choisir, pourvu qu'ils y fassent rentrer les matières obligatoires. Mais peu de maîtres usent de cette liberté plus souvent gênante qu'utile et adoptent un programme adopté dans leur département, qui est ordinairement divisé par mois et donne ainsi l'ensemble et le détail de chacune des matières qu'il doit passer en revue.

Nous conseillons à tous les maîtres de suivre cet exemple. Les programmes uniformes ont de grands avantages : ils épargnent d'abord la peine d'en créer un et donnent surtout aux élèves de toutes les écoles une impulsion égale permettant d'établir ces concours cantonaux dont le succès est aujourd'hui si grand.

Nous avons donc entrepris de donner ici, en le distribuant d'après les divers sujets que nous avons à traiter, un des programmes qui ont été donnés et que MM. Brouard et Defodon ont eux-mêmes recommandé. Ce programme est suivi dans les écoles de la Seine; il a reçu tous les perfectionnements que la science et l'expérience concourent à donner, et sera certainement un excellent modèle à suivre, non pas, certes, servilement, mais avec les tempéraments et les modifications que les lieux ou les circonstances peuvent exiger. Les instituteurs trouveront donc en tête de chacun de nos paragraphes un résumé du programme contenant la division par mois et par cours de la matière.

Le programme est enfin précédé de directions excellentes, qui constituent certainement un cours pratique de pédagogie et dont les instituteurs liront avec fruit quelques extraits (1).

Directions générales.

Aux termes d'une circulaire ministérielle du 7 octobre 1866, à laquelle nous ferons encore d'utiles emprunts : « La meilleure méthode d'enseignement est celle qui exerce le plus l'intelligence des enfants sans la fatiguer ni la rebuter; celle qui, tout en excitant leur mémoire, ne la charge que de choses utiles; celle qui ne leur présente isolément aucune règle abstraite, mais leur fait comprendre l'utilité de la règle par une application raisonnée; celle enfin qui leur apprend le mieux à apprendre. »

Nous avons déjà, en examinant les diverses méthodes d'enseignement, exposé les règles quis ont résumées dans ces quelques lignes.

Il n'est pas à notre disposition de principes plus utiles,

(1) Pour le règlement-type, voy. Guide Pitolet.

et *l'Organisation pédagogique* à laquelle nous empruntons son programme officiel en a fait la base même des conseils qu'elle donne aux instituteurs.

Pour les enfants plus jeunes, elle recommande la méthode intuitive et attache beaucoup d'importance à l'instruction par les yeux, l'instruction sensible.

Mais ce sont là des procédés qui, excellents pour les commençants dont ils éveillent et developpent graduellement l'intelligence, ne peuvent plus suffire pour les élèves des cours moyen et supérieur. Employée exclusivement, elle n'amènerait plus que l'ennui né de l'uniformité des méthodes, et l'ennui est le fléau des écoles. Il est donc bon que les élèves, affermis pendant la première année dans la voie des recherches et des découvertes, soient ensuite exercés à descendre du général au particulier, du principe aux conséquences, de la règle à l'application.

« La combinaison de ces deux méthodes qui fait intervenir tour à tour le maître et l'élève, en même temps qu'elle forme le jugement de l'enfant, répand dans les classes la variété et la vie.

« Dans notre système d'organisation pédagogique, les diverses branches d'enseignement doivent se prêter un mutuel secours. La leçon de lecture fournit des moyens d'étude pour l'orthographe ; les expositions de vive voix et par écrit, qui sont recommandées pour l'histoire et la géographie, préparent aux exercices de rédaction. De même la mise au net des dictées et des devoirs, peut être, par le soin que les élèves y apporteront, un excellent exercice d'écriture.

« Un autre principe également utile à rappeler, c'est que la correction des devoirs et la récitation des leçons doivent toujours avoir lieu pendant les classes auxquelles se rapportent ces devoirs et ces leçons. Plus de récitations continues, monotones et routinières. Toute leçon de grammaire, par exemple, comprend :

1° La récitation de la règle ou du principe qui a été expliqué par le maître dans la classe précédente ;

2° La correction du devoir donné dans cette classe ;

3° L'exposition de la leçon suivante ;

4° Les interrogations par lesquelles le maître s'assure que ses explications ont été comprises :

5° L'indication du devoir ou la dictée des exercices d'application....

« Les différents cours sont indépendants, et chacun d'eux comprend un ensemble complet de connaissances. Chaque programme, dans ces différents cours, est donc entier : le développement seul varie avec le cours. Toutefois les maîtres se rappelleront que ce qui importe, ce n'est pas d'entrer, à propos de chaque texte du programme, dans tous les détails que ce texte peut comporter, mais de donner, sur les points essentiels qui y sont déterminés, des notions claires et précises. »

§ I. — INSTRUCTION MORALE ET RELIGIEUSE.

Nous avons parlé du soin général que doit prendre l'instituteur de façonner l'âme des élèves aux pensées et aux habitudes religieuses et morales. Quant à l'étude proprement dite des préceptes de la religion, sans doute elle est dans les attributions spéciales du curé de la paroisse ; toutefois l'instituteur peut et doit participer à cette œuvre, et c'est à lui que la loi s'adresse quand elle proclame, comme le premier et le plus indispensable des enseignements, *l'instruction morale et religieuse.*

Pour la première division composée des enfants les plus jeunes, l'instruction religieuse consistera presque uniquement en récits de l'Ancien et du Nouveau Testament, que le maître fera de vive voix pour attacher davantage l'attention des élèves. Il s'interrompra souvent pour s'assurer, par des questions, que les enfants l'ont bien compris ; il joindra à sa narration toutes les considérations morales, toutes les réflexions pratiques auxquelles elle donnera lieu. Il pourra encore faire apprendre aux enfants quelques-unes des maximes les plus simples et les plus claires de l'Écriture sainte, après leur en avoir bien expliqué le sens et leur en avoir montré l'application dans quelques petites histoires morales, toujours en multipliant le plus possible les interrogations, d'autant plus essentielles que l'esprit des enfants est moins développé.

Le maître aura soin enfin d'enseigner aux enfants les prières et le petit catéchisme conformément aux indications du curé.

Quant à la division des leçons pour les élèves du premier cours, elle se fera utilement d'après le programme des écoles de la Seine que nous avons spécialement recommandé et qui sera certainement d'un grand secours pour tous les instituteurs.

INSTRUCTION RELIGIEUSE DU COURS ÉLÉMENTAIRE.

Octobre

Les premiers âges du monde. — La création, le paradis terrestre. — Le déluge, Noé. — La tour de Babel, dispersion des hommes.

Novembre

Le peuple de Dieu. — Abraham ; le sacrifice d'Isaac — Ésaü et Jacob — Joseph et ses frères. — Histoire de Job.

Décembre

La Terre promise. — Moïse sauvé des eaux — Les dix plaies d'Égypte. — Le passage de la mer Rouge ; le désert.

Janvier

Révision des matières étudiées dans le premier trimestre — Moïse sur le mont Nebo — Josué.

Février

Les Juges. — Victoires de Gédéon et de Samson. — Ruth et Booz. — Enfance de Samuel.

Mars

Les Rois. — David et Goliath. — David et le roi Saül. — Mort d'Absalon.

Avril

Révision du second trimestre. — Salomon. — La construction du Temple. — Histoire de Tobie.

Mai

La captivité de Babylone. — Daniel dans la fosse aux lions. — Siége et prise de Babylone par Cyrus.

Juin

Les Juifs sous la domination étrangère. — Persécutions : les Macchabées.

Juillet

Jésus-Christ. — Sa vie et sa passion.

Août

Révision générale.

On doit surtout chercher dans ce premier enseignement à ouvrir l'âme des enfants à la piété, à leur donner le goût des choses religieuses.

Le deuxième cours, pour les enfants de huit à dix ans, est le développement du précédent. Déjà les élèves, exercés à la lecture et n'étant plus obligés de concentrer toute leur attention sur la contexture des mots, pourront avec fruit lire eux-mêmes les histoires que le maître leur racontait auparavant. On leur fera donc étudier l'histoire sainte dans des abrégés composés pour l'enfance, où seront conservés le caractère de noble simplicité, de beauté touchante, et, autant que possible, les expressions mêmes des livres sacrés. Pour vivifier les pratiques religieuses par un sentiment vrai et profond, il n'est pas de meilleur moyen que de rendre les élèves familiers avec les histoires de l'Ancien et du Nouveau Testament. Que d'enseignements pour le maître lui-même dans ces livres divins, si bien adaptés à tous les besoins de la vie !

Que d'intérêt, que de charme et d'utilité pour les enfants dans ces récits qui ne lassent jamais, dans ces leçons qui corrigent chaque faute, encouragent chaque vertu ; dans ce livre enfin qui contient à lui seul plus de vraie sublimité, plus d'exquise beauté, une morale plus pure, une histoire plus importante, plus d'éloquence même et de poésie que tout ce que l'on pourra recueillir de plus admirable dans tous les livres de tous les siècles et de toutes les langues !

Les explications que le maître y joindra seront plus détaillées, plus complètes. Il n'y aura pas d'inconvénient à ce que ces explications consistent quelquefois en études intéressantes sur le monde extérieur, dont le souvenir, au reste, rappellera ensuite la leçon qu'elles auront accompagnée. Tel passage de l'Ancien Testament donnera occasion de raconter brièvement les émigrations des oiseaux ; tel autre, de parler des mœurs et de l'industrie des insectes, etc.

On pourra exiger que les enfants rédigent de mémoire, pour la leçon suivante, ce qui les aura le plus frappés. C'est là un exercice excellent, et qui leur sera surtout profitable, si l'instituteur ne manque pas de faire récapituler auparavant, par des interrogations multipliées, les principaux faits de l'histoire qui aura fait l'objet de la leçon.

Le maître fera apprendre par cœur aux élèves le catéchisme et l'évangile du dimanche, afin de les préparer aux instructions de la paroisse, et, quand l'occasion s'en présentera, il leur expliquera les fêtes et les pratiques de la religion.

PROGRAMME DU SECOND COURS

Octobre

Les premiers âges du monde. — La création (4963). — Les patriarches. — Le déluge (3308). — Noé et ses fils. — La dispersion des hommes.

Novembre

Le peuple de Dieu (2296-1725). — Abraham (2296). — Jacob. — Joseph en Egypte. — Histoire de Job. — Les Hébreux en servitude.

Décembre

La Terre promise (1724-1554). — Moïse (1725-1605). — Les Hébreux dans le désert. — Les tables de la loi. — Josué (1605-1554).

Janvier

Révision trimestrielle. — Description sommaire de la terre ; les peuples idolâtres.

Février

Les Juges (1554-1080). — Les servitudes : Gédéon, Jephté. Samson, Héli, Samuel — Ruth et Booz.

Mars

Les Rois (1080-962). — Saül ; ses fautes. — David, organisateur du pouvoir absolu. — Grandeur et sagesse de Salomon ; le Temple.

Avril

Révision trimestrielle.

Le Schisme et la captivité (962-536). — Royaume d'Israël (962-718). — Captivité de Ninive. — Tobie.

Mai

Royaume de Juda (962-587). Les Juifs à Babylone. — Daniel. — Retour de la captivité.

Juin

Les Juifs sous la domination étrangère (587-151). — Alexandre et Jaddus (332). — Persécutions : les Macchabées (161).

La Royauté rétablie (161 à 1). — Les Juifs sous les Romains ; les Hérodes.

Juillet

Le Christianisme. — Jésus-Christ (1 à 33).

Les premiers apôtres. — Destruction du Temple (70).

Août

Révision générale.

Le troisième cours se compose des enfants de dix ans et au-dessus ; ils reçoivent tous du curé l'enseignement religieux, qui comprend spécialement l'étude du dogme. Le maître aura soin de bien graver dans leur mémoire les réponses du catéchisme qu'ils doivent réciter à l'église, et qui leur y seront expliquées. Il leur fera apprendre les prières. Il les enverra régulièrement aux exercices ; au retour, il leur fera rendre compte de ce qu'ils auront entendu ; il leur donnera le temps nécessaire pour faire une courte analyse de l'instruction. Ainsi il s'associera de la manière la plus utile à l'œuvre du ministre de la religion, il contribuera puissamment à faire pénétrer dans le cœur des enfants les croyances qui doivent faire la règle de leur vie entière.

Sans cesser en même temps de leur faire lire l'histoire de l'Ancien et du Nouveau Testament, le maître y joindra l'étude de quelques autres ouvrages propres à affermir et à éclairer la foi des enfants, ou à offrir des modèles de vertu, comme la *Doctrine chrétienne*, l'*Histoire de l'Église* par Lhomond, la *Vie des Saints*, et il ne manquera jamais d'insister sur les beaux et grands exemples que présentent pour tous les âges et pour toutes les conditions les annales de la religion chrétienne.

PROGRAMME DU COURS SUPÉRIEUR

Octobre

Les premiers âges du monde. — Le peuple de Dieu. — La terre promise. — Géographie physique de la terre promise.

Novembre

Géographie politique de la terre promise après l'établissement des Hébreux. — Les douze tribus.

Les Juges.

Décembre

Les Rois et le Schisme. — Géographie politique des royaumes de Juda et d'Israël. — La captivité.

Janvier

Les Juifs sous les dominations étrangères. — La royauté rétablie.

Février

Le christianisme. — Géographie politique de la Palestine au temps de Jésus-Christ.

Mars

Mœurs et gouvernement des Hébreux. — Les patriarches ; la vie nomade. — Les juges. — Les rois.

Avril

L'*Ancien Testament.* — Principaux livres de l'Ancien Testament. La loi, le Temple, les fêtes, les sacrifices. — Les prophètes.

Mai

Le Nouveau Testament. — Les Évangiles, les Actes des apôtres. — Les principales lettres des apôtres.

Juin

Les premiers temps de l'Église. — Concile de Jérusalem. — Dispersion des apôtres. — Les premières persécutions. — Les premières hérésies.

Juillet-Août

Révision générale.

Reproductions analytiques, tantôt sous forme orale, tantôt sous forme de rédaction.

Tel est le plan d'études religieuses qui permettra de faire apprendre aux enfants, pendant les trois années qu'ils ont coutume de passer à l'école, les principes de l'histoire sainte et de la religion dans laquelle ils sont nés.

Quant à la méthode même d'enseignement, on conçoit

que nous n'avons pas la prétention d'en exposer une aux instituteurs. Mais nous leur avons recommandé dans le cours de ce chapitre les interrogations multipliées, et ils feront bien d'y recourir sans cesse pour résumer la leçon faite et réveiller dans la mémoire des enfants le souvenir de ce qu'ils ont précédemment appris.

M. Thery, dans ses *Lettres*, a donné le modèle d'une de ces séries d'interrogations ; nous en reproduisons quelques-unes à titre d'exemple.

D. Qui était Tobie ?

R. C'était un des Israélites emmenés captifs en Assyrie, lorsque le roi Salmanazar détruisit le royaume d'Israël.

D. Etait-ce un homme vertueux ?

R. Oui.

D. La réponse est bien courte. A quoi reconnaissez vous qu'il était un homme vertueux ?

R. Il ensevelissait, au péril de sa vie, les Israélites que le roi faisait tuer.

D. Quelle vertu exerçait-il alors ?

R. La charité envers ses frères et l'obéissance envers Dieu qu'il craignait plus que le hommes.

R. Ne fut-il pas frappé d'un grand malheur ?

R. Oui, il devint aveugle. Dieu le permit pour l'éprouver.

Que le maître, en parlant des vérités religieuses, ait toujours l'accent de la conviction profonde, de la foi sincère : c'est ainsi seulement qu'elles passeront dans l'âme des enfants. Il devra même s'interdire les controverses, dangereuses pour tous ceux qui ne peuvent pas avoir une instruction bien complète, et qui aboutiraient peut-être à laisser du doute et de l'incertitude dans l'esprit de ses jeunes auditeurs. Si cependant, il est mis en demeure de répondre à quelque objection, qu'il le fasse avec simplicité, avec clarté, avec mesure. Surtout qu'il apprenne aux enfants à détester l'erreur, mais à avoir la plus grande indulgence, la plus grande compassion pour ceux qui y sont tombés; qu'il les pénètre de cet esprit de charité évangélique qui n'étend jamais aux personnes la haine que l'on doit au vice et au mensonge.

Enfin, dans tout le cours de l'enseignement religieux, le maître n'oubliera jamais que la religion n'est pas seulement du domaine de l'intelligence, qu'elle est surtout de celui du cœur; que la connaissance des dogmes n'est rien sans les sentiments de foi, de soumission, de pieuse reconnaissance qu'elle doit produire.

Il s'attachera donc à parler au cœur, à le toucher, à le sanctifier par la doctrine de l'Évangile. Il devra, dans ce but, donner à ses leçons tout l'intérêt qu'il lui sera possible d'y répandre, en varier la forme, y rattacher les exemples et les tableaux frappants que peuvent lui fournir les scènes de la nature, la vie domestique, l'expérience de l'enfant; imiter en cela le chef et le modèle de tous les précepteurs chrétiens, Jésus-Christ, qui enseignait les soins paternels de la Providence en faisant observer l'éclat du lys et la parure des oiseaux; qui montrait l'action de l'esprit saint envers les hommes sous l'image du laboureur allant ensemencer la terre, et qui, sous les traits de l'enfant prodigue, représentait l'histoire du pécheur, et l'invitait à revenir à Dieu.

Terminons cet important sujet par l'examen d'une des plus graves questions auxquelles il ait donné naissance.

L'article 23 de la loi du 15 mars 1850 mentionne comme la première des matières obligatoires l'instruction morale et religieuse, mais le législateur n'a pas reproduit une disposition de la loi antérieure qui était ainsi conçue :

« Le vœu des pères de famille sera toujours consulté et suivi en ce qui concerne la participation de leurs enfants à l'instruction religieuse. »

Cette règle, dont l'application a donné lieu à des difficultés sérieuses, n'a pas été conservée dans les lois suivantes, et nous ne trouvons, dans la loi de 1850, qu'un article qui s'y rattache d'une manière bien indirecte. C'est l'article 15, aux termes duquel « le conseil académique et départemental détermine le cas où les communes peuvent, à raison des circonstances, et provisoirement, établir ou conserver des écoles primaires dans lesquelles seront admis les enfants de l'un ou de l'autre sexe, ou des enfants appartenant aux différents cultes reconnus. »

Mais la loi ne dit rien de plus et laisse, par conséquent, notre question sans réponse, toutes les fois que des enfants de diverses religions sont réunis dans une même école. Que faut-il donc décider? Certes, la loi n'a pas voulu contraindre le maître à enseigner une autre religion que la sienne, s'efforçant de persuader aux élèves, tantôt les dogmes de la foi catholique, tantôt ceux du protestantisme, tantôt ceux du judaïsme; de sorte que l'enfant serait obligé de consulter l'horloge pour savoir de quelle religion on lui parle, et ce qu'il doit répondre. Il y aurait là une monstrueuse absurdité : peut-on s'imaginer que les enfants croiront à la parole du maître, quand ils le verront combattre maintenant les dogmes qu'il enseignait tout à l'heure; quand ils trouveront en lui un indifférent organe de la vérité et du mensonge? Ce serait aussi une odieuse violence à la conscience de l'instituteur; comment obliger un homme honnête de persuader aux autres ce qu'il croit être l'erreur?

L'instituteur n'enseignera que sa propre religion. Mais que faire, dira-t-on, si les parents ne veulent pas que leurs enfants entendent prêcher d'autres doctrines que celles dans lesquelles ils les ont élevés? Voici, sur ce point, l'application sage et raisonnable de la loi. Le catholique obligé d'envoyer son enfant à une école protestante a le droit d'exiger qu'il ne reçoive pas l'instruction religieuse qui est donnée à ses camarades; le protestant, le juif, peuvent faire de même, si leurs enfants sont dans une école catholique. Quant au maître, il n'aura autre chose à faire qu'à fixer les heures destinées à cette instruction religieuse, de manière à ce que les parents puissent commodément reprendre leurs enfants pendant cet intervalle.

Mais faut-il aller plus loin, et dire que dans le cas même où les parents seraient de la même religion que l'instituteur, catholiques, par exemple, comme lui, ils pourraient exprimer l'intention qu'aucune instruction religieuse ne fût donnée dans l'école à leurs enfants, et forcer le maître à s'y conformer?

La rédaction de l'article 23 de la loi de 1850 ne permet pas même de le supposer. Sans doute le législateur n'a pas voulu enlever à chaque père de famille la liberté d'élever ses fils dans sa religion, tout en leur faisant donner sur le reste l'instruction commune; mais elle n'admet pas qu'un enfant puisse demeurer dans l'Université, étranger à toute idée religieuse. Le législateur a placé l'instruction morale et religieuse parmi les objets d'enseignement rigoureusement exigés; il en a fait même le plus important et le plus nécessaire; qu'on lui applique donc au moins les règles admises pour tous les autres. Un père refuse de laisser donner à son enfant l'instruction religieuse de l'école: a-t-il d'autres principes de religion à lui apprendre? la loi ne violente pas sa conduite. Mais si l'enseignement de l'école ne diffère pas de celui qu'il pourrait donner lui-même, s'il ne cherche qu'un prétexte pour maintenir son fils dans une déplorable ignorance, la loi ne se fait pas sa complice. Quand il n'y a pas de raison pour répudier l'instruction religieuse de l'école, elle rentre dans la catégorie des matières d'enseignement que tout élève est obligé de recevoir s'il veut rester dans l'école. L'instituteur serait autorisé à refuser l'enfant que ses parents lui enverraient pour apprendre la lecture et non l'écriture, le calcul et non la grammaire. Et il ne pourrait pas préserver ses élèves du scandale d'une éducation dont la pensée religieuse serait entièrement, systématiquement bannie! Le conseil supérieur a réprimandé le chef d'un grand établissement public qui avait reçu un enfant avec cette condition, qu'il ne lui serait jamais parlé de religion; c'est par l'esprit de cette décision que doit s'interpréter la loi de l'instruction primaire.

§ II. — LECTURE.

L'enseignement de la lecture tend à se simplifier de jour en jour dans les écoles primaires, et par l'amélioration des méthodes et par la préparation que bientôt un grand nombre d'enfants devront avoir reçue. Les salles d'asile, à part leur grand et inappréciable résultat de donner aux enfants des habitudes d'ordre, d'obéissance, de discipline, ont encore l'avantage de les initier aux notions les plus élémentaires, et ces premiers principes sont souvent ce qui entrave le plus longtemps la marche des études. Beaucoup d'enfants arrivent ainsi à l'école disposés à la lecture par la connaissance des lettres, des diphthongues et des syllabes ; il ne reste plus qu'à les assembler pour former les mots.

Quant aux enfants des communes rurales, qui n'ont pu passer par les salles d'asile et qui arrivent à l'école pour y apprendre les premières notions de la lecture, il sera bon de les grouper en une petite division préparatoire. Cette division sera confiée à la femme de l'instituteur ou à un jeune homme préparant son examen d'admission à l'école normale. La méthode à employer pour ces commençants sera celle des salles d'asile. Le maître, après avoir écrit les lettres sur un tableau noir, les nommera et les fera répéter par les enfants.

Quand les élèves de la division préparatoire connaîtront bien leurs lettres, on les fera participer aux leçons du cours élémentaire, qui est également collectif et dirigé par le maître.

PROGRAMME DU COURS ÉLÉMENTAIRE.

« La leçon de lecture consistera dans l'étude des sons et des articulations et dans celles de leurs principales combinaisons. Elle se fera à l'aide d'un grand tableau comprenant les principaux éléments de la lecture, et aussi au moyen de ces mêmes éléments tracés par le maître sur le tableau noir.

Aussitôt que les élèves auront été suffisamment préparés,

ils seront mis à la lecture courante, et entremêlés autant que possible à ceux de leurs camarades qui pourront contribuer à les diriger.

Pour les élèves plus avancés, la lecture dans un livre sera d'abord collective, lente et syllabée. Les mêmes passages seront relus une seconde fois couramment par tous les élèves ensemble, et ensuite individuellement.

Toute phrase d'exercice devra être lue préalablement par le maître, qui appellera l'attention des élèves sur les repos, sur les intonations et, avant tout, sur le sens de la phrase et la signification des mots.

C'est dans la leçon de lecture et à propos des mots lus et expliqués que le maître trouvera surtout l'occasion de donner quelques notions intéressantes et utiles sur les objets usuels. »

On proscrit généralement la méthode d'*épellation*, et c'est avec raison; car il est plus difficile d'épeler une syllable que de la prononcer couramment; et certes ce n'est pas un moyen de faire comprendre à un enfant comment il faut lire, par exemple, le mot *sang*, que de lui faire dire successivement les quatre lettres *s, a, n, g*, dont les noms mis à côté l'un de l'autre ne donnent aucune idée de la prononciation du mot. Le maître devra donc, quand les enfants auront appris l'alphabet, prononcer en la montrant une syllabe sans l'épeler: les élèves répéteront seuls. Après quelques exercices de ce genre, il fera dire les syllabes sans les avoir prononcées avant eux. Ensuite le maître passera à l'étude des mots, que les élèves répéteront après lui, d'abord en séparant les syllabes, puis couramment.

Telle est, dans sa plus grande simplicité, la méthode de lecture, qui est à la fois la plus rapide et la plus rationnelle.

Mais en résulte-t-il que l'épellation doive être entièrement rejetée? Bien qu'elle puisse rendre l'enseignement de la lecture plus long et plus pénible, il n'en est pas moins vrai qu'elle a le grand avantage d'apprendre fort bien l'orthographe en même temps que la lecture, par l'exercice d'analyse qu'elle oblige de répéter à chaque instant : l'épellation est la *dissection* des mots, et rien n'est plus propre à en faire distinguer et reconnaître toutes les parties. Une chose assez remarquable, et plusieurs fois signalée, c'est que généralement l'on sait mieux l'orthographe en Angleterre qu'en France, quoique la prononciation anglaise soit tout aussi difficile que la prociation française. C'est que si en Angleterre, comme en France, on bannit l'épellation des premières études de lecture, on a soin, dans beaucoup d'écoles, de *faire épeler les enfants dès qu'ils savent lire couramment.* On a senti que dans cet enseignement, ainsi que dans tous les autres, la synthèse ne suffit pas, et que l'instruction ne peut être complète que par l'analyse. Objectera-t-on que l'écriture, qui force également à analyser les mots, rend ces exercices inutiles ? Mais pour enseigner une chose aussi compliquée que l'orthographe, deux moyens valent toujours mieux qu'un seul ; et ensuite, il est certain que l'écriture est pour beaucoup d'enfants un exercice tout machinal, qui, par conséquent, n'aura jamais la même efficacité qu'une prononciation à haute voix, par laquelle l'attention est nécessairement mise en jeu.

Le maître pourra donc en certains cas avoir recours aux procédés d'*épellation*, mais il n'en fera qu'un exercice et non pas une méthode.

C'est en partant du même principe que M. Michel, un des élèves les plus distingués du père Girard, a créé une méthode rationnelle de lecture, dont nous donnons un résumé, et qui se distingue des anciennes, aujourd'hui abandonnées, par la classification des lettres, des syllabes et de leurs éléments, et par la combinaison des exercices pratiques.

M. Michel a divisé sa méthode en trois cours, subdivisés en 3 classes de 12 leçons.

La première classe comprend l'étude des voyelles simples (*a*, *e*, *é*, *i*, *o*, *u*) et des consonnes simples (*b*, *c*, *d*, etc.) ainsi que des syllabes à consonne initiale (*be*, *de*, *je*, *ve*, etc.)

La seconde classe passe successivement en revue les voyelles composées, nasales, diphtongues (*eu*, *ou*, *an*, *on*, *oi*, *ouin*, *ui*); les consonnes composées et diphtongues (*ch*, *gn*, *ill*, *bl*, *cr*, *dr*), et enfin les syllabes courantes (*car*, *par*).

Dans la troisième classe les élèves s'occupent des équivalents, consonnes et voyelles (*c*, *k*, *q*, *ch*; *o*, *au*, *eau*) et des lettres nulles.

Tel est l'ordre de succession des matières qui composent le 1er cours ; quant à la mise en pratique des recommandations de **M. Michel**, elle est d'une extrême facilité.

Ainsi l'élève commence par apprendre les lettres séparées. Quand il les possède bien, on en forme des syllabes qu'il épèle d'abord et prononce ensuite réunies.

Les syllabes connues, on passe aux mots formés de ces syllabes et d'après une gradation que tous les maîtres connaissent. Des mots aux phrases, il n'y a qu'un pas, et l'enfant est tout surpris de savoir bientôt lire des phases simples comme celles-ci (*ma mère malade a bu*).

Comme cet enseignement est essentiellement simultané, le maître montre sur le tableau noir, ou le tableau imprimé, à l'aide d'une baguette, les lettres, syllabes et mots qui font l'objet de la leçon. Il les nomme et les enfants répètent ensemble, ensuite chacun d'eux vient les désigner au tableau.

PROGRAMME DU SECOND COURS.

« Le maître doit toujours lire, en totalité ou en partie, le morceau qu'il a choisi ou préparé pour servir de texte à la leçon de lecture. Il fait remarquer aux élèves l'intonation générale qu'il convient de donner ; il appelle leur attention sur les repos et les liaisons.

Toute lecture sera expliquée par le maître, et donnera

lieu de la part des élèves à des comptes rendus ou résumés soit oraux, soit écrits.

Les leçons de choses trouveront naturellement leur place dans les développements de la leçon de lecture (1). »

Le second cours de M. Michel comprend les études et exercices préparatoires à la lecture courante, la décomposition des mots en syllabes et la liaison des mots pour la première classe, et enfin les exercices de simple lecture courante pour la seconde. Insensiblement l'élève a pris l'habitude des phrases, il sait déja lire et peut apprendre en lisant.

PROGRAMME DU COURS SUPÉRIEUR.

« *Lecture dans les livres et les cahiers manuscrits*

Morceaux étendus et variés, en prose et en vers; scènes et descriptions, dialogues, etc. — Analyses et comptes rendus par les élèves des lectures précédentes.

Lecture du latin. »

Dans ce troisième cours M. Michel, continuant ses exercices de lecture courante, s'attache surtout aux anomalies et exceptions.

Le choix des premiers livres de lecture est d'une grande importance. Il faut que ces livres soient imprimés en gros caractères, d'une lisibilité parfaite, à la portée des enfants, intéressants pour eux, ne leur parlant que de choses connues, de connaissances usuelles, contenant de petites leçons accessibles à leur sens moral ou capables de le développer.

Voici par exemple une page charmante tirée d'un livre excellent de M. Henrion, instituteur à Nancy, et qui a pour titre les *Oiseaux et les Fleurs.*

L'enfant qui l'aura lue et comprise, qui l'aura même analysée, aura certainement senti se graver dans sa pen-

(1) Les leçons de choses, auxquelles nous attachons une importance extrême, feront l'objet d'un paragraphe spécial.

sée, fragile encore, quelques-unes des notions ou des idées qu'elle renferme.

« Mes enfants, nous allons commencer nos causeries sur les oiseaux. Nous étudierons ces charmantes créatures sous deux points de vue :

1° Sous le rapport de leur utilité comme destructeurs d'insectes nuisibles à nos récoltes ;

2° Sous le rapport de l'agrément que vous donne leur beauté, leur gentillesse, leur gaicté.

Vous vous réjouissez tous, je le sais, et moi-même j'éprouve un bien vif plaisir à aborder cette question... Est-il rien d'aussi beau que les fleurs au milieu de la verte prairie ; les oiseaux en pleine liberté sur les haies des chemins, sur les charmilles des bocages ou dans la profondeur des forêts. C'est une étude profonde que nous allons entreprendre. La vie, les mœurs des oiseaux offrent à l'observateur de si continuels sujets d'admirer la sage prévoyance du Créateur... Vous en ferez votre profit, mes enfants, je l'espère. En les étudiant, vous apprendrez à aimer ces petits êtres si aimables. En voyant leur tendre sollicitude pour leur jeune famille, vous ne serez plus tentés de détruire leurs nids ; vous aimerez encore mieux votre bon père, votre bonne mère, parce que vous comprendrez mieux toutes les peines que leur a causées la faiblesse de vos premières années ; vous apprendrez enfin, comme l'a dit Buffon, « que cette classe d'êtres légers, que la nature paraît avoir produits dans sa gaicté, peut néanmoins être regardée comme un peuple sérieux, honnête, dont on a eu raison de tirer des fables morales et d'emprunter des exemples utiles.

« A cette question nous rattacherons celle des insectes, qui ne sont pas moins intéressants par leurs tranformations, par leurs mœurs et surtout par l'instinct admirable dont la nature a doué certains d'entre eux. Nous chercherons ensemble le moyen de préserver de leurs ravages, nos champs, nos vergers, nos jardins.

« Puis, quand nous aurons terminé toutes nos études,

vous en ferez partager le fruit à vos parents, à vos camarades, que vous amènerez ainsi à aimer et à protéger les animaux utiles ; et toute votre vie, vous conserverez les principes que vous aurez recueillis dans vos leçons, vous souvenant que ce serait se montrer ingrat envers Dieu, de ne pas se montrer bon pour toutes les créatures qu'il a placées auprès de nous pour servir à nos besoins et à notre agrément. »

Quoique presque tout le monde apprenne à lire, on est obligé de reconnaître qu'il y a très peu de personnes qui sachent bien lire. Lire simplement et naturellement, d'un ton animé et expressif, est un mérite qu'on rencontre rarement, et combien peu réunissent ces qualités diverses que Rollin demandait au lecteur : « Que sa parole, disait-il, soit correcte, claire, ornée, proportionnée. »

Dans les écoles, le maître n'a certes pas beaucoup de temps, ni beaucoup de facilité pour amener sous ce rapport ses élèves à une grande perfection ; cependant, s'il y met du zèle et de la persévérance, il pourra au moins déraciner de mauvaises habitudes et obtenir une manière de lire intelligente, correcte et exempte d'intonations désagréables.

Pour obtenir ce résultat, il y a quelques règles à suivre : 1° *Prendre garde que l'élève comprenne bien ce qu'il lit.* Si l'enfant ne comprend pas la pensée, comment espérer qu'il prononcera d'une manière intelligible l'expression qui la renferme ? L'attention du maître doit se porter sur ce point dans les classes inférieures comme dans les classes plus élevées. Il importe dès l'origine de faire entrer dans l'esprit ce qu'on présente aux yeux ; et il y a un grand inconvénient à faire répéter trop longtemps aux enfants des combinaisons de lettres qui n'ont aucune signification. En les lisant, ils prennent l'habitude de séparer le son du mot de son sens propre, habitude qui leur reste après qu'ils ont cessé ces exercices. Et il est bien certain cependant que le lecteur ne fera jamais sentir ni comprendre ce qu'il sent ni ne comprend lui-même. Ce point gagné, les progrès des élèves deviendront immédiatement plus rapides. Celui qui s'accoutume à ne pas séparer le son des mots de leur signification s'arme de deux ressources au lieu d'une seule pour vaincre les difficultés qu'il rencontre : la première, c'est la connaissance des lettres et des syllabes ; la seconde, c'est la connaissance de ce que veut dire la phrase, connaissance qui aide si bien à trouver les mots eux-mêmes.

2° *Se souvenir que le ton de conversation doit être en général celui de la lecture.* Il faut à tout prix amener les enfants à lire comme ils causent. Combien ne trouve-t-on pas de jeunes enfants, qui décrivent avec une aisance et un naturel charmant des événements dont ils liraient le récit d'une manière fatigante, insupportable. Prenez garde seulement à ce que les enfants des campagnes, qui ont, en général, une prononciation et une intonation vicieuses, ne les transportent dans la lecture. « En pareil cas, cet exercice doit servir, autant que possible, à corriger le défaut du langage. On peut dire que, à cet égard, la méthode de faire lire plusieurs enfants ensemble est très-avantageuse : des défauts dans les organes, un ton criard et dissonant, peuvent par ce moyen être corrigés peu à peu ; cet heureux résultat doit être attribué à l'influence d'une certaine mesure, d'une certaine cadence, qui entraîne tous les enfants quand ils lisent en commun (1). »

« L'habileté, disait Rollin, consiste à savoir ménager adroitement les différents ports de voix, à commencer d'un ton qui puisse hausser et baisser sans peine et sans contrainte, à conduire tellement la voix qu'elle puisse se déployer tout entière dans les endroits où le discours demande beaucoup de force et de véhémence et principalement à suivre en tout la nature. »

3° *Empêcher que les enfants ne lisent avec précipitation*

(1) Niemeyer. *Principes d'éducation*, IIe partie.

ou d'une voix trop élevée. Le lecteur qui a ces deux défauts, est à la fois désagréable et inintelligible. Insistez pour obtenir une prononciation lente et distincte de chaque mot; si vous n'y parvenez, il ne faut pas espérer donner à vos élèves un ton régulier et convenable.

4° *Ne pas faire lire trop à la fois.* Un bon maître peut tenir pendant vingt minutes ses élèves sur une seule page sans lasser leur attention. Il aura souvent l'occasion de dire : « Je vois que vous n'entendez pas bien ce passage; répétez-le. » Alors il demandera la signification des principales expressions; il aura peut-être à analyser ou à paraphraser la pensée. Après cela, il pourra expliquer les allusions à l'histoire, à la géographie, aux sciences naturelles qui viendraient à se rencontrer dans le morceau qu'on a lu. Tout cela est souvent nécessaire à la parfaite intelligence du texte ; c'est dire que tout cela est nécessaire pour suivre notre première règle, sans laquelle il n'y a pas de bonne lecture possible.

Il serait utile que l'exercice de la lecture courante fût entremêlé d'interrogations, qui ont le double avantage de bien fixer l'esprit et de fournir l'occasion d'enrichir l'intelligence d'une foule de connaissances nouvelles. Les questions fréquentes sont certainement le meilleur moyen de s'assurer si les idées des enfants sont justes ou incorrectes. Le nombre et l'étendue de ces questions seront toujours déterminés par les réponses que l'on recevra.

« Avec les plus jeunes écoliers, on se bornera à des questions sur les éléments de la grammaire, à l'explication des termes les plus simples, à des notions élémentaires sur l'histoire et la géographie. Aux élèves plus avancés on pourra expliquer le sens général du morceau, celui de quelques expressions figurées et de certains gallicismes : on appuiera sur les lois grammaticales, la composition et la formation de plusieurs termes; on s'arrêtera plus longtemps sur la géographie et sur l'histoire. Enfin, dans la division supérieure, à l'analyse des idées générales et des mots on pourra joindre des développements historiques et géographiques beaucoup plus complets (1). »

Le maître qui n'a pas coutume de faire de pareils exercices, est satisfait de l'apparence d'instruction qui se révèle à un examen superficiel ; il ne se doute pas de la masse d'ignorance et de fausses idées que cette *inquisition intellectuelle* découvrirait à ses yeux.

§ III. — ÉCRITURE

Depuis quelques années les méthodes pratiques d'écriture ont fait de grands progrès. Grâce aux travaux consciencieux de nos professeurs les plus célèbres, MM. Taupier, Régnier, Taiclet, Gedalge, etc..., les enfants de nos écoles parviennent en peu de temps à acquérir une écriture expédiée, propre, lisible et suffisamment rapide. L'instituteur aura donc à choisir entre ces différentes méthodes, et nous nous contenterons de donner ici quelques indications générales bonnes à suivre, quelle que soit la méthode qu'on emploie ; nous résumerons enfin les principes de la méthode Taupier exposés par son auteur.

Mais il nous paraît nécessaire de donner avant tout quelques conseils pratiques. D'abord, quand il s'agira de classer les enfants, souvenez-vous que l'écriture étant un art de pure imitation, le meilleur moyen d'activer les progrès généraux est de mêler les commençants avec des enfants qui écrivent déjà bien. Vous ne perdrez rien à cet arrangement, si vous vous proposez, comme cela doit être, plutôt de donner une bonne écriture à tous, que de mener à la perfection l'écriture de quelques-uns de vos meilleurs élèves.

Ayez bien dans l'esprit que les succès de vos écoliers dépendent de l'attention que vous leur donnerez quand

(1) Pichard. — Cent vingt lectures.

ils commenceront à écrire. C'est alors que se forment des habitudes que vous auriez ensuite la plus grande peine à changer.

Une des méthodes le plus souvent employées et les plus rationnelles, consiste à faire tracer d'abord des lignes droites et courbes, qui sont les éléments constitutifs de toutes les lettres, afin de donner de la précision et de la hardiesse d'exécution ; l'enfant copie ensuite des caractères, d'abord en gros pour qu'il puisse aisément y reconnaître, réunis et combinés, les éléments qu'il a étudiés séparément. Ce n'est que peu à peu qu'on lui présente des modèles plus fins ; et ainsi son écriture conserve toujours la même netteté et la même régularité. Nous ne conseillons pas cependant d'une manière absolue cette méthode analytique ; l'expérience a démontré qu'on obtenait aussi de bons résultats, lorsqu'on n'a pas l'intention de former, à proprement parler, des *calligraphes*, en suivant la méthode synthétique, d'après laquelle les enfants commencent par l'écriture moyenne qui les conduit plus vite à l'expédiée.

Beaucoup de maîtres font écrire sur l'ardoise avant d'employer les plumes et le papier. Mais ce procédé ne doit être considéré que comme un expédient économique ; l'usage de l'ardoise rend la main lourde et contracte les doigts. Il est bien préférable d'employer les plumes et les cahiers à calquer, dont la supériorité sur tous les modèles à la main n'est certainement plus à démontrer.

PROGRAMME DU PREMIER COURS

« Le maître rappelle au commencement de chaque classe les préceptes relatifs à la tenue du corps, du cahier et de la plume.

L'objet de la leçon est toujours exposé au tableau noir.

Le maître passe ensuite dans les tables et procède à la correction individuelle des cahiers. Les défauts qui se reproduisent chez plusieurs élèves font l'objet d'une observation générale accompagnée d'une démonstration au tableau noir.

L'usage des cahiers préparés est autorisé, mais l'emploi de ces cahiers ne dispense jamais le maître de l'exposition de la leçon et de l'indication des corrections au tableau noir.

Il veille à ce que les préceptes relatifs à la tenue du corps, du cahier et de la plume, soient toujours observés, quand l'élève écrit, que ce soit un exercice spécial d'écriture ou une rédaction de devoir.

Quand les élèves en sont à l'écriture courante, le maître doit non-seulement leur apprendre à copier des modèles de cursive, mais il doit les habituer à écrire librement d'eux-mêmes à la dictée. Les cahiers préparés ont certainement de grands avantages pour les commençants, mais ils ne donneraient jamais cette sûreté et cette légèreté de main que l'élève acquiert en écrivant à la dictée. »

PROGRAMME DU SECOND COURS

« Au commencement de chaque classe, et toutes les fois qu'il en est besoin, le maître rappelle les principes relatifs à la tenue du corps, du cahier et de la plume.

La leçon est exposée au tableau noir sur un modèle que trace le maître.

Les corrections individuelles aux tables et les démonstrations au tableau noir se font comme dans le cours élémentaire.

Les phrases servant de modèle doivent toujours présenter un sens complet, et avoir pour objet soit un précepte de conduite, sont une notion utile. »

PROGRAMME DU COURS SUPÉRIEUR

« *Cursive*, *Ronde*, *Bâtarde*. — Retour sur les principes ; exercices de ronde et de bâtarde. (Insister sur la cursive.)

Tableaux, comptes, factures, mémoires d'un genre simple, réunissant les trois genres d'écriture. »

Nous avons dit que les cahiers de calque (méthode Taupier) pouvaient être d'un grand secours pour l'instituteur ; il n'est pas à notre sens d'exercice plus utile et qui épargne davantage les précieux moments dont le maître dispose. Ainsi, tandis que, pour les élèves d'un cours, il enseignera au tableau les principes de l'écriture, les enfants des autres cours se serviront des cahiers de calque ; ils n'auront donc pas perdu leur temps, et le maître en passant dans les tables se rendra facilement compte des fautes commises.

La méthode de M. Taupier est bien connue, mais elle ne donnerait que des résultats incomplets, si le maître n'accompagnait ces exercices de conseils spéciaux et s'il ne faisait observer à ses élèves certaines prescriptions que l'auteur a résumées et qui peuvent être considérées comme l'exposé de la méthode elle-même.

Ces prescriptions ainsi formulées serviront de texte aux observations du maître.

1° Donner la définition des différents traits dont se forment les lettres, indiquer les principes de la position du corps, des pieds, des bras, des mains, du papier, de la manière de tenir la plume, et surtout des mouvements des doigts, du poignet et de l'avant-bras, qui sont autant que la plume les instruments de l'écrivain.

Observations générales sur la manière d'exécuter les pleins, les déliés et les liaisons.

2° Donner le moyen de faire promener la main sur le papier sans entraîner le corps en traçant des lignes horizontales, ce qui apprendra à écrire droit.

3° Indiquer la graduation des éléments des lettres, des mots et des exercices reposant, surtout, sur le principe de la légèreté de la main, et conçue de manière à ce que l'exécution des traits, dans les différentes proportions indiquées pour chaque lettre, soit en harmonie avec leur configuration.

4° Que la lettre *I* radicale de toutes les autres, surtout pour l'écriture cursive précède et suive pour la formation des lettres chacune de celles que l'on apprend à faire. L'élève est ainsi amené à une grande régularité des bases, chose essentielle, et il acquiert en même temps le parallélisme des traits.

5° Que l'ennui de l'élève soit évité par un changement assez fréquent d'exercices, sans cependant anticiper sur ce qui est nouveau, avant de faire connaître suffisamment ce qui précède.

6° Que l'œil de l'élève ne soit pas fatigué par la couleur des traits où il doit repasser, et que cette couleur soit claire.

7° Qu'on fasse arriver promptement l'élève à l'écriture des devoirs en lui faisant répéter, en petite écriture moyenne, les mêmes exercices que ceux qu'il vient d'exécuter dans une plus grande dimension.

8° Que les moyens d'imitation marchent de pair avec ceux du calque, en donnant à l'élève la possibilité de copier le modèle imprimé en noir, en même temps qu'il repasse ceux imprimés ou écrits en clair.

9° Que les exercices soient arrangés de manière à présenter à l'œil un tableau bien ordonné, afin d'exciter le goût de l'élève. Qu'il passe du gros au fin successivement et s'habitue à des proportions de lettres juxtaposées.

Quelle que soit la méthode à laquelle son expérience personnelle l'ait conduit, l'instituteur aura soin que les objets matériels qui servent pour l'écriture soient toujours de bonne qualité. Il n'y a pas d'économie à choisir des objets de qualité inférieure; il faut les remplacer plus souvent, et la tâche des enfants est plus pénible. Nous rappelons enfin, car c'est là un point essentiel, que le maître devra examiner chaque ligne à mesure qu'elle sera écrite, si le nombre des élèves le permet, et si cela n'est pas possible, parcourir souvent les tables, afin de suivre pour ainsi dire pas à pas les exercices. C'est une mauvaise habitude que celle de bien des maîtres, qui laissent écrire une page entière avant de la corriger; les fautes s'y sont répétées, et par conséquent sont devenues plus difficiles à éviter pour une autre fois. La qualité dans l'écriture doit toujours être de beaucoup préférée à la quantité. — Le choix des exemples attirera, d'une manière toute particulière, l'attention du maître. Il les composera de maximes utiles, de sentences morales empruntées à nos saints livres, de notions sur divers objets intéressants. Nous ne saurions trop recommander la coutume adoptée dans quelques écoles, de disposer en exemples d'écriture une série régulière de petits résumés sur les connaissances usuelles qu'il importe de faire entrer dans l'esprit des enfants, et qui ne trouvent pas leur place dans l'enseignement. Les enfants se forment ainsi des cahiers qu'ils conservent et relisent plus tard avec profit et plaisir. Ce qu'on apprend en l'écrivant s'oublie moins d'ailleurs, car la mémoire des yeux est de toutes la plus fidèle.

§ IV. — ARITHMÉTIQUE.

C'est surtout en enseignant l'arithmétique qu'il faut avoir égard aux grands principes dont nous avons déjà parlé à propos de l'enseignement en général. On n'a rien fait tant que l'on n'a pas été parfaitement compris. Le sens et la raison peuvent seuls faire avancer de quelques pas, quand on est arrivé à un certain point. Il est d'ailleurs constant que l'enseignement mathématique est le plus facile à donner dans les écoles primaires, parce que l'esprit mathématique n'est que la mise en pratique de facultés naturelles, que la pensée des enfants contient en germe, et qu'il suffit d'éveiller. Commencez donc, dirons-nous aux instituteurs, à vous aider des objets sensibles, et, profitant de cette disposition précieuse dont vos élèves sont tous munis, exercez l'enfant à compter ce qu'il peut voir avant de l'engager dans des calculs abstraits ; puis, confiez à sa mémoire les simples résultats des premières tables d'addition et de multiplication, sans la connaissance desquelles tous les calculs sont à peu près impossibles. Un jeune enfant peut être amené, de cette manière, à opérer des additions, des soustractions, des multiplications et des divisions, avec une grande facilité. On se sert souvent, pour atteindre ce premier but, de divers appareils spéciaux, du boulier-compteur de M. Sorgius qui est le plus perfectionné, des balles de Frœbel ou des tableaux. Ces instruments, sans doute, sont excellents pour maintenir en éveil l'attention des jeunes élèves de nos classes, mais peut-être vaudrait-il mieux n'en pas faire usage; tous les objets qui entourent les enfants peuvent très-bien en tenir lieu. On peut faire compter, soit le nombre des carreaux de la fenêtre, soit celui des tableaux suspendus à la muraille, soit celui des enfants assis sur un ou plusieurs bancs. On évite par là un grave inconvénient : c'est que l'esprit des élèves, constamment aidé par le même appareil, ne s'accoutume tellement à ce secours, qu'il ne puisse plus s'en passer. Combien ne voit-on pas de petits enfants qui ne savent compter que sur leurs doigts, ou avec un boulier-compteur?

La variété des objets sur lesquels vous ferez faire les calculs est le meilleur moyen d'éviter la routine.

Il ne faut pas s'arrêter là. L'esprit doit être habitué, et habitué pendant longtemps, à des abstractions; il est nécessaire de changer en calculs abstraits cette arithmétique *sensible* et *tangible*, pour ainsi dire, qui est si utile au début. Mais surtout allez-y avec mesure et par degré. Si vous avez un écheveau de fil emmêlé, mais que vous parveniez à en trouver le bout et à le faire passer à travers tous les détours et tous les nœuds, votre écheveau sera bientôt dévidé. C'est tout à fait de cette manière qu'il faut exercer l'esprit des enfants à découvrir la vérité de quelque proposition abstraite. Pour un esprit qui n'est pas exercé, la plus simple question est souvent formidable. Combien n'y a-t-il pas d'enfants, même parmi les meilleurs écoliers, qui seraient fort embarrassés de ce problème très-facile : Quels sont les deux tiers des trois quarts du nombre?...

Et cependant, il leur suffirait d'être habitués à décomposer des questions de ce genre, d'après ce principe : qu'il faut toujours aller du connu à l'inconnu. On vous donne un nombre déterminé : n'allez pas perdre votre temps à chercher les deux tiers des trois quarts que vous ne connaissez pas encore ; cherchez d'abord les trois quarts du nombre qui est connu ; ces trois quarts trouvés, opérez sur ce nombre, maintenant connu aussi, et vous en obtiendrez aisément les deux tiers. Nous ne donnons cet exemple que pour faire comprendre comment l'explication de l'*analyse* peut donner, avec très-peu de connaissances réelles, un certain talent dans l'art de compter. Mais cependant il faut que ce talent, pour être vraiment utile et *usuel*, soit soumis à des exercices judicieux et variés.

En expliquant une règle aux élèves, ne les faites jamais passer d'un exemple à un autre sans être bien sûr qu'ils ont compris le premier. Il ne s'agit pas d'économiser le temps pour ce sujet. Le grand point, c'est qu'on ne marche pas en avant sans savoir quelle route on a tenue ; c'est que des notions nouvelles, dans une science où tout se tient, ne s'appuient pas sur des notions imparfaites et mal assises. Or, pour cela, il vous faudra souvent questionner les enfants, tantôt l'un, tantôt l'autre, et vous assurer par tous les moyens de quelle manière vos explications sont saisies.

« Deux personnes n'ont jamais exactement les mêmes idées et ne les associent pas de la même manière ; d'où il suit que la même proposition n'est pas comprise de même par toutes deux. Ainsi, ce qui a paru clair et intelligible à l'une, est obscur pour l'autre ; et peut-être qu'un léger changement de termes produirait un résultat tout contraire. Quand une proposition est offerte comme objet de démonstration, chacun accommode la démonstration à la tournure de son esprit. Ces considérations amènent à quelques applications pratiques. Il est très-important qu'un maître s'habitue à observer ce qui se passe dans l'esprit de ses élèves, quand il s'occupe d'arithmétique. Dès qu'il leur a posé une question, il doit chercher à reconnaître s'ils la comprennent ou non. S'ils ne la comprennent pas, il faut découvrir de quelle manière on peut la rendre plus intelligible. On y parviendra par des interrogations qui indiqueront ce que pense chacun, et pourquoi il pense de telle ou telle façon. Sans cette étude perpétuelle, le maître, par ses explications, embarrassera les élèves plus souvent qu'il ne les aidera (1). »

Ayez soin aussi de ne jamais paraître choqué des difficultés, quelque petites qu'elles soient, qui arrêtent vos élèves. Un enfant ne s'applique guère, quand il voit que ses efforts ne sont pas appréciés, et que vous ne tenez pas compte de la différence qui existe entre sa capacité et la vôtre. L'attention qu'un enfant, laissé à lui-même, donnera aux questions difficiles sera fort limitée. Son intelligence sera bientôt à bout, et il ne lui restera de son travail que la fatigue qui suit de pénibles efforts. Ne brisez donc pas les ressorts de son intelligence par un déraisonnable dédain pour les obstacles qu'elle rencontre. Un bon maître doit tenir en bride la promptitude de son propre esprit, et aller si doucement, que tous puissent le suivre.

Pour la solution des questions d'arithmétique, il y a deux qualités qu'il faut tâcher d'obtenir, la netteté et la rapidité. La dernière condition est assez difficile à réaliser ; on y parvient cependant en habituant les élèves au calcul verbal, que l'on nomme faussement calcul de tête, comme si le calcul écrit n'était pas aussi bien le fruit de la réflexion et du raisonnement. Il est essentiel de préserver l'enfant de la lassitude et de l'inattention pendant les exercices. Aussi faut-il avoir soin que les questions se suivent de près les unes les autres. Si vous mettez entre elles de trop longs intervalles, l'esprit de vos écoliers s'occupera bientôt de tout autre sujet. Ne lui don-

(1) Colburn. *Conseils sur l'enseignement de l'arithmétique.*

nez donc pas le temps de s'écarter et de se dissiper. Mais il est clair que des exercices aussi continus ne devront pas trop se prolonger. Ils ne peuvent guère durer plus de quinze ou vingt minutes : l'instant où l'esprit se relâche est celui où il faut s'arrêter. On ne gagne rien à épuiser les facultés qui ne peuvent être exercées avec fruit que quand elles sont en bonne disposition. Cette remarque, il n'est pas besoin de le dire, s'applique à toutes les branches de l'instruction, comme à l'arithmétique. Il n'est guère de faute plus fâcheuse en éducation que d'user l'attention, en exigeant d'elle trop à la fois. Les progrès intellectuels dépendent bien plus de la force d'application que de la longueur de l'étude.

C'est ainsi que l'instituteur accoutumera les enfants à se rendre compte de leurs opérations. Il les amènera graduellement et à l'aide de problèmes tirés surtout du milieu dans lequel ils vivent, à comprendre pourquoi dans l'addition on commence par la droite; pourquoi dans la multiplication, on recule le deuxième produit partiel d'un rang vers la gauche, etc. Toutes ces explications constituent la théorie du calcul, et cette théorie il faut la rendre sensible afin de la mettre à la portée de tous. On y parviendra toujours en faisant précéder la règle par l'exemple ; bien plus, il arrivera souvent que les enfants frappés du mécanisme d'une opération iront au-devant des conclusions du maître (1).

PROGRAMME DU PREMIER COURS.

« La numération et les premières opérations de l'arithmétique sont enseignées à l'aide du boulier-compteur et surtout d'objets usuels ; les additions, soustractions, multiplications et divisions se font, autant que possible. sur des nombres concrets.

Chaque leçon sera toujours précédée ou suivie d'exercices de calcul mental.

(1) On consultera avec fruit les ouvrages de MM. Ferber, Rapet et Ritt sur l'enseignement du calcul.

Les problèmes ou exercices d'application auront toujours pour objet des questions pratiques, se rapportant à la comptabilité d'un ménage, aux professions et aux industries locales, aux travaux agricoles, etc.

Octobre

Numération parlée. — Enumération des nombres jusqu'à mille.

Novembre

Enumération des nombres supérieurs à mille.

Unités des différents ordres.

Décembre

Numération écrite. — Tracé des chiffres. — Ecriture et lecture des nombres de deux ou trois chiffres, avant de passer aux nombres plus compliqués.

Exercices de calcul mental.

Janvier

Emploi du zéro. — Indication de la convention fondamentale de la numération écrite. — Lecture et écriture des nombres supérieurs à 999. — Décomposition en unités simples, en cent, en mille, d'un nombre écrit en chiffres. — Un nombre étant écrit en chiffres, trouver combien il renferme de dizaines, de centaines de mille.

Exercices de calcul mental.

Février

Addition. — Indication par des exemples familiers du but et des usages de cette opération. — Exercices de calcul mental. — Exercices écrits. — Règle pratique. — Preuve.

Problèmes sur l'addition.

Mars

Soustraction. — Indication par des exemples familiers, du but et des usages de cette opération. — Exercices oraux. — Exercices écrits. — Règle pratique par la méthode de compensation. — Preuve.

Problèmes sur la soustraction.

Avril

Révision des matières étudiées précédemment. — Problèmes sur l'addition et la soustraction.

Mai

Multiplication. — Indication par des exemples familiers du but et des usages de cette opération. — Table de multiplication. — Exercices de calcul mental. — Exercices écrits. — Multiplication d'un nombre de plusieurs chiffres par un nombre d'un seul.

Juin

Multiplication de deux nombres très-simples. — Règle pratique. — Preuve. — Exercices.

Problèmes sur les trois premières opérations combinées.

Juillet

Division. — Indication par des exemples familiers du but et des usages de cette opération. — Division d'un nombre d'un ou de deux chiffres par un nombre d'un seul. — Reste de la division. — Exercices. — Division d'un nombre de plusieurs chiffres par un nombre d'un seul chiffre. — Exercices écrits. — Règle pratique. — Preuve.

Août

Problèmes sur la division. — Problèmes sur les quatre opérations combinées.

PROGRAMME DU SECOND COURS.

Comme dans le cours élémentaire, le maître, dans ses démonstrations, s'aidera d'objets sensibles. Les opérations auront lieu sur des nombres concrets, et les problèmes seront exclusivement empruntés aux circonstances de la vie réelle, aux faits de l'économie domestique, rurale et industrielle.

Octobre

Numération des nombres entiers et des nombres déci-

maux. — Explication du principe que la valeur d'un nombre décimal ne change pas quand on écrit ou qu'on supprime des zéros sur sa droite. — Rendre un nombre entier ou un nombre décimal 10, 100, 1000 fois plus grand ou plus petit. *Addition et soustraction des nombres entiers et des nombres décimaux*. — Règles pratiques et applications. — Problèmes.

Novembre.

Multiplication des nombres entiers et des nombres décimaux. — Définition de la multiplication quand le multiplicateur est décimal. — Règle pratique. — Exercices d'application. — Problèmes.

Décembre

Division des nombres entiers et des nombres décimaux. — Différence des cas suivant que le diviseur est entier ou décimal. — Règle pratique pour le premier cas. Le second cas se ramène au premier. — Trouver le quotient de deux nombres entiers ou décimaux à moins de 0,1 près, à moins de 0,01 près, etc. — Exercices d'application. — Problèmes.

Janvier

Révision des principes relatifs à la numération et aux quatre opérations fondamentales.

Problèmes sur les quatre opérations.

Février

Caractères de divisibilité par 2, 3, 5, 6 et 9. Applications : simplification des calculs, preuves par 9 de la multiplication et de la division. — Exercices

Problèmes sur les quatre opérations.

Mars

Fractions ordinaires. — Principes sur les fractions. — Simplification des fractions. — Réduction de deux ou de plusieurs fractions au même dénominateur. — Addition et soustraction. — Règles pratiques. — Exercices d'application.

Avril

Multiplication et division des fractions ordinaires. — Règles pratiques.

Exercices d'application. — Problèmes.

Conversion des fractions ordinaires en fractions décimales. — Règle pratique.

Mai

Règle de trois et d'intérêt simple.

Exercices d'application.

Juin

Règles d'escompte et de société.

Juillet - Août

Révision générale. — Exercices et problèmes d'application.

PROGRAMME DU COURS SUPÉRIEUR

Étude raisonnée de l'arithmétique. — Nombres entiers et nombre décimaux ; fractions ordinaires ; application aux opérations pratiques.

Octobre

Théorie très-élémentaire de la numération.

Novembre

Nombres entiers. — Explication raisonnée des quatre opérations fondamentales sur les nombres entiers.

Décembre

Divisibilité des nombres. — Caractères de divisibilité par 2, 3, 5, 6, 9. — Preuves par 9 de la multiplication et de la division.

Janvier

Nombres premiers. — Recherche du plus grand commun diviseur de deux nombres. — Décomposition d'un nombre en facteurs premiers. — Recherche du plus petit multiple et du plus grand commun diviseur de plusieurs nombres.

Février

Fractions ordinaires. — Fraction proprement dite, expression fractionnaire. — Principes sur les fractions. — Simplification des fractions. — Réduction de fractions au même dénominateur.

Mars

Opérations sur les fractions ordinaires. — Addition et soustraction. — Multiplication. — Division.

Avril

Nombres décimaux. — Explication raisonnée des règles du calcul des nombres décimaux. — Analogie des nombres décimaux, d'une part, avec les fractions ordinaires ; d'autre part, avec les nombres entiers. — Conversion des fractions ordinaires en décimales et réciproquement.

Mai

Ce qu'on appelle rapport de deux nombres; proportion. Notions générales sur les grandeurs qui varient dans le même rapport ou dans un rapport inverse.

Applications aux opérations pratiques. — Problèmes tirés des règles de trois, d'intérêt, d'escompte. — Méthode de réduction à l'unité.

Juin

Exercices empruntés à des questions usuelles, telles que les rentes sur l'État, les actions et les obligations industrielles, les caisses d'épargne, la répartition des impôts.

Problèmes de société, de mélange et d'alliage

Juillet-Août

Révision générale. — Problèmes divers (1). »

L'arithmétique, comme toutes les autres parties de

(1) Il va sans dire que toutes les applications de l'arithmétique ne sauraient convenir aux écoles de jeunes filles. (Circ. 17 août 1868.)

l'enseignement, aura aussi son point de vue intellectuel et moral, et prendra sa place parmi les moyens d'éducation. « Le résultat de l'arithmétique, lorsqu'elle est bien conduite, est d'introduire cet esprit de calcul qui manque souvent dans nos ménages, qui est la cause d'une infinité de méprises très-nuisibles pour l'économie domestique, et qui, par contre-coup, amène le dérangement des familles, la perte de leur patrimoine et tous les désordres qui s'ensuivent. L'esprit calculateur vient à l'appui de la sagesse, en ce qu'il fait voir que les écarts dans la conduite détruisent la prospérité temporelle, tout en nous éloignant de notre salut. Ce même esprit calculateur, en établissant l'ordre dans les recettes et les dépenses, facilite l'observation des grands préceptes de la morale, qui sont la justice et la bonté. Sous le rapport de la justice, le débiteur voit ce qu'il a à faire pour acquitter ses engagements ; sous le rapport de la bonté, il voit comment il faut se conduire, non-seulement pour n'être à charge à personne, mais encore pour aider ceux qui ne peuvent pas s'aider eux-mêmes.

« Les instituteurs peuvent atteindre facilement ces divers buts en choisissant bien leurs sujets de calcul. Qu'ils aient soin de faire travailler les enfants sur des objets d'économie domestique, d'économie rurale, en montrant les avantages des bonnes pratiques en ce genre, les inconvénients des mauvaises. Si, outre cela, ils ont soin de faire calculer aux enfants les tristes résultats économiques que produisent les vices, et les effets avantageux d'une conduite régulière et sage, ils contribueront à l'amélioration des mœurs, ce qui finalement est le but principal de tout enseignement.

« On pourra donc proposer aux enfants des problèmes tels que le suivant : « Un père de famille avait l'habitude déplorable d'aller tous les soirs au cabaret et laissait souvent sa famille sans pain à la maison. Pendant quatre ans qu'il a mené cette vie, il a dépensé, la première année, 97 francs; la seconde, 104 francs ; la troisième,

112 francs; et la quatrième, 129 francs. Combien de francs ce malheureux père aurait-il épargnés, s'il n'avait pas eu cette affreuse passion de la boisson (1) ? »

SYSTÈME MÉTRIQUE. — Si l'initiation des enfants aux opérations de l'arithmétique doit surtout se faire par les yeux, il est plus certain encore que l'enseignement du système métrique reposera presque entièrement sur l'exhibition et la manipulation des mesures qui en sont l'élément le plus important. L'instituteur aura donc soin, dès que les élèves du premier cours élémentaire auront acquis quelques notions de calcul, c'est-à-dire vers le mois de janvier de la première année, de leur montrer sur le tableau noir et sur les tableaux spéciaux qui ornent maintenant toutes les écoles, les mesures de capacité, de poids, de longueur. S'il a le bonheur de posséder un *compendium métrique*, composé d'une série de ces mesures, sa tâche sera plus facile encore, et il sera tout simple de faire apprendre en même temps cette nomenclature qui paraît si ardue lorsqu'elle est exposée dans un livre. L'enfant s'étant familiarisé avec les figures elles-mêmes, en saura bientôt le nom et ne l'oubliera plus. Les applications viendront ensuite et suivant la méthode que nous avons donnée pour le calcul. Elles seront, bien entendu, très-limitées dans les classes de jeunes filles.

PROGRAMME DU PREMIER COURS

« Pour l'application du système métrique, le maître devra montrer les mesures ou les poids ; il en indiquera l'usage et habituera les enfants à s'en servir.

Janvier

Mesures de longueur. — Montrer aux élèves le mètre. — Division du mètre; mesure des longueurs avec le mètre.

1) *Éléments de calcul à l'usage des écoles de campagne*, par le P. Girard.

Donner aux élèves une idée des multiples du mètre ; décamètre, hectomètre, kilomètre, myriamètre.

Février

Mesures de superficie. — Donner aux élèves une idée du mètre carré et de l'are. — Dessiner au tableau un décimètre carré partagé en centimètres carrés.

Mars

Mesures de volume. — Donner aux élèves une idée des mesures de volume ; mètre cube, décimètre cube, centimètre cube, stère.

Avril

Mesures de capacité. — Montrer aux élèves le litre, le décilitre, le centilitre. — Faire sous leurs yeux des mesurages.

Mai

Poids. — Montrer les poids légaux employés en France. — Montrer une balance. — Faire des pesages sous les yeux des élèves.

Juin

Monnaies. — Le franc, le décime, le centime. — Monnaies d'argent, d'or, de bronze ; les montrer.

Juillet-Août

Révision générale.

Exercices et problèmes.

PROGRAMME DU SECOND COURS.

Octobre

Notions générales. — *Le système métrique et décimal ;* avantages qui en résultent. — Ce qu'on entend par mesurer. — Diverses espèces de mesures ; leur emploi. — Définition des unités de mesure ; leur rapport avec le mètre.

Multiples et sous-multiples décimaux des unités métriques; comment on les exprime et ce qu'ils sont par rapport à l'unité. — Mesures effectives : unités, multiples et sous-multiples, doubles et moitiés de ces mesures.

Novembre

Mesures de longueur. — Le mètre; ses multiples et ses sous-multiples. Une longueur étant exprimée en mètres, en décimètres, en centimètres, etc., la rapporter à une autre unité de longueur. — Valeur en mètres d'un degré du méridien, de la lieue de poste ou de 25 au degré. — Problèmes d'application.

Décembre

Mesures de superficie. — Définition du carré. — *Mètre carré;* ses multiples et ses sous-multiples. — *Are*, son multiple et son sous-multiple. Rapports entre les mesures de superficie proprement dites et les mesures agraires. — Une surface étant exprimée au moyen d'une unité superficielle, la rapporter à une autre unité.

Janvier

Mesures de volume. — Définition du cube. — *Mètre cube;* ses sous-multiples. — *Stère*, décastère et décistère. — Rapports entre les mesures de volume proprement dites et les mesures pour les bois de chauffage et de construction.

Février

Mesures de capacité. — Le litre, ses multiples et ses sous-multiples. — Mesures effectives et mesures fictives. — Problèmes d'application.

Rapports entre les mesures de capacité et les mesures de volume.

Mars

Mesures de poids. — *Le gramme*, ses multiples et sous-multiples. — Mesures effectives et mesures fictives. — Quintal et tonne métriques. — Problèmes d'application.

Correspondance entre les mesures de poids et les mesures de volume et de capacité : poids d'un litre d'eau, d'un mètre cube d'eau, etc.

Avril

Monnaies. — Le franc et ses sous-multiples. — Pièces de monnaie effectives. — Poids des pièces d'or, d'argent et de bronze. — Valeur relative des monnaies d'argent et de bronze, à poids égal ; poids relatif de ces monnaies à valeur égale.

Valeur du kilogramme d'argent pur et du kilogramme d'argent monnayé ; du kilogramme d'or pur et du kilogramme d'or monnayé.

Titre des alliages d'or et d'argent. — Connaissant le poids et le titre d'une pièce d'or ou d'argent, en trouver la valeur.

Mai

Notions sur la mesure du temps. — Jour, heure, minute, seconde. — Convertir en secondes un nombre composé de jours, d'heures, de minutes et de secondes ; réciproquement, un nombre de secondes étant donné, trouver combien il contient de minutes, d'heures et de jours.

Juin

Notions de géométrie pratique. — Définition du triangle, du parallélogramme, du trapèze et du cercle. — Règles pratiques pour la mesure de ces surfaces.

Juillet-Août

Révision générale.

Exercices et problèmes.

PROGRAMME DU COURS SUPÉRIEUR.

Application du système métrique à la mesure des surfaces et des volumes.

Octobre

Notions élémentaires de géométrie. — Révision générale du système métrique. — Définition des angles, de la circonférence; mesure des angles en degrés, minutes, secondes. — Angles droits. — Perpendiculaires, obliques. — Définition des parallèles. — Définition des polygones, du triangle, du parallélogramme, du rectangle, du carré, du losange, du trapèze, etc.

Novembre

Règle pratique pour l'extraction de la racine carrée.

Mesure des aires. — Aire du rectangle, du trapèze. — Aire du parallélogramme, du triangle, du trapèze. — Exercices d'application.

Décembre

Mesurer l'aire d'un polygone quelconque en le décomposant, soit en triangles, soit en trapèzes, et en triangles rectangles; en le transformant en un triangle équivalent.

Aire d'un polygone régulier. — Mesure du cercle. — Mesure d'une aire plane limitée par une ligne courbe.

Exercices d'application.

Révision trimestrielle.

Janvier

Des polyèdres. — Définition de la perpendiculaire à un plan; des plans parallèles. — Prismes, parallélipipèdes, pyramides.

Février

Règle pratique pour l'extraction de la racine cubique

Mesure des volumes. — Énoncer sans démonstration les théorèmes relatifs à la mesure du parallélipipède, du prisme et de la pyramide.

Exercices d'application.

Mars

Surface latérale et volume du cylindre, du cône, du tronc de cône.

Exercices d'application.

Mesure de la surface et du volume de la sphère.

Exercices d'application.

Avril

Cubage d'un massif de maçonnerie, d'un tas de sable ou de gravier, d'un fossé; jeaugeage d'un vase cylindrique, d'un seau ayant la force d'un cône tronqué; d'un tonneau; cubage d'un tronc d'arbre.

Mai

Ce qu'on appelle densité. — Usage des densités. — Exercices d'application.

Juin

Calcul des nombres complexes tirés de la division de la circonférence et du temps.

Usage des tables de conversion des anciennes mesures en mesures légales.

Juillet-Août

Révision générale. — Problèmes divers. »

Ce programme, surtout en ce qui a trait au cours supérieur, porte sur des théories compliquées et abstraites que bien des enfants ne pourront pas saisir. C'est à l'instituteur de juger lui-même du niveau auquel peuvent tendre l'intelligence et l'instruction de ses élèves. Il passera donc rapidement sur certaines matières qui se rattachent à la géométrie et se contentera de bien faire comprendre les définitions et les applications aux choses usuelles.

§ V. — GRAMMAIRE

Étude de la langue maternelle

« J'ai appris la grammaire, dit Guillaume Cobbet, quand j'étais soldat, avec une paie de quelques sous par jour. Le bord de mon lit de camp était mon siège, mon havre-sac était ma bibliothèque, une mauvaise planche, placée sur mes genoux, ma table à écrire. Je n'avais pas d'argent pour acheter de la chandelle. L'hiver je n'avais guère d'autre lumière que celle du feu, et cela encore quand mon tour venait de me chauffer. Pour acheter une plume ou un cahier de papier, il me fallait retrancher quelque chose de ma nourriture, quoique la ration ne fût pas trop forte ; je n'avais réellement pas un moment à moi. Il me fallait lire, écrire au milieu des causeries, des rires, des chants, des cris d'une vingtaine d'hommes les plus abrutis qu'on puisse imaginer, cherchant à ne rien perdre de leurs moments de liberté. Si, au milieu de circonstances pareilles, je suis venu à bout de mon dessein, je dis qu'il n'y a pas une personne au monde qui, dans une école régulière, ait droit de prétendre qu'elle ne peut pas apprendre la grammaire. »

Que les maîtres donnent cet exemple aux élèves pour leur persuader que la grammaire n'est pas, comme ils se le figurent si souvent, une étude inabordable. Mais surtout, pour qu'ils s'y mettent de bon cœur, il faut les convaincre de son utilité, leur bien faire connaître quelle en est la nature et l'objet. Un enfant à qui l'on présente une suite de sèches définitions et de règles séparées de leurs principes n'a pas l'idée que cette aride leçon puisse servir à former le langage dont il doit faire usage chaque jour ; il s'imagine que la grammaire se compose de lois inventées arbitrairement par quelque rêveur. Aussi la prend-il souvent en dégoût, et cela parce qu'on aime mieux charger sa mémoire d'une foule de règles abstraites, que de lui montrer d'une manière intéressante toutes ces règles appliquées, tout ce mécanisme en action dans les écrits des bons auteurs.

C'est ce qu'exprimait un juge à tous les égards compétent, M. Duruy, dans une circulaire du 7 octobre 1866. Les idées dont il se faisait alors l'interprète sont aujourd'hui acceptées par tous, et la vieille routine des écoles leur a fort heureusement laissé le champ libre.

Le ministre de l'instruction publique écrivait, et ces lignes seront certainement le meilleur commentaire du chapitre que nous abordons :

« Si l'étude sérieuse de la grammaire est une des plus importantes à poursuivre ; si, par l'analyse des procédés du langage, elle vous conduit à découvrir certaines lois de l'esprit; si, par la comparaison des grammaires entre elles, on arrive à retrouver la filiation des peuples et l'identité des races; si, enfin, elle constitue pour une intelligence déjà mûre une des applications les plus fécondes de la philosophie éclairée par l'histoire, on doit avouer que, pour les enfants, elle n'est trop souvent qu'un objet d'effroi. Une grande partie du temps de la classe est, chaque jour, employée dans certaines écoles à la récitation des longues leçons de grammaire, à la rédaction d'interminables analyses logiques et grammaticales, qui remplissent leurs cahiers et leur mémoire et ne disent rien à leur esprit. Cet enseignement doit être remplacé par des leçons vivantes. Il faut réduire la grammaire à quelques définitions simples et courtes, à quelques règles fondamentales qu'on éclaircit par les exemples; il faut aussi, à mesure que l'intelligence des enfants se développe, les mettre en présence des plus beaux morceaux de notre littérature, leur y faire reconnaître d'abord le sens et jusqu'aux nuances des mots, la suite et l'enchaînement des idées, plus tard les inversions, même les hardiesses du génie, et compter dans cet exercice encore plus sur cette logique et cette grammaire naturelle qu'ils portent en eux, que sur le vieux bagage d'abstractions et de formules dont on accable leur mémoire sans profit pour leur intelligence. Lhomond disait il y a près de cent ans : « La métaphysique ne convient point aux enfants, et le meilleur livre élémentaire, c'est la voix du maître, qui varie ses leçons et la manière de les présenter selon les besoins de ceux auxquels il parle. »

Une précédente circulaire avait déjà fait les mêmes recommandations pour l'étude de la langue. Nous y lisons :

« Dans le cours de *français*, beaucoup de maîtres abusent de la grammaire et croient avoir tout fait quand ils ont mis dans la mémoire de leurs élèves un grand nombre de règles, de distinctions et de mots techniques. Insistez pour que dans cette étude on évite les abstractions et les subtilités ; pour qu'on s'attache aux applications et aux exemples, surtout aux exemples que fournissent la lecture et l'explication des grands écrivains. C'est par là que la langue avec ses principales règles, ses finesses et ses idiotismes s'apprend bien mieux que dans les grammaires. »

Il faut donc exclure la grammaire de nos écoles et présenter la science grammaticale avec ses théories et ses règles comme n'étant autre chose que l'expression des usages reçus dans la langue, usages ordinairement justifiés par la raison, et qu'il faut suivre, en tout cas, comme dans la vie ordinaire on suit les modes et les coutumes que prescrit la politesse et la convenance. Il faut bien persuader aux enfants qu'en apprenant la grammaire ils n'étudient pas une science de pure spéculation, mais qu'ils apprennent de quelle manière s'expriment ceux qui parlent correctement et intelligiblement leur propre langue; il faut aussi leur faire comprendre que la grammaire découle du langage lui-même et n'a pas été inventée pour le régler. On y parviendra en faisant sortir chaque règle d'un exemple usuel.

Donc, et nous le répétons encore, pas de grammaire, pas de règles abstraites, pas de théories. Mais des exercices, des causeries qui amèneront naturellement des explications grammaticales. Quoi de plus simple pour le maître, quand il a fait une dictée. Il en détachera quelques lignes par un procédé bien simple, que le *Journal des Instituteurs* recommande et qui a été mis en pratique par les plus autorisés de nos inspecteurs (1).

« Ecrivez au tableau cette phrase élémentaire : « Le maître donnera un prix à l'élève laborieux. » Voilà une phrase, dites-vous aux enfants, que vous comprenez bien,

(1) — Voir *Journal des Instituteurs*. — Leçons de grammaire. — M. E. Rendu.

n'est-ce pas? Cette phrase est convenablement faite, et le plus grand écrivain, s'il avait à exprimer cette pensée, ne l'énoncerait pas d'une autre manière. Sans vous en douter vous êtes déjà aussi savants que les savants.

Eh bien! cette phrase si courte, je la trouve trop longue; je voudrais, moi, s'il se peut, dire la même chose en moins de mots. Si nous en supprimions quelques uns? Cherchons quels mots nous pouvons rayer.

Après avoir bien hésité, un des enfants hasarde cette motion : « Rayons *un*.» Oh! ce mot est si petit, il ne doit pas compter, nous avons rayé *un*, que restera-t-il? « Le maître donnera prix à l'élève laborieux ». Vous comprenez toujours, n'est-ce pas?

Seulement, est-ce un ou plusieurs prix que le maître donnera? Nous ne le savons plus. Le petit mot *un* avait donc bien son utilité tout à l'heure. N'importe, laissons-le de côté. Mais pour le reconnaître et pour le retrouver si plus tard nous en avons besoin, il faut lui donner un nom. — Eh bien, comment l'appellerons-nous? Vous ne savez pas, eh bien, nous l'appellerons *article*.... article, répétez bien ce mot, afin de vous en souvenir.

« Maintenant, pendant que nous y sommes, ne pourrions-nous pas rayer cet autre petit mot qui se blottit devant *maître*, ce *le* presque imperceptible et qui ressemble bien à *un*, dont nous ne voulons plus. *Le* maître, *un* maître, c'est bien la même chose. Ce *le* me fait bien l'effet de n'être aussi qu'un article. — Plus d'articles, n'est-ce pas? Rayons *le*. — Qu'avons-nous maintenant : « *Maître donnera prix.* » C'est une manière de parler un peu singulière; n'importe ! Qu'allons-nous supprimer maintenant? Si nous essayions de rayer aussi ce mot *donnera*, il est bien embarrassant. — C'est cela : rayons aussi *donnera*. Que nous reste-t-il donc ? *Maître prix à l'élève laborieux*. Comprenez-vous toujours? Non, car cela ne veut plus rien dire. — Voyons, si nous mettions un autre mot à la place de *donnera* qui est parti. Si nous le remplacions par *ôtera*, serait-ce la même chose ? Non, ce serait exactement le contraire. Eh bien, ce mot *donnera* est donc d'une grande importance, et nous ne pouvons nous passer de lui. A quoi sert-il ce mot-là ? — Il sert à dire ce que fait le maître. — Parfait ! Eh bien, le mot qui dans toutes les phrases exprime ce que fait ou ce qu'est la personne, savez-vous comment il se nomme ? — Non. — Vous voulez le savoir sans doute ? Eh bien, il s'appelle *verbe*. Retenez encore ce mot-là.

Aussi, s'il n'y avait pas de verbe dans une phrase, vous ne la comprendriez pas, ni moi non plus. Il faut donc renoncer à supprimer le verbe. Mais le reconnaîtrez vous bien ce verbe dans toutes les phrases. Dans celle-ci par exemple : « *J'irai demain à l'école.* » Quel est le mot qui exprime ce que je ferai demain. Cherchez.... est-ce *demain* ? Non. — C'est *j'irai*. — J'irai est donc aussi un verbe. Il faut donc le garder pour que les phrases soient compréhensibles.

Nous n'avons pas pu supprimer le verbe, dédommageons-nous en rayant un autre mot. Voyons *à*, c'est une seule lettre qui ne doit pas compter beaucoup. Rayons *à* — Que reste-t-il ? *Maître donnera prix l'élève laborieux.* — Cela ne veut plus rien dire. Nous ne savons plus qui recevra le prix. Ce petit mot *à* est donc bien important aussi; eh bien, il s'appelle *préposition*.

Mais nous avons d'autres mots encore : *Maître*, supprimons-le, *donnera prix à l'élève laborieux*. Nous ne comprenons plus. Qui est-ce qui donnera ? personne. — Il faut donc rétablir *maître*, sans lequel la phrase n'a pas davantage de sens. Eh bien, *maître* est le *sujet*. C'est un mot indispensable. — Les autres mots qui viennent ensuite ont aussi leur importance. — *Prix*. — C'est ce que donnera le maître. — Eh bien, c'est le *complément direct*. Nous ne le retrouvons pas dans toutes les phrases, car nous pourrions nous faire comprendre sans employer le *complément direct*. — *Le maître marche*, vous comprenez bien, n'est-ce, pas quoiqu'il n'y ait pas de *complément*.

Nous avons dit que le maître donnerait un prix à qui? — *à l'élève laborieux.* — Voilà donc encore des mots qui servent à quelque chose, nous savons que le petit mot *à* est une préposition. Pour quoi est-il placé là. Vous ne le savez pas. — Eh bien, il est placé là pour montrer que l'élève laborieux est le *complément indirect.*

C'est ainsi et par des exercices analogues, répétés souvent, que le maître fera comprendre aux commençants le rôle de chaque mot dans une phrase. Toutes les propositions peuvent ainsi se décomposer, et l'enfant, sans effort, par un raisonnement que son esprit lui suggérera toujours, aura fait une analyse grammaticale, il aura fait de la grammaire, sans grammaire. — Et c'est la bonne manière de l'apprendre.

nteresser l'enfant, le faire parler. Tout le secret est là. Au lieu d'expliquer, lui faire trouver l'explication. De cette manière, l'étude perdra son caractère ennuyeux. L'élève, satisfait du succès obtenu, retiendra mieux la règle qu'il aura lui-même trouvée, et prendra goût au travail.

Mais surtout que le maître ne charge pas la mémoire de ses élèves de ces formules abstraites sur lesquelles reposait jadis l'analyse grammaticale.

« Des enfants de dix à onze ans, lisons-nous dans une circulaire du 7 octobre 1868, parlent des verbes transitifs et intransitifs, d'attributs simples et complexes, de propositions incidentes, explicatives ou déterminatives, de compléments circonstanciels, etc. Il faut n'avoir aucune idée de l'esprit des enfants, qui répugne aux abstractions et aux généralités, pour croire qu'ils comprennent de pareilles expressions que vous et moi, Monsieur le Recteur, avons depuis longtemps oubliées; c'est un pur effort de mémoire au profit d'inutilités. »

PROGRAMME DU PREMIER COURS

« Toute leçon est expliquée par le maître avant d'être donnée à étudier aux élèves. »

« L'exposition de la leçon est faite au tableau noir sur des exemples choisis par le maître ».

Les exercices d'application comprennent d'abord des mots représentant des êtres ou des choses que l'enfant connaît ; ensuite de petites phrases sur des notions usuelles. Ces mots et ces phrases sont écrits par tous les élèves sur leurs cahiers, tandis que l'un d'eux ou que le maître lui-même les écrit au tableau noir.

Dans les exercices de conjugaison, le verbe devra, autant qu'il sera possible, faire partie d'une phrase simple et courte.

Octobre

Lettres, voyelles et consonnes ; les trois sortes d'*e*. Syllabes et mots.

Novembre

Nom. — Exemples ; définition. — Nom propre et nom commun.

Décembre

Nom masculin, féminin ; singulier, pluriel.

Exercices d'application.

Janvier

Règle générale de la formation du pluriel dans les noms.

Exercices d'application.

Février

Adjectif. — Exemples ; définition.

Formation du féminin ; règle générale.

Formation du pluriel ; règle générale.

Exercices d'application.

Mars

Accord de l'adjectif avec le nom.

Exercices d'application et d'invention.

Avril

Verbe. — Exemples ; définition.

Exercices d'application et d'invention sur le nom et l'adjectif.

Mai

Conjugaison des verbes auxiliaires.

Exercices d'application et d'invention sur le nom, l'adjectif et le verbe. — Proposition simple.

Juin

Exercices d'application et d'invention sur le nom, l'adjectif et le verbe.

Exercices de conjugaison (verbes réguliers).

Juillet et Août.

Mêmes exercices que dans le mois précédent, et conjugaison des verbes irréguliers les plus usités.

Pour les élèves du second cours, il sera nécessaire d'entrer plus avant dans l'étude de la grammaire et de ses règles. Le maître, dans son enseignement, évitera cependant tout ce qui peut se rapprocher de la forme dogmatique ; il aura toujours présent à l'esprit ce conseil de Fénelon :

« Un savant grammairien court risque de composer une grammaire trop curieuse et trop remplie de préceptes. Il me semble qu'il faut se borner à une méthode courte et facile. Ne donnez d'abord que les règles les plus générales ; les exceptions viendront peu à peu. Le grand point est de mettre une personne le plus tôt qu'on peut dans l'application des règles par un fréquent usage : ensuite cette personne prend plaisir à remarquer le détail des règles qu'elle a suivies d'abord sans y prendre garde (1). »

L'art de la grammaire consiste à donner les bonnes habitudes du langage ; c'est assez dire combien sont funestes les procédés cacographiques, qui attaquent ce principe par sa base, en familiarisant nécessairement les élèves avec des expressions mauvaises et un langage incohérent.

(1) Lettre sur les occupations de l'Académie.

L'exercice des dictées est universellement adopté pour l'étude de l'orthographe, qui ne s'apprend pas moins par l'habitude et la mémoire que par les principes et par le raisonnement. Les phrases doivent être choisies de manière à présenter successivement l'application des règles de la syntaxe française et à familiariser les élèves avec les idiotismes de notre langue. A l'école normale de Strasbourg, immédiatement après la dictée, les copies étaient échangées entre les élèves et corrigées mutuellement, puis elles étaient remises au maître, qui revoyait la correction et la rendait ensuite aux élèves, afin qu'ils indiquassent en marge la nature des fautes commises et les règles grammaticales qui avaient été violées

Dans les écoles des États-Unis on attache beaucoup d'importance aux exercices de composition. Chez nous ils sont trop souvent négligés. Je ne sais pourquoi l'on s'imagine qu'il y aurait quelque inconvénient à faire prendre aux enfants des classes pauvres la coutume d'exprimer leurs pensées sur le papier. Il semble, au contraire, que cet exercice, maintenu dans de justes mesures, pourrait devenir très-salutaire, non-seulement pour développer l'esprit, mais aussi pour former le cœur des enfants : ne serait-ce pas le moyen de fixer leur attention sur des pensées morales ou des traits capables d'inspirer l'amour du bien ? Pour réduire cette idée en pratique, le maître pourra d'abord faire mettre en prose quelque fable ou quelque description empruntée à un de nos bons poëtes ; plus tard, il fera bien de lire aux enfants une narration courte et concise, en leur prescrivant de l'écouter attentivement, pour reproduire à leur manière tout ce qu'ils se rappelleront de la lecture qui vient de leur être faite. Ce travail sera d'abord surtout l'affaire de la mémoire ; puis l'invention s'exercera peu à peu. Une dictée sur le tableau noir n'indiquera que les points principaux, en intercalant entre parenthèses les questions de temps, de lieu, de mode... Les questions disparaîtront insensiblement et les élèves seront livrés à eux-mêmes. Certainement il en résultera pour eux des habitudes précieuses d'attention et de réflexion. Cet exercice, d'ailleurs, remplacera avantageusement la plupart des dictées, sous le double point de vue calligraphique et grammatical. On pourra, à l'inverse, substituer de temps en temps aux amplifications, qui exercent plus particulièrement l'imagination et la mémoire, des résumés et des sommaires, qui forment le jugement en obligeant l'esprit à éclaircir et à préciser ses pensées.

L'idée de réaliser, par l'étude de la langue maternelle, le développement intellectuel et moral de l'enfance, est la base de la méthode d'*instruction éducative* pratiquée avec tant de succès par le P. Girard, qui a introduit dans notre enseignement primaire des modifications capitales. Elle repose sur ce principe si profond et si fécond à la fois : « L'homme agit comme il aime ; il aime comme il pense et selon qu'il connaît. » Si la langue n'est autre chose que l'expression de la pensée, n'est-ce donc pas en cultivant la pensée qu'il faut développer et régulariser son expression ? La formation du langage ne peut demeurer sans influence sur les idées et la volonté, c'est-à-dire sur l'intelligence et la moralité. Il est donc aussi naturel qu'il est utile de perfectionner à la fois la pensée et sa manifestation, le fond et la forme, et de ne s'occuper des mots que pour y rattacher des idées susceptibles d'enrichir l'esprit et d'améliorer le cœur. Cette belle application des théories philosophiques sur l'influence du langage peut donner à l'étude de la langue maternelle une importance, une généralité, une portée immenses. Quatre personnages, pour ainsi parler, dit le P. Girard dans son style expressif et pittoresque, doivent coopérer au cours de la langue maternelle : le grammairien, le logicien, l'éducateur et le littérateur, c'est-à-dire que le cours réunira, en un tout indivisible, quatre objets, qui, dans l'enseignement ordinaire, restent isolés. En même temps que la grammaire fournira le matériel de la langue et ses formes convenues, une logique usuelle donnera, autant que possible, de la rectitude et de la justesse au jugement des enfants par des moyens que fourniront les exercices de la grammaire. Ainsi la syntaxe offrira mille ressources dans ses phrases exprimant une cause ou un effet, un but ou un moyen, une condition ou un raisonnement. Les sujets choisis avec soin nourriront l'amour du bien et du juste, la piété naïve, les sentiments d'humanité et de bienfaisance.

Tantôt, s'adressant surtout à l'imagination en élevant le cœur de l'enfant vers Dieu, ils lui parleront des devoirs sociaux, moraux, des règles de conduite chrétienne et du charme de la vie vertueuse et modeste.

« Dieu est bon ; c'est un devoir de l'aimer. »

Cette simple phrase servira de matière à l'analyse grammaticale la plus facile, et de sujet aux développements du maître sur l'infinie bonté de Dieu et sur les devoirs de l'homme envers lui.

L'élève devra ensuite, dans une courte et simple rédaction, résumer les développements oraux qu'il a entendus. La rédaction sera donc un exercice de style et d'orthographe, en même temps qu'une leçon de morale religieuse.

Tantôt les développements porteront sur une application pratique, et offriront une connaissance utile ou usuelle, un bon conseil, une découverte.

« Le fer est le métal le plus utile à l'homme. »

Cette phrase écrite au tableau, l'instituteur montrera comment la Providence a su mettre à la portée de l'homme une substance précieuse, sans laquelle son travail serait stérile. Il montrera les nombreuses applications du fer, le soc de la charrue, avec laquelle on laboure le champ qui produira le blé ; le fusil dont chaque citoyen est appelé à se servir pour défendre son pays. Que d'idées fécondes et morales pourront jaillir, au gré de l'instituteur, de ces courtes propositions qui n'auront été d'abord qu'un exercice de grammaire !

C'est ainsi que les plus simples compositions donneront au cours de langue le développement que réclament les besoins de l'esprit et du cœur et feront naître la douce et fortifiante satisfaction qui résulte de la vue des résultats obtenus.

De là l'indispensable nécessité de réformer l'enseignement usuel de la langue maternelle au point de vue intellectuel et au point de vue moral, en s'attachant à substituer à nos grammaires de *mots*, des grammaires d'*idées* dépouillées des définitions métaphysiques, des complications étrangères à notre langue et très-gratuitement empruntées à la grammaire latine, en préférant les exercices aux règles abstraites, et surtout en suivant, pour l'étude des mots, l'ordre logique des idées.

Les règles ne se présenteront pas sans leur application ni les mots sans les idées qu'ils doivent faire entendre. Par conséquent, l'énumération des parties du discours se fera à mesure que l'on pourra montrer leur emploi dans le langage, et l'on ne verra plus la syntaxe isolée des exercices de conjugaison et de l'étude du vocabulaire.

« La syntaxe, qui combine les mots pour exprimer les pensées, est la partie essentielle de l'enseignement régulier de la langue. Le vocabulaire et la conjugaison travaillent dans son intérêt : le premier lui fournit des mots dont elle compose la proposition et les phrases ; l'autre lui donne les formes diverses du mot par excellence, du verbe, et leur emploi pour exprimer les personnes, les temps et les modes. D'un autre côté, la syntaxe élabore, pour les divers genres de compositions, les éléments dont elles ont besoin. Elle est donc le but du vocabulaire et de la conjugaison. C'est donc à la syntaxe qu'il faut principalement s'attacher dans un cours de langue.

« La syntaxe doit être essentiellement méthodique et progressive, et par conséquent peindre l'idée à son expression la plus simple, pour la suivre dans tous ses développements. On traitera donc successivement de la *syntaxe de la proposition*, simple, composée, complexe ; et de *la syntaxe des phrases*, ou ensemble de propositions avec toutes leurs modalités diverses : 1° addition, *ceci et cela* ; 2° alternative, *ceci ou cela* ; 3° opposition, *ceci et non cela ;* 4° exclusion, *ceci sans cela ;* 5° exception, *ceci excepté cela*, etc....

« Toutes les modalités, de la plus simple à la plus composée, seront le sujet d'exercices à la fois logiques et moraux. Par exemple, le maître a prononcé cette simple phrase : *Le chrétien imite Jésus-Christ ;* il dit à l'élève : Trouvez le verbe, le sujet, l'objet ; épelez chaque mot en disant le genre, le nombre, le temps, la personne ; examinez le sens de la proposition ; dites si elle est bonne ou mauvaise, et pourquoi ?

« Ainsi, toutes les opérations mentales qu'il est possible de faire à l'occasion de cette proposition sont présentées à l'enfant ; et non-seulement sa mémoire se trouve exercée, comme il arrive habituellement par l'enseignement de la grammaire, mais encore sa réflexion et son sens moral ; et un utile équilibre est conservé dans le développement de ses diverses facultés (1). »

La conjugaison, cet exercice fastidieux et aride quand il est isolé, devient à la fois fructueux et facile en s'alliant avec la syntaxe. Les élèves conjuguent le verbe par propositions d'abord, par phrases ensuite, en le mettant toujours en action : ainsi ses différentes formes et ses différents temps acquièrent un sens qu'ils ne sauraient avoir par eux-mêmes. Cette application, que les enfants pourront faire eux-mêmes, excitera leur attention, satisfera leur esprit et leur rendra familier l'emploi de toutes ces formes, qui, dans nos méthodes usuelles, demeurent si longtemps à l'état de vaines abstractions. Ainsi les facultés intellectuelles se développeront par l'enseignement positif, ainsi se réalisera le mot expressif de Montaigne : « On forge l'esprit de la jeunesse en le meublant, et on le meuble en le forgeant. » Fidèle à son épigraphe :

(1) Dumont. — *De l'Education populaire.*

« Les mots pour les pensées, les pensées pour le cœur et la vie, le P. Girard rattache au cours de langue maternelle tout un enseignement moral dont la place indécise ne saurait être mieux déterminée. Il veut que les propositions et les phrases dont se composent les exercices grammaticaux présentent non pas seulement des maximes isolées, mais des préceptes suivis et pratiqués sur tel ou tel sujet important : par exemple, sur les devoirs envers la patrie et la société, devoirs dont l'idée est, pour tant de gens, singulièrement incomplète et altérée.

Ainsi étudiée, ainsi apprise dans son ensemble, la langue maternelle sera pour l'enfant l'expression correcte de saines idées, de sentiments purs et de pensées vertueuses.

PROGRAMME DU SECOND COURS.

« Le maître se rappellera que l'enseignement du français a non-seulement pour but la connaissance de la langue, mais encore la culture de l'intelligence et le développement du sens moral.

Tous les exemples seront donc expliqués à ce triple point de vue.

L'objet de la leçon est d'abord exposé au tableau noir.

Le maître part toujours des exemples pour amener les élèves à en déduire les définitions et les règles.

Les devoirs d'application seront courts et corrigés avec soin.

Les dictées, également courtes, seront empruntées aux auteurs classiques, ou auront trait à des questions historiques, géographiques, agricoles, commerciales, etc.

Les exercices de rédaction ont lieu toute l'année. Simples et gradués, ils ont d'abord pour objet la composition de petites phrases sur des sujets connus de l'enfant, des descriptions de choses usuelles ; ils comprendront ensuite des récits de traits d'histoire, le résumé d'une lecture, des lettres familières, etc.

Octobre

Les dix parties du discours. — Mots variables et invariables.

Le Nom. — Exceptions à la règle générale de la formation du pluriel. — Noms composés et noms propres.

Article. — Élision et contraction.

Exercices d'application et d'invention sur le nom et l'article.

Novembre

L'adjectif. — Principales exceptions à la règle générale de la formation du féminin et du pluriel. Différentes sortes d'adjectifs. — Règles d'accord.

Exercices d'application et d'invention.

Décembre

Le pronom. — Différentes sortes de pronoms — Règles d'accord.

Exercices d'application et d'invention sur le nom, l'adjectif et le pronom.

Janvier

Verbe. Remarques sur l'accord du verbe.

Sujets et compléments. — Modes, temps, nombre et personne.

Exercices d'application et d'invention.

Février

Conjugaisons. — Radical et terminaison.

Différentes sortes de verbes.

Exercices d'application.

Mars

Formation des temps. — Verbes réguliers et irréguliers.

Exercices d'application et de conjugaison.

Avril

Participe. — Participe présent et adjectif verbal. — Participe passé, règles générales d'accord.

Exercices d'application.

Mai

Adverbe, préposition, conjonction et interjection. — Exemples, définitions. — De la fonction de chacun de ces mots dans le discours.

Exercices d'application.

Juin

Idée de la proposition. — Signes de ponctuation.

Dictées d'application.

Juillet-Août

Exercices sur les homonymes. — Révision générale. »

Les élèves qui aborderont les matières plus difficiles du cours supérieur ne sont pas destinés à devenir des philologues; il est donc nécessaire que le maître, dans son enseignement des théories grammaticales, s'attache à faire comprendre le sens juste et précis des mots, la portée exacte des expressions. Les exercices de rédaction auxquels il aura souvent recours, précédés et suivis d'explications pratiques, lui rendront certainement sa tâche plus aisée; quelques analyses grammaticales faites au tableau, sur les phrases même de la rédaction que l'élève aura dû faire, amèneront aussi un bon résultat. Enfin les exercices d'application et d'invention, dont il est si souvent parlé dans notre programme, tendront toujours à ce but multiple : comprendre bien les mots usuels, en reconnaître, dans une phrase, le sens et les nuances, rattacher à chaque mot les mots de même famille, retrouver dans ce mot les parties principales et les parties accessoires composantes et dérivées, assigner à chacune son rôle dans la signification définitive du mot, rapprocher un dérivé d'un primitif et même de l'origine étymologique. Telle est dans toute son étendue la carrière ouverte à ses patients efforts, tel est aussi le terme fixé à l'enseignement primaire (1).

PROGRAMME DU COURS SUPÉRIEUR.

Application raisonnée des règles de la grammaire. —

(1) Voir sur ce sujet, Brouard et Defodon. *Inspection des écoles primaires.*

Dictées tirées des textes classiques, et révision des règles sur ces dictées. — Indication du sens propre et du sens dérivé des mots.

Exercices de rédaction d'un genre simple. — Description d'un objet usuel; récit d'un trait d'histoire ou d'un fait de la vie privée; compte rendu d'une promenade utile; analyses; lettres familières, etc.

Octobre

Étude de la proposition. — Termes essentiels; sujet, verbe et attribut. — Compléments. — Proposition principale, proposition subordonnée, proposition incidente. — Phrase. (Se tenir aux principes fondamentaux de l'analyse logique). *Ponctuation.*

Novembre

Syntaxe d'accord, syntaxe de régime.

Nom. — Étude des principales difficultés que présentent le genre et le nombre de certains noms. — Pluriel des noms propres, des noms empruntés aux langues étrangères et des noms composés.

Article. — Emploi et suppression de l'article.

Décembre

Adjectif. — Fonction, place et complément des adjectifs. — Accord de l'adjectif.

Des adjectifs déterminatifs. — Emploi et accord des adjectifs numéraux, possesifs et indéfinis : vingt, cent, même, tout, quelque, etc.

Janvier

Pronom. — Emploi des pronoms en général. — Principales remarques auxquelles donne lieu la construction ou l'accord des pronoms personnels, démonstratifs, possessifs, conjonctifs et indéfinis.

Verbe. — Accord du verbe avec son sujet : principales exceptions à la règle générale. — Compléments des verbes. — Emploi des auxiliaires.

Février

Emploi des modes et des temps. — Concordance des

temps du subjonctif avec ceux de l'indicatif et du conditionnel.

Mars

Participe. — Participe présent et adjectif verbal. — Règles générales et remarques particulières sur l'accord du participe passé.

Avril

Mots invariables. — Principales remarques auxquelles donne lieu l'emploi des mots invariables.

Mai

Notions d'étymologie usuelle. — Étude des éléments qui constituent la signification des mots : racines et radicaux; initiales ou préfixes, désinences ou terminaisons.— Dérivés et composés ; familles de mots.

Juin

Exercices sur la propriété des mots; synonymes.

Juillet-Août

Révision générale.

Avant de clore cet important paragraphe, il nous reste une recommandation à faire. Nous avons dit aux instituteurs que les dictées ou les exercices de rédaction devaient toujours exprimer des idées morales et religieuses. Ils feront bien de ne pas emprunter leurs modèles à certains ouvrages spéciaux, dans lesquels chaque exercice est une véritable accumulation de difficultés, et ne pourrait avoir, en raison même de la préoccupation de son auteur, qu'un intérêt médiocre. Leur but est d'apprendre surtout la langue courante, celle dont l'enfant devenu homme aura besoin, celle, en un mot, qu'il écrira. Voici, entre bien d'autres qu'il est facile de réunir, une matière à rédaction ou un sujet de dictée, qui nous paraît rentrer dans ce cadre.

« Un charmant petit garçon, à la blonde chevelure et aux yeux bleus, avait été recueilli à l'hospice de Milwankee, ville des États-Unis d'Amérique. Un fermier du voisinage, qui n'avait pas d'enfants, enchanté de l'air ouvert, de la physionomie aimable, de l'excellente humeur du jeune Édouard, le retira de l'hospice pour l'adopter et l'élever comme son propre fils avec une petite fille du même âge.

L'enfant atteignait sa neuvième année; il s'était fait aimer de tous les habitants de la ferme par ses heureuses qualités et son bon caractère, lorsqu'un jour il vit la fermière, qui croyant n'être pas aperçue, enlevait quelques objets appartenant à un voisin. Il en parla à sa jeune compagne, qui le répéta devant le fermier et sa femme. Celle-ci repoussa l'accusation de toutes ses forces et montra une telle indignation, que son mari demeura convaincu que le récit de l'enfant était un odieux mensonge. Dans son ressentiment, cette femme demanda que le petit Édouard fût rigoureusement puni, et fit promettre à son mari qu'il le fouetterait jusqu'à ce qu'il eût rétracté ce qu'il avait osé dire.

Le fermier s'arma d'un fouet, attacha l'enfant avec une corde à une poutre de la maison, et le battit pendant une heure entière, malgré ses gémissements et ses cris.

Il s'arrêta enfin, et demanda à Édouard s'il persistait à soutenir ce qu'il avait déclaré : — Papa, répondit l'enfant à travers ses sanglots, j'ai dit la vérité; je ne me rétracterai pas pour faire un mensonge.

— Eh bien ! recommence, s'écria la fermière furieuse ; il faudra bien qu'il cède à la fin. Le mari hésitait; mais vaincu par les reproches de sa femme, il reprit son fouet. Les coups redoublèrent, et l'enfant disait toujours : — Je ne veux pas offenser Dieu par un mensonge. Enfin, le pauvre petit s'affaissa presque inanimé. Le bourreau, ému à ce spectacle, s'empressa de le détacher; mais il était trop tard, et il mourut quelques jours après des suites de ses blessures.

La justice ne tarda pas à se saisir de cette affaire. Le fermier et sa femme allèrent expier par dix ans de prison leur abominable barbarie; il fut prouvé d'une manière éclatante que l'enfant avait dit vrai, et qu'il était mort martyr de son respect pour la vérité.

O mes enfants ! si vous êtes parfois tentés de mentir, comme cela arrive trop souvent, pour éviter une punition méritée, souvenez-vous du petit héros qui a mieux aimé subir un injuste supplice que de souiller sa conscience d'un mensonge (1). »

Le maître pourra lire cette page et la donner ensuite à ses élèves comme sujet de rédaction. Ou bien il en fera la dictée, et après avoir corrigé les fautes de chacun, posera les questions suivantes, qui résument bien le récit.

Comment fut élevé le petit Édouard ? — Quel était son caractère ? — Que vit-il un jour et à qui parla-t-il de ce qu'il avait vu ? — Comment la fermière répondit-elle à cette accusation ? — A quelle vengeance atroce détermina-t-elle son mari ? — Comment l'enfant supporta-t-il le supplice qui lui était infligé ? — Citez ses paroles. — Comment se termina cette scène affreuse ? — Quel fut le châtiment des bourreaux ? — Quels sentiments vous inspire l'héroïsme de la victime ? — Quelle résolution ce récit doit-il vous faire prendre ?

C'est ainsi que l'exercice grammatical aura encore pour résultat d'exciter dans l'âme facilement impressionnable des enfants, des idées élevées et saines. C'est ainsi que l'instruction viendra réellement en aide à l'éducation.

§ VI. — GÉOGRAPHIE.

Les opinions varient beaucoup sur la méthode à suivre dans l'enseignement de la géographie. Plusieurs auteurs, principalement en Angleterre et aux Etats-Unis, s'accordent à soutenir que l'enseignement de la géographie doit *commencer au logis* (2); c'est-à-dire que le maître

(1) Extrait des *Récits moraux et instructifs* de M. Ambroise Rendu.
(2) Horner.

doit apprendre aux élèves la géographie de leur ville, de leur canton, de leur département, de leur pays, puis enfin de toutes les autres contrées de la terre (1). Dautres préfèrent à cette méthode analytique une marche tout-à-fait différente ; procédant par synthèse, ils commencent par donner aux enfants une idée exacte de la forme de la terre au moyen d'un globe terrestre, ils expliquent les lignes principales de la sphère, les grandes divisions terrestres, et terminent par les études de détail pour chaque pays. La première méthode paraît très-naturelle et très-praticable dans une éducation particulière ; mais on ne peut nier que, dans une école un peu nombreuse, la seconde ne simplifie beaucoup la tâche du maître, et ne repose sur des moyens d'application infiniment plus faciles. Cependant la méthode analytique a été préférée, et conformément aux instructions ministérielles du 2 juillet 1866, elle est en vigueur dans les écoles. On a compris, en effet, que dans le système *d'éducation sensible*, auquel l'expérience a conduit, il fallait éclairer et fixer l'esprit des enfants sur les objets que présentent les études géographiques par la comparaison continuelle des objets éloignés avec ceux qui sont sous leurs yeux.

Il est évident que l'élève n'aura jamais une idée nette de la hauteur des montagnes, du cours des rivières, de la nature des grandes divisions de la terre, s'il n'a pas été habitué à rapporter ce qu'il apprend dans ses livres à quelques-unes des notions qui lui sont familières.

Voulez-vous qu'un enfant ait quelque connaissance de ce que c'est qu'une île, une rivière, un fleuve, un lac, une presqu'île, qu'il entende ce qu'on appelle une frontière ? Vous serez bien plus sûr de le lui faire comprendre par des comparaisons tirée des étangs, des petites rivières, des îlots qu'il connaît depuis son enfance, de la limite des

(1) « L'enseignement de la géographie physique et politique ira du connu à l'inconnu ; il partira du lieu natal et de ses environs, et il comprendra les notions élémentaires sur l'Alsace, la France, l'Europe. » (Règlement dressé par le comité de Haguenau.)

champs que cultive son père, que par des définitions abstraites, quelque exactes, quelque précises qu'elles soient. Après cela, les expressions techniques, ordinairement si vides et si fatigantes pour les jeunes écoliers, pourront leur offrir un véritable sens.

« Pour l'enseignement de la géographie, lisons-nous dans la circulaire du 2 juillet 1866, beaucoup de cartes faites au tableau noir ou à main levée; étude approfondie du département, connaissance détaillée de la France ; connaissance plus sommaire de l'Europe et des autres parties du monde. Un petit nombre de leçons sera donné, comme suite du cours de géographie, à l'explication des grands phénomènes astronomiques; la forme et le double mouvement de la terre, avec l'inégalité des jours et la succession des saisons ; la lune et le soleil avec l'explication des marées et des éclipses; les planètes et leurs différences avec les comètes et les étoiles. Un bon maître saura tirer parti de ces vérités magnifiques pour agrandir l'imagination et l'intelligence de ses élèves et leur montrer Dieu présent dans l'immensité et dans l'ordre harmonieux de la création. »

Le maître commencera donc à initier ses élèves aux définitions géographiques en leur montrant comment un ruisseau est l'image d'un grand fleuve, comment un étang ressemble à l'océan, comment une colline imite les montagnes.

Quant à la position relative des différents lieux, on ne peut en donner la connaissance qu'à l'aide de cartes géographiques. Mais il faut bien songer que ces cartes ne produisent un véritable effet que quand l'enfant est habitué à rapporter les lignes et les points marqués sur le papier aux objets qu'ils indiquent. L'esprit doit être accoutumé à rappeler les choses que les signes représentent, et la carte ne doit faire qu'aider l'imagination.

Pour atteindre ce but, on associe, dans un grand nombre d'écoles des États-Unis d'Amérique, l'étude du dessin linéaire et de l'arpentage avec celle de la géographie.

« On ne peut rendre les enfants capables d'acquérir des idées au moyen des images, qu'en leur faisant connaître les rapports qui existent entre les objets réels et leur représentation. L'effet des images est souvent perdu pour un jeune esprit, par défaut de connaissances pratiques ou de notions de perspective. Il suppose les objets plus petits ou plus grands, d'après leur apparence sur l'image; il les croit plus noirs, selon qu'ils sont plus dans l'ombre, parce qu'on ne l'a pas accoutumé à observer les effets de la distance et de la lumière. Combien ses erreurs seront plus grossières à la vue des simples lignes, des légers indices des plus grands objets qui se trouvent sur une carte de géographie ! Je ne connais pas de meilleur moyen pour familiariser les enfants avec la structure des cartes, que de leur en faire construire à eux-mêmes, et l'on y parviendra en leur apprenant à observer les objets qui sont autour d'eux.

« Qu'ils commencent par dessiner sur une ardoise, quelque grossièrement que ce soit, un carré pour représenter la table sur laquelle ils travaillent, ou bien la chambre où ils se tiennent; qu'ils y marquent l'endroit où chaque objet se trouve d'après leur propre appréciation. Quand ils auront essayé cet exercice assez souvent pour s'apercevoir qu'il faut nécessairement mettre quelque précision dans leurs représentations grossières, donnez-leur les dimensions de la chambre, la distance respective des objets, et réduisez les mesures à une échelle plus petite, selon les dimensions de l'ardoise. Qu'ils divisent leur petite échelle en autant de parties que la grande échelle, et qu'ils prennent ensuite leurs mesures avec soin sur l'ardoise, et ils auront représenté tous les objets, en conservant leurs rapports de grandeur et de position. Vous direz aux enfants qu'ils ont fait une carte, et déjà il seront impatients d'employer la même méthode pour reproduire les sites qui les entourent. Cela devra avoir lieu graduellement. Ainsi, faites représenter la maison d'école, le jardin, la cour, puis de plus vastes espaces, en ayant soin de faire mesurer d'abord approximativement, par l'élève, toutes les dimensions, pour l'habituer à les apprécier ensuite à peu près du premier coup d'œil. Continuez pendant quelque temps ces préparations et vous n'aurez plus à craindre que l'étude des cartes laisse dans l'esprit des enfants des idées fausses ou imparfaites.

« Ce n'est pas là une théorie belle en spéculation, inapplicable en pratique. Cette méthode est suivie dans un grand nombre d'écoles dirigées d'après les principes de Pestalozzi. Certainement il est peu de maîtres qui ne puissent trouver un moyen sûr d'augmenter leur influence sur leurs élèves, d'éclairer leurs leçons, de les rendre profitables, dans les petites promenades que de tels exercices rendront nécessaires de temps en temps (1). »

Ces exercices attrayants prépareront les enfants à l'étude des cartes, sur laquelle nous ne saurions trop insister, car c'est là, surtout, que l'instruction par les yeux vient en aide à la mémoire. On ne peut s'imaginer les admirables résultats que des maîtres intelligents et dévoués ont su tirer de cartes tracées sur le tableau noir et sur les murs de l'école.

Voici même un exemple, rapporté par M. Maxime Ducamp, qui est bien propre à encourager les maîtres.

« Dans une rue de Paris, dit-il, au fond d'une impasse, un instituteur a su inspirer la passion de la géographie aux enfants qu'il dirige, et avec eux il a créé un véritable chef-d'œuvre. Sur les murailles du préau de l'école, il a fait peindre par des élèves de 12 à 14 ans, 19 grandes cartes et 35 petites. On ne s'est pas contenté de figurer les cinq parties du monde ; on a pris l'Europe, on a pris la France, et on les a représentées aux différentes phases de leur histoire ; de plus, des tableaux réellement

(1) Rapport fait à l'*Institut d'Instruction publique* (États-Unis).

peints et dessinés donnent la hauteur comparative des montagnes et le cours des principaux fleuves du monde (1). »

Quel bon et salutaire exemple à suivre !

M. Wilm propose de joindre à l'étude de la géographie des exercices d'*orientation*, indispensables pour la complète intelligence des plans topographiques. « Il faut, dit-il, apprendre aux enfants à s'orienter d'après le lever du soleil d'abord, et ensuite d'après l'étoile polaire et la boussole. Pour cela on leur fait chercher dans les environs, à des distances à peu près égales, quatre objets bien apparents, tels que quelque arbre très-élevé, une colline, un clocher, qui puissent marquer, relativement au centre où l'on est placé, les quatre points cardinaux. Plus tard, on pourra également désigner des points intermédiaires marquant le nord-est, le sud-est, etc. Après cela on transporte tous ces points sur la table noire, en indiquant au milieu l'endroit où se trouve l'école et en exprimant les autres points par des signes analogues ; puis il n'y a plus qu'à marquer les chemins qui parcourent la commune, les cours d'eau qui arrosent les environs, les collines ou les montagnes, les fermes, les hameaux, les villages, tous les objets un peu remarquables qui seront à portée de la vue ; et la carte topographique du canton sera ébauchée. On fait enfin observer aux enfants que, sur le tableau, le nord se trouve placé en haut, le midi en bas, l'orient à droite, le couchant à gauche, et que les points intermédiaires correspondent exactement aux quatre angles du tableau (2). » Le maître pourra, dans beaucoup de localités, exécuter une semblable levée de plan d'une des fenêtres de l'école, en présence des enfants, qu'il mettra ainsi parfaitement en état de comprendre les cartes géographiques.

La géographie fournira encore l'occasion de faire quel-

(1) Extrait du *Journal des Instituteurs*

(2) *Essai sur l'éducation du peuple*, par M. Wilm.

ques excursions utiles dans une science plus vaste et plus générale, la cosmographie. Mais ce ne sera, comme l'Université le recommande sans cesse pour tout ce qui est accessoire dans l'enseignement primaire, ce ne sera que dans le but d'en tirer ce qui prête aux considérations morales et religieuses, et ce qui peut être applicable aux besoins de la vie. Le maître ne parlera d'astronomie que pour élever à Dieu l'âme des enfants par la contemplation de ses sublimes ouvrages, et pour les préserver de tous les préjugés qui subsistent encore dans les campagnes sur les comètes, les éclipses ou les chimères de l'astrologie et de la magie.

C'est là qu'il faut s'arrêter.

Ajoutons que les études géographiques doivent toujours avoir, comme toutes les autres, leur côté essentiellement pratique. Il faut donc se borner à quelques notions générales sur les pays lointains, qui ont peu de relations avec le nôtre, et réserver les développements pour la géographie de la France et des contrées les plus voisines. Cette idée servira à diriger le maître dans le choix des livres, comme dans celui des cartes géographiques ; les meilleures ne sont pas celles qui portent le plus de noms, mais au contraire celles qui n'indiquent que les lieux qu'il est vraiment utile ou intéressant de connaître, soit par leur importance actuelle, soit par les souvenirs historiques qui s'y rattachent.

PROGRAMME DU PREMIERS COURS.

« Le maître, dans cet enseignement comme dans tous les autres, doit procéder du connu à l'inconnu.

Par l'observation attentive des accidents géographiques que les enfants ont sous les yeux, autour de l'école, dans la commune, dans le département, il leur fait comprendre la signification exacte des différents termes de la nomenclature géographique.

Ce n'est qu'après ces démonstrations préliminaires

très-simples qu'il passera à la démonstration, très-simple aussi, des points géographiques essentiels de la mappemonde, de l'Europe et de la France. »

Octobre

Préparation à l'étude de la géographie. — Ce qu'est une carte.

Tracer sur le tableau noir le plan de l'école, puis celui des quartiers ou de la commune, et y faire voyager les élèves à l'aide de la baguette. — Montrer sur la carte du département et de la France, les signes conventionnels à l'aide desquels on représente les villes, les cours d'eau, les montagnes, etc.

Novembre

Nomenclature géographique. — Montrer sur la carte de département et sur celle de la France les principaux accidents répondant aux termes de la nomenclature géographique : montagne, chaîne de montagnes, plateau, vallée, lac, fleuve, rivière, cap, île, presqu'île, mer, golfe, détroit.

Janvier

Révision trimestrielle.

Février

La terre. — Démonstration familière de la forme de la terre. — Les terres et les eaux. — Les cinq parties du monde. — Les grands océans.

Mars

Les plus grandes chaînes de montagne et les plus grands fleuves de la terre. Les grandes races humaines.

Avril

Révision trimestrielle.

Mai

La France. — Bornes. — Principales chaînes de montagnes. — Les grands fleuves.

Juin

Le département. — Les chaînes de montagnes ou de collines; les cours d'eau. — Le chef-lieu. — Les chefs-lieux d'arrondissement.

Juillet-Août

Révision générale.

PROGRAMME DU SECOND COURS.

Le cours sera précédé de quelques notions très-simples de cosmographie élémentaire.

La leçon de géographie est toujours exposée par le maître sur la carte avant d'être donnée à étudier. Les élèves seront fréquemment exercés à tracer des cartes sur le tableau noir et sur le papier. Des voyages en ligne droite, par eau, en chemin de fer, etc., feront aussi l'objet d'exercices oraux et de comptes rendus écrits.

Octobre

Notions très-simples de cosmographie élémentaire. — Axes, pôles, équateur, méridien, degrés, longitude et latitude d'un lieu.

Distinction de la géographie physique et de la géographie politique. Explication des différents termes de la géographie politique: Etat, province, comté, canton, département.

Novembre

Grandes divisions du globe. — *Asie, Afrique, Amérique, Océanie.* — Description sommaire des côtes. — Système général des montagnes; grands fleuves.

Décembre

États et villes principales. — Colonies et établissements européens. — Principaux objets d'échange avec l'Europe.

Janvier

Europe. — *Géographie physique.* — Ligne de partage des eaux; montagnes qui s'y rattachent. Volcans, fleuves et rivières principales, lacs. Description sommaire des côtes; mers, golfes, détroits, îles, etc.

Février

Géographie politique. — États du Nord, du Centre et du Sud. — Capitales; langues principales. — Religions, gouvernements, populations.

Mars

France. — Géographie physique. — Tracé des frontières et des côtes. — Ligne de partage des eaux; montagnes qui s'y rattachent. — Bassins des grands fleuves. — Leurs principaux affluents. — Les grands canaux. — Les chemins de fer.

Avril

Géographie politique. — Ce qu'était une ancienne province. — Ce qu'est un département, un arrondissement, un canton, une commune, une division militaire, un archevêché, un évêché, une cour d'appel, une académie. — Ce qu'est une route nationale, une route départementale, un chemin de grande communication, un chemin vicinal.

Mai

Les anciennes provinces et les départements. — Division de la France en provinces. — Division en départements; chefs-lieux.

Juin

Les Colonies. — Algérie; ses divisions. — Indication des autres colonies françaises.

Juillet

Industrie et commerce. — Zones de culture et de production. — Grands centres d'industrie. — Principales voies de commerce entre la France et les cinq parties du monde.

Août

Révision générale.

PROGRAMME DU COURS SUPÉRIEUR.

Géographie physique, politique, agricole, industrielle et commerciale de la France.

Octobre

Révision du cours moyen: géographie générale des grandes divisions du globe: Asie, Afrique, Amérique, Océanie.

Novembre

Révision du cours moyen: Géographie physique et politique de l'Europe.

Décembre

France. — Géographie physique. — Notions très-sommaires sur le climat.— Ligne de partage des eaux, chaînes de montagnes et ramifications principales. — Fleuves et rivières divisés par bassins. — Tracé des frontières et description des côtes.

Janvier

Géographie politique. — Anciennes provinces. Époques et circonstances de leur réunion à la couronne.

Février

Départements, chefs-lieux et sous-préfectures. — Origine et but de la division en départements. — Concordance de l'ancienne et de la nouvelle division.

Mars

Géographie agricole. — Division de la France en grandes régions physiques. — Régions des forêts; régions des céréales; régions des principales cultures industrielles. — Régions de la vigne, du pommier à cidre, du houblon, de l'olivier, du mûrier. — Régions favorables à l'élevage. — Les grands marchés agricoles.

Géographie industrielle. Carrières et mines principales. — Régions des grandes usines. — Régions de l'industrie du chanvre, du coton, de la laine, de la soie. —

Industries diverses. — Principales villes manufacturières.

Avril

Géographie commerciale. — Voies de communication : fleuves et rivières, canaux, chemins de fer; leurs relations avec les grandes voies du continent européen. — Voies de communication maritime entre la France et les différentes parties du monde. Ports de commerce ; importations et exportations.

Mai

Colonies. — Algérie ; limites, montagnes, cours d'eau, provinces, villes principales. — Productions. — Autres colonies.

Juin

Géographie administrative. — Divisions administratives : départements, arrondissements, cantons, communes. — Divisions militaires, maritimes, ecclésiastiques, universitaires, judiciaires, financières. — Administration centrale et gouvernement. — Population.

Juillet-Août

Révision générale.

VII. — HISTOIRE.

Les éléments d'histoire ne peuvent ni ne doivent se séparer des éléments de géographie. Mais cet enseignement, précisément parce qu'il aurait beaucoup d'attraits et pour les élèves et pour le maître, exige de la part de celui-ci la plus grande discrétion. Que l'instituteur ait toujours présents à l'esprit ces prescriptions et ces conseils de l'autorité universaire, adressés à l'élève-maître de l'école normale : « L'enseignement historique ne doit jamais être donné que d'une manière sommaire et élémentaire. Il importe que les élèves retirent de cet enseignement des notions exactes sur l'enchaînement des faits qui ont exercé une influence quelconque sur les destinées des nations; qu'ils connaissent ces faits principaux et les personnages marquants qui y ont pris part; mais il est complètement inutile de les entraîner dans des discussions de détail, qu'ils n'auraient pas le temps d'approfondir, et dont le résultat serait de rendre obscur pour eux un enseignement qui doit tendre à élever leur esprit en l'éclairant (1). »

Ce sont les mêmes préceptes que nous retrouvons dans une circulaire beaucoup plus récente datée du 2 juillet 1866 : « Dans le cours d'histoire, y lisons-nous, on ira droit aux grands hommes et aux grands événements dont on retrouve partout le souvenir dans nos arts comme dans notre littérature, et on négligera cette multitude de faits qui surchargent la mémoire sans rien dire à l'esprit et au cœur. »

Captiver l'attention de ces élèves, exciter leur intérêt, tel est toujours et pour chaque genre d'étude le but auquel tendent les efforts de l'instituteur. Dans l'enseignement de l'histoire, plus peut-être que dans aucun autre, il sera soutenu par un intérêt de curiosité instinctive dont l'enfant est naturellement doté. Combien de touchants récits, combien de patriotiques exemples on peut tirer de nos annales qui frapperont l'esprit et l'imagination des élèves et qui se graveront à jamais dans leur mémoire. On groupera donc les faits autour d'un certain nombre de noms célèbres, on animera le récit par des détails intéressants, et on parviendra ainsi à leur donner la couleur et la vie. Mais que l'instituteur se garde bien de faire apprendre l'histoire par cœur, et qu'il se contente, après avoir raconté les faits, d'interroger les enfants sur ce qu'ils ont écouté.

« Imposer à des enfants de onze à douze ans qui sont préoccupés de tout autre chose, dont l'esprit va de la fleur qui s'ouvre au papillon qui vole, l'obligation d'apprendre par cœur les combinaisons capricieuses et compliquées

(1) Circulaire ministérielle.

d'un traité diplomatique sans importance, les arrangements qui ont eu lieu à certaines époques obscures de l'histoire, entre des copartageants avides ; les forcer à vous réciter d'une voix dolente et monotone les allées et venues de tel ou tel conducteur d'hommes armés dont les faits et gestes n'ont rien d'héroïque ni de remarquable, ce serait les condamner à une véritable pénitence, et sortis des écoles, ils prendraient en horreur l'histoire et les historiens. Ils n'éprouveront pas ce sentiment, si vous leur faites lire et comprendre quelques belles pages, les grands épisodes de notre histoire, tels que les luttes de Vercingétorix contre les Romains, la résistance de sainte Geneviève devant Attila, saint Louis, les Croisades, les luttes contre les Anglais, la Renaissance, François Ier, Henri IV, Richelieu, Louis XIV, la Révolution, Napoléon (1). »

Dans l'étude de l'histoire, nous ne comprenons pas l'histoire sainte ; « car cette histoire, fondement de toutes les autres histoires, a dû faire partie essentielle et intégrante du cours d'instruction morale et religieuse. Ainsi l'histoire du peuple de Dieu étant connue et apprise d'ailleurs, les différentes divisions des élèves étudient l'histoire générale correspondante, depuis les premiers temps où apparaissent les peuples autres que le peuple hébreu, jusqu'à la fin du moyen âge ; puis l'histoire moderne, ne donnant quelques développements qu'*à ce qui concerne la France*. Il est inutile de dire qu'un cadre pareil, embrassant le monde entier, précisément à cause de cette immense compréhension, ne doit présenter explicitement que les principaux traits de chaque nation ou de chaque contrée ; que le professeur manquerait tout à fait son but, et fatiguerait en pure perte l'attention de son auditoire, s'il entrait, pour aucune de ces nations ou de ces contrées, dans les détails infinis dont se compose chaque histoire particulière. Aussi a-t-on pris soin, en

(1) Charles Robert. — Conférences pédagogiques

toute occasion, de réprimer le trop grand désir d'enseigner ou d'apprendre, qui se manifestait dans diverses écoles à l'égard des études historiques. On a sans cesse répété que les élèves doivent seulement ne pas être étrangers aux grands événements qui ont marqué dans le cours des siècles le passage des divers empires; ne pas ignorer quels hommes célèbres ont influé sur les destinées de leur patrie et du monde; ne pas rester indifférents aux progrès remarquables dans les sciences, dans les arts, qui ont à certaines époques honoré et consolé l'humanité. On s'est efforcé d'obtenir que l'admirable précis de Bossuet, dans la première partie de son *Discours sur l'Histoire universelle*, fût en quelque sorte le type dont les maîtres travailleraient à se rapprocher ; on a désiré que l'esprit des élèves demeurât frappé de ces nobles idées du monarque suprême, qui, dans la plénitude de son pouvoir, gouverne l'univers aussi facilement qu'il l'a créé, dirige tout selon ses desseins éternels; permet le mal, car il fait l'homme libre ; et en tire le bien, car c'est le but et le terme de la création. On veut, en un mot, que l'histoire soit, non-seulement une série de faits et de dates, mais un véritable cours de morale pratique (1). »

L'étude de l'histoire peut exercer la plus salutaire influence sur le cœur des jeunes gens, sur le développement de leur caractère ; et c'est là un point capital, surtout dans ces premières années où le sentiment moral est encore susceptible de recevoir les meilleures impressions. L'histoire du monde ne nous révèle-t-elle pas ce qui a droit à notre estime, pour nous engager à nous conduire en conséquence? Ne pouvons-nous pas apprendre, par l'étude de cette science, que les actions coupables, quoique parfois éclatantes, sont marquées du sceau de la réprobation et du mépris général? et dès lors le cœur

(1) *Considérations sur les écoles normales primaires*, par M. A. Rendu, conseiller au Conseil royal de l'instruction publique.

ne se sent-il pas porté à s'enflammer pour tout ce qui est beau et par suite à l'imiter?

Mais ici l'enseignement moral ne vient pas s'offrir de lui-même avec des formules toutes faites et suivant une méthode réglée à l'avance; il faut que la sagacité du maître la fasse sortir, à chaque occasion, des entrailles même de chaque sujet; qu'elle le dégage de tout ce qui pourrait distraire ou embarrasser l'esprit, et qu'elle l'ajuste aux circonstances spéciales pour lesquelles il convient de le mettre en œuvre. Ce n'est pas trop alors, chez l'instituteur, d'une sollicitude toujours en éveil pour l'amélioration morale de ses élèves, d'un tact sûr qui sache quelles cordes on peut faire vibrer dans leur âme, et d'une certaine chaleur de langage qui vienne, non de la tête, mais du cœur, et qui communique à une leçon, destinée d'abord à l'esprit, toute la vivacité d'un sentiment.

La marche à suivre dans l'étude de l'histoire est indiquée par l'ordre des faits, « mais cet ordre se trouve heureusement celui que l'on devrait prendre quand on aurait la liberté du choix. Les premières époques dont les annales du monde nous ont conservé le souvenir, abondent en récits merveilleux et en détails naïfs et touchants, qui sont pleins de charme pour l'enfance. Le premier âge de l'homme sympathise en quelque sorte avec le premier âge du monde. On comprend qu'il ne faut pas se borner à ces abrégés arides, que Bacon appelle la *moisissure* et la *teigne* de l'histoire. Ici les détails seuls intéressent, et il faut qu'ils soient écrits avec le ton, la couleur, la simplicité des auteurs de l'antiquité, comme le bon Rollin les écrivait, mais avec plus d'ordre et plus de critique (1). »

L'instituteur pourra aussi, suivant l'excellent conseil par Mme Pape-Carpentier, « accompagner chaque trait détaché, d'un tableau de mœurs contemporaines du fait

(1) Naville. — *De l'Éducation publique.*

raconté; par exemple, la vie pastorale des patriarches sous la tente, ou la vie mystérieuse des druides dans les forêts qui couvraient autrefois le sol de notre patrie (1). »

On parcourra ainsi les origines et la vie des peuples qui ont rempli le monde ancien de leurs exploits ou de leurs œuvres; enfin, lorsque les progrès de l'âge et de la réflexion auront mûri l'entendement de l'élève, on abordera l'histoire moderne, dont les grandes figures et les grands traits inspireront à nos enfants l'amour du pays et l'estime des institutions que nous ont léguées nos pères et que nous-mêmes devons défendre.

PROGRAMME DU PREMIER COURS

« Les leçons consisteront en récits et en entretiens sur les principaux personnages et les grands faits de notre histoire.

Le maître ne craindra pas d'entrer dans les détails qui peuvent intéresser les enfants. Après avoir exposé le sujet de la leçon, il s'assurera, par de nombreuses interrogations, qu'il a été compris.

Chaque leçon doit être ensuite résumée en quelques mots clairs et faciles à retenir.

Toutes les fois qu'il se rencontrera dans la leçon d'histoire un nom de lieu géographique, le maître le montrera immédiatement sur la carte. »

Octobre

La Gaule et les Gaulois. — Aspect du pays; mœurs et coutumes. — Les Druides; la récolte du gui, les sacrifices. — Les bateliers de Paris. — Vercingétorix et César.

La Religion chrétienne en Gaule. — Sainte Blandine à Lyon; saint Denis à Montmartre.

Novembre.

Attila et sainte Geneviève.—Clovis et Clotilde.—Charles

(1) Manuel de l'instituteur.

Martel à Poitiers. — Charlemagne sacré empereur d'Occident.

Décembre

La société féodale. — Aspect des campagnes : le château du seigneur et la cabane du serf. — Intérieur des villes ; le beffroi, le couvre-feu. — Les pirates normands ; siége de Paris. — La chevalerie ; trêve de Dieu. Louis le Gros et Suger, abbé de St-Denis. — Les Communes. — Philippe-Auguste à Bouvines. — Saint Louis sous le chêne de Vincennes.

Janvier

Révision trimestrielle :

Les Croisades. — Pierre l'Ermite. — Godefroy de Bouillon en Palestine ; saint Louis en Égypte et à Tunis.

Février

Les Anglais en France. — Duguesclin. — Jeanne d'Arc à Domremy, à Orléans, à Reims, à Compiègne ; son supplice à Rouen.

Les grandes inventions et les grandes découvertes. — Les monastères et les manuscrits ; invention de l'imprimerie par Gutenberg ; les livres. — Expéditions maritimes ; la boussole ; Christophe Colomb.

Mars

Les Français en Italie. — François Ier vainqueur à Marignan, vaincu à Pavie, prisonnier à Madrid. — Le connétable de Bourbon et le chevalier Bayard.

Avril

Révision trimestrielle :

Henri IV. — Son éducation en Béarn. — Son entrée à Paris. — Son ministre Sully. — Sa mort.

Mai

Les institutions populaires. — Charlemagne ; les écoles. Les trois cents pauvres de Robert le Pieux. — Philippe-Auguste ; l'Hôtel-Dieu. — Saint Louis : les Quinze-

Vingts. — Louis XII, le père du Peuple. — Henri IV et la poule au pot. — Saint Vincent de Paul; les Sœurs de Charité.

Juin

Le siècle de Louis XIV. — Louis XIV enfant et Anne d'Autriche pendant la Fronde. — Louis XIV roi; ses grands ministres : Colbert, Louvois. — Ses généraux : Condé, Turenne, Luxembourg, Duquesne, Vauban. — Protection donnée aux lettres et aux arts : Boileau et la pension du vieux Corneille ; Bossuet et Fénelon, précepteurs du Dauphin. — La colonnade du Louvre, les Invalides, Versailles. — Misères des dernières années du règne ; l'hiver de 1709.

Juillet

La Révolution. — Les enrôlements volontaires pour la défense de la patrie. — Valmy, Jemmapes et Fleurus ; *le Vengeur*.

Août

Révision générale.

PROGRAMME DU SECOND COURS.

« Chaque leçon sera exposée d'abord par le maître. Dans cette exposition, lorsqu'il s'agira de faits importants, le maître s'efforcera d'en faire découvrir les causes aux élèves ; il leur fera également rechercher et apprécier les conséquences.

« Afin d'habituer les enfants à lier leurs idées et à parler, il leur fera reproduire des résumés de vive voix. Les événements remarquables, les biographies intéressantes seront l'objet de comptes rendus écrits. Le maître tracera au tableau noir et fera tracer par les élèves, au tableau et sur le papier, les cartes de la France aux principales époques de notre histoire. Les pays, villes et lieux divers dont il est parlé dans les leçons seront toujours montrés sur les cartes. »

Octobre

(Des origines jusqu'en l'an 406 après J.-C.).

La Gaule indépendante. — Les anciens Gaulois; leurs mœurs et leur religion. Prise de Rome (390). — Conquête de la Gaule par César (58, 51). — Le christianisme en Gaule.

(De 406 à 687). — *Les Invasions; les Mérovingiens.* — Clovis et ses fils (481, 561). — Frédégonde et Brunehaut; Neustrie et Austrasie (561, 613). — Dagobert (628, 638). — Les maires du palais et les rois fainéants. — Bataille de Testry (687).

Novembre

(De 687 à 843). — *L'Empire carlovingien.* — Charles Martel à Poitiers (732). — Pépin le Bref sacré roi (752). — Charlemagne (768, 814); ses conquêtes, son gouvernement, ses Capitulaires. — Charlemagne sacré empereur d'Occident (800). — Louis le Débonnaire et ses fils. — Traité de Verdun (843).

(De 843 à 987). — *La France féodale.* — Charles le Chauve (840, 877). Le Capitulaire de Kiersy-sur-Oise (877). — Les Normands. — Eudes et le siège de Paris (885). — Lutte des derniers Carlovingiens contre les ducs de France. — Les grands fiefs, la société féodale.

Décembre

(De 987 à 1328). — *La Formation du pouvoir royal. — Les Capétiens.* — Les premiers Capétiens. — L'an 1,000. — La première Croisade (1095). — Louis le Gros (1108, 1137). Les Communes. — Philippe-Auguste (1180, 1223); Richard Cœur de Lion et Jean sans Terre; Bataille de Bouvines (1214). — Saint Louis (1226, 1274) — Bataille de Taillebourg (1242). — Les deux dernières Croisades. — Institutions de saint Louis. — Philippe le Bel (1285, 1314) et ses fils. — Les légistes. — Les premiers États généraux (1302).

Révision trimestrielle.

Janvier

(De 1328 à 1453). — *La Guerre de Cent ans ; les Valois.* — Résumé des événements de la rivalité de la France et de l'Angleterre, antérieurs à la guerre de Cent ans. — Philippe de Valois et Jean le Bon (1328, 1364). — Crécy (1346) et Poitiers (1356). — Les États généraux (1357). — Charles V et Duguesclin (1364, 1380). — Charles VI (1380, 1422). — Les Armagnacs et les Bourguignons. — Bataille d'Azincourt. — (1415). — Traité de Troyes (1420). — Charles VII (1422, 1461). — Siége d'Orléans (1428). — Jeanne d'Arc (1429, 1431). — Formigny (1450) et Castillon (1453) ; expulsion des Anglais.

Février

(De 1453 à 1494). — *Le triomphe du pouvoir royal sur la féodalité.* — Charles VII, ses institutions. — Louis XI (1461, 1483), et Charles le Téméraire. — Minorité de Charles VIII.

(De 1494 à 1516). — *Les Guerres d'Italie.* — Charles VIII à Naples (1494). — Louis XII : Bataille de Ravenne (1512). — François Ier à Marignan (1515).

Mars

(De 1516 à 1559). — *L'équilibre européen.* — Lutte contre la prépondérance de la maison d'Autriche (1re période). — L'empire de Charles-Quint. — François 1er et Henri II (1519, 1559). — Batailles de Pavie (1525) et de Cerisoles (1544). — La Cour de François Ier et la Renaissance des lettres et des arts. — Henri II : Bataille de Saint-Quentin (1557) — Traité de Cateau-Cambrésis (1559).

Révision semestrielle.

Avril

(1559-1598). — *Les guerres civiles.* — François II et Charles IX (1559-1574). — L'Hospital et les Politiques. — Henri III (1574-1589). — Les Guises et la Ligue. — Henri IV (1589). — Siége de Paris (1590). — Édit de Nantes et paix de Vervins (1598).

Mai

(1598-1661). — *La monarchie absolue ; les Bourbons.* — Henri IV (1589-1610). Sully. — Louis XIII (1610-1643). Richelieu, les Grands, les Protestants. — Seconde période de la lutte contre la maison d'Autriche ; guerre de Trente ans (1618-1648) ; période française, Condé et Turenne. — Traité de Westphalie (1648). — Louis XIV (1638-1715). — Sa minorité. — Mazarin et la Fronde (1648-1653). — Traité des Pyrénées (1659). — Louis XIV roi (1661).

Juin.

(De 1661 à 1789). — *Louis XIV et ses successeurs.* — Gouvernement personnel de Louis XIV. — Les quatre guerres de son règne; guerre de Dévolution, guerre de Hollande, guerre d'Allemagne, guerre de la succession d'Espagne. — Traité de Nimègue (1678); apogée de la grandeur de Louis XIV. — Colbert et Louvois. — Les grands hommes du XVIIe siècle. — État de la France en 1715. — Louis XV (1715-1774). — Le Régent. — Les trois guerres du règne de Louis XV : guerre de la succession de Pologne et de la succession d'Autriche, guerre de Sept ans. — Louis XVI (1774-1789). — Turgot. — guerre d'Amérique. — Convocation des États généraux (1789).

Juillet

(De 1789 à 1800). — *La Révolution française.* — La Constituante : la nuit du 4 Août 1789. — L'Assemblée législative ; le 10 Août 1792. — La Convention, le 9 Thermidor. — Le Directoire. — Bonaparte. — Campagne d'Italie et campagne d'Égypte.

(De 1800 à 1814). — *Le Consulat et l'Empire.* — Le Consulat. — Organisation administrative de la France. — Marengo (1800). — L'Empire (1804). — Austerlitz (1805), Iéna (1806), Wagram (1809), La Moskowa (1812), Waterloo (1815).

Août

Révision générale.

PROGRAMME DU COURS SUPÉRIEUR.

Révision rapide des grands faits jusqu'à la guerre de Cent ans. — Histoire développée depuis la guerre de Cent ans jusqu'à nos jours.

Octobre

Révision du cours moyen jusqu'aux Capétiens.

Novembre.

Depuis les Capétiens jusqu'à la guerre de Cent ans.

Décembre.

La guerre de Cent ans. — Avénement de la maison de Valois. — Loi salique. — Rivalité de la France et de l'Angleterre. — États généraux, importance du tiers état. — La Jacquerie. — Administration de Charles V, Duguesclin. — Minorité de Charles VI ; les Bourguignons et les Armagnacs. — Charles VII. — Jeanne d'Arc. — Expulsion des Anglais.

Janvier

Triomphe du pouvoir royal. — Institutions de Charles VII. — Louis XI ; lutte contre la maison de Bourgogne, réunions au domaine royal. — Minorité de Charles VIII; Régence d'Anne de Beaujeu; États généraux de Tours. Administration de Louis XII.

Les guerres d'Italie. — Charles VIII et le royaume de Naples. — Louis XII et le Milanais. — François Ier ; Marignan.

L'équilibre européen. — Lutte contre la prépondérance de la maison d'Autriche (1re période). — Charles-Quint, François Ier et Henri II. — Cateau-Cambrésis. — Renaissance artistique et littéraire.

Février

Les guerres civiles. — François II, Charles IX,

Henri III. — Les Guises. — Les Bourbons. — L'Hospital et les Politiques. — La Ligue. — Henri IV. — Édit de Nantes et paix de Vervins.

La monarchie absolue. — Henri IV et Sully. — Minorité de Louis XIII; régence de Marie de Médicis; États de 1614. — Richelieu; les Grands, les Protestants. — Seconde période de la lutte contre la maison d'Autriche ; guerre de Trente ans, période française, victoires de Condé et de Turenne, traité de Westphalie. — Minorité de Louis XIV, régence d'Anne d'Autriche. — Mazarin et la Fronde; rôle du parlement de Paris. — Mazarin et l'Espagne ; traité des Pyrénées. — Louis XIV roi.

Mars

Louis XIV. — Politique extérieure. — Guerre de Dévolution. — Guerre de Hollande; Condé, Turenne, Duquesne. — Guerre d'Allemagne; Luxembourg. — Guerre de la succession d'Espagne; Villars. — Traités d'Aix-la-Chapelle, de Nimègue, de Ryswick, d'Utrecht. — Gouvernement intérieur; finances, industrie commerce; Colbert. — Organisation militaire : Louvois, Vauban. — Révocation de l'édit de Nantes. — Le duc de Bourgogne. — Situation de la France en 1715.

Révision trimestrielle.

Avril

Les Successeurs de Louis XIV. — Régence. — Idée du système de Law. — Louis XV. — Ministère de Fleury. — Guerres de la succession de Pologne et de la succession d'Autriche ; le maréchal de Saxe , Fontenoy. — Dupleix aux Indes. — Guerre de Sept ans; Choiseul. — Louis XVI.. — Ministère de Turgot. — Les parlements et le pouvoir royal. — Guerre d'Amérique; Lafayette. — Les idées de réforme.

Mai

La Révolution française. — Les États généraux. — Assemblée constituante: abolition des privilèges, réformes politiques et administratives ; Mirabeau. — Assemblée législative. — Première coalition. — Le 10 Août 1792. — Convention. — Le 9 Thermidor. — Valmy, Jemmapes. Fleurus. — Le Directoire. — Bonaparte en Italie. — Traité de Campo-Formio. — Expédition d'Égypte.

Juin

Le Consulat et l'Empire. — Le Consulat, organisation administrative, judiciaire, financière. — Concordat. — Légion d'honneur. — Deuxième campagne d'Italie ; paix de Lunéville et d'Amiens. — L'Empire. — Coalitions de l'Europe ; campagnes d'Allemagne et de Prusse ; guerre d'Espagne ; expédition de Russie ; campagne de France ; les Cent Jours ; Traité de 1815.

Juillet-Août

Révision générale.

Nous avons reproduit le programme dans toute son étendue, et tel qu'il peut être appliqué dans les écoles importantes. Pour les écoles rurales, les deux derniers cours paraîtront sans doute un peu chargés ; c'est à l'instituteur qu'il appartient de choisir le sujet de ses leçons d'après le degré d'instruction et d'intelligence de ses élèves. Nous donnons ici un modèle qui, dans beaucoup d'écoles, sera bon à suivre ; mais nous reconnaissons qu'il sera nécessaire bien souvent de lui faire subir des modifications. On pourra, par exemple, dans les écoles peu nombreuses, s'en tenir aux programmes des premier et second cours, qui, bien développés, suffiront largement à l'instruction élémentaire de la majorité des enfants.

Le programme général des trois cours ne serait pas complet, si nous n'y joignions encore les *Exercices de mémoire*, indispensable complément de l'instruction primaire, et les *Travaux de couture*, obligatoires dans les écoles de filles.

Nous appellerons spécialement l'attention des instituteurs sur les exercices de mémoire. Nécessaires au développement de la plus souple et de la plus complaisante des facultés données à l'homme, ils constituent en même temps le moyen le plus pratique et le plus sûr d'éveiller l'intelligence de l'enfant. Une fable a été apprise par cœur et récitée. Que d'enseignements précieux le maître peut tirer de la leçon, apprise machinalement sans doute, mais à laquelle il lui appartient de donner la vie par d'intéressants commentaires, par d'ingénieuses interrogations.

Il n'est pas certainement un de nos maîtres qui n'ait remarqué avec quelle facilité les explications se gravent dans le souvenir des enfants, lorsqu'elles se rattachent à un texte appris par cœur. La mémoire des mots vient chez eux en aide à la mémoire de l'esprit, et ils oublient moins parce qu'ils comprennent mieux. Il est d'ailleurs recommandé de faire expliquer d'avance ou d'expliquer la leçon qui doit être apprise ; c'est le moyen d'intéresser l'enfant au texte qu'il doit apprendre et de supprimer presque complètement cet effort mécanique et stérile de l'enfant qui se contente d'apprendre les mots sans se préoccuper des phrases, et les phrases ensuite sans s'inquiéter du sens qu'elles peuvent avoir. Enfin, n'est-il pas facile de rattacher ces exercices de mémoire à l'enseignement de la morale ? Que les maîtres aient sans cesse présents à l'esprit ces deux vers de Lafontaine

> Une morale nue apporte de l'ennui ;
> Le conte fait passer le précepte avec lui.

C'est ainsi que le cœur se formera en même temps que la mémoire s'enrichira de morceaux courts, choisis avec soin et toujours à la portée des élèves.

Toutes ces idées ont été résumees par M. Charbonneau. dans une des conférences pédagogiques de la Sorbonne, et nous ne croyons pouvoir mieux faire que de détacher une page de cette mémorable conférence.

« Voilà donc une leçon bien comprise, et que des exercices variés ont dû graver dans l'intelligence. Il faut encore la retenir fidèlement, la garder toujours et la classer à sa place dans un corps bien ordonné de doctrine. De tout ce travail abondant, et un peu confus peut-être, on devra donc dégager les idées qui doivent surnager, résumer et formuler en quelques mots les deux ou trois vérités de détail qui auront fait l'objet de la leçon. Le résultat sera mince peut-être quant à l'étendue ; mais combien il sera important si l'on songe aux forces que l'esprit de l'enfant a dû acquérir. Le maître fera donc résumer la leçon par des interrogations auxquelles la mémoire seule devra répondre ; et dans leurs réponses courtes et nettes, les élèves formuleront les principes relatifs à la question du jour. Supposons que ces formules soient ensuite rédigées, conservées et réunies ; ce serait là la matière d'exercices de récitation, sinon indispensables, au moins fort utiles. Supposons plutôt que le maître produise à son tour ces formules, c'est-à-dire qu'il redresse celles de ses élèves en ce qu'elles ont d'inexact et de maladroit, les complète ou les éclaire lorsqu'elles présentent des omissions ou des obscurités, les précise en retranchant les longueurs ou les expressions oiseuses, en un mot, les rende plus vraies, plus claires, plus courtes et plus frappantes pour l'esprit ; supposons qu'il les réunisse, à mesure qu'on avance, en un corps complet et régulier d'enseignement : il pourra alors, non seulement sans inconvénient, mais encore avec grand avantage, substituer son travail suivi aux formules détachées, brèves, fugitives et toujours insuffisantes de ses élèves, et leur offrir ainsi l'ensemble et la coordination d'un cours. »

PROGRAMME DES EXERCICES DE MÉMOIRE.

PREMIER ET SECOND COURS.

Morceaux choisis en vers et en prose. — Fables, récits, historiettes. (En expliquer le sens ; exercer les élèves à rendre compte de vive voix des morceaux étudiés.)

COURS SUPÉRIEUR.

Morceaux choisis dans les textes classiques. — Morceaux étendus, dialogues, etc. — Interrogations et explications détaillées sur le sens général des morceaux et la signification des mots et leur dérivation. (Ne donner sur ce dernier point que les principes incontestables.)

ENSEIGNEMENT SPÉCIAL AUX ÉCOLES DE FILLES.

Couture.

PREMIER COURS.

Premiers éléments de couture. — Point d'ourlet. — Point droit (couture rabattue). — Point arrière. — Surjet.

SECOND COURS.

Travaux de couture usuelle. — Piqûre. — Œillet. — Boutonnière. — Point de tricot.

COURS SUPÉRIEUR.

Travaux de couture usuelle. — Reprise, remmaillage de bas. — Raccommodages divers.

CHAPITRE IV

Matières diverses

SOMMAIRE. — Géométrie. — Dessin linéaire. — Arpentage. — Sciences physiques. — Enseignement agricole. — Leçons de choses. — Tenue des livres. — Industrie. — Notions d'économie politique. — Musique vocale.

Au nombre des matières de l'enseignement primaire, il en est plusieurs que nous n'avons point abordées encore, parce que, moins universellement cultivées que les autres, elles ne peuvent venir qu'en seconde ligne. Leur importance est grande, cependant, car elles font partie de toute éducation solide, et, autant que les matières parcourues déjà, contribuent à former de l'enfant un homme. Mais il est malheureusement certain que peu d'écoles rurales peuvent profiter de cet enseignement salutaire. Ne nous décourageons point cependant; le progrès des mœurs et des idées en rendra nécessaire l'adjonction à tous les programmes d'enseignement primaire, et nous pouvons d'ores et déjà conseiller aux maîtres d'y recourir toutes les fois que l'esprit local les réclamera ou les permettra.

Ces matières, d'ailleurs, ont été recommandées par différentes circulaires ministérielles, et c'est en nous y référant sans cesse que nous pourrons donner à notre tour des indications utiles sur le but à atteindre et les développements à donner à ces études.

Géométrie. — Quand l'enseignement pourra excéder dans l'école le simple enseignement de l'arithmétique, qu'il comprendra les éléments de la géométrie, il devra rester cependant rigoureusement renfermé dans l'étude des applications usuelles qui découlent de cette science. On mettra de côté les théories difficiles, qui sont au moins inutiles quand elles ne peuvent être bien comprises; on insistera, au contraire, sur la partie pratique, le dessin linéaire et l'arpentage.

Dessin linéaire. — Le dessin linéaire est une branche d'instruction à laquelle on doit attacher une haute importance; car c'est à la fois un moyen de développer la faculté de perception, et un auxiliaire de presque toutes les branches d'enseignement, comme nous venons de le montrer pour la géographie. Le dessin linéaire ne doit jamais être négligé dans les écoles qui ne sont guère fréquentées que par des enfants pauvres; parmi eux se trouve une foule de futurs ouvriers, auxquels il sera de la plus réelle utilité.

« Le dessin, lisons-nous dans la circulaire du 2 juillet 1866, est indispensable pour tous les ouvriers des manufactures ; c'est l'écriture de l'industrie. Il ne sera même pas inutile dans les écoles rurales, car il donne de l'exactitude au coup d'œil de l'enfant, de la souplesse et de l'habileté à la main, en même temps qu'il forme son goût et développe en lui le sentiment du beau. »

Quant à la méthode à suivre, il convient de commencer par faire copier de simples lignes géométriques, puis des figures régulières ; ensuite des machines ou des objets divers ; puis enfin des cartes et des mappemondes.

L'enseignement du dessin linéaire élémentaire pourra se rattacher utilement à l'enseignement de l'écriture. Le maître écrira au tableau et fera écrire ensuite par les élèves les lettres majuscules :

D'abord les lettres à lignes droites A, I, L, T ;

Puis les lettres à lignes courbes, C, G, O, S ;

Enfin les lettres à lignes variées, B, R, P.

L'enfant s'habituera à tracer d'une main sûre les différentes lignes dont se compose le dessin linéaire, et il aura en même temps appris à former des lettres.

On passera ensuite en revue les éléments du dessin graphique, d'abord à vue, puis à l'aide du compas et de la règle, et on arrivera graduellement au dessin d'imitation (ornement, figure, paysage), dont il ne faut certainement pas abuser, mais auquel le maître consacrera utilement les moments de loisir.

Mais ce n'est pas surtout aux points de vue du goût à développer chez les enfants et de la sureté de main à leur faire acquérir, que le dessin est précieux. Dans maintes occasions, il viendra en aide aux explications de l'instituteur, les complétera et souvent les rendra sensibles.

Une école où l'on ne dessine pas, disait excellemment le Père Girard, est un corps privé d'un de ses organes essentiels. Quand une explication verbale est insuffisante, un dessin sur le tableau noir, un croquis même imparfait lèvent les dernières difficultés, parce que l'on s'est adressé aux yeux et qu'on a donné une forme à l'objet que la parole cherchait vainement à peindre. Ainsi quand nous ne pouvons pas mettre sous les yeux de nos élèves les objets dont nous les entretenons, et c'est le cas le plus fréquent, nous n'avons en réalité que deux moyens pour remplir notre tâche, la parole et le dessin. Supprimer un de ces moyens, c'est ôter à l'enseignement le côté pittoresque, intuitif et toujours amusant. C'est là le but des livres illustrés, si répandus aujourd'hui.

PROGRAMME DU COURS DE DESSIN.

On se contentera de faire dessiner des lignes aux élèves du premier cours. Les majuscules au tableau et sur les cahiers serviront de préparation aux exercices du dessin linéaire.

SECOND COURS.

Dessin d'ornement, d'après l'estampe.

Dessin linéaire. — Tracé géométrique : lignes, angles, triangles, quadrilatères; polygones réguliers, cercles et lignes du cercle, figures semblables et figures équivalentes. — Applications.

COURS SUPÉRIEUR.

Dessin linéaire d'ornement.

Arpentage. — L'arpentage est certainement un des objets d'enseignement les plus intéressants dans les écoles rurales. La partie théorique est exposée avec beaucoup de clarté et de précision dans plusieurs traités spéciaux; mais elle aura peu d'utilité, si elle n'est suivie de la partie pratique, qui est l'arpentage sur le terrain. On conçoit qu'à moins de circonstances tout à fait favorables, le maître ne pourra guère conduire son école entière dans la campagne, pour y essayer les exercices de l'arpentage. S'il a de nombreux élèves, il fera bien d'ouvrir le dimanche un petit cours en plein air, où il n'admettra que ceux qui viendront avec des intentions de travail, et dont la présence ne sera pas une occasion de trouble et de dérangement.

Sciences physiques. — Nous ne pourrions que répéter, pour les notions élémentaires de *physique* et de *chimie*, ce que nous avons dit déjà à propos de la cosmographie et de la géométrie, que ces sciences ne doivent être envisagées, au sein d'une école primaire, que dans leurs applications les plus simples, et qu'il ne convient de développer leurs théories que lorsqu'elles peuvent servir à dissiper les préjugés qui sont encore vivaces dans beaucoup d'esprits.

Mais, parmi les sciences physiques, il en est une sur laquelle nous devons insister particulièrement, parce que le maître peut en tirer un parti immense ; une science qui a le privilège d'intéresser, de charmer les enfants, en excitant leur curiosité, en captivant leur attention, alors qu'ils en sont si peu capables : l'*histoire naturelle*.

L'histoire naturelle dans les écoles primaires, peut être considérée sous deux rapports différents : comme objet d'enseignement en elle-même, ou comme moyen d'éducation intellectuelle.

Comme objet d'enseignement spécial, l'histoire naturelle devra entrer dans le cadre des études, toutes les fois que le maître pourra étendre l'instruction au delà des plus indispensables notions. Parmi les connaissances que l'on peut appeler accessoires dans l'éducation populaire, l'histoire naturelle doit certainement tenir un des premiers rangs, et elle produira les plus heureux fruits si le maître sait l'enseigner avec discrétion, avec tact, avec convenance.

Certes, ce n'est pas dans sa partie abstraite et scientifique qu'elle peut être profitable aux enfants des écoles primaires, ce n'est pas sur des détails anatomiques, ni même sur de longues descriptions physiologiques que le maître doit s'appesantir. La partie descriptive seule, dans l'histoire naturelle, convient à l'enfance ; mais aussi quelle mine féconde à exploiter! Avec quel charme le jeune élève assistera à ces scènes animées, qui se succèdent autour de lui avec tant d'admirable variété, tant d'épisodes imprévus ! Avec quel plaisir il verra les efforts de chaque être pour soutenir son existence, efforts servis par tant d'instincts, par tant de ruses ; les prévoyants travaux qui précèdent et préparent chaque importante modification de la vie de ces créatures, ignorantes de leur destinée, mais guidées par une providence qui les conduit au but sans erreurs et sans détours ; les luttes continuelles qui sembleraient devoir ramener dans notre univers le désordre, le chaos, mais que dirige une main suprême pour tirer l'harmonie du trouble, la paix de la guerre ! Quels sujets continuels d'élever l'âme des enfants aux considérations les plus hautes, d'échauffer leurs jeunes cœurs du plus doux sentiment de reconnaissance et d'amour envers celui qui veille avec une sollicitude égale sur les plus humbles comme sur les plus magnifiques créatures, d'habituer les enfants à cette salutaire pensée d'un Dieu dont l'œil est toujours ouvert sur le monde, où sa volonté est tout et où le hasard n'est rien !

Sans négliger aucune de ces grandes et utiles réflexions, le maître devra s'efforcer de tirer de l'histoire naturelle tous les renseignements utiles qu'elle fournit à l'agriculture et aux arts; de détruire de fausses opinions, quelquefois ridicules seulement, quelquefois aussi dangereuses et funestes; il signalera aux enfants des observations à faire, de petites expériences à tenter; il aura soin de choisir toujours des exemples parmi les faits qui se passent autour de nous; il pourra glisser légèrement sur la description des animaux étrangers, des plantes des pays lointains ; il s'étendra davantage sur les mœurs ou sur les propriétés des espèces que les enfants peuvent reconnaître et retrouver eux-mêmes.

Tout en donnant à l'enseignement de l'histoire naturelle la part qu'il mérite, l'instituteur ne devra pas l'étendre au préjudice des objets d'instruction plus indispensables. Mais s'il sait le classer heureusement, quel avantage pour lui de séparer, par une occupation presque récréative, des études d'application, de raviver l'attention sans interrompre le travail, et de parvenir à dissiper dans l'esprit des enfants ce malheureux préjugé, que tout est ennui, dégoût et fatigue dans les études.

Si le maître ne peut pas affecter spécialement une partie de son temps de travail à l'histoire naturelle, qu'il ne croie pas cependant pouvoir rester étranger à cette science, sans se priver d'un moyen indirect, mais puissant, de développer l'intelligence de ses élèves.

L'expérience l'a prouvé, et nous l'avons redit souvent, l'enfant ne se prête jamais mieux à l'instruction que lorsqu'elle lui vient, pour ainsi dire, par hasard, qu'il la rencontre sans l'avoir cherchée. Or, il n'est pas un sujet d'étude qui ne présente sans cesse au maître dont la mémoire est bien remplie des faits curieux de l'histoire naturelle, l'occasion d'une explication, d'un éclaircissement, sans lequel l'enfant reste sur une notion incomplète, sur une idée obscure ; l'occasion enfin d'une diversion rapide, qui réveille l'attention endormie, ranime l'ardeur qui s'éteignait. Dans l'éducation intellectuelle qui prépare l'esprit à recevoir l'instruction, le grand art est d'ouvrir de quelque manière l'intelligence. Au milieu des études, des récréations, de ces promenades surtout où la nature s'offrira avec toutes ses merveilles aux yeux charmés de l'enfant, partout le maître trouvera le moyen d'intéresser l'âme la plus insensible, d'éveiller à quelque désir de connaître, l'intelligence la plus engourdie, d'orner de quelques notions l'esprit le plus pauvre. L'histoire naturelle est une clef qui va à toutes les âmes ; quel maître négligerait de s'en servir ?

Quant à la botanique proprement dite, qui est plus encore à la portée de tous les instituteurs, et dont ils peuvent à chaque occasion enseigner les éléments, quelles admirables ressources elle leur fournit !

A voir ces plantes si délicates et si tendres, à étudier cet organisme si frêle et pourtant si complet, à descendre dans ces mille petits riens qui constituent cette chose charmante qu'on appelle une fleur, il semble que nous pénétrons plus avant dans les desseins de la Providence ; nous nous identifions plus intimement avec elle ; elle nous parle en quelque sorte; elle nous livre son secret, et à chaque minute, attendris, émus, nous sommes tenter de nous écrier. « Oh ! oui, il y a un Dieu juste et bon qui gouverne le monde. »

Enseignement agricole.

« L'école ne vise pas à former des agriculteurs, mais on doit pouvoir y prendre, sur les terres et sur les eaux, sur les amendements et les engrais, sur les prairies artificielles et le drainage, sur les animaux domestiques, les constructions rurales et les instruments aratoires, des notions générales qui permettront aux élèves devenus des hommes, de suivre avec intérêt les opérations d'un comice agricole, de lire avec profit un livre d'agriculture et de donner au besoin un bon conseil, quand il seront en état de se rendre compte des phénomènes agronomiques (1). »

C'est à l'abri de ces recommandations du ministre que l'enseignement agricole a pénétré dans nos écoles rurales et qu'il a pris place dans les programmes. L'expérience de quelques années à peine a démontré combien l'idée était bonne et nous pouvons suivre dans les documents eux-mêmes, les progrès rapides que l'enseignement agricole a déjà faits.

En 1867, l'impulsion étant donnée, les esprits pratiques signalent tous les avantages que peut offrir la combinaison de l'enseignement agricole avec les exercices scolaires les plus usuels.

Dans un rapport du 17 février 1867, nous lisons :

« C'est dans les écoles normales primaires que doi-

(1) Circ. min. 2 juillet 1866.

vent se former les instituteurs capables de populariser les connaissances utiles, qui dans la vie des champs sont à la fois une distraction et une source de profits.

« Dans les écoles communales, les exercices de l'enseignement, la lecture, l'écriture, les dictées, les récitations pouvent porter utilement sur les premières notions de l'agriculture. Il est bon d'entretenir chez les enfants élevés dans la campagne l'habitude et le goût de la profession paternelle. Il faut leur apprendre de bonne heure que l'agriculture est le plus ancien et le premier des arts utiles; que tous les peuples l'ont honorée, et que ceux qui ont contribué à ses progrès sont comptés parmi les bienfaiteurs de l'humanité. »

Et la commission concluait : « à engager les instituteurs des communes rurales à donner, par le choix des dictées, des lectures et des problèmes, une direction agricole à leur enseignement, soit dans la classe du jour, soit dans la classe du soir. »

Mais l'enseignement agricole ne se donne pas seulement à l'école; sans la pratique, il n'offrirait à l'enfant que des théories souvent ardues. Il était donc nécessaire d'associer cet enseignement du maître avec les travaux de la campagne. Tel a été l'objet d'une circulaire du 31 décembre 1868, qui a également posé les bases des programmes à suivre dans les écoles.

« Pendant les six mois d'hiver où les travaux de la culture sont le moins urgents, l'école serait ouverte, pour tous les enfants du village, le matin et l'après-midi. Le reste de l'année, les deux classes par jour prescrites par le règlement ne seraient suivies que par les enfants les plus jeunes, les moins capables d'un labeur sérieux. Les autres plus âgés, et par conséquent plus propres à un travail utile, n'auraient par jour, durant l'été, qu'une seule de ces classes, dont l'heure, fixée par le conseil départemental, s'accordera le mieux avec les ouvrages de la campagne. Le reste du jour ces enfants seront à la disposition de leurs parents pour les travaux de l'agriculture.

Pour l'enseignement dans nos écoles rurales, il est très-essentiel qu'en traitant chaque question, l'instituteur évite les termes scientifiques complétement étrangers aux enfants ; il faut que chaque phénomène soit exposé de la manière la plus simple, la plus pratique ; mais tout en évitant l'appareil scientifique on peut faire pénétrer dans nos campagnes, les règles et les habitudes d'une culture perfectionnée, dont la science a pu souvent établir les principes et que l'expérience a confirmée. — En prenant la direction de cet enseignement, l'instituteur se gardera bien de se poser en professeur d'agriculture ; vainement dirait-il qu'il a reçu, soit à l'école normale, soit ailleurs, un enseignement approprié aux leçons qu'il doit donner, les cultivateurs se mettraient en garde contre des nouveautés dont l'utilité ne leur serait pas d'abord démontrée. C'est en commençant par leur citer des exemples bien choisis que l'instituteur les préparera à en accepter la théorie et à en faire l'expérience. Beaucoup d'instituteurs ont échoué dans leur mission pour n'avoir pas su la remplir avec modestie et pour être sortis du cadre qu'elle leur traçait.

L'instruction primaire agricole sera d'autant plus efficace qu'ils l'enseigneront avec plus de sens pratique et le plus simplement possible. Aussi leurs soins devront-ils porter particulièrement, tant sur la connaissance des lois générales de l'industrie agricole que sur les intérêts matériels et moraux qui s'y rattachent, c'est-à-dire sur ce qu'on peut appeler l'éducation agricole plutôt que sur la science proprement dite. »

Il n'est certainement personne qui ne comprenne l'importance de l'enseignement agricole élémentaire, et sans faire appel à l'opinion des plus éclairés, on peut dire que cet enseignement, à l'heure présente, est devenu une nécessité sociale aussi bien qu'une nécessité économique. Nous n'avons pas à montrer ici quelle influence moralisatrice exercent les travaux des champs, c'est chose acquise; mais à côté de ce grand intérêt de la mo rale, d'autres ont surgi avec la fermentation des mœurs publiques. La tendance générale est aujourd'hui de dépeupler les campagnes au profit des villes. Pour un profit problématique le laboureur abandonne son champ et vient mourir de faim dans nos grandes villes. Alors les cultivateurs n'ont plus de bras, tandis que les cités regorgent d'oisifs; le prix des denrées augmente parce que la production diminue. C'est là l'intérêt économique.

L'intérêt social est plus grand encore. Quoi qu'en aient dit les rêveurs, il règne dans les populations agricoles un esprit d'ordre, de soumission qu'on chercherait vainement dans les villes. Le cultivateur, attaché au sol, a par cela même l'instinct de la conservation, comme les nécessités de la culture lui donnent l'instinct du devoir. Aussi se mêle-t-il rarement aux agitations politiques, et c'est ainsi, grâce à Dieu, que s'est formée en France cette puissante et résistante phalange contre laquelle tant de fois déjà se sont brisés les efforts de la révolution déchaînée.

Inspirons donc à nos enfants le goût des travaux agricoles; attachons-les par nos conseils et nos leçons à cette terre qui les a vus naître; il y va de leur bonheur et du salut de tous.

Mais comment, sans lasser l'esprit des enfants par la multiplicité des études, leur faire comprendre les notions premières de l'agriculture; comment enfin leur épargner, dans les premières divisions, les fatigues d'un cours théorique? Des professeurs ont cherché une méthode et l'ont trouvée.

On a remarqué, et cette idée est aujourd'hui la base de l'enseignement des salles d'asile, que les enfants reçoivent la plus grande partie de leurs impressions des objets qui les entourent et des faits nombreux qui s'accomplissent sous leurs yeux. Leur âme s'est révélée comme un miroir qui refléterait chaque chose avec une plus ou moins grande fidélité, suivant que cette chose se trouverait plus ou moins éloignée. Alors on a imaginé de placer les élèves au milieu même de l'enseignement qu'on veut leur donner; on a créé autour d'eux comme une atmosphère de science, dont leur esprit s'imprègne et se nourrit sans effort, et presque sans qu'eux-mêmes aient conscience du phénomène qui s'accomplit. Interrogez l'enfant qui vit dans une usine; parlez-lui des machines qu'il voit se mouvoir autour de lui; prenez les noms de ces organes multiples dont aucun n'est étranger à son esprit, et composez une dictée avec ces noms. L'enfant la comprendra; les mots lui rappelant des objets qu'il connaît, il s'intéressera davantage à son travail et réussira mieux. Que si maintenant vous lui dictez une page traitant des résultats que donnent les machines, des progrès qu'elles peuvent recevoir, son esprit sera tout disposé à s'ouvrir; il se pénétrera de ces notions nouvelles, parce qu'il pourra les rattacher aux connaissances qu'il a déjà des objets qui chaque jour ont frappé ses regards.

« Introduisons des notions d'agriculture dans l'étude de la langue, et elle changera aussitôt de physionomie et de caractère. L'enfant se retrouvant au milieu de ses idées et de ses impressions, suivra avec intérêt les explications qui lui seront données sur des choses et des faits qui ont peut-être attiré son attention quelques heures auparavant. Quelle ne sera pas sa satisfaction quand il viendra à reconnaître que ses propres idées et ses propres impressions étaient pleines de justesse et de vérité! Il tiendra dès lors à honneur de prouver qu'il comprend l'objet de la leçon aussi bien qu'aucun de ses condisciples. Engagé dans cette voie facile, il écoutera les nouvelles explications qui lui seront données avec un intérêt toujours croissant; ses idées grandiront et se multiplieront, ses pensées prendront une forme de mieux en mieux dessinée, et l'expression qu'on veut atteindre arrivera comme par enchantement (1). »

(1) M. Gandon. *Conférences pédagogiques.*

Les exercices de rédaction, les lectures auront pour but la diffusion des procédés agricoles utiles aux cultivateurs sur les fumures, les semences, les assainissements.

Quant aux explications techniques qui doivent compléter les exercices, elles seront dégagées de toute formule abstraite, de tout appareil dogmatique. Données sous la forme de causerie elles intéresseront davantage et apprendront tout autant.

On ne saurait croire combien il est facile de faire comprendre et toucher pour ainsi dire du doigt les procédés agricoles. Vous voulez expliquer la méthode du drainage, prenez un pot à fleurs percé d'un trou, recouvrez d'eau la terre dont vous l'aurez remplie, vous aurez rendu sensibles toutes les opérations d'assainissement. « Mais on peut faire plus même à l'école primaire pour l'horticulture, car 27,000 de nos écoles sont pourvues d'un jardin. Les fruits et les légumes entrent pour plus d'un tiers dans l'alimentation générale du pays. Ils représentent donc une valeur considérable, et cette valeur sera facilement accrue, dans une très-grande proportion, par la propagation d'espèces meilleures et de procédés de culture perfectionnés. Sans s'éloigner de l'école et sans perdre de temps, l'instituteur peut joindre à son jardin une ruche d'abeilles, une basse-cour, je n'ose dire une étable. L'élève des volailles, la production des œufs, du lait, du beurre et du fromage, tout en ajoutant à son bien-être, augmenteront la nature des services qu'il peut rendre à sa commune, s'il se fait, pour cette industrie ménagère, le propagateur des leçons reçues à l'école normale ou des enseignements recueillis dans les livres ou dans les comices agricoles (1). »

Pendant les récréations, les jours de congé, l'instituteur fera travailler ses élèves dans son jardin ; il leur apprendra la taille des arbres, la culture des légumes, et tout en les instruisant, il les moralisera. La culture d'un

(1) Circulaire. — 2 juillet 1866.

jardin a arraché bien des enfants aux habitudes les plus dangereuses.

A un autre point de vue, l'horticulture pratique aura aussi de précieux avantages. C'est de l'école que l'exemple doit sortir pour les grands comme pour les petits. L'instituteur instruit pourra donner de bons conseils aux habitants de la commune ; il redressera doucement les erreurs que la routine a introduites et qu'elle conserve. Un instituteur de l'Isère, en employant les enfants pendant leur récréation à la taille des arbres, a obtenu ainsi d'admirables résultats. Son jardin est un modèle, et ses élèves ont bientôt répandu autour d'eux les leçons qu'ils avaient reçues à l'école.

Quel horizon merveilleux peut ainsi s'ouvrir devant les yeux du maître zélé et qui a bien compris son rôle !

Nous n'avons pas ici la prétention de faire aux instituteurs un cours d'horticulture. En eussions-nous le loisir, les limites que nous nous sommes données ne nous le permettraient pas, et puis il est des livres excellents dans lesquels sont résumées les connaissances agricoles et horticoles. C'est à ces traités que nous renvoyons nos maîtres ; ils y trouveront l'exposé des procédés nouveaux (1).

Mais nous pouvons supposer que bien des instituteurs, désireux de donner à leurs élèves des leçons de taille des arbres, n'auront pas le temps de lire des ouvrages spéciaux. Voici donc en quelques lignes, et d'après la méthode que M. Forney exposait en 1867 dans une conférence pédagogique de la Sorbonne, voici quelques principes élémentaires à l'aide desquels on peut arriver à conduire d'une manière régulière des arbres fruitiers :

1° La séve se porte de préférence vers les parties

(1) *Le Bon Cultivateur*. — M. de Dombasle.
La Gazette du Village.
Maître Pierre.
La Prime d'honneur. — M. Calemard de Lafayette.

éclairées et aérées. On peut donc favoriser ou contraindre la végétation de telle ou telle partie de l'arbre en découvrant ou en abritant cette partie.

2° La sève tend à s'élever et se porte vers l'extrémité des branches.

3° La séve se porte et circule avec facilité dans les branches verticales. Elle tend à abandonner les branches horizontales ou inclinées. Plus la branche s'incline, plus la séve circule avec difficulté.

4° Plus la séve est favorisée dans sa circulation, plus la végétation est forte et active, et plus l'arbre est disposé à pousser au bois.

5° Plus la séve est entravée dans sa circulation, plus les yeux sont disposés à se transformer en boutons à fleur.

6° Lorsqu'une partie de l'arbre a été retranchée, la séve se porte vers la partie conservée et la fait se développer plus vigoureusement.

7° Les rameaux sont plus vigoureux sur un arbre taillé court que sur un arbre taillé long, pourvu que cette taille ne soit pas trop courte ou répétée chaque année

8° La séve se porte de préférence sur les parties fortes et abandonne les parties faibles. On doit faire en sorte qu'il y ait équilibre parfait dans la charpente de l'arbre.

9° Le ralentissement et la cessation de la circulation de la séve ont pour effet de produire la maturité du bois et du fruit. Tout ce qui fait mûrir le bois a pour conséquence de mûrir le fruit.

— C'est à l'aide de ces principes qu'il faut conduire la taille. En y joignant quelques exemples l'instituteur les fera comprendre aux élèves, beaucoup mieux qu'un traité.

Procédés pour les fruits.

« Pour obtenir une belle, abondante et régulière fructification, il faut avant tout une belle végétation. Torturer le bois par des opérations exagérées, des pincements répétés, c'est le détruire. Obtenir des arbres moyens, bien portants et fertiles sans excès, tel doit être le but de l'arboriculture.

2° Chacune des parties de l'arbre, pour se conserver saine et productive doit recevoir une quantité convenable de sève, de chaleur et de lumière. Trop ou trop peu, la branche souffre dans son développement ou dans sa fructification.

3° De l'équilibre parfait entre chacune des branches de l'arbre dépendent sa durée, sa vigueur et la régularité de sa fructification. Un arbre qui forme une tête belle et régulière sera toujours plus durable et plus régulièrement fertile qu'un arbre défectueux.

4° Les branches de l'arbre qui sont du même âge et de même nature, doivent être de mêmes vigueur, longueur, forme, direction et fertilité.

5° Chaque partie de l'arbre ayant une destination particulière doit être disposée à cet effet. Un rameau à bois ne doit pas se trouver à la place que doit occuper une production fruitière.

6° Les branches qui forment la charpente de l'arbre doivent être assez fortement constituées pour durer autant que l'arbre. Les bois à fruits doivent au contraire être renouvelés quand ils s'appauvrissent et remplacés par du jeune bois. »

Ces principes ne s'appliqueront pas, bien entendu, aux arbres de verger, qui doivent végéter librement. Ce sont les arbres à fruits de table qui seuls doivent être cultivés et taillés.

Les arbres à gros fruits, poirier, pêcher, seront taillés régulièrement, leurs branches seront maintenues en petit nombre, non divisées, régulières, fortes et bien constituées.

Pour les espèces à petits fruits, le cerisier, le prunier, l'abricotier, on cherchera à obtenir beaucoup de petites et jeunes pousses en divisant les branches.

Pour les fruits à pépins, le but est de conserver ce qui est bon et durable.

Pour les fruits à noyau et la vigne, le but est de renouveler le bois.

L'instituteur pourra même créer une petite pépinière dans son jardin, afin de donner aux enfants des leçons de greffe. Il leur expliquera les différentes méthodes en usage et aura soin, lorsqu'un arbre aura été greffé, de montrer comment il faut le conduire.

Il laissera une tête assez élevée au-dessus de la greffe et dans les premières années, poussera au développement des branches latérales indispensables à la bonne fructification, car l'arbre forme toujours une tête de lui-même et tend surtout à se développer en hauteur.

L'instituteur sera, bien entendu, le seul juge du temps et des développements qu'il peut donner à l'enseignement agricole. Suivant les dispositions de ses élèves, les usages du pays, il insistera davantage sur telle ou telle partie du cours. C'est donc lui qui choisira, dans le programme détaillé que nous donnons, les matières les mieux adaptées aux nécessités locales.

PROGRAMME DE L'ENSEIGNEMENT AGRICOLE

ÉCOLES PRIMAIRES RURALES.

1. Végétation, terres, climats.

1° Aperçu général sur la végétation ; durée des végétaux, modes divers de reproduction, graines, boutures ;

2° Des terres, leur nature et leurs propriétés physiques ;

3° Régions agricoles, influence du climat.

2. Opérations principales de l'agriculture.

4° Substances fertilisantes, amendements, engrais, écobuage ;

5° Culture du sol ; instruments de culture ;

6° Enlèvement des eaux nuisibles à la culture, drainage.

7° Irrigation et arrosage ;

8° Semailles et transplantations.

9° Récoltes; conservation des divers produits.

10° Influence de la chaleur et de la lumière sur les végétaux cultivés ; exposition, abris.

11° Défrichements.

12° Clôtures, chemins vicinaux, voitures.

13° Constructions rurales.

3. Végétaux de la culture française.

14° Céréales.

15° Légumes secs ou verts.

16° Plantes oléagineuses, textiles, tinctoriales, à produits divers.

17° Plantes fourragères, prairies naturelles et artificielles, fenaison.

18° Racines alimentaires ou industrielles; sucre et alcools.

19° Plantes parasites et animaux nuisibles aux récoltes; moyens préservatifs ; animaux destructeurs des animaux nuisibles.

20° Végétaux ligneux ; notions générales.

21° Multiplication, pépinière, greffe, éducation, plantation et entretien des arbres.

22° Arbres fruitiers, conduite et taille ; variétés principales cultivées en France.

23° Arbres à produits industriels ; vignes et vins; pommiers à cidre, mûriers, etc.

24° Plantation, conduite, exploitation des arbres destinés à fournir des bois d'œuvre ou de chauffage.

4. Animaux domestiques utiles à l'agriculture.

25° Économie du bétail ; principes généraux.

26° Espèce bovine, chevaline, ovine, porcine.

27° Oiseaux de basse-cour.

28° Vers à soie, abeilles.

5. Économie agricole.

29° Capitaux agricoles, fermier, métayer, propriétaire; achat et location d'un domaine.

30° Assolement ou succession des cultures : jachère, repos ; organisation des travaux agricoles.

31° Influence de diverses circonstances sur les systèmes agricoles ; début de l'entreprise ; comptabilité agricole.

6. *Culture des jardins.*

32° Division de l'horticulture.

33° Jardin fruitier.

34° Jardin potager.

35° Jardin d'agrément.

36° Végétaux parasites des plantes de jardins. Animaux nuisibles à l'horticulture et moyens de les détruire.

Leçons de choses. — Le premier sentiment qui s'éveille dans l'âme d'un enfant est celui de la curiosité. Il ne sait rien encore, mais ses yeux ont été frappés, son raisonnement excité par les actes qui s'accomplissent auprès de lui. Témoin inconscient d'abord, puis spectateur curieux, il cherche à savoir ; un mot alors revient à chaque instant sur ses lèvres : Pourquoi ? C'est là le premier effort de la pensée chez lui. Pourquoi ? C'est par les réponses à ses questions naïves que l'éducation commence et les interrogations suivant le développement de son esprit, il n'aura plus de relâche jusqu'à ce qu'il sache le pourquoi des choses. Rien n'est plus intéressant que d'assister à cet essor de la curiosité naturelle au jeune âge, et l'on a résolu d'en tirer parti pour l'instruction elle-même. De là les leçons de choses, peu usitées encore dans nos écoles, mais destinées, nous n'en doutons pas, à devenir comme en Allemagne la première des méthodes d'enseignement. Exciter la curiosité de l'enfant, la soutenir par l'attention, éveiller chez lui l'esprit d'observation, développer son jugement et arriver ainsi à l'instruire en le moralisant. Tel est le but des leçons de choses, qui consistent simplement à provoquer les interrogations des enfants, à les suppléer même, et enfin à y répondre (1).

C'est en Allemagne et en Italie que les leçons de choses ont été d'abord appliquées à l'enseignement primaire. En Allemagne, dit M. Hippeau, on les fait servir à l'étude de la langue maternelle.

« Au lieu de faire réciter aux élèves les règles de la grammaire, qui surcharge leur mémoire, et ne leur apprend pas, quoi qu'on en dise, à parler et à écrire correctement, le maître versé dans la connaissance des préceptes pédagogiques appelle l'attention des enfants sur les objets qu'il présente à leur vue. Il faut qu'ils lui fassent part de leurs observations sur ces différents objets, qu'ils lui en décrivent les formes, les qualités, les couleurs. Les mots dont ils se servent pour nommer et caractériser ces objets sont autant de matériaux qui entreront dans la formation des phrases, que le professeur leur fait composer, retourner et modifier de toutes manières. Ce sont autant d'idées qu'il les accoutume ainsi à classer et à enchaîner.

Quand il les a habitués à revêtir leurs idées de termes justes et précis, il introduit dans son enseignement des idées plus générales, plus abstraites et il s'élève insensiblement jusqu'aux règles grammaticales et aux principes de la langue maternelle (2). »

Les leçons de choses en Italie ont pris un développement plus grand encore, on en a fait l'élément le plus actif d'instruction pour les plus jeunes enfants. Il existe à Florence un établissement modèle que M. de Cormenin a visité et dont il nous a rapporté la méthode suivie pour les enfants.

« Rien n'est négligé, dit-il, pour que les élèves ne prennent des êtres, des choses, des arts, que des idées nettes et exactes, et successivement, sans trouble ni confusion

(1) Voyez Brouard et Defodon. — Chap. *des Leçons de choses*.
(2) L'Instruction publique en Allemagne.

de mémoire. Ainsi l'on place sous leurs yeux, à mesure qu'ils peuvent les comprendre, les objets des trois règnes de la nature. On tient ces divers objets dans des casiers séparés. On y voit des épis de blé, d'orge, de froment, des herbages, des légumes, des fruits. On les nomme devant eux, on les leur montre, on les décrit. Ils s'accoutument à les distinguer, à les reconnaître, à les dénommer eux-mêmes et tout de suite. Pareillement des échantillons de pierres, de terres, de plâtres, de marbres, de soufre, de métaux, y sont classés dans un ordre méthodique. On les leur fait toucher, on en dit l'origine, on en explique brièvement la transformation et l'application aux divers usages de la vie.

« Il en est de même des animaux empaillés et représentés aux enfants tels que la nature les a faits, moins la vie. Ils savent leurs noms, leurs instincts, leur manière d'être, leurs qualités, leur danger. »

Quoique cette méthode d'enseignement ne soit pas encore universellement répandue en France, elle y a cependant trouvé des défenseurs convaincus qui l'ont appliquée et mise en œuvre. C'est dans les salles d'asiles qu'elle a d'abord conquis droit de cité. Mme Pape Carpentier l'a expérimentée avec grand succès, et elle a pu, en 1867, aux conférences de la Sorbonne, formuler les principes du système dont elle est restée l'adepte infatigable.

« Ses principes et ses règles sont ceux mêmes des opérations de l'entendement humain, car les enfants ne sont autre chose que de petits hommes. Et la méthode suit dans ses démonstrations la même marche que l'esprit dans ses perceptions.

« Ce que le petit enfant perçoit d'abord dans les objets c'est leur couleur. Il la perçoit par l'effet d'une simple et passive sensation produite sur son œil sans aucun concours de sa part, et, on peut le dire, à la manière des animaux.

« Puis il remarque la forme ; c'est le travail du souvenir et de la comparaison qui commence.

« Puis la réflexion de l'enfant se développant peu à

17.

peu, il cherche à deviner l'usage de l'objet soumis à son étude. Le petit philosophe veut déjà trouver la raison des choses.

« Puis le sens scientifique s'éveille, et il veut connaître la matière dont l'objet est formé.

« Puis cette âme naïve, s'élevant à son insu, remonte à la provenance, à la cause première. C'est là que le maître vigilant attend son élève, pour éveiller en lui le plus fécond des sentiments, le sentiment religieux. »

Quelle est maintenant la direction pratique à donner aux leçons de choses. Rien n'est plus simple, et il n'est pas une école dans laquelle le maître n'y puisse recourir.

Prenez un morceau de pain et montrez-le aux enfants en leur demandant le nom de l'objet que vous tenez.

— C'est du pain, répondront les enfants.

— Mais à quoi sert ce pain?

— A notre nourriture.

— Avec quoi est-il fait?

— Avec de la farine.

— Et d'où vient la farine?

— Du blé.

— Comment se fait-elle? etc.

C'est ainsi que des interrogations précises amènent l'enfant à expliquer des choses qu'il sait et dont cependant il ne s'est jamais rendu compte. On peut par des exercices variés à l'infini, lui faire acquérir, aussi bien dans les premiers cours que dans les classes supérieures, une foule de connaissances qui ne sont pas dans les programmes d'enseignement et que tout homme cependant est tenu de savoir.

La leçon de choses, en développant la faculté du raisonnement, permet encore de faire pénétrer les éléments des sciences dans l'esprit des enfants. Les premières leçons de calcul se font à l'aide d'objets; la géométrie et l'architecture deviennent un jeu pour les élèves lorsqu'on emploie de petits carrés de bois qui permettent de composer un nombre infini de figures.

Les sciences physiques élémentaires deviennent également simples et faciles.

Supposons qu'après avoir montré un morceau de pain le maître prenne un morceau de plâtre.

— Qu'est ceci, dira-t-il?

— C'est du plâtre.

— Mais ce plâtre est blanc comme le pain, est-ce qu'on le mange aussi ?

— Oh! non.

— Eh bien, alors à quoi donc sert-il?

— A bâtir des maisons.

— Mais savez-vous ce que c'est que ce plâtre, si utile lui aussi, puisqu'il sert à construire la maison dans laquelle vous vous logez ? etc.

Il suffit d'indiquer la méthode pour que chaque maître en ait compris l'utilité et les procédés d'application. Bonne pour les grands et pour les petits, elle est certainement destinée à prendre une place importante dans l'enseignement des écoles primaires, et nous ne saurions trop engager les instituteurs à y recourir à chaque occasion.

Tenue des livres. — « Pour la tenue des livres, ce n'est pas à l'école qu'on l'apprendra d'une manière complète. Il sera bon, cependant, que les élèves qui en sortiront connaissent les expressions les plus usitées dans le commerce, les livres obligatoires, les livres auxiliaires et la tenue de ces livres en partie double; car il est urgent de propager dans nos campagnes les procédés d'une bonne comptabilité agricole. Même dans une culture ordinaire et dans un simple ménage, il est utile de pouvoir se rendre compte à tout moment de la situation de ses affaires. L'esprit d'ordre, de moralité même, y gagnerait, et nos instituteurs ont le devoir de répandre autour d'eux tout ce qui peut accroître le bien-être et la dignité de la vie des populations rurales (1). »

(1) Circulaire. — 2 juillet 1866.

Industrie. — « La loi du 15 mars 1850 range encore, parmi les connaissances qu'il est bon de donner aux élèves, des instructions élémentaires sur *l'industrie.* L'industrie a des formes si variées et s'exerce sur tant de matières différentes, que les leçons demandées par la loi, pour être utiles, doivent être restreintes aux principales industries du département. La visite des usines qui se trouvent à proximité de l'école, les explications que le professeur donnera sur les travaux qui s'y accomplissent, sur les transformations que la matière y subit, seront la confirmation et la continuation des leçons faites à l'école normale sur les sciences physiques et l'histoire naturelle (1). »

Notions d'économie politique. — Il n'est certainement pas dans notre pensée d'inviter les instituteurs à faire devant des auditeurs de huit à treize ans un cours d'économie politique. Les abstractions ne conviennent guère aux enfants, et les maîtres pourraient avec raison s'effrayer d'un programme aussi vague que celui de la science économique ; mais il est certaines vérités sociales que les enfants peuvent retenir et qui, par ce temps d'utopies et de revendications insensées, pourront contribuer à former leur jugement et à affermir leurs idées. L'école socialiste a entrepris une propagande si active, elle a lancé ses brochures si loin qu'il n'est guère de campagne où elles n'aient pénétré. Eh bien, nous demandons à l'instituteur de se faire le champion du bon sens contre cette invasion nouvelle des idéologues. Donner aux enfants qui vont quitter l'école pour entrer dans la vie, pour se mêler au courant des passions humaines, quelques notions justes et précises sur la famille, la propriété, le capital, n'est-ce pas leur offrir un viatique salutaire et les prémunir contre de funestes entraînements ? A l'activité du mal opposons l'activité du bien. Le maître d'école, disait un ministre, doit être le mis-

(1) Circulaire. — 2 juillet 1866.

sionnaire de toutes les idées utiles et saines; c'est en cette qualité que nous faisons appel à tous les instituteurs. Dans la grande mêlée ils ont un drapeau à tenir, des doctrines à combattre, et leur influence, si elle est bien inspirée, peut être la plus puissante.

Voici plusieurs années déjà que de bons esprits se sont préoccupés des progrès que les théories socialistes ont fait dans les esprits, et plusieurs ont demandé que l'école fût ouverte à la science économique.

En 1867, dans une remarquable conférence, M. Rondelet invitait les instituteurs rassemblés autour de lui à compléter leur enseignement par des notions d'économie politique élémentaire, et le *Journal des Instituteurs* s'est fait le propagateur de ces réclamations. A notre tour nous engageons les maîtres à suivre l'exemple que d'autres ont donné, le salut de notre société ébranlée est presque tout entier dans leurs mains.

Ce n'est pas par des leçons arides qu'ils pourront arriver au but; c'est pas des causeries amicales, familières, intervenant au milieu des exercices quotidiens, qu'ils entreprendront de donner aux enfants des idées saines et justes. Combien de fois l'occasion ne se présentera-t-elle pas devant eux de rectifier des idées fausses; et cette occasion n'est-il pas en leur pouvoir de la faire naître?

Nous n'avons sans doute pas la prétention de formuler ici des préceptes d'économie politique. Mais à titre d'exemple, nous avons voulu résumer quelques-uns des principes généraux qui seront utilement inculqués aux enfants. C'est d'ailleurs à M. Rondelet que nous empruntons la plupart des axiomes et des exemples de cette courte leçon.

L'instituteur montrera aux enfants que le travail est l'origine et la source nécessaire de toute richesse. Les terres qui ne sont point cultivées ne produisent rien; mises en œuvre elles donneront bientôt un revenu. C'est ainsi que la richesse s'est créée; le capital n'est et ne sera jamais que le produit du travail.

Ne parlons donc plus de partage des biens... Partager les terres, comme le demandent les paresseux, ce serait amener à bref délai la ruine commune, parce que la propriété est la conquête de l'homme sur la nature, et que la supprimer c'est anéantir le capital acquis nécessaire au bien-être général. C'est ainsi qu'on a pu dire avec raison : « La propriété est sacrée. »

La richesse vient du travail, le malheur naît de la paresse, et c'est aux peuples anciens, que nous avons emprunté cette sage maxime : « L'oisiveté est la mère de tous les vices. »

Le travail a produit la richesse, et l'avantage de cette richesse accumulée, c'est qu'elle sert à tous, qu'elle se répand sur tous, et que l'effort d'un seul vient en aide au bien-être de tous ceux qui l'entourent.

Entrons dans un pays sauvage fermé encore aux pionniers de la civilisation : « Lorsqu'on passe sur la lisière d'une forêt, l'arbre frappé par la foudre, ou dont le tronc a été pourri par la maladie, cède à la pression du moindre vent et tombe, écrasant le voyageur ou lui fermant la route. Si ce voyageur arrive au bord d'un torrent, il ne trouvera pas de pont pour le passer ; il sera obligé d'attendre dans les ténèbres ou de rebrousser chemin. Au contraire, dans les pays civilisés, riches, comme il en est autrement ! Tous ont leur part de la richesse publique. Dans les villes les rues sont pavées, éclairées comme des salons. Dans les villages, pour aller à l'école, à l'église, à la maison, on trouve des chemins bien entretenus. Il n'y a plus de ces marais pestilentiels qui jadis répandaient la maladie dans le pays ; les rivières sont soigneusement retenues par des digues ; on reboise les montagnes. Partout on voit des travaux publics. N'est-ce pas le véritable partage des biens de la nation ? Le dernier mendiant, l'homme le plus misérable qui ne paye pas d'impôts, se voit assurer le repos, l'air pur, salubre, débarrassé de miasmes. On partage ainsi avec lui une richesse qu'il n'a pas créée, et son malheur est de devenir ingrat sans le savoir (1). »

Mais comment eût-on pu accomplir tous ces travaux, si l'épargne de ceux qui ont conquis la richesse n'avait pas fourni des capitaux considérables? On peut donc affirmer que plus la richesse se multiplie, plus elle rayonne et se communique.

Prenons un exemple bien facile à saisir. Voici un propriétaire qui possède deux vaches; il lui suffit d'un enfant pour les garder; mais ce gardien, il faut le payer et son salaire qui lui permet de vivre n'est qu'une part du revenu donné par le capital des deux vaches. Supposons maintenant que ce propriétaire de deux vaches gagne et économise une somme plus considérable. Au lieu de deux vaches, il en aura pu acheter cent. Voilà un homme riche, direz-vous; voilà un capital accumulé entre les mains d'un seul. A qui servira ce capital? A plusieurs, car pour garder ses cent vaches, cet homme sera obligé d'avoir douze ou quinze gardiens dont le salaire sera encore une part du revenu des cent vaches, et qui profitent de l'augmentation du capital. Sans doute, ils contribueront à la conservation de cette richesse acquise, mais n'est-ce pas elle qui les fait vivre?

Ainsi la richesse née de l'économie et du travail d'un seul s'est multipliée, elle a passé entre les mains de ceux qui, ne la possédant pas, en reçoivent cependant l'usage. Nous pouvons donc résumer cette première leçon, que les exemples et les explications du maître rendront plus sensible encore, en disant : Le point de départ de la richesse, c'est le travail; son résultat, c'est le bien-être acquis qui profite, non-seulement au propriétaire, mais aussi à tous ceux qu'il emploie et entre les mains desquels passe une partie de ce capital qu'il a créé.

Une autre fois on fera comprendre aux enfants ce qu'il faut entendre par la Production, terme générique qui se

(1 M. Rondelot. *Conférences pédagogiques.*

divise en production agricole, manufacturière, commerciale.

La production agricole, ce sont les denrées que la culture a fait naître : le blé, le vin, etc. Elle est la source d'une richesse acquise qui se répartit également entre tous. Le blé, avant de devenir du pain, a fait vivre le laboureur, le moissonneur, le meunier, le boulanger.

La production manufacturière se lie intimement au commerce : c'est elle qui d'un vieux chiffon, objet de rebut, fait ce papier blanc et brillant sur lequel vous écrivez. Mais par combien de mains passera ce chiffon avant de devenir le livre doré qu'on vous donne en prix à la fin de l'année! Suivons ce chiffon dans ses transformations successives : un ouvrier le lavera, un autre le réduira en pâte, un troisième appliquera cette pâte fragile sur des séchoirs où il acquerra bientôt la solidité. Voilà du papier. Un imprimeur le couvrira de caractères ; le relieur en formera un volume ; c'est un livre, et tous ces ouvriers distincts auront travaillé pour vous qui aurez acheté le livre ; mais tous aussi auront profité de leur travail, tous auront reçu le salaire qui les fait vivre.

Il est donc bien vrai que chacun travaille ici-bas pour son voisin. « Vous êtes cordonnier et moi je fais des livres; je vous dis : Donnez-moi des chaussures et je vous donnerai en échange une partie du produit de mes livres. »

C'est ce qu'on appelle la division du travail.

Le commerce n'est autre chose que le résultat simple et naturel d'une association fraternelle qui se réalise entre tous, sans que chacun y pense, qui se crée par la force des choses et qui, au moyen des salaires, récompense chacun proportionnellement à son travail.

Vous avez bien compris, n'est-ce pas, et votre bon sens vous a suffi pour suivre ce raisonnement. Eh bien, c'est là l'économie politique.

Mais nous parlons sans cesse du travail. Qu'est-ce que ce merveilleux instrument qui fait circuler la vie dans tous les organes de l'humanité? Le travail est l'application des forces que Dieu nous a données. On le divise en travail solitaire ou travail associé. Par travail solitaire, nous entendons l'effort d'un seul. Voici une montre, par exemple. Bien des ouvriers ont concouru à sa formation. L'un a fait les rouages, l'autre les a assemblés ; celui-ci a fait le cadran, cet autre les aiguilles, celui-là a terminé la boîte. Chacun d'eux s'est chargé d'une partie du travail, chacun a créé une industrie spéciale, et en réunissant tous ces travaux distincts, nous arrivons à la production d'une œuvre compliquée qu'un seul n'aurait pu faire et dont chacun partagera le prix.

Le travail associé est celui qui se produit à l'aide des machines. On a dit bien du mal des machines ; les ignorants répètent encore que les machines privent les ouvriers de leur gagne-pain. C'est une grossière erreur ! « La machine, c'est l'effort de l'homme intelligent, qui est arrivé, à force de combinaisons, de réflexions, à trouver un moyen d'économiser pour l'ouvrier la dépense de ses forces et de son activité. »

En voulez-vous la preuve ? Pour produire un mètre de toile, il faut à un tissserand deux heures de travail ; une machine le fera en cinq minutes et la toile coûtera moitié moins cher. L'ouvrier qui en produira ainsi un nombre considérable de mètres par jour, en touchant le même salaire et qui ne pourrait acheter la toile faite à la main, profitera lui-même, et toute sa famille avec lui, de l'économie produite par la machine.

Ne calomnions donc point les machines; elles sont le gagne-pain du pauvre.

Voilà déjà des idées saines données aux enfants. Dans une autre occasion, vous leur parlerez du commerce et de ses résultats.

C'est le commerce qui augmente la valeur par le transport des objets ; c'est lui encore qui les rend accessibles à tous. Vous savez que les oranges nous viennent en majeure partie d'Espagne. Eh bien, vous voulez en manger une; allez-vous la faire venir de là-bas? Mais cette petite orange vous coûtera 10 ou 20 francs. Achetez, au contraire, une de ces oranges qui sont venues en grande masse, elle vous coûtera 10 ou 20 centimes. Voilà le résultat du commerce. C'est que la même voiture qui vous aurait apporté une seule orange en a apporté cent mille.

Le commerce n'a pas que ce seul résultat : il a encore pour but de mettre à la disposition du public certains objets qui ne sont pas du pays et dont on ne peut user qu'en détail, de telle manière que par l'assortiment on arrive à satisfaire les goûts les plus variés. Vous voulez manger de ce fromage qu'on fait en Suisse ; allez-vous faire venir un de ces énormes pains que vous ne consommerez pas en un an et qui serait gâté ? Non. Vous allez chez l'épicier qui, pour 10 centimes, vous donnera un petit morceau de ce fromage et qui le partagera ainsi entre tous les habitants du pays.

Nous avons dit plus haut que la richesse naissait du travail ; le commerce a pour but de faciliter l'échange de cette richesse produite.

Grâce aux épargnes des travailleurs, on a rendu les transports plus faciles, on a fait des canaux, des routes, des chemins de fer. Eh bien, moi, qui paye un impôt minime, quelques francs, je puis me servir d'un beau chemin créé à grands frais, et aller vendre à la ville 10 francs, des denrées que dans mon village je ne vendrais pas 10 sous, parce que tous mes voisins en regorgent, ou qu'ils n'en ont pas besoin.

Vous savez que le commerce se fait par la vente. Qu'est-ce donc que la vente ?

J'ai un sac de blé et j'ai besoin d'un lit. Jadis et avant que la civilisation eût germé, j'aurais été chez celui qui pouvait avoir un lit de trop et je lui aurais dit : donnez-moi un lit et je vous donnerai un sac de blé. Mais c'était là une opération difficile et souvent impossible ; celui qui possédait un lit pouvait n'avoir pas besoin d'un sac de blé, mais d'une voiture, et puis on ne pouvait échanger que des choses de même valeur. Or il en est bien peu.

Alors on a imaginé un objet qui sert de terme de comparaison entre toutes les choses qui peuvent s'échanger, qui permet de représenter la valeur totale de chaque objet, et qui en se divisant représente chacune de ses portions. Ainsi, j'ai besoin de 10 livres de farine, vous avez un sac qui en pèse 100; je vous dis : votre sac vaut 60 francs, j'en veux le dixième et je vous donnerai le dixième de sa valeur, soit 6 francs. Comment, sans cela, aurai-je pu avoir de la farine, et qu'aurais-je fait s'il m'avait fallu prendre le sac tout entier, que je ne pouvais peut-être ni payer, ni consommer.

L'objet qui sert ainsi à l'échange de toutes choses, c'est la monnaie ; le sou, le franc, etc., contrôlés et mesurés par le gouvernement chargé de leur conserver une valeur fixe et certaine.

Mais la monnaie ne sert qu'à celui qui la possède. Si je n'ai pas assez d'argent et que cependant j'aie de bons bras, le ferme désir de travailler, vais-je être réduit à l'oisiveté? Non, car le crédit viendra à mon aide sous la forme d'un billet.

Je veux monter un commerce de menuiserie. Il me faut 1,000 francs pour commencer et c'est tout ce que je possède. Je les donne, mais avec quoi vivrai-je, avec quoi mettrai-je en œuvre les bois que je viens d'acheter? Je fais alors un billet, je le porte chez un banquier et je lui dis : Donnez-moi 1,000 francs contre ce billet, que je vous payerai dans un an avec des intérêts. Voilà mon capital doublé, je puis vivre et travailler ; je vends mes bois, j'en recueille le bénéfice, et sur ce bénéfice, après avoir prélevé la somme nécessaire à ma subsistance, je paye mon billet.

C'est ainsi que s'est créé le crédit qu'on fait à l'honnête homme sur son travail.

Voilà deux moyens d'échange, la monnaie, le billet. Mais la monnaie elle-même ne suffit pas à tous les échanges, à toutes les opérations commerciales. Comment la transporter sans danger? On a créé le billet de banque, papier sans valeur qui représente des sommes considérables et qui sert à toutes les opérations, uniquement parce que le crédit est établi.

Nous avons vu comment la richesse se créait par la production d'abord, puis par l'échange; comment se répartira-t-elle?

Par la consommation.

Le laboureur a cultivé un champ, y a semé du blé, avec ce blé on a fait de la farine, avec cette farine le boulanger a fait le pain que vous allez manger ce soir. C'est la consommation.

Mais la consommation, la répartition des productions créées est de différentes sortes. Il y a ainsi la consommation des objets de nécessité et celle des objets de luxe. Tous sont utiles, à des degrés divers, sans doute, mais tous contribuent à l'augmentation du bien-être général. N'envions donc pas les objets de luxe, car ils sont la base de la fortune de ceux qui les ont produits. Si tous les ouvriers faisaient du pain, il y en aurait beaucoup trop; c'est pour cette raison qu'une partie de ces ouvriers s'emploient à faire ces belles étoffes de soie qui décorent les salons et qui les font vivre.

Après avoir donné ces premières notions suffisantes pour donner aux enfants des idées saines d'économie politique, on leur parlera de l'impôt, que chacun doit payer et sur lequel tant d'erreurs sont encore propagées.

J'ai un champ, direz-vous, je ne veux pas que mon voisin s'en empare; mais il est plus fort que moi, et si je veux me défendre, il me battra. Qu'ai-je à faire : je vais trouver les gendarmes et je me mets sous leur protection. Grâce à eux, je cultiverai paisiblement mon champ. Mais ces gendarmes qui me protégent, il faut qu'ils vivent, il faut les payer. — On a donc créé l'impôt réparti entre tous, et qui paye les soldats qui me défendent, les fonctionnaires qui veillent à mes intérêts, l'instituteur qui élèvera mes enfants. Quelle dépense énorme j'aurais à faire si je devais, moi seul, payer tous ceux qui concourent ainsi à ma défense ou à mon bien-être ; eh bien, grâce à une modique redevance que je paye à l'État, j'assure ma tranquillité !

L'impôt ainsi prélevé sur chacun est distribué entre tous les services publics et ses produits vérifiés par des administrations nombreuses qui se contrôlent l'une l'autre.

Nous n'avons pas besoin d'en dire davantage pour faire comprendre aux instituteurs l'importance et l'intérêt des notions élémentaires d'économie politique qu'ils sont appelés à donner aux enfants.

Musique vocale. — Nous avons montré ailleurs quel parti on pouvait tirer de la *musique vocale;* ajoutons seulement que l'instituteur devra craindre d'en faire une satisfaction d'amour-propre, en s'attachant à faire briller exclusivement la belle voix de quelqu'un de ses élèves. Apprendre la mesure, le solfége, habituer les enfants à répéter en chœur des chants religieux, leur donner le sentiment de l'accord et de l'harmonie : tel est le seul but à atteindre dans une école primaire ; au delà, il n'y a que dangers et écueils pour le maître et pour les élèves.

Ainsi que nous avons eu soin de le répéter maintes fois, ces différentes matières d'enseignement ne sont pas toutes exigées dans toutes les écoles ; on sait déjà que les *éléments de la géométrie avec ses applications usuelles, les notions des sciences physiques et de l'histoire naturelle applicables aux usages de la vie, le chant, les éléments d'histoire et de géographie,* ne sont nécessairement compris que dans *l'instruction primaire supérieure.* C'est donc seulement dans les écoles où cette instruction supérieure est donnée que ces différents objets d'études doivent entrer régulièrement dans le cadre des travaux.

Mais ne concluons pas que l'instituteur primaire n'en doive jamais tenir aucun compte dans une école *pri-*

maire élémentaire. Selon les besoins et les ressources des localités, dit la loi, l'instruction primaire pourra recevoir les développements qui seront jugés convenables. Ce sera seulement en s'attachant à cette méthode d'enseignement *incidentel*, dont nous avons développé tous les avantages, que l'instituteur pourra, sans interrompre la marche ordinaire et modeste de l'école la plus élémentaire, saisir toutes les occasions de vivifier, de varier, de charmer les études essentielles par mille notions agréables et utiles, qui germeront sans danger à l'ombre et sous l'appui des premières.

CHAPITRE V.

Organisation générale d'une école.

SOMMAIRE. — Organisation générale d'une école ; organisation spéciale du travail ; classification des élèves et distribution du temps. — Plan et limites de chaque cours ; heures et jours qui doivent y être consacrés ; gradation des exercices ; succession régulière de l'explication, de l'interrogation et de la répétition ; moyen d'occuper constamment l'attention de toute la classe, et d'obtenir de chaque élève un progrès proportionné à son aptitude.

SECTION PREMIÈRE.

Organisation matérielle.

Il ne suffit pas que l'instituteur primaire ait étudié les meilleures méthodes, qu'il possède d'excellents principes, qu'il ait même appris par expérience à en faire heureusement l'application ; il faut qu'il trouve ou qu'il établisse dans son école un *matériel* sans lequel ses travaux seront sans régularité, et ses efforts sans résultats.

Voici donc, telles que l'expérience les a suggérées, les règles générales d'organisation matérielle applicables à toutes les écoles, quelle que soit la méthode d'enseignement adoptée par l'instituteur.

Il sera placé dans l'école catholique de garçons, en vue des élèves, un Christ, et dans les écoles de filles, un Christ et une image de la Vierge.

Au fond ou à l'entrée de la salle, et en face des élèves, il y aura une estrade, sur laquelle sera la table du maître. L'estrade sera assez élevée pour que l'instituteur assis puisse voir toute la classe; elle aura donc 35 à 45 c[tres] au-dessus du sol.

Les tables doivent être d'une largeur d'environ un demi-mètre et disposées en face de la table du maître.

Les instituteurs éviteront de se servir de tables larges sur lesquelles peuvent se placer deux rangs d'élèves, parce que la surveillance est beaucoup plus difficile lorsque les élèves sont en face les uns des autres, que lorsqu'ils sont tous en face du maître.

Les bancs doivent être attachés aux tables et former avec elles des corps de menuiserie. Le tout, s'il est possible, sera scellé dans le plancher.

A des distances convenables, il y aura, sur le bord de la table opposé aux élèves, des trous pour placer des encriers. Il suffit qu'il y en ait un entre deux élèves.

Sur ce même bord, et dans le sens de la longueur de chaque table, seront placés deux liteaux perpendiculaires, auxquels on attachera un cordon pour suspendre les modèles d'écriture.

Des ardoises seront fixées aux tables, à fleur de bois; ces ardoises pourront être réglées pour l'écriture en gros et en moyen; les crayons appropriés aux ardoises sont des crayons de talc, que l'on placera, autant que possible, dans des porte-crayons en cuivre.

Il y aura en outre dans la classe un ou plusieurs grands tableaux noirs, sur lesquels les élèves calculeront avec de la craie.

Les murs de la classe seront unis et blanchis de manière à ce que l'instituteur puisse y tracer des grandes cartes de géographie, la table de multiplication, les lettres de l'alphabet, les figures géométriques les plus connues, les mesures usuelles, etc...

On suspendra tout autour de la classe des tableaux de lecture, de calcul, des modèles d'écriture, de dessin linéaire, etc..., afin que les yeux des enfants ne s'arrêtent que sur des images utiles.

On y joindra un boulier compteur, un tableau des poids et mesures, des cartes murales collées sur toile.

Une horloge devra, autant que possible, être placée dans la classe en vue du maître, afin qu'il puisse mettre une extrême régularité dans la succession des exercices.

Un signal (sifflet, sonnette, ou claquoir), devra être employé, dans toutes les écoles, pour indiquer le commencement ou la fin des exercices.

Une planchette mobile, placée près de la porte, fera connaître, par la manière dont elle sera tournée, s'il y a quelque élève aux lieux d'aisances.

Pour les écoles d'enseignement mutuel, s'il en existe encore, le point essentiel à observer, c'est que les enfants ne soient pas assez serrés sur les bancs pour être ensuite mal à l'aise aux groupes et le long du mur. Il faut calculer avec soin l'espace qui sépare les bancs, afin que les évolutions puissent se faire avec facilité.

SECTION II.

Classification des élèves.

Ainsi que nous l'avons dit plus haut, les élèves sont divisés en plusieurs classes ou catégories, subdivisées elles-mêmes, d'après le degré de leur instruction : un certain nombre de bancs est affecté à chacune de ces divisions, de telle sorte que les enfants qui sont arrivés au même point de culture intellectuelle, se trouvent rapprochés les uns des autres; c'est le seul moyen pour le maître de corriger aisément, promptement, et de diviser convenablement le travail. La classification des élèves est d'ailleurs un excellent moyen d'éducation et de discipline.

Pour déterminer dans quelle classe un enfant doit entrer primitivement, ou quand il doit sortir de celle où il a été placé d'abord, on aura égard, en général, non pas à l'âge de l'enfant (1), non pas au temps plus ou moins long qu'il aura déjà passé à étudier, mais à son état actuel et réel d'instruction. Lorsqu'un élève est admis à l'école, le maître est obligé de lui faire subir un examen consciencieux, afin de reconnaître ce dont il est capable, et le rang qui lui doit être assigné, ceci est important, surtout dans l'enseignement mutuel. Au reste, un tel examen demande de la part du maître beaucoup de sagacité, beaucoup de soin, et, dans diverses circonstances beaucoup de tact et d'adresse, pour ne pas choquer certains parents, qui amènent leurs enfants à l'école en s'exagérant et leurs connaissances et leurs bonnes dispositions. Il faut que le maître obtienne assez de confiance de la part des parents pour que ceux-ci s'en remettent entièrement à lui sur l'appréciation du mérite des enfants ; il faut, dans tous les cas, qu'il soit assez ferme pour laisser de côté les petites considérations personnelles qui nuiraient à l'élève qu'on lui présente, aussi bien qu'à ses camarades.

Une fois l'enfant placé, la durée de son séjour dans la même classe ou catégorie dépend absolument de ses progrès ultérieurs. Quand nous voyons un enfant tellement au-dessus de ses condisciples, qu'il se maintient à leur tête sans grands efforts, il est temps de le faire passer dans une classe supérieure, où il sera seulement au niveau du plus grand nombre, et où il sera par conséquent obligé de mettre au jour toutes ses facultés. Lorsque, au contraire, il reste constamment au dernier rang dans sa

(1) On évitera toutefois de rapprocher jamais des enfants d'âges trop divers. Il y aurait danger et pour la discipline et pour les mœurs.

classe, sans espérance ni moyen d'atteindre ses camarades, c'est un grand service à lui rendre que de le replacer dans une classe inférieure, où il pourra prendre et conserver un poste plus honorable. Si un instituteur, par quelque motif que ce soit, s'obstine à laisser un élève dans une classe trop forte pour lui, il en viendra presque sûrement à le décourager à force de revers et d'efforts malheureux; il détruira en lui, avec l'espoir du succès, le désir d'y tendre par le travail; il le jettera dans une apathie qui pourra avoir sur toute sa vie les plus funestes conséquences. Pour éviter ce danger, plus grave qu'ordinairement on ne le pense, l'instituteur tâchera d'acquérir une connaissance aussi approfondie que possible des facultés naturelles de chaque élève, et se conduira toujours d'après les observations qu'il aura faites. Il y a des enfants qui ont beaucoup de peine à acquérir les premiers principes, mais qui, lorsqu'une fois ils les possèdent, font d'aussi rapides progrès qu'aucun de leurs camarades. Le maître retiendra de tels enfants sur les notions élémentaires plus longtemps que ceux qui conçoivent avec promptitude. Tandis qu'évidemment, s'il laisse au même rang les uns et les autres indifféremment, ou ces derniers seront injustement retardés dans l'intérêt des autres, ou bien, au contraire, il fera toujours aller ceux-ci en avant pour ne pas entraver la marche générale, sauf à leur laisser ignorer les principes les plus essentiels.

Nous n'avons pas besoin de faire remarquer que la classification des mêmes enfants peut être différente, suivant les divers objets de leurs études. Un enfant peut être dans telle catégorie pour la lecture, dans telle autre pour l'arithmétique. Il est même assez ordinaire de voir les enfants avancer d'une manière inégale dans les différentes parties de l'enseignement.

SECTION III.

Distribution du travail. — Division du temps.

La bonne classification des élèves, essentielle à leurs progrès, ne peut avoir toutefois un grand effet, que quand un bonne classification des études, une sage distribution du travail vient y correspondre, pour aider à conduire les jeunes esprits par des sentiers bien ménagés, par des degrés convenablement préparés. Quelque importante que soit cette division, il est bien difficile d'arrêter en théorie un règlement seul et unique, qui soit applicable à la plupart des écoles : la distribution des travaux adoptée dans une ville sera inadmissible dans les campagnes, où l'on ne peut consacrer aux études ni les mêmes heures de la journée ni même quelquefois les mêmes mois de l'année ; les classes devront être fermées, dans un pays de vignobles, à l'époque où elles se rouvriront dans un pays agricole ; dans une campagne couverte de forêts, les parents réclameront leurs enfants au temps où, dans les ports de mer, ils seraient complétement oisifs.

L'instituteur, dans un village, sera à peu près obligé de réunir les récréations en une seule, plus prolongée peut-être que le besoin de l'esprit ne le demanderait, à cause de la nécessité où sont la plupart des enfants d'aller prendre leurs repas avec leurs parents. Dans les villes, où la surveillance pendant les récréations est plus aisée, où les enfants ne retournent presque jamais dans leur famille pendant la journée, les instituteurs pourront et devront, suivant l'ordre le plus rationnel, entremêler aussi également que possible les études et les jeux.

Enfin quant à la durée même de chaque leçon, quant au soin plus spécial qu'il faut donner à chaque objet d'enseignement, il est absolument nécessaire d'avoir égard aux besoins particuliers de chaque localité. Ainsi l'instruction morale et religieuse, la lecture, l'écriture, l'étude élémentaire de la langue et le simple calcul, également indispensables partout, suffiront à peu près dans un pays agricole. Les développements de l'arithmétique et du dessin linéaire seront d'une utilité extrême pour une population industrielle et manufacturière. La géographie générale est à peu près essentielle dans nos ports, dans nos villes commerciales.

Toutes ces considérations sont nécessairement laissées à l'appréciation de l'instituteur intelligent et consciencieux. C'est par elles qu'il déterminera son plan, bien plutôt que par une attache servile à des habitudes bonnes en un lieu, fâcheuses dans un autre.

Nous engageons cependant les maîtres, toutes les fois que cela ne leur sera pas impossible, à se conformer aux tableaux réglementaires de l'emploi du temps.

Ces tableaux ont l'avantage de s'adapter à presque toutes les situations, et concordent avec les programmes que nous avons indiqués plus haut.

Tableau de l'emploi du temps.

Cours élémentaire (garçons ou filles).

8 heures 1/2. — Ouverture de l'école. — Inspection de propreté.

De 9 à 10 heures. — Instruction morale et religieuse.

De 10 à 11 heures. — Lecture. — Repos.

De 11 heures à midi. — Langue française.

De midi à 1 heure. — Déjeuner et récréation.

De 1 heure à 1 h. 3/4. — Arithmétique ou système métrique.

De 1 h. 3/4 à 2 h. 3/4. — Écriture. — Repos.

De 2 h. 3/4 à 3 h. 1/4. — *Pour les garçons :*

Histoire ou Géographie : lundi, mercredi, vendredi. — Exercices de mémoire : mardi, samedi.

Pour les filles :

Histoire ou géographie : mardi, vendredi. — Couture : lundi, mercredi. — Exercices de mémoire, samedi.

De 3 h. 1/4 à 4 h. — Lecture.

A 4 heures. — Sortie.

Cours moyen et supérieur (garçons ou filles).

A 8 h. 1/2. — Ouverture de l'école. — Inspection de propreté.

De 9 à 10 heures. — Instruction morale et religieuse

De 10 à 11 heures. — Langue française.

De 11 heures à midi. — Repos. — Chant : lundi, mercredi, vendredi. — Dessin : mardi, samedi.

Midi à 1 h. — Déjeuner et récréation.

1 h. à 2 — Arithmétique ou système métrique

2 h. à 3 — *Pour les garçons :*

Écriture. — Lundi, mercredi. Dessin linéaire. — Vendredi. Lecture — Mardi, Samedi.

Pour les filles :

Écriture. — Lundi, mercredi. Lecture. — Mardi, vendredi. Exercices de mémoire. — Samedi.

(Repos).

3 h. à 4 h. — *Pour les garçons :*

Histoire et Géographie. — Lundi, mardi, mercredi, vendredi. Exercices de mémoire. — Samedi.

Pour les filles :

Histoire et Géographie, Mardi, vendredi. Couture, lundi, mercredi, samedi.

Voici maintenant, pour les écoles rurales qui n'ont qu'un maître, un emploi du temps plus simple et certainement plus facile à suivre.

8 h. 1/2 — Ouverture. — Inspection de propreté..

Cours élémentaire.

9 h. à 10 h. — Instruction morale et religieuse.

10 à 11 — Lecture. — (Repos).

11 h. à midi — Langue française.
Écriture.
Midi à 1 h. — Déjeuner et récréation.
1 h. à 2 — Arithmétique ou système métrique.
2 à 3 — Lecture — (Repos).
3 à 4 — Histoire et Géographie.
Lecture.

Cours moyen et supérieur.

9 h. à 10 h. — Instruction morale et religieuse.
10 à 11 — Lecture. — (Repos).
11 à midi — Langue française.
Écriture.
Midi à 1 h. — Déjeuner et récréation.
1 h. à 2 — Arithmétique ou système métrique.
2 à 3 — Écriture. — (Repos).
3 à 4 — Histoire et Géographie. — Les lundi, mardi, mercredi, vendredi.
Lecture. — Samedi.

Le jeudi de 8 heures 1/2 à midi et demi : Chant, Dessin linéaire si le maître peut les enseigner dans sa classe. Travaux d'aiguille pour les filles.

L'emploi du temps étant ainsi réglé, l'instituteur devra faire à l'avance la répartition des matières de son programme. C'est dans ce but qu'on a imaginé le *Journal de Classe*, imprimé à l'aide duquel l'instituteur préparera dès la veille les leçons, développements, exercices du lendemain et qui lui sera d'un grand secours, à la condition qu'il soit tenu régulièrement (1).

La distribution du travail doit être raisonnée, calculée d'après la force de l'esprit des enfants, qui varie avec l'âge. Il faudra donc avoir égard aux développements de l'intelligence des élèves, de telle sorte qu'à chacun de leurs progrès réponde quelque modification dans la durée et la nature

(1) Voyez sur ce sujet M. Charbonneau. — *Cours de pédagogie.*

du travail. Sans doute il serait très-difficile de tracer à l'avance les limites et le développement de chacune des matières de l'enseignement; nous nous en rapportons donc sur ce point à la sagacité du maître. Quant à la manière d'enseigner, elle a pu au contraire être déterminée.

Dans le premier âge, l'enfant doit recevoir le plus possible la parole du maître. Il ne sait rien des sciences, il ne peut rien en apprendre seul : beaucoup de leçons lui deviennent nécessaires. Qu'elles soient courtes, mais souvent répétées. Le travail solitaire lui est à peu près impossible encore; il ne lui devient utile que lorsque déjà son esprit a fait des progrès, et alors ce moment d'étude doit précéder la leçon du maître, et non la suivre; car le plus souvent l'enfant doit confier à sa mémoire les premières notions qu'il a reçues : ce travail n'est pas, ne peut pas être encore un travail de réflexion. Il n'en est pas ainsi du second âge, lorsque l'intelligence, déjà préparée, est riche de quelques idées acquises, et qu'elle est douée d'une attention soutenue. Les leçons du maître, pour cet âge, peuvent être plus longues, moins multipliées; il faut à l'élève plus de travail particulier, plus de réflexion. « On ne possède bien, dit Bacon, que ce que l'on a trouvé soi-même. » J'aimerais, dit M. Lebrun, à placer cette étude solitaire, ce travail de réflexion, après la leçon du maître, et non plus avant comme dans le premier âge. Les nouvelles idées présentées par le maître ont besoin d'être saisies par la réflexion ; elles se gravent alors, et elles deviennent fécondes.

A ces préceptes, faciles à appliquer, viennent s'en joindre d'autres d'une non moindre importance. Ainsi, il faut toujours entremêler les divers exercices de manière à ne pas fatiguer l'esprit et à lui procurer même une utile distraction. Au commencement de nos classes d'écoles primaires, je placerais de préférence la leçon qui exige une plus sérieuse réflexion, et je réserverais pour la dernière heure des exercices plus matériels qu'intellectuels, qui ne demandent qu'une légère attention.

Ajoutons qu'il faut avoir grand soin d'abréger les leçons en raison de leur difficulté : tous les efforts du maître sont stériles dès que l'esprit des élèves est fatigué. Nous avons indiqué déjà (voir *Education intellectuelle*) quels sont les objets d'étude auxquels les enfants se portent plus facilement; quels sont, au contraire, ceux qui exigent une application plus soutenue, et partant plus pénible. D'après ces observations, on fera bien de commencer la classe des plus jeunes enfants par la leçon de lecture, avant que rien n'ait fatigué leur esprit; tandis qu'au contraire, pour les plus âgés, la leçon de lecture courante devra servir de délassement après un exercice plus sérieux. Les leçons d'écriture, de dessin linéaire, seront, sans inconvénient, réservées pour la fin, parce qu'elles ne demandent qu'une faible tension d'esprit. C'est par une leçon de grammaire ou d'arithmétique que nous commencerions la classe des enfants les plus avancés, à qui ces objets d'étude sont présentés d'une manière assez approfondie pour exiger une attention sérieuse.

Avec ces ménagements, on augmentera d'une manière frappante les forces et l'ardeur de chaque élève. Pour le tenir perpétuellement en haleine, on aura soin de multiplier les exercices les plus propres à lui inculquer les connaissances, et surtout à s'assurer qu'il les a reçues et retenues. Ainsi, qu'à une explication claire et précise succèdent les questions qui révèlent au maître les points qui n'auraient pas été bien saisis; et qu'ensuite, de temps à autre, des répétitions générales résument les notions acquises et les classent avec régularité dans les esprits. Explication, interrogation et répétition, tel est le triple moyen de rendre durable les résultats du travail.

C'est par l'observation habituelle des facultés de ses élèves que le maître apprendra à faire la meilleure application de ces principes. La pratique seule explique, vivifie, féconde les théories; et quelles que soient les directions reçues, l'intelligence du maître a toujours un travail à faire, s'il veut les suivre avec discernement et sagesse.

CHAPITRE VI.

Conduite. — Discipline de l'École.

SOMMAIRE. — De la discipline, auxiliaire indispensable de tout enseignement. — Des deux grands mobiles du cœur humain : la crainte et l'affection ; punitions et récompenses, leur but et leur esprit. — De la mesure dans le bien ; de la sévérité envers soi-même, de la patience à l'égard des défauts d'autrui. — De l'influence du bon ordre matériel sur les études et sur les mœurs.

SECTION PREMIÈRE.

Principes généraux sur la discipline. — Moyen d'établir l'autorité.

Un instituteur pourra être pénétré des principes de l'enseignement, connaître les meilleures règles à suivre, les méthodes les mieux justifiées par l'expérience, avoir acquis d'une manière aussi complète que possible l'instruction qu'il doit transmettre aux autres, avoir classé avec discernement les élèves et organisé heureusement les diverses études, se mettre à l'œuvre avec les intentions les plus pures et les plus éclairées ; et cependant il verra tous ses efforts frappés de stérilité, s'il ne remplit pas une dernière condition, s'il ne sait pas obliger ses élèves à recevoir la direction qu'il leur imprime, à suivre sans la troubler la marche régulière de l'école, à respecter l'ordre établi, à profiter et à laisser profiter les autres des leçons qui sont données à tous ; en un mot, s'il ne sait pas maintenir la discipline.

Le bon ordre est ce qu'il faut avant tout obtenir dans l'école, et pour le soulagement du maître, et pour l'efficacité de l'enseignement, et aussi pour le bien-être moral des enfants. Le défaut d'ordre est le vice capital d'un grand nombre d'écoles. C'est donc une grave méprise que de voir dans l'instruction le premier but que l'on ait à atteindre. Il faut songer aux moyens de faire naître l'amour de l'ordre, de l'obéissance et de la régularité, tout autant qu'à la manière de donner l'instruction; car la discipline elle-même est le premier de tous les auxiliaires du progrès intellectuel et moral. Tout être intelligent voit et sent la beauté de l'ordre; les enfants, sous ce rapport, sont organisés comme les hommes. Il ne s'agit que de cultiver, de développer en eux un sentiment qui certainement est naturel.

« La discipline, a-t-on dit avec raison, c'est l'âme de l'école; elle assure l'ordre, le silence, la propreté, la bonne tenue. Elle est la garantie des fortes études, elle est la méthode appliquée, le progrès. C'est la gardienne et la sauvegarde des bonnes mœurs; c'est elle qui inspire le bon esprit, la docilité, le respect, l'affection; c'est elle enfin qui dispense l'éloge ou le blâme, qui récompense ou qui punit (1). »

Ce dont nous devons être bien persuadés d'abord, c'est qu'il n'y a pas de discipline possible pour de mauvais maîtres. Enseignez mal, dites des choses qui passent l'intelligence de vos élèves, expliquez-vous d'une manière obscure et défectueuse, laissez apercevoir que vous parlez à tort et à travers, et vous provoquerez un esprit d'insubordination qu'aucun châtiment ne saurait réprimer. Au contraire, il n'y a pas de meilleur secret pour garder la discipline que de donner une instruction claire, animée, intéressante. Si vous parvenez à attacher vos élèves à l'étude, à leur faire aimer vos leçons, à tempérer ce qu'elles peuvent avoir d'aride et de difficile par des explications, des développements à la fois agréables et utiles, la police se fera presque d'elle-même dans votre

(1) Maggiolo. — *Conférences pédagogiques.*

école; disons-mieux, le maître n'aura pas besoin de police là où les élèves n'auront pas envie de faire mal.

Mais peut-on espérer avoir toujours au plus haut degré l'art si difficile de plaire en instruisant ? Et d'ailleurs, peut-on se dissimuler que tout le zèle, tout le savoir-faire du maître auront constamment à attaquer la légèreté de presque tous les enfants, la paresse de plusieurs, la mauvaise volonté de quelques-uns ? Qu'il ne se borne donc pas à un seul moyen d'influence ; mais qu'il appelle à lui toutes les ressources que peuvent lui fournir sa position et son caractère. Avant tout, qu'il s'efforce de se concilier l'amour et le respect des élèves, afin que ces deux sentiments réunis soient pour lui le fondement d'un haut et inébranlable ascendant. Dans un temps comme le nôtre, où toute autorité supérieure semble chanceler et s'ébranler dans sa base, il faut que ce soit par l'autorité que le maître règle la conduite de l'école.

C'est une idée fausse en théorie, dangereuse en pratique, que de s'imaginer que les enfants doivent être menés sans l'autorité, par la seule persuasion morale. Sans doute, il est bon quelquefois de substituer des explications à des ordres précis ; mais il faut que les enfants sachent qu'il y a une autorité qu'ils doivent accepter, même quand ils n'en verraient pas les motifs. Jamais une éducation ne sera complètement bonne, quand elle n'aura pas eu pour résultat d'enseigner aux enfants à se soumettre au pouvoir, sans autre raison sinon que c'est le pouvoir. Il y a des moments dans le cours d'une éducation, et même dans tout le cours de la vie, où le délai qu'exigent les raisonnements suffirait seul pour nous faire tomber dans le danger que nous voudrions éviter, et où il est indispensable que nous cédions à l'autorité sans faire une remarque. Que l'on se souvienne bien au reste, qu'il n'est pas nécessaire que le pouvoir se déploie toujours avec un grand appareil. Il n'est pas détruit par cela seul qu'il ne se manifeste pas. Le gouvernement a d'immenses magasins d'armes, il a de nombreuses armées ; mais il n'en fait pas constamment usage pour obtenir l'obéissance. Un de ses agents va vous demander le payement d'une contribution : il ne porte pas d'armes, il n'a pas de troupes à sa suite. Il se présente à vous avec politesse et civilité. Mais vous savez que si vous vous refusez à ses justes réclamations, que si vous persistez dans votre refus, la force publique agira contre tous avec sa puissante énergie. Tel doit être le caractère de tout gouvernement ; tels sont les principes d'après lesquels un maître doit se conduire. Il aura des manières douces et polies dans ses relations avec ses élèves ; il ne prendra pas l'air et le langage d'une sèche autorité, mais de la persuasion bienveillante. Toutefois, il doit conserver un ascendant capable de soutenir au besoin cette conduite, ou bien il ne réussira à rien, pas même à gagner le cœur de ses élèves. Et la raison en est évidente : d'abord, l'homme qui n'a pas sur ses élèves un droit de direction plein et entier, perd son temps et fatigue en vain son esprit à chercher les moyens d'établir une discipline passable ; ensuite, celui qui s'expose à voir son autorité sans cesse contestée, arrêtée ou insultée, doit perdre toute son influence morale par les désastreux effets d'inévitables impatiences. Pour faire du bien aux enfants, il faut avoir l'esprit calme et maître de lui-même, surtout quand il s'agit non pas seulement d'enrichir les intelligences, mais de former les caractères.

Le pouvoir une fois établi, l'obéissance deviendra bientôt une habitude ; et il n'y a de vraie obéissance que celle qui est prompte, habituelle, de bonne volonté. Une languissante et traînante soumission aux ordres donnés n'est qu'une désobéissance mal déguisée. La subordination devrait être assez forte pour subsister en l'absence du maître aussi bien qu'en sa présence ; et ce n'est pas là une vaine exigence de la théorie. « Nous avons vu une école de plusieurs centaines d'enfants se conduire un jour entier avec une régularité et un ordre parfaits en l'absence de toute personne adulte capable d'exercer même une ombre d'autorité. L'influence du maître, quoique non présent, aidée seulement par des arrangements secondaires, gouvernait une foule d'enfants qui se seraient peut-être fait une gloire de résister à l'action de la force matérielle (1). »

Il ne suffit pas d'assurer pour un temps vos droits à une soumission absolue; il faut encore que votre ascendant se maintienne pendant de longues années, dans des circonstances peut-être très-diverses, et au milieu d'un changement perpétuel d'écoliers. Cela ne saurait se réaliser par le simple exercice de la volonté, quelque énergique qu'elle puisse être; il faut encore trouver certains moyens spéciaux et pratiques pour obtenir un empire habituel et général sur l'esprit de la jeunesse. Voici à ce sujet quelques principes dont l'expérience a démontré l'utilité.

D'abord, *essayez de convaincre vos élèves que vous êtes leur ami*, que vous avez pour but leur avancement, et que vous ne désirez que leur bien, tout en vous souvenant que les plus belles protestations d'amitié et de dévouement ne convaincront guère, si vos actions ne sont pas d'accord avec vos paroles. Vous leur prouverez que vous êtes leur ami, en vous montrant beaucoup moins occupé de vos aises et de vos plaisirs que de leur bien-être. En un mot, *aimez* vos élèves, et vous serez déjà très-avancé dans la science de gouverner une école.

Ne donnez jamais un ordre que vous ne soyez résolu à faire exécuter. Etablir des règles que vous n'aurez pas le temps, ou la force, ou même l'intention de maintenir, c'est inculquer la désobéissance. Si vous faites une promesse, tenez-la. Avez-vous dit formellement que la négligence d'un devoir sera suivie d'une punition. Que vos élèves puissent être certains que la punition sera infligée. Si vous avez commandé à un enfant de faire telle ou telle chose, veillez à ce qu'elle se fasse exactement

(1) Horner.

ainsi que vous l'avez prescrite. Ayez cet important principe bien fixé dans votre esprit, et il ne vous arrivera guère d'imposer avec précipitation des ordres ou des défenses. La réflexion est toujours indispensable à celui qui exerce de l'autorité sur une réunion d'hommes. Cependant cette réserve de la prudence ne doit pas être confondue avec la négligence. La promptitude est l'âme de la discipline, surtout quand on agit sur un nombre considérable. Il faut réfléchir d'avance à votre conduite; mais quand le moment de l'action est venu, chercher encore ce qu'il faut faire et comment il faut faire, c'est le moyen de ne pas réussir.

Efforcez-vous de faire naître et de nourrir dans votre école un sentiment général d'amour pour l'ordre et le bien. Il est certain pour tous ceux qui ont été en rapport avec des enfants réunis, qu'il est à peu près impossible de maintenir longtemps et avec fruit une mesure qui a contre elle l'opinion générale. Chaque école, quelque petite et humble qu'elle soit, a son esprit à elle; on y trouve certaines idées établies, qui donnent un caractère particulier à toute la communauté. Or, ces sentiments et ces idées sont en général déterminés par un nombre assez limité d'élèves, les personnages influents de ce petit monde. Selon que la conduite du maître sera plus ou moins prudente, ces jeunes démagogues seront pour lui un obstacle réel, ou au contraire se feront les utiles auxiliaires de son pouvoir. Ces enfants sont ordinairement parmi les plus malins et les plus insubordonnés. L'énergie naturelle de leur caractère, le ressort de leur esprit, la conscience de leur vigueur, tendent à les rendre turbulents et rebelles. Il est donc de la plus haute importance que le maître parvienne à trouver le chemin de leur cœur, à se faire un instrument de leur activité, à gagner leur coopération et leur alliance; car il n'a pas à espérer de neutralité. « Faites tous vos efforts pour établir dans l'école un bon esprit, capable de repousser tout d'abord ce qui tendrait à troubler l'ordre et la tranquillité si nécessaires à tous. Tâchez d'inspirer aux élèves un désir sincère d'atteindre le but de leurs études ; et de les prévenir contre les mauvais effets de l'insoumission et de la paresse, qui ne feraient qu'arrêter leur marche. Préoccupez-vous de ces idées, songez sans cesse aux moyens d'obtenir un tel résultat ; ayez recours à toutes les ressources que fournissent les considérations religieuses, et vous l'obtiendrez sans doute : la pratique a montré que le succès était moins difficile qu'on ne pense. Cette influence morale une fois établie fait plus et beaucoup plus que ne pourraient faire les remontrances et les punitions. L'élève ne peut guère résister à la force de la vérité, quand il se voit lui-même condamné par la commune voix de ses camarades, et il est plus souvent humilié par la censure de ses égaux que par les reproches de ses supérieurs (1). »

En faisant ces observations, nous ne voulons pas recommander une méthode qui a été adoptée dans plusieurs écoles, de formuler la pensée générale des élèves dans un corps de règles qu'ils dressent eux-mêmes. Nous blâmons tout ce qui tend à laisser les enfants se gouverner, parce qu'il en résulte affaiblissement dans le respect et la subordination pour les supérieurs, perte et gaspillage d'un temps précieux, et anéantissement de ces réprimandes particulières et amicales, qui n'ont d'effet qu'autant qu'elles ne tiennent pas à une législation écrite. D'ailleurs, il est une foule de circonstances où il faut toute la maturité d'un jugement exercé pour bien apprécier telle ou telle action particulière.

Afin d'obtenir le genre d'ascendant que vous désirez, il est essentiel, à part ce que nous avons dit sur les *esprits influents* de l'école, de vous assurer la confiance et l'affection de tous. Vous ne pouvez pas, il est vrai, agir à l'égard de cinquante ou cent enfants comme un père à

(1) Woodbridge. *Essais sur l'établissement d'Hofwyl* (dirigé par Fellenberg).

l'égard de son fils; vous ne pouvez guère vous flatter de connaître parfaitement chaque trait du caractère de chacun d'eux; vous ne pouvez pas suivre tous vos élèves dans la rue ou dans les champs, découvrir les intentions, les principes qui semblent les diriger, quand ils ne sont plus sous vos yeux, sous votre surveillance; et cependant vous pouvez faire beaucoup pour gagner à tel point leur attachement et leur estime, que ces sentiments puissent avoir empire sur eux, même au dehors de l'école.

Commencez par observer une stricte impartialité envers tous. Les enfants ont un œil d'aigle pour découvrir une injustice. Que tout ce qui est loi pour l'un, le soit aussi pour les autres. Sans doute, vous aurez, vous pourrez avoir des préférences, et vous devrez faire voir que vos dispositions à l'égard des enfants obéissants et studieux sont toutes différentes de celles que vous avez pour les élèves paresseux et insubordonnés. Cela est juste, et ne doit faire naître aucun mécontentement. Mais que jamais de telles prédilections n'aient pour effet de faire fléchir la règle en faveur de qui que ce soit. Surtout que jamais un désavantage extérieur, un défaut de physique, n'attire sur un enfant la mauvaise humeur du maître, les réprimandes et les punitions; tandis qu'un autre élève, plus heureusement doué, se sera livré impunément à ses caprices. Un seul acte d'injustice suffit pour détruire à jamais la confiance des écoliers dans leur maître.

Si vous voulez conquérir l'affection des jeunes enfants, *respectez leur manière de sentir.* Les enfants sont d'une sensibilité extrême, et sont aisément blessés au vif. Le sourire avec lequel des hommes froids et légers accueillent souvent l'enthousiasme naïf d'une jeune âme peut produire un mal irréparable. « J'ai connu un enfant, dit Horner, dont l'existence avait été flétrie pour toujours de cette manière. Un méprisant sarcasme avait déchiré son âme tendre et confiante; il avait desséché en un instant l'aimable sensibilité, les doux épanchements de l'affection ; il les avait refoulés vers leur source ; ils n'en découlaient plus. »

Ayez soin d'être fidèle à votre plan de conduite. Soyez aujourd'hui ce que vous étiez hier, ce que vous voulez être demain. Et ce n'est certes pas pour nous chose facile, sujets comme nous le sommes à tant de variations dans notre santé, dans notre disposition d'esprit. Mais l'importance évidente d'une manière d'être uniforme doit nous mettre en garde, non-seulement contre les transports de colère et d'emportement (nous ne les concevons pas dans un instituteur), mais aussi contre les petites irrégularités dans la conduite, qui ne viennent que de l'oubli ou du caprice. Afin de vous préserver de ce mal, ayez peu de règles, mais veillez à ce qu'elles soient bien respectées.

Enfin, pour faire éviter aux enfants la plus grande partie des occasions de troubler l'ordre, pour anéantir presque tous les obstacles que le désœuvrement des élèves fait naître contre une bonne discipline, *faites en sorte que chaque enfant ait toujours une chose utile à faire et un motif pour ne pas la négliger.* Cette maxime pourrait, à elle seule, remplacer un grand nombre de règles de discipline; c'est elle qui, s'appliquant avec une extrême facilité aux divers systèmes d'enseignement, est une des principales causes des bons effets qu'ils produisent. Le maître doit donc l'avoir toujours présente à l'esprit, quelle que soit la méthode qu'il ait adoptée. Un des grands défauts de l'enseignement individuel vient de ce qu'il repousse en général l'application de ce principe; car si l'oisiveté est pour tout homme la mère des vices, elle est pour l'écolier la conseillère des fautes quelquefois les plus graves, et toujours, au moins, de ces mille infractions à la règle qui ne tardent pas à renverser la discipline elle-même et à rendre le bon ordre impossible.

Nous avons insisté à plusieurs reprises sur la nécessité d'une conduite uniforme à l'égard de tous les élèves. Il est cependant une circonstance qui peut y apporter quelques modifications : c'est l'entrée de nouveaux élèves dans l'école.

Un enfant reçoit en général ses plus fortes impressions et forme ses idées sur le régime de l'école, d'après la manière dont il a été traité dans les premiers jours ou les premières semaines de son admission. Il faut donc également se garder et d'une excessive indulgence qui ne saurait durer, et d'une inflexible sévérité, qui découragerait aussitôt et rebuterait ceux qui ne sont pas habitués à la discipline de la classe. C'est surtout à l'égard des nouveaux élèves que la fermeté doit être tempérée par beaucoup de douceur. Mais tout ménagement particulier cessera dès qu'une expérience de quelques jours aura fait comprendre au nouveau venu les exigences de la discipline, dès que l'exemple de ses camarades lui aura appris comment on peut s'y soumettre.

Au reste, les enfants ne sont pas, autant qu'on le dit, ennemis de l'ordre. Ils peuvent ne pas aimer les moyens par lesquels le maître croit devoir l'assurer ; mais une fois l'ordre obtenu, les enfants en sont toujours plus heureux, et sentent le bien qui en résulte. Une discipline exacte, sévère même, pourvu qu'elle soit juste, n'a jamais conduit les élèves à prendre en haine ni l'école, ni le maître.

Nous avons dit que le meilleur moyen d'obtenir la discipline : c'est d'obliger les élèves à la soumission par l'ascendant moral du maître, fondé sur le respect et l'affection, et par l'application constante de l'esprit à un objet utile. Heureuse l'école où de tels moyens pourraient suffire ! Heureuse pour l'instituteur, car sa tâche serait douce et paternelle ; heureuse pour les élèves, car ils avanceraient dans leurs études par une route qui les mènerait en même temps au bien et à la vertu, sans leur faire connaître les plus rudes chagrins de l'enfance. La discipline serait parvenue à sa perfection : elle n'aurait pas même besoin de punir les fautes, elle aurait su les empêcher et les prévenir.

Mais quel maître osera garantir un pareil succès, du moment où, au lieu d'une éducation particulière, il aura la direction d'une foule d'enfants dont il pourra à peine étudier les caractères?

Dans des écoles fort peu nombreuses, l'influence fondée uniquement sur l'affection et le respect pour le maître, est, sans doute, meilleure que toute autre pour stimuler l'ardeur, soutenir les efforts. La satisfaction du maître, quand les élèves savent la comprendre, devient leur meilleure récompense. Mais ce serait une fatale erreur que de vouloir se borner, dans une école composée peut-être de cent ou deux cents enfants, à un plan fait pour une classe de quelques élèves à peine, qui vivent sous la surveillance la plus immédiate de l'instituteur. Il vous est impossible d'agir comme agiraient des parents, quand vous êtes vis-à-vis d'une centaine d'enfants, que chaque jour vous voyez à peine pendant quelques heures; il vous est impossible, en pareille circonstance, de compter sur l'entière efficacité d'un pouvoir qui s'appuie sur des relations fréquentes et familières. De là résulte une évidente nécessité d'employer, *au moins dans les grandes écoles,* bien entendu avec toutes les précautions convenables, un système régulier de punitions et de récompenses.

Et d'ailleurs les défauts de la nature humaine ne sont-ils pas toujours et dans le maître et dans les élèves, diminuant d'une part son empire, élevant de l'autre une foule d'obstacles inattendus? Il y aurait témérité à se priver systématiquement de tous les appuis, de tous les remèdes énergiques contre le mal, dont l'expérience a constaté l'efficacité. Sachons les employer au besoin, ne fût-ce que pour avoir le temps d'apprendre à nous en passer. Gardons-nous de ces théories ignorantes du cœur humain, qui proscrivent, pour la conduite des enfants, les punitions et les récompenses quand Dieu les a jugées nécessaires à la conduite des hommes. Les lois de l'école, comme celles de la société, ont besoin d'une sanction pour être respectées. Seulement, il est essentiel de bien comprendre quel est l'objet de cette sanction, quel doit en être l'esprit; il faut éviter une déplorable et trop commune erreur, qui est de s'arrêter aux moyens, sans même considérer la fin.

Résumé.

Quoiqu'il n'entre pas dans le plan de notre ouvrage de résumer en quelques lignes les chapitres qui le composent, nous avons cependant pensé qu'il serait utile aux instituteurs de trouver réunis et formulés en moins d'une page les principes que nous avons développés sous ce dernier chapitre. Présentées sous la forme de préceptes simples et concis, les règles se gravent mieux dans l'esprit et se font mieux comprendre. Dans ce but nous avons emprunté aux *Conférences pédagogiques* de M. Maggiolo les principes de la discipline qu'il exposait aux instituteurs assemblés en 1867. Le résumé servira à proprement parler de transition pratique entre la section que nous avons parcourue et celle que nous allons bientôt aborder.

PRINCIPES DE LA DISCIPLINE DES ÉCOLES.

1° Étudier et respecter la nature des enfants, leur caractère, leur liberté.

2° Prendre sur eux l'autorité morale qui inspire le respect et commande l'obéissance, et qu'on obtient par l'égalité d'esprit, la fermeté, la modération, la bonté et surtout la justice.

3° Se faire aimer et craindre. Le respect suppose deux choses : l'amour et la crainte.

Faire aimer le travail, le devoir.

4° Être à la fois le juge et le père des enfants.

5° Éclairer la volonté de l'enfant, la former, éclairer son esprit et le façonner, fortifier son corps et le préparer aux exigences du travail.

6° Que le maître ait l'exactitude, la prévoyance, le tact, la mesure, la patience et surtout le cœur.

7° Être indulgent; car l'indulgence est la compagne de la fermeté. La violence est le signe de la faiblesse.

Il est plus facile et plus commode de reprendre que de persuader, de menacer que d'instruire, de briser que de plier.

8° Ne pas refuser l'éloge ou la récompense, mais ne les prodiguer jamais.

9° Dans les punitions, se garder d'être trop amer ou trop offensant. Les maladies de l'âme sont comme celles du corps : un remède trop violent peut tuer le corps, une punition trop dure peut aliéner à jamais l'âme.

Quand on punit, avoir l'air fâché de punir, car c'est ainsi seulement qu'on corrige. Bien expliquer à l'enfant pourquoi on le punit.

SECTION II

Des punitions et des récompenses en général. — De leur but et de leur esprit.

« Dans nos écoles publiques, on n'a pas assez songé que le moyen d'éducation le plus puissant résulte des punitions et des récompenses, et trop souvent on ne voit dans les unes et les autres que l'avantage de forcer à l'ordre, au silence, au travail (1). »

Ce résultat direct des punitions et des récompenses, l'ordre et le travail dans une classe, ne sera jamais atteint d'une manière certaine ni morale, si on l'envisage exclusivement, ou même principalement. Ce n'est pas seulement sur les manifestations extérieures, c'est sur les intentions et les motifs qu'on doit agir. Il ne faut pas embellir le dehors en dégradant ou corrompant l'intérieur; il ne faut pas, pour régulariser la conduite pré-

(1) Lebrun. — *De l'Éducation dans les écoles publiques.*

sente, sacrifier les garanties de la bonne conduite future. Craignons les fruits brillants qui seraient gâtés au cœur. Ayons avant tout en vue l'amélioration morale des enfants: tout ce qui ne s'accorde pas avec ce but, auquel toute l'éducation doit tendre, est nécessairement banni d'une bonne et sage discipline.

Vous n'emploierez les punitions que pour détourner les enfants de faire le mal, et non pour les porter à faire le bien. Vous voyez un élève en battre un autre : punissez l'agresseur; en recevant sa punition, celui-ci rattachera la peine qu'il subit au mal qu'il a causé à son compagnon, et cette association d'idées le détournera à l'avenir de mal faire. Mais supposez que vous ayez exigé d'un enfant quelque bonne action, comme de donner aux pauvres : il refuse, et vous le punissez. Eh bien, vous unissez dans son esprit l'idée de l'aumône avec celle d'un châtiment; l'aumône lui apparaît comme entourée de pénibles circonstances, et de cette fausse association pourront naître des conséquences pernicieuses. Par le même principe, il est toujours dangereux de combattre la paresse des enfants par des punitions : c'est, en général, le moyen d'unir à l'idée du travail et de l'instruction des souvenirs odieux, qui ne feront qu'en éloigner davantage les écoliers. Il faut tâcher d'exciter au travail les enfants paresseux; mais les y forcer par la crainte est une triste ressource. Employez tous les autres moyens avant d'y avoir recours. Il y a peu à espérer d'un être sur lequel n'auront agi ni l'idée du devoir, ni l'émulation, ni l'attrait des récompenses; ce n'est que dans une pareille extrémité qu'on peut essayer de le dompter par les châtiments : il en résultera au moins une habitude de soumission et d'obéissance.

Dans la dispensation des récompenses, le point important, c'est qu'elles produisent une juste et bonne impression sur l'esprit des enfants. Ainsi, il est entendu qu'elles doivent avoir le caractère de *gratification*, et non pas de *paiement*. L'élève qui s'est bien conduit, qui a bien travaillé, doit être convaincu avant tout qu'il a fait son devoir et rien que son devoir; le maître insistera souvent sur cette idée. Il n'est pas mal pourtant que l'enfant voie les heureux effets de l'accomplissement du devoir, qu'il se persuade de cette vérité, qu'une bonne action porte toujours ses fruits. Mais celui qui n'est accoutumé à bien faire qu'en vue d'obtenir des récompenses, n'est qu'un mercenaire; celui qui ne vise qu'à obtenir les louanges des hommes, est l'esclave de la vanité; celui qui n'agit que pour obtenir le plaisir d'une prétendue supériorité, est victime du défaut le plus déplorable, le plus coupable aux yeux de Dieu, l'orgueil. La divinité qu'un tel homme adore, à qui il offre son encens, dont les faveurs le rendent heureux, c'est lui-même. Ne trouvant de satisfaction que dans ses propres pensées, il se rehausse à ses propres yeux, et se rend hommage à lui-même : il est vraiment idolâtre. On ne saurait trop fortement insister sur ce point; car beaucoup de maîtres s'imaginent que lorsqu'ils ont réprimé les écarts de l'esprit de rivalité et d'ambition, ils ont tout fait. Peut-être, empêchant ces manifestations, n'ont-ils fait que concentrer le mal, et en rendre les conséquences plus fatales.

Une récompense ne doit être considérée que comme un souvenir agréable d'une bonne action; son objet, c'est de conserver dans l'esprit la mémoire de l'approbation qu'un supérieur a accordée à une bonne conduite. La valeur pécuniaire de la récompense est donc de fort peu d'importance. « Si vous donnez des récompenses (1), accordez-les seulement à ce qui a véritablement quelque mérite de la part des enfants, et non pas seulement à la capacité physique ou intellectuelle. Celui qui est faible d'esprit ne doit pas être puni pour ce défaut de nature, et les heureuses dispositions que Dieu a données à un enfant ne lui méritent pas les éloges du maître. Je crois, au

(1) M. Hall. — *Lectures à l'usage des instituteurs primaires.*

reste, qu'il vaudrait mieux s'abstenir de toute récompense que d'en donner qui ne pussent s'adresser à tous. » Mais pourquoi ne le pourraient-elles pas ? Faites en sorte qu'elles soient appréciées beaucoup plus pour les idées qui s'y rattachent que pour leur valeur matérielle, et il ne sera pas difficile de les rendre assez nombreuses pour exciter l'ardeur et satisfaire les désirs du grand nombre. En ce cas, il faudrait qu'elles fussent données à des intervalles assez courts ; et certainement la nécessité de cette mesure sera sentie par tous ceux qui connaissent assez le cœur humain pour savoir combien une longue distance affaiblit la crainte comme l'espoir. Si on peut, en outre, éviter de produire dans l'âme des enfants un trop haut degré d'excitation, un trop vif désir de distinction ; si on leur apprend que le bien en lui-même et de sa nature est partout et toujours ce qui nous donne le plus de bonheur, que le mal, au contraire, est nécessairement nuisible, je ne pense pas que l'emploi des punitions et des récompenses rende l'enfant moins susceptible de bonnes influences, moins docile à la voix de la conscience et du devoir.

Les récompenses seules, avec quelque discrétion qu'elles soient employées, ne *préviendront* jamais toutes les fautes, et les fautes commises devront être *réprimées* d'une manière ou d'une autre par des punitions. Les punitions doivent avoir pour principal objet de faire naître dans l'esprit des enfants une liaison entre la peine et le mal. Tout châtiment est stérile, s'il n'a pas ce caractère. Il n'est pas infligé, avons-nous dit, pour porter à faire une bonne action, mais pour empêcher la répétition d'une mauvaise.

Tout le système des punitions et des récompenses doit inculquer aux enfants cette idée éminemment juste et morale, qu'en dernier résultat le bonheur s'attache au bien, et le malheur au mal.

Il faut que toute punition soit sérieuse, sinon, elle ne peut avoir que de mauvaises suites. Un châtiment ne peut produire aucun bon effet s'il ne fait pas impression sur le coupable. Il vaut beaucoup mieux ne pas punir que d'infliger une peine dérisoire.

Prenons garde que la punition ne soit jamais influencée par des mouvements d'humeur. Les enfants ne doivent jamais être autorisés à croire que leur maître, en les corrigeant, cède aux passions qui les ont fait faillir eux-mêmes. Ainsi, s'il a à punir une injure qui lui est personnelle, qu'il le fasse sans précipitation, avec un extrême sang-froid, une constante modération. Autrement les enfants y verront un esprit de vengeance, et le ressentiment du maître leur fera comprendre qu'au lieu de subir entièrement son action, ils ont aussi sur lui action et pouvoir. Les fautes doivent être corrigées avec pitié, jamais avec colère.

La punition doit être en rapport avec la grandeur du mal, qui est dans l'action même, et non avec les conséquences fâcheuses qui peuvent résulter d'une action, sans qu'elle soit coupable. Si vous ne poursuivez pas l'intention mauvaise, si vous ne frappez qu'en proportion du tort apparent et peut-être involontaire qui a été fait à la classe, vous commettez une injustice, et vous vous exposez certainement à perdre tout à fait l'affection de vos élèves. Il faut que leur conscience leur reproche tout ce que vous punissez en eux.

Écoutez cette petite anecdote rapportée par le sage Salzmann (1) :

« Une petite fille se promenait dans le jardin de son « père, il était plein de violettes : Oh ! s'écria-t-elle en « sautant de joie, quelles jolies petites fleurs ! je vais en « remplir mon tablier, et j'en ferai un bouquet pour ma « mère. Aussitôt elle se mit à genoux et cueillit des fleurs « avec activité, jusqu'à ce que son tablier fût plein ; puis « elle alla s'asseoir sous un arbre, et fit un superbe bou- « quet. Maintenant, dit-elle, je vais le porter à ma bonne

(1) *Art de bien élever les enfants.*

« mère; elle sera contente et elle m'embrassera. Pour « embellir un peu sa petite offrande, elle se glissa dans « la salle à manger, y prit un vase à fleurs, l'orna de son « mieux, y mit son bouquet, et, joyeuse, elle alla cher- « cher sa mère. Mais en montant un escalier elle tomba, « le beau vase fut cassé, et les fleurs se dispersèrent sur « le plancher. Sa mère, qui était dans la chambre voisine, « entendit du bruit, et accourut aussitôt. Quand elle vit le « vase brisé, sans demander un mot d'explication, elle « châtia sévèrement son enfant. La pauvre petite ne ré- « pondit que par des larmes : mais cette injustice avait « douloureusement blessé son cœur ; et depuis elle n'ap- « porta plus de bouquet à sa mère. »

« Il ne faut punir que les actions dans lesquelles il y a quelque malice. Pour toutes les petites fautes qui tiennent à l'âge, si on laissait au temps et à l'exemple le soin de les corriger, on épargnerait aux enfants beaucoup de punitions mal appliquées et tout à fait nuisibles, car les punitions ne peuvent vaincre la légèreté des enfants ; et alors le soin que l'on prend de les corriger à toute heure rend la correction trop familière, et par conséquent inefficace dans des cas d'une toute autre importance (1). »

Qu'on ne dise pas que la discipline souffrira de ce système ; pour les fautes de pure légèreté, un avertissement fait autant qu'une punition et a l'avantage de ne pas user un grand moyen d'action. L'expérience prouve que les enfants le plus souvent punis restent toujours les enfants les plus légers.

Un enfant oublie ce que le maître a dit ; il renverse, il brise quelque chose ; tout cela ne tire pas à conséquence, et ne mérite pas de châtiment, à moins qu'on n'y remarque de la mauvaise volonté, et qu'il n'y ait récidive après les avertissements convenables.

Les enfants d'un naturel doux et craintif tombent rarement en faute, et leurs fautes sont peu considérables ; la

(1) Locke.

crainte qu'ils ont naturellement des punitions et l'exemple de ceux qui font bien suffisent pour leur faire faire leur devoir : c'est pourquoi il n'est pas bon, en général, de les corriger ; il suffit d'un coup d'œil pour prouver que leur faute n'est pas restée inaperçue.

Quant à ceux qui sont dissipés et légers, il faut peu les châtier, parce qu'ils font peu de réflexion, et qu'aussitôt après avoir été punis, ils retombent dans la même faute ou dans une autre, qui mérite la même peine. On pourra prévenir leurs fautes en leur témoignant de l'affection. Il sera bon de les placer le plus près du maître qu'il sera possible, afin de mieux veiller sur eux ; de les mettre entre deux écoliers d'un esprit posé, et qui ne se font pas souvent reprendre ; enfin, de leur donner de temps en temps quelque récompense : ce sera le moyen de les rendre peu à peu assidus et affectionnés à l'école.

La punition est efficace plutôt en raison de sa certitude que de sa sévérité. L'insouciance et la légèreté des enfants est telle, que la pensée des peines les plus sévères ne les arrêtera pas, s'ils n'ont en même temps la ferme conviction que ces peines sont inévitables. Réfléchissez avant d'appliquer une peine ; mais une fois qu'elle est prononcée, maintenez-la. L'habitude contraire est la perte de la discipline. Sauf des cas tout à fait exceptionnels, l'espérance des amnisties est désastreuse. Voici, au reste, un exemple dont tout instituteur peut faire son profit.

« Tandis que le duc de Marlborough et le prince Eugène commandaient les armées alliées, un soldat de la division du prince fut condamné pour avoir été pris en maraude. Cet homme se trouva être le protégé de quelques officiers, qui firent tous leurs efforts pour sauver sa vie, et intercédèrent auprès du prince, qui refusa positivement de leur accorder la grâce du coupable. Alors ils s'adressèrent à Marlborough, qui consentit à venir prier lui-même Eugène de sauver cet homme. Jamais, répondit celui-ci, je n'ai fait et je ne ferai grâce à un maraudeur. Pourquoi cela ? reprit Marlborough, à ce compte, il faudrait fusiller la moitié de l'armée : moi je pardonne à un grand nombre. Eh bien, dit le prince, voilà la raison pour laquelle vos troupes commettent tant de dégâts : moi je ne fais jamais grâce, et cependant je ne punis presque personne. Le duc insista plus vivement. Laissez-moi faire une enquête, répondit Eugène ; si avec votre système d'indulgence vous n'avez pas fait exécuter plus de coupables que moi, je vous accorde le pardon de celui-ci. On prit aussitôt les renseignements demandés, et le résultat fut complétement favorable au prince Eugène. Vous voyez ce que c'est qu'un exemple, dit le prince ; vous faites grâce souvent, moi je ne fais jamais grâce ; et cependant j'ai très-peu de gens punis dans mon armée, parce que fort peu méritent d'être punis. »

Un faible châtiment certain fait beaucoup plus qu'un grand châtiment incertain (1).

Soyez lent à punir. Ne vous hâtez jamais de croire qu'un enfant a mal fait. Recherchez avec soin quelle est la vérité, et que vos recherches paraissent animées du désir de trouver l'accusé innocent. S'il est absous avec la preuve de son innocence, il saura gré au maître des recherches qu'il a faites ; s'il est reconnu coupable, il aura au moins la conviction que vous ne le condamnez pas légèrement.

En adressant des reproches, n'ayez ni le ton de l'emportement, ni celui de l'indifférence. Celui-ci est presque aussi dangereux que le premier. Il persuadera aux enfants que vous n'attachez à la punition d'autre idée que le payement d'une dette, que l'enfant sera maître de contracter toutes les fois qu'il sera disposé à l'acquitter. Un ton calme, mais toujours grave et sérieux, doit être celui des réprimandes.

N'ayez pas une heure affectée aux punitions, où les enfants viennent subir ensemble les peines qu'ils ont méritées. Sauf des cas particuliers, il vaut mieux pour la

(1) Beccaria.

discipline qu'elle s'opère sans attirer l'attention générale. Faire connaître tous les châtiments, c'est faire connaître toutes les fautes; il y a là un scandale qui compense au moins le bien qui peut résulter de l'exemple donné par la punition. D'ailleurs, si chaque petite désobéissance ou chaque petite faute contre la discipline ne pouvait être punie qu'en présence de toute l'école, n'adviendrait-il pas que les enfants, blasés sur l'effet des punitions par ce continuel spectacle, s'y habitueraient de manière à les redouter fort peu pour eux-mêmes? Evitez cet abus; et dans le cas où une faute considérable aura été commise, la punition de l'enfant coupable devant toute l'école, étant quelque chose d'extraordinaire, produira un puissant effet. Représentez alors cette punition publique comme une dure nécessité, que vous subissez à regret; et certainement vous donnerez ainsi une leçon forte et salutaire.

Ne déléguez jamais à d'autres le soin d'infliger une punition pour une faute commise devant vous; mais n'acceptez pas non plus la tâche de punir une faute que vous ne connaissez pas. Il arrive souvent, dans un trop grand nombre d'écoles, que des parents viennent trouver le maître, en le conjurant de punir leurs enfants pour leur mauvaise conduite à la maison paternelle; et, chose étrange, il se trouve des instituteurs qui consentent à devenir de cette manière l'objet de la haine et de la terreur des écoliers. D'autres maîtres, et c'est un abus non moins grand, prennent l'habitude, afin d'éviter le désordre et l'ennui que causent les corrections, d'engager les parents à châtier chez eux les enfants pour les fautes qu'ils ont commises à l'école. Il y aura nécessairement de l'arbitraire dans les punitions, si elles sont infligées par des personnes qui n'auront pu apprécier la gravité de l'action coupable (1).

(1) La plus grande partie de ce chapitre est traduite du Manuel de Horner.

SECTION III.

Des différentes espèces de punitions.

C'est d'après les principes que nous venons d'exposer, qu'il faut juger chaque mode de punition pour l'adopter, le choisir ou le rejeter, ou le modifier de manière à le purifier de tout ce qui serait contraire à l'objet moral qu'il doit remplir. La contrainte qui n'a pas pour fin d'arriver à la conviction, va contre le but même de l'éducation.

Conformément aux prescriptions universitaires, comme au vœu de la sagesse et de la raison, le maître doit s'interdire absolument les punitions corporelles. Voici ce qu'on en disait dans un temps où cependant elles semblaient consacrées par l'usage général : J'accuse toute violence en l'éducation d'une âme tendre qu'on dresse pour l'honneur et la liberté. Il y a je ne sais quoi de servile en la rigueur et en la contrainte ; et je tiens que ce qui ne peut se faire par la raison, la prudence et l'adresse, ne se fait jamais par la force. Je n'ai vu autre effet aux verges, sinon de rendre les âmes plus lâches et plus malicieusement opiniâtres.

Pendant bien longtemps, hélas! les punitions ont été à peu près le seul moyen d'action sur les enfants.

La prison au pain et à l'eau, le fouet, la férule, les bras en croix ou la mise à genoux constituaient de véritables supplices, variés par des peines humiliantes comme l'écriteau, le bonnet d'âne, etc. Grâce à Dieu, toutes ces peines ont disparu de nos écoles ; on a compris que si la sévérité portée à cet excès peut prévaloir sur le naturel d'un enfant, et le guérir de ses dérèglements présents, c'est souvent en causant un mal bien plus grand et bien plus dangereux, qui est de lui abrutir l'esprit ; de sorte que, par là, d'un jeune étourdi vous ne faites souvent qu'un idiot.

Ces sages réflexions qu'inspirait à un philosophe anglais le spectacle des écoles, suffisent pour démontrer les mauvais effets des châtiments, qui n'éloignent du mal que par la crainte de la douleur corporelle, qui tendent à établir dans l'esprit des enfants cette fausse et dangereuse pensée qu'un mal physique est plus à craindre qu'un mal moral.

Une autre idée non moins pernicieuse et qui subsiste encore, c'est l'idée que la peine n'est que la *compensation* du mal; qu'en consentant à la recevoir, l'enfant a satisfait à toutes ses obligations, et qu'il peut se permettre toute action dont il ne refuse pas les conséquences. Beaucoup de maîtres accréditent un aussi déplorable préjugé, en présentant sans cesse aux élèves comme deux choses dont le choix leur appartient, ou l'accomplissement de leur devoir, ou la soumission au châtiment. Cette opinion, qui n'aura pour résultat, dans l'école, que d'encourager les enfants d'un caractère énergique et opiniâtre à lutter contre toutes les règles, à négliger tous leurs devoirs d'élèves, ne tend à rien moins qu'à autoriser plus tard tous les crimes. Que direz-vous, avec cette doctrine, au libertin qui consent à user sa vie en quelques années, à accepter la dégradation et la mort, pourvu qu'il puisse se livrer aux excès les plus révoltants? Que direz-vous à l'homme égaré par la vengeance, qui, après avoir commis un homicide, ne cherche pas à échapper aux terribles sanctions des lois humaines? La morale ne semble-t-elle pas changée en un honteux marché, où chaque conscience vient acheter plus ou moins cher le droit de violer toutes les lois?

Il est un mode de punitions qui tend plus que tous les autres à produire ce mauvais effet : c'est l'usage habituel des *pensums* (1). Aucune punition ne fait moins d'impression sur les élèves; aucune n'entraîne moins d'idées pénibles et déshonorantes; il ne s'y attache d'autre pensée

(1) Nous entendons par *pensum* un *devoir* supplémentaire. Quant aux copies de mots ou de vers détachés, que les enfants transcrivent sans faire la moindre attention au sens, il faut absolument les proscrire.

que celle d'un ennui à subir. Les pensums, infligés tous les jours à la moitié des élèves de la classe, ne leur font certes pas perdre beaucoup dans l'estime des autres élèves, dont le tour, au surplus, viendra probablement bientôt.

Beaucoup d'écoliers s'adressent chaque jour cette détestable question : Que vaut-il mieux faire, obéir aujourd'hui ou subir un pensum demain ? Et ils se décident suivant l'occurrence. La réponse est faite d'avance, si le plaisir actuel l'emporte dans la balance sur la peine future. Voilà la principale raison pour laquelle on doit proscrire les pensums comme châtiment de la mauvaise conduite des élèves. Faire copier dix ou quinze pages de la grammaire à un enfant coupable d'une désobéissance ou d'un mensonge, quelle manière de donner l'idée du devoir ! C'est encore un fâcheux système que d'augmenter le travail pour punir les enfants de quelque trouble causé dans la classe, de quelque faute d'étourderie. L'étendue de la tâche doit avoir été calculée de telle manière qu'elle remplisse le temps des élèves ; si cette étendue est augmentée, ils ne pourront y mettre le même soin qu'à l'ordinaire, et nécessairement d'un long devoir mal fait, ils tireront moins de fruit que d'un devoir plus court, mais fait avec conscience. Ce sera donc en nuisant à l'instruction qu'on prétendra corriger la conduite.

Il y a, au reste, un résultat bien autrement à craindre : c'est que ce moyen de discipline, qui fait du travail un châtiment, ne vienne à en dégoûter les enfants, comme on se dégoûte de tout ce qui est un objet de peine et de douleur. Laissez la parole de Dieu porter ses fruits : il a imposé à l'homme le travail en expiation de sa faute originelle ; le travail sera donc toujours par lui-même assez lourd à supporter. Efforcez-vous de fortifier l'enfant pour qu'il puisse accomplir cette rude tâche de l'humanité ; efforcez-vous de lui montrer qu'en se conformant à la volonté de Dieu, il peut trouver des douceurs dans l'expiation même ; mais ne lui rendez pas la loi plus pénible, ne l'éloignez pas davantage du premier de ses devoirs; ne hérissez pas d'obstacles une voie où vous aurez tant de peine à le retenir.

Les pensums ne sont pas meilleurs, en général, pour corriger de la paresse, au moins employés comme ils le sont d'ordinaire. Parce qu'un enfant n'a pas achevé son devoir, vous le lui faites recopier dix ou vingt fois; vous augmentez par l'ennui, l'apathie de son esprit, sans qu'il en résulte aucun bien. Ce n'est pas un effet de la paresse, une conséquence de ce sentiment mauvais qu'il faut faire disparaître; c'est le principe lui-même; c'est le sentiment qu'il faut attaquer. Tâchez, avant tout, de rendre vos leçons intéressantes, et le nombre des paresseux diminuera. Mais, pour donner le goût du travail, peut-il y avoir un plus mauvais moyen que celui qui rend le travail odieux? Sera-ce engager l'enfant à prendre le breuvage, que d'en augmenter l'amertume? Ce n'est pas que nous voulions proscrire absolument les pensums; mais voici comment nous les entendons. Quand un élève n'a pas appris sa leçon pendant l'étude, obligez-le à l'apprendre pendant la récréation, en ne lui permettant de se joindre aux jeux de ses camarades que quand il l'aura très-bien récitée. Là, il y a une idée morale à la portée de toute intelligence d'enfant: c'est que, la récréation étant un délassement après le travail, celui qui n'a pas voulu du travail ne saurait y prétendre; c'est qu'il n'est pas juste de partager une récompense avec ceux dont on n'a pas partagé la peine et les efforts. Exigez de même que l'on prenne sur l'heure du jeu le temps de faire ou d'achever le devoir qui aurait dû être terminé en classe; encore une fois, rien n'est plus naturel. Il y a déjà une punition suffisante dans cette privation du jeu; punition qui sera d'autant plus efficace, qu'elle cessera dès que l'enfant aura manifesté un peu de bonne volonté, et que par conséquent elle l'engagera à un prompt repentir.

Voilà comment nous comprenons ces *retenues* dont on fait tant usage. Mais qu'un maître n'aille pas froidement priver, pendant un mois entier, l'enfant si jeune et si faible encore, de ces ébats nécessaires à sa santé, nécessaires à son bien-être moral; que, sous prétexte de le ranimer, il ne s'expose pas à le plonger dans l'abattement et dans le marasme. Quelquefois, peut-être, il pourra interdire le jeu à l'enfant qui a troublé la classe par sa mauvaise conduite. Mais qu'il se contente de la peine qui résulte de la privation du jeu; qu'il tienne l'élève enfermé dans l'école, d'où il entendra, captif, les cris joyeux de ses condisciples en liberté. N'est-ce pas assez pour le châtier rudement? Il faut bien remplir le temps de la captivité, dira-t-on, et, pour cela, il faut donner un pensum. Bornez-vous à occuper les élèves retenus par une lecture bonne et utile, sans qu'elle soit amusante; puis laissez à leur amour du jeu et de la liberté le soin d'achever la punition.

Usez avec ménagement d'une punition qui, trop souvent répétée, nuirait à la santé des élèves. Surtout prenez garde qu'elle n'ait un résultat plus déplorable encore, la corruption des mœurs. Surveillez toujours ou faites surveiller les enfants que vous avez mis en retenue, et interdisez-vous absolument le système immoral de la séquestration : l'isolement complet, mettant l'enfant aux prises avec un inexprimable ennui, le force, pour ainsi dire, à se laisser aller à de funestes habitudes.

La retenue est une des punitions les plus employées; mais parmi celles que le *règlement modèle* a énumérées et qui sont les seules dont les maîtres puissent faire usage, il en est d'autres plus douces ou plus sévères sur lesquelles nous devons insister.

Nous les donnons dans l'ordre du règlement qui en a ainsi précisé la gradation :

Réprimande publique ou privée,
Mauvais points,
Tableau des mauvais élèves,
Retenue,
Avertissement aux familles,

Renvoi provisoire,

Exclusion.

La réprimande est une de ces punitions dont on doit user davantage parce qu'elle s'adresse au sentiment même de l'enfant et que, causant de la honte et de la confusion au coupable, elle lui fait sentir que sa faute est une dégradation morale. Le soin de la bonne réputation n'est pas de l'orgueil ; c'est un juste respect pour soi-même, que la religion et la morale permettent et encouragent. L'enfant la conservera, l'augmentera par une conduite régulière ; mais ses fautes devront lui en faire perdre quelque chose, et certes, pour une âme qui n'est pas blasée par des corrections continuelles, c'est une dure punition à subir. « Inspirez aux enfants l'estime d'une bonne renommée ; rendez-les sensibles à la honte et au déshonneur, et vous mettrez dans leur âme un principe qui les portera au bien...

« Une honnête pudeur ou la crainte de déplaire sont d'excellents moyens de retenir un enfant dans le devoir. Les punitions ne sauraient produire cet effet, si elles revenaient trop souvent ; elles feraient perdre, au contraire, tout sentiment de honte.

« Quant à la crainte de déplaire, elle deviendra fort inutile, si les maîtres sont trop prompts à s'apaiser. C'est pourquoi il faut qu'avant toute chose, ils examinent avec soin si les fautes sont assez considérables pour mériter qu'ils en témoignent du mécontentement. Mais lorsque leur déplaisir a une fois éclaté jusqu'à être suivi de quelque punition, il ne faut pas qu'ils quittent tout d'abord la sévérité de leur air ; ils ne doivent, au contraire, remettre le coupable dans leur bonne grâce qu'avec quelque peine, et différer de lui pardonner jusqu'à ce que son application à bien faire, plus forte même qu'à l'ordinaire, ait prouvé la sincérité de son repentir... Autrement la punition deviendra commune et ordinaire, et cessera d'inspirer aucune peine et aucune honte. Après une faute commise viendra le châtiment, et aussitôt après le pardon.

cela sera aussi naturel et aussi régulier que de voir la nuit et le jour se succéder l'un à l'autre (1). »

Commencez donc par avertir l'enfant qui est en faute ; reprenez-le en particulier lorsque la faute est ignorée de ses camarades ; en public quand la faute est connue de tous. Que s'il ne s'agit plus de ces fautes ordinaires qui tiennent plus à l'étourderie des enfants, à leur penchant naturel pour l'insubordination qu'à un cœur mauvais et corrompu ; si, par exemple, l'enfant est coupable d'une méchanceté ; eh bien, amenez avec un air ému l'enfant méchant devant tous ses camarades, adressez-lui non pas des reproches aigres et emportés, mais une exhortation vive et touchante, qui témoigne votre douloureux étonnement, votre profonde pitié pour une perversité si étrangère à son âge. Une semblable correction fera impression sur lui, s'il lui reste encore quelque sensibilité.

Ces réprimandes, ces exhortations peuvent avoir un merveilleux effet sur les enfants si elles sont employées à propos. A Genève, il existe une école-modèle qui fonctionne depuis 25 ans avec grand succès et dans laquelle on n'emploie pas d'autre moyen de discipline.

On y fait en outre usage d'un système de mauvais points que nous pouvons, à l'exemple de MM. Brouard et Defodon, recommander en reproduisant le texte du *règlement général de discipline* adopté dans l'école.

« Pour une faute grave, relevant plus de l'ordre moral que d'un acte d'indiscipline proprement dite, tel que mensonge, tromperie, actes contraires à la probité, résistance ouverte à un ordre donné, etc., il est marqué deux mauvaises notes qui ne pourront être rachetées. L'élève qui aura mérité une telle punition ne sera pas admis à concourir au prix de bonnes notes pour le semestre courant. Il pourra, selon les cas, être renvoyé de l'école, après qu'avis en aura été donné à ses parents, et sous la sanction du Département de l'instruction publique.

(1) Locke. — *De l'Éducation.*

« Les cas ordinaires d'indiscipline, désordre, oubli, bavardage, etc., sont marqués, selon l'appréciation du maître, d'une demi-mauvaise ou d'une mauvaise note. La première mauvaise note pourra être rachetée, il en restera néanmoins un quart.

« Toute arrivée tardive, sans excuse écrite et suffisamment motivée, entraîne l'application de deux mauvaises notes qui se réduiront à un quart, si ce cas ne s'est présenté qu'une seule fois dans le trimestre...

« Pour les leçons non sues ou faiblement sues, pour tâches non faites ou mal faites, il est marqué une mauvaise ou demi-mauvaise note.

« Les deux premières mauvaises notes seules pourront être rachetées, il restera néanmoins un quart de chacune. »

Grâce à ce règlement, qui n'établit que des punitions morales, les élèves en sont arrivés à se bien conduire par amour du devoir.

« N'est-ce pas là l'idéal de la discipline scolaire, que d'agir et de travailler, non pour éviter les mauvaises notes ou quelque censure, mais surtout par esprit de conscience et dans la seule pensée du devoir? » Le tableau des mauvais élèves a pris la place dans les règlements universitaires du banc auquel étaient jadis condamnés les mauvais élèves; banc de déshonneur comme on avait le banc d'honneur. Mais c'etait là encore une de ces punitions infamantes que les règlements ont justement proscrites, car « celles-là détruisent dans des âmes immortelles et libres, le sentiment de la dignité et de l'affection pour y faire germer les sourdes colères, les vengeances impies et la haine qui couve dans ces cœurs ulcérés et qui prépare pour la société les mauvais citoyens et quelquefois les grands criminels (1). »

Nous avons déjà parlé de la *retenue* qui doit être employée avec mesure, sous peine d'aller précisément à

(1) Maggiolo. — *Conférences pédagogiques.*

l'encontre de son but. Donner un surcroît de travail au paresseux n'est-ce pas augmenter chez lui l'aversion pour le travail ?

L'*avertissement aux parents* est une mesure disciplinaire très-délicate et qui ne peut avoir d'effet utile que lorsque l'instituteur connaîtra bien les parents de l'élève. et se sera assuré de leurs sentiments. Trop souvent dans les villages les parents ne considèrent comme fautes graves que celles qui les touchent directement, la désobéissance ou la paresse matérielle, et quand on les avertit des négligences de leur enfant ils sont portés à prendre parti pour lui contre le maître. Dans ce cas, l'instituteur doit recourir aux punitions dont il dispose, la réprimande publique ou les retenues, qui frapperont plus l'enfant habitué trop fréquemment aux gronderies paternelles. Il n'y aurait pas à hésiter cependant à avertir les parents si l'élève avait commis une faute assez grave pour que la récidive pût mériter le renvoi.

Le renvoi provisoire et l'exclusion, peines très-graves, doivent être considérés comme la ressource des cas absolument désespérés. « Un maître qui pour une peccadille renverrait un enfant à ses parents, ou solliciterait son exclusion de l'école, commettrait une mauvaise action. C'est une mesure très-grave que de priver un enfant, même pour un temps, de l'instruction à laquelle il a droit et qui lui est si nécessaire, et ce doit être un cas excessivement rare (1). »

Pour les fautes contre les mœurs on sent assez que toute punition publique produirait un fâcheux scandale. Prenez le coupable à part, montrez-lui toute l'horreur de sa faute, tout le mal qu'il peut faire aux autres et à lui-même, puis, surveillez-le avec une extrême attention. S'il retombe dans les mêmes fautes, alors il n'y a pas à hésiter, *renvoyez-le* de l'école. Il faut séparer du corps le membre gangrené qui le corromprait tout entier. Qui ne sait avec

(1) MM. Brouard et Defo[illegible]

quelle funeste facilité les mauvaises habitudes se répandent? Renvoyez-le, sans qu'aucune considération vous arrête; c'est pour vous un rigoureux devoir, non pas parce que le vice lui-même est incurable, mais parce que, pendant le temps que vous emploieriez à le guérir, il produirait dans l'école de déplorables fruits. Il est vrai que si une telle extrémité est nécessaire en pareil cas, c'est à peu près le seul où il soit permis d'y avoir recours. On peut dire, en général, que le maître est coupable lui-même, quand la paresse, l'insubordination ou l'insolence d'un élève en sont venues au point qu'il n'est plus possible de le supporter dans la classe.

SECTION IV.

Des différentes espèces de récompenses.

« La question de l'utilité et de l'inconvénient des récompenses partage les esprits les plus raisonnables. Les uns, parce que l'application est vicieuse, rejettent même le principe; et les autres, trouvant le principe excellent, en acceptent les fâcheuses applications sans y trop regarder. Vos récompenses, disent tous ceux qui n'en veulent pas, rendent l'enfant présomptueux, et font naître des jalousies, des haines; il n'en faut plus, et l'enfant ne doit être porté au bien que par l'amour du bien lui-même. Admirable théorie! disent les autres; il ne lui manque que d'être praticable. Vous raisonnez sur les enfants comme s'ils étaient des êtres pleins de sagesse, et vous leur supposez des qualités et des vertus qu'ils n'ont pas (1). »

Nous n'avons point, on le conçoit, à prendre parti dans la querelle. Aujourd'hui l'expérience est faite : les récompenses sont nécessaires pour donner aux enfants de l'ardeur au travail. Sans elles, plus d'émulation et sans émulation plus de courage.

Les récompenses ont donc survécu aux critiques dont

(1) Lebrun. — *Écho des écoles primaires.*

elles étaient l'objet de la part de quelques esprits chagrins. Consacrées par les règlements elles sont en grande faveur dans nos écoles, et ce n'est que justice.

Les récompenses qui correspondent plus ou moins aux punitions, sont :

Les éloges publics ou particuliers du maître et des différentes autorités préposées à la surveillance de l'école ;

Les bons points, les billets de satisfaction ;

Le tableau d'honneur ;

Les médailles, les prix à la fin du mois et de l'année, quelquefois des récompenses d'argent, livrets de caisse d'épargne, etc. ;

Les distinctions extérieures, rubans, cordons, croix d'honneur, etc.

Nous avons proclamé l'émulation utile, nécessaire ; il faut donc mettre de temps en temps les élèves aux prises, et accorder au vainqueur certaines distinctions, qui l'encouragent lui-même, qui excitent les désirs de tous. On fera donc un grand profit des compositions entre les élèves de chaque classe.

Le succès assurera une place d'honneur ou une fonction particulière à remplir. Dans les écoles organisées de manière à ce que les enfants soient classés sur les bancs d'après leur force et leur instruction, on aura un continuel moyen de constater et de récompenser chaque progrès, en faisant avancer l'élève d'une ou de plusieurs places. On peut encore avoir un tableau d'honneur exposé dans l'école, sur lequel sont inscrits les noms des écoliers qui ont obtenu les premières places.

Nous ne saurions trop le redire, les récompenses les meilleures sont celles qui, au lieu d'être réservées, comme les prix ordinaires, à quelques élèves d'élite, peuvent s'adresser à tous. On n'oubliera pas que le faible a plutôt besoin d'un encouragement pour un demi-succès, que le fort pour des progrès éclatants. Parmi ces récompenses, une des plus simples et des plus efficaces, c'est l'approbation du maître, quand il sait la donner à propos, mais avec réserve et discrétion. Un sourire bienveillant, une affectueuse poignée de main, un mot d'éloge sincère, suffisent quelquefois pour gagner de jeunes cœurs. Il serait étrange qu'un tel moyen fût impuissant à l'égard des enfants, quand il agit avec force sur les hommes eux-mêmes. « Un capitaine de vaisseau, dit Basile Hall, avait coutume, *toutes* les fois qu'il se rendait à bord, de faire un examen scrupuleux, dans le seul but de découvrir ce qu'il y avait de mal, de reconnaître autant que possible tous les sujets de blâme. C'était, selon lui, le seul moyen de prévenir des négligences de la part des gens de son équipage, et il agissait toujours d'après ce principe. Un autre capitaine, au contraire, semblait chercher tout ce qui était bien, tout ce qui méritait son approbation. L'un de ces officiers était mécontent quand il ne trouvait pas moyen de faire quelque reproche; l'autre paraissait affligé toutes les fois qu'il avait à adresser une réprimande. Aussi l'équipage du premier faisait son devoir sans ardeur et sans plaisir, parce qu'il savait qu'on ne lui en tiendrait pas compte ; l'équipage du second travaillait avec zèle et avec joie, car il était persuadé qu'on lui saurait gré de tous ses efforts : et cependant, chose bien remarquable, quand il s'agissait de punir, l'un n'était pas plus indulgent que l'autre. »

Les *bons points*, gage des progrès ou de la bonne conduite des élèves, sont honorables par eux-mêmes pour ceux qui les ont obtenus, et ils peuvent d'ailleurs servir d'*exemptions* pour les punitions que les enfants auraient méritées ensuite. Ces exemptions, dans les circonstances ordinaires, ont un grand avantage moral ; elles sauvent les bons élèves des suites d'une légèreté, qui est fort excusable quand elle n'est pas habituelle ; en même temps elles épargnent au maître le soupçon de partialité, qui ne manquera pas de s'élever contre lui, si, tenant compte en lui-même de la conduite et du travail antérieurs d'un élève, il s'abstient de le reprendre pour une faute qu'il

20.

vient de punir dans un autre enfant. Mais il ne faut jamais que les bons points puissent soustraire à une juste punition ceux qui se sont rendus coupables d'une faute vraiment grave. Que les enfants sachent qu'un zèle et une application soutenus peuvent mériter l'indulgence du maître pour quelques étourderies ; mais aussi qu'ils se persuadent bien que l'instruction n'est rien à côté de la vertu, et que le travail le plus régulier n'excusera jamais celui qui méconnaît les devoirs sacrés de la morale et de la religion.

Les *billets de satisfaction* constatant tous les progrès moraux et intellectuels des élèves, et distribués à la fin de chaque semaine pour être portés dans les familles, ont l'heureux effet d'intéresser chaque parent à la bonne conduite et à l'avancement de ses enfants. Ils lui donnent le moyen de leur témoigner son contentement personnel, et d'accorder, s'il le juge convenable, à leurs succès ou du moins à leurs efforts, quelque légère récompense.

Dans beaucoup d'écoles, les maîtres ont coutume de donner aux élèves qui ont le mieux travaillé de petites croix, qu'ils ont le droit de porter pendant tout le temps que leurs progrès se soutiennent. Cette distinction doit être accordée fort rarement pour l'être avec profit. Elle a ce bon résultat, qu'elle oblige pour ainsi dire l'enfant qui l'a une fois obtenue à redoubler de zèle et d'ardeur, afin de ne pas subir la honte d'être dépouillé de sa décoration. Cette marque d'honneur met sans cesse l'élève en face de ses propres succès, excite en lui le désir de se surpasser lui-même, et c'est là la meilleure émulation.

Toutes ces récompenses ont l'avantage de pouvoir être obtenues par tous, et, par conséquent, d'exciter le désir du plus faible aussi bien que du plus fort.

Nous avons parlé de récompenses accordées au succès ou du moins au travail ; une question des plus importantes est celle de savoir si des prix doivent être gagnés également par la bonne conduite et l'avancement moral. Il est certain que restreindre les prix au seul mérite intellectuel, c'est diminuer beaucoup l'encouragement des récompenses pour ceux dont l'intelligence est peu développée, quoique leur conduite puisse être du reste parfaitement régulière ; ceci même, peut-être, donnera, aux yeux des enfants, une sorte de supériorité aux facultés de l'entendement sur les qualités du cœur, qui cependant sont bien préférables. Mais adopter le système contraire, c'est s'exposer à gâter le motif qui pourrait porter les enfants à bien agir, à le ravaler au niveau d'une ambition ordinaire, à substituer l'hypocrisie à la vertu. Cette objection, toutefois, ne serait fondée que si un prix de bonne conduite pouvait être obtenu par une tranquillité et une assiduité de quelques jours, de quelques semaines même. Mais quand il n'est accordé qu'à des intervalles fort éloignés, après la décisive épreuve du temps, il est difficile de supposer qu'un calcul d'intérêt puisse déterminer l'enfant à feindre avec tant de persévérance des dispositions qu'il n'a pas réellement ; dès lors les inconvénients disparaissent. Une autre difficulté reste cependant pour le maître ; c'est de bien apprécier les droits des enfants, à cause des mille nuances de leurs caractères et de leurs penchants, et par conséquent du mérite plus ou moins grand de chacun d'eux. On serait tenté de décerner le prix moral à l'élève qui aurait mérité le moins de réprimandes ; mais celui-là serait peut-être un enfant sans énergie, à peu près incapable d'actions généreuses et désintéressées, par conséquent fort peu digne de la plus honorable de toutes les récompenses. Et cela est d'autant plus vrai, qu'en général un certain ridicule est attaché au *prix de sagesse*, par la raison qu'étant décerné d'après la preuve négative que fournit le défaut de punitions, il tombe la plupart du temps sur l'enfant de l'esprit le plus faible et du caractère le plus mou. On a tranché la difficulté dans plusieurs maisons d'éducation, en laissant aux élèves eux-mêmes le soin de proclamer celui d'entre eux qui mérite le mieux le prix de bonne conduite, et l'expérience a prouvé que le choix ainsi fait était généralement bon. Cette méthode, au reste, peut fort bien recevoir des modifications : ainsi le maître peut se borner à faire élire par les élèves un certain nombre de candidats, parmi lesquels il choisira lui-même celui auquel il croit devoir décerner la couronne.

Les distributions de prix à une époque déterminée et solennelle constituent un des plus puissants moyens d'émulation pour la jeunesse. A la joie du triomphe pour l'enfant couronné devant ses parents, se joint une certaine confiance qui est le gage et la garantie des progrès. Sans doute il faut se garder d'avilir le prix en le prodiguant, mais il est une juste mesure qui permet d'encourager les efforts tout en récompensant le succès. Que ces récompenses ne s'adressent donc pas seulement aux mieux doués ou aux plus habiles, mais qu'elles aillent chercher tous les mérites, le moins brillant n'étant pas toujours le moins solide. Que surtout elles n'aillent pas à l'encontre de ce qu'elles cherchent, en soufflant l'envie au lieu de l'émulation, en inspirant la vanité au lieu du légitime contentement de soi-même (1).

Nous ne pouvons clore cette section consacrée aux récompenses sans parler aussi des concours cantonaux, aujourd'hui organisés dans tous les départements. Vivement combattus jadis, ils ont triomphé de toutes les attaques et n'ont pas, comme on le disait avec terreur, exalté les idées des enfants, ni enflammé leurs ambitions. Institués par une circulaire du 11 juillet 1865, les concours cantonaux ont fait leur preuve.

Mais le concours comme les meilleures choses peut aussi présenter de grands dangers. L'instituteur qu'anime un amour-propre excessif ou l'envie de briller a là un grand écueil à éviter. Le concours doit être un résultat et non un but. Celui-là donc serait coupable qui consacrerait tous ses efforts et ses soins à ses meilleurs élèves et sacrifierait tous les autres pour obtenir un lauréat. La meilleure

(1) MM. Drouard et Defodon.

école est celle dans laquelle on compte le plus d'élèves instruits. Que l'instituteur se garde donc, à peine de trahir les intérêts sacrés dont il est le dépositaire, de négliger les plus faibles en vue de concentrer sa sollicitude sur les plus forts. Sans doute il lui est permis de préparer ses élèves en vue du concours, mais il faut que la préparation serve à tous et que le lauréat soit précisément celui de toute la classe qui a le mieux profité des leçons données à tous.

La circulaire de 1865, dont nous avons parlé plus haut, inspirée par ces sages idées, a tracé aux instituteurs la voie dont ils ne doivent jamais s'écarter. Ils auront donc, afin de soutenir l'émulation :

1° A faire des compositions hebdomadaires ou mensuelles. Les copies, soigneusement corrigées, seront ensuite classées, et le résultat sera conservé.

2° A faire chaque année des compositions de prix qui seront corrigées par un jury local.

C'est ainsi qu'on préparera les garçons aux concours. Mais quant aux filles, surtout dans les écoles spéciales, il faut bien se garder de les pousser à ces épreuves : « La femme, lisons-nous dans la circulaire précitée, doit rester au logis ; elle est la Providence intérieure, elle restera au foyer de la famille et se consacrera aux soins du ménage et des enfants. Voilà la part que Dieu lui a faite, elle est trop belle pour qu'on cherche par une émulation exagérée à l'en détourner. »

Que de chutes, hélas ! n'ont été que la conséquence des petits succès remportés à l'école, et de la vanité qu'ils faisaient naître.

Un mot encore sur les distributions de prix. Que l'instituteur veille soigneusement au choix des livres donnés en récompense. Avec un bon livre on peut inspirer le goût de la lecture aux enfants et même à leurs parents qui le liront. Avec un bon livre on peut faire au cabaret une concurrence efficace ; ayons donc soin de les bien choisir afin de les propager.

SECTION V.

Résumé des principes sur les punitions et les récompenses

I. Puisque ce qui est bien doit être fait parce que c'est bien, sans égard aux punitions ni aux récompenses, concluons qu'en général il ne faut employer les punitions et les récompenses que lorsque d'autres considérations ne suffisent plus pour retenir les élèves dans la voie du devoir.

II. Dans tout le cours de l'éducation et de l'instruction, le maître, en encourageant l'obéissance, l'activité, le développement des facultés, l'amour de l'ordre, parviendra à faire disparaître les occasions d'insubordination et de révolte, et par suite les punitions.

III. C'est seulement le mérite, le zèle, l'application soutenue, et non pas les talents et les dons de la nature, qui peuvent donner des droits à des récompenses. En aucune circonstance, il ne doit y avoir de punitions pour l'incapacité et la faiblesse d'esprit. « Rien ne peut justifier un maître qui se laisse aller à punir un élève, auquel il n'a à reprocher autre chose qu'une intelligence naturellement bornée. » (J. Wood.) Il n'y a que la négligence, la légèreté, l'indolence et les autres effets d'une volonté mauvaise, qui doivent être punis.

IV. Les récompenses ne doivent que plaire, exciter et amuser, sans faire naître la vanité, l'orgueil, l'amour-propre. Les châtiments, de leur côté, doivent détourner du mal, mais ne doivent jamais être de nature à détruire le ressort et l'énergie de l'âme. Le maître les infligera toujours comme une pénible nécessité.

V. Les récompenses et les punitions seront mises en usage avec réserve et discrétion, ou elles perdront entièrement leur heureuse influence ; leur emploi trop fréquent rend l'esprit insensible aux émotions qu'elles doivent produire, ou bien il établit cette fausse idée que les hommes, ans toutes leurs actions, ne sont jamais guidés que par la considération de ce qui leur est personnellement utile ou nuisible.

VI. Plus l'homme vit pour le présent et pour lui-même, plus il est jeune et soumis à l'empire des sens, et plus il faut que le châtiment ou la récompense suivent de près ses actions, sinon leur effet est manqué. Au contraire, à mesure que l'enfant avance en âge, il faut l'habituer à attendre la récompense ou la punition, il faut lui enseigner à espérer ou à craindre les conséquences éloignées de ses actions.

VII. L'instituteur ne doit jamais accorder une récompense ou infliger un châtiment avant d'avoir pesé toutes les circonstances avec un esprit exempt de passion et une impartialité entière. Toute méprise, toute erreur, et surtout toute apparence de faveur pour un seul, détruisent dans le cœur des autres enfants le bien que peuvent produire les punitions et les récompenses, c'est-à-dire la conscience de leur nécessité et de leur justice.

L'homme passionné est sujet à des erreurs continuelles ; il se méprend sur le bien, et le récompense d'une manière exagérée ; il ne juge pas mieux ce qui est mauvais, il l'attribue aux plus détestables motifs, et le punit avec une excessive sévérité. La punition ne doit jamais être infligée dans la colère, ni surtout avec un air d'insulte, de raillerie ou de triomphe ; elle ne doit être accompagnée que de marques de compassion pour l'enfant coupable. Il faut faire sentir aux élèves que le maître est forcé à une mesure qui lui est désagréable. S'il punit imprudemment, il s'aliène le cœur des enfants, il fait naître en eux des dispositions à la turbulence et à la révolte. Quand le châtiment est convenablement appliqué, il laisse une impression bonne et permanente, et l'instituteur est estimé et chéri comme un père. En règle générale, l'approbation du maître est une récompense suffisante pour la bonne conduite morale (1).

(1) Denzel.

VIII. « On ne peut arriver au *maximum* de progrès que « quand on est arrivé au *minimum* de punitions (1). » Une marque certaine d'incapacité dans un maître, c'est la nécessité où il se trouve d'employer plus de moyens de correction qu'un autre, pour obtenir le même résultat. C'est, au contraire, pour un instituteur, un beau titre de recommandation que de maintenir son autorité aussi bien que ses confrères, en punissant moins.

Diminuer les châtiments, sans nuire à la discipline de l'école, tel est le problème que chaque maître doit s'efforcer de résoudre.

Quant à l'application de ces différentes règles sur les récompenses et les punitions, avons-nous besoin de dire qu'elle doit être constamment inspirée par un véritable esprit de charité et d'humanité chrétienne, qui tempérera la sévérité la plus juste par la commisération, qui apprendra au maître à reconnaître la part qu'il doit s'attribuer presque toujours dans les fautes de ses élèves. N'exigez donc que ce que vous pouvez raisonnablement attendre des êtres si faibles et si légers qui sont confiés à vos soins; mais surtout soyez rigoureux envers vous-mêmes autant que patients à l'égard des autres. C'est à nous-mêmes qu'il faut presque toujours demander compte du mal qui se fait autour de nous. « Si quelque désordre « a lieu dans mon école, dit Salzmann, je m'examine moi-« même, et je trouve souvent que c'est par ma propre « faute que l'enfant a manqué à son devoir (2). » Sans aller peut-être aussi loin, nous devons toutefois nous persuader que les enfants, essentiellement portés par nature à l'imitation, se conforment, sans s'en douter, à la conduite de ceux qui les dirigent.

« L'attention sur soi-même est absolument nécessaire dans l'école, où les maîtres ont autant de surveillants que d'écoliers; ceux-ci reçoivent et gardent toutes les im-

(1) Bell.
(2) *Art de bien élever les enfants.*

pressions de la conduite du maître avec d'autant plus de facilité qu'ils sont plus attentifs à l'observer. Un maître doit donc placer au rang de ses principales obligations celle d'édifier ses élèves ; rien n'est plus puissant sur l'esprit des enfants, comme sur celui des hommes faits, que l'exemple. Un instituteur ne doit jamais se permettre une parole qui ne soit une leçon, une démarche qui ne soit un modèle ; et malheur à celui qui, par ses discours ou ses œuvres, serait pour ses écoliers un sujet de scandale (1). »

SECTION VI.

Influence du bon ordre. — Conclusion.

Le résultat de la discipline est l'ordre, c'est-à-dire le fondement de tout bien, la condition essentielle de toute beauté physique et morale.

« L'ordre porte dans le travail le moyen le plus puissant du succès. Il est, comme le travail, un instituteur muet ; il est un bienfaiteur de l'enfance...

« L'ordre assigne à chaque chose son but, et par conséquent il marque à chaque chose son temps et sa place. Il classe, il distribue, il règle, il proportionne, il enchaîne ; il est l'opposé de la confusion et du hasard ; le définir, c'est en dire tous les bienfaits.

« Voyez comme les simples mouvements du corps deviennent plus faciles par leur régularité ! Observez la marche du soldat, les rapides opérations de l'ouvrier, l'agilité de la danse. Vous y trouverez économie de temps, diminution de fatigue, exécution plus parfaite. Les forces du corps se développent et ses organes acquièrent plus de souplesse et de précision par un exercice bien réglé. La santé elle-même se conserve ou se rétablit beaucoup mieux par un régime de vie bien ordonné que par l'assistance du médecin.

(1) *Conduite des Écoles chrétiennes*

« L'ordre est éminemment conservateur. Voulez-vous garantir les objets de la déperdition, en prolonger la durée? soignez leur arrangement. Voulez-vous les trouver quand vous en avez besoin et les avoir toujours à votre disposition ? arrangez-les. Voulez-vous multiplier vos ressources? mettez de l'ordre dans vos affaires. Voulez-vous vous enrichir par l'économie? mettez un ordre sévère dans vos revenus et dans vos dépenses. Voulez-vous économiser votre temps, le plus précieux de tous les trésors? mettez de l'ordre dans l'emploi de vos moments, dans la distribution de votre journée. Le désordre crée mille difficultés, mille entraves... Il est la cause la plus ordinaire de la ruine. L'ordre serait plus nécessaire encore aux conditions peu fortunées ; il est pour elles la condition de l'aisance, de la sécurité : moins on possède, plus il importe de ménager...

« Les enfants puiseront donc dans le goût et l'habitude de l'ordre, les provisions les plus utiles pour leur santé, pour leur carrière industrielle, pour leur bien-être futur (1). »

Non moins essentiel dans la vie intellectuelle que dans la vie physique, l'ordre, qu'on apppelle alors *méthode,* est le plus puissant auxiliaire de tous les efforts de l'esprit comme de tous les travaux du corps. Les idées les plus ordinaires acquièrent du mérite, et produisent quelquefois un grand effet, quand elles sont convenablement disposées, rigoureusement enchaînées : les conceptions les plus hautes, les plus belles, sont stériles la plupart du temps, si elles ne sont pas coordonnées. Mettez un homme de talent aux prises avec un sujet compliqué, difficile : les idées se pressent en lui à mesure qu'il étudie son sujet ; il entrevoit des réponses à toutes les questions, des preuves pour toutes les allégations, des développements pour toutes ses pensées ; s'il ne sait pas classer tous ces matériaux, les prendre l'un après l'autre

(1) M. de Gérando. *Cours normal des instituteurs primaires.*

pour les polir et les adapter à l'ensemble, son esprit, allant à l'aventure de l'un à l'autre, commencera tout, ne finira rien; ses forces s'épuiseront pour avoir attaqué trop d'obstacles à la fois; sa vue s'obscurcira pour vouloir embrasser trop d'objets d'un seul coup d'œil, et il ne produira qu'une œuvre tronquée et imparfaite.

Qu'il sache au contraire diviser son sujet, en disposer avec ordre toutes les parties, il appliquera successivement à chacune ses facultés tout entières; ces difficultés qui toutes ensemble l'accablaient, il en triomphera aisément s'il les aborde une à une. C'est le faisceau de faibles baguettes, qui, séparées, seraient brisées par un enfant, qui, étant réunies, résisteraient à la main la plus robuste. Et d'ailleurs, quelle puissance n'acquiert pas la réflexion lorsque, concentrée sur tel ou tel objet spécial, elle a su écarter toute préoccupation étrangère! Quelle est l'idée qui ne devient pas féconde, quand, dégagée de toute autre et mise en relief, elle occupe l'esprit tout entier, appelle à elle seule toute son énergie! S'il s'agit d'émettre ses pensées, de faire comprendre aux autres ce dont on est pénétré soi-même, qui ne sait combien l'ordre est une condition indispensable de la clarté, combien les arguments se fortifient ou s'affaiblissent par la manière plus ou moins habile dont on sait les disposer? L'ordre dans tout le travail intellectuel, c'est presque le succès.

Dans une sphère plus élevée encore, dans la vie morale, l'ordre, c'est le bien à sa perfection; aussi a-t-il une beauté qui séduit, qui entraîne par elle-même toute âme généreuse, et devient-il un besoin pour ceux qui ont su en apprécier le charme et la grandeur. C'est là l'admirable tableau que présente une vie dont la vertu est le guide, où tout se subordonne à l'idée du devoir, où toutes les actions obéissent à ce seul mobile. Celui qui a pris l'habitude de conformer sa conduite à l'ordre, ne peut plus céder sans quelque répugnance à un mouvement désordonné; le mal le choque par sa laideur même, comme un faux accord blesse une oreille délicate; il cherche l'harmonie dans ses actions ; et son *bon goût moral*, à part toute autre considération plus solide, est par lui seul une excellente protection contre les séductions du mal.

Nous en avons dit assez pour faire comprendre à l'instituteur l'importance de l'ordre dans une école. L'ordre matériel, utile par lui-même pour la conduite ordinaire de la vie, est la condition du succès des études, dont il garantit la suite et la régularité ; il est essentiel, pour la conservation des bonnes mœurs, qui ne se maintiennent dans toute réunion d'enfants qu'à la condition de la plus exacte surveillance. C'est en assurant d'abord l'ordre matériel que le maître pourra établir l'ordre intellectuel et moral ; ainsi, il accomplira le triple objet de toute sa vie de travaux, de fatigues, de dévouement ; l'éducation du corps, l'éducation de l'esprit, l'éducation du cœur.

CHAPITRE VII.

Comptabilité. — Écritures.

BIBLIOTHÈQUES SCOLAIRES.

§ 1. — ROLES DE LA RÉTRIBUTION SCOLAIRE.

Quoique nous n'ayons pas le dessein de consacrer un de nos chapitres à la comptabilité des écoles, il nous a semblé que le *Cours de Pédagogie* ne serait pas complet si nous passions complètement sous silence les écritures exigées de l'instituteur.

Dans les écoles demeurées payantes (art. 10, Loi du 10 avril 1867), les instituteurs et institutrices sont tenus de dresser les rôles pour la perception de la rétribution scolaire qui doit entrer dans le total de leur traitement.

Ces rôles, que tous les maîtres connaissent, mais avec

lesquels il sera bon de familiariser les élèves des écoles normales, sont :

— N° 2 : Rôle de la rétribution pour le premier trimestre ;

— N° 3 : Rôle trimestriel de la rétribution scolaire pour les trois derniers trimestres ;

— N° 4 : Rôle de la rétribution due pour le premier trimestre par les enfants des communes voisines non réunies ;

— N° 5 : Rôle trimestriel pour les trois derniers trimestres de la rétribution scolaire due par les enfants des communes voisines non réunies ;

— N° 8 : Rôle de la rétribution scolaire due pour le premier trimestre à l'instituteur autorisé à la percevoir par lui-même ;

— N° 9 : Rôle trimestriel pour les trois derniers trimestres de la rétribution due à l'instituteur, autorisé à la percevoir par lui-même.

L'établissement de ces rôles multiples est singulièrement facilité par le registre matricule sur lequel l'instituteur doit écrire, à partir du 1er janvier de chaque année, les noms de tous les enfants admis à son école. Ce registre, coté et paraphé par le maire, donne la date de l'entrée et de la sortie de chaque enfant, le chiffre de la rétribution qu'il doit payer, et les non-valeurs, dégrèvements, remises ou modérations prononcées ultérieurement.

« Ce registre matricule est obligatoire au premier chef.»

Des deux tableaux récapitulatifs qu'il contient, l'un donne le nombre des mois de fréquentation et permet d'établir une moyenne intéressante, l'autre fournit des renseignements précieux sur le nombre des enfants restés en dehors de l'école ainsi que les éléments nécessaires pour vérifier le traitement des maîtres et maîtresses et apprécier les subventions que ces traitements comportent (1). »

(1) MM. Brouard et Defodon.

A la fin de l'année, ce registre, visé et contrôlé par l'inspecteur primaire, est transmis à la préfecture.

§ 2. ÉCRITURES.

Les seules écritures exigées des Instituteurs sont, aux termes de la circulaire du 17 avril 1866.

1° *Rétribution scolaire.*

1° Registre matricule;

2° Rôles de la rétribution scolaire et écritures qui s'y rapportent.

3° Registre de déclaration d'abonnement.

(Nous avons spécifié ces écritures à la section précédente.)

2° *Ecritures d'Ordre et de Statistique.*

1° Registre d'inventaire du mobilier de l'école ;

2° Catalogue et registre d'entrée et de sortie des livres des bibliothèque scolaires, registre des recettes et des dépenses et état au 31 décembre de ces bibliothèques;

3° Rapport annuel contenant les renseignements nécessaires à la rédaction des états de situation des écoles.

3° *Écritures relatives à la tenue de l'école.*

1° Registre d'appel ou de présence, de notes et de compositions. (Voy. circ. 17 avril 1866.)

2° Journal de classe. (Id.)

§ 3. BIBLIOTHÈQUE SCOLAIRES.

Les bibliothèques scolaires ont été créées en 1862, dans le but de fournir aux enfants des écoles et aux adultes de bons livres de lecture. Nous n'avons pas à faire l'éloge de cette institution, qui prend chaque jour de nouveaux développements.

Composées de livres propres à entretenir les sentiments généreux, à répandre les notions utiles, à faire aimer le travail, ces bibliothèques sont confiées à la garde de l'instituteur ; c'est lui qui est appelé à en distribuer les volumes.

« Et c'est sur ce point surtout que sa tâche est délicate, car c'est sur lui que pèse presque tout entière la responsabilité des lectures. Il doit donc remarquer les livres qui intéressent le plus les élèves ; c'est lui qui donne des conseils aux lecteurs avides de science. Si une jeune fille vient demander un livre qu'il faudrait réserver à un homme d'âge mûr, la prudente sagacité du bibliothécaire intervient ; il sait que tel livre convient à l'intelligence ou à la profession de tel ou tel, et parvient à faire ainsi de la bibliothèque un puissant moyen d'éducation (1). »

Le choix des livres est réservé aux inspecteurs d'académie. Nous n'avons donc pas à signaler aux instituteurs les ouvrages qu'ils admettront dans la bibliothèque confiée à leurs soins ; nous leur indiquerons seulement les écritures qu'ils doivent tenir comme bibliothécaires.

Aux termes d'une circulaire du 17 Janvier 1874, trois registres distincts servent au contrôle et à la conservation des bibliothèques.

1° Un catalogue des livres ;

2° Un registre des recettes et dépenses ;

3° Un registre d'entrée et de sortie des livres prêtés au dehors.

Ces registres, cotés et paraphés par le maire, doivent être visés par l'inspecteur d'académie, et sont communiqués à toute réquisition des autorités scolaires.

CHAPITRE VIII.

Cours d'adultes.

M. Guizot écrivait, il y a plus de trente ans, dans une de ces admirables circulaires qui sont restées comme

(1) Charles Robert. — *Conférences pédagogiques*

l'expression la plus élevée et la plus noble de la science pédagogique :

« Il y a une innovation (les cours d'adultes) qui a réussi au-delà de l'attente même de ceux qui l'entreprenaient. J'ai vu sous mes yeux, dans la très-modeste commune que j'habite, et qui n'a guère que 350 habitants, un fait qui m'a frappé : un jeune maître d'école, très-capable, a ouvert une classe d'adultes. A la seconde année où il l'a ouverte, il a eu douze adultes, douze hommes au-dessus de vingt ans, venant suivre son enseignement. C'étaient des hommes jusque-là dépourvus des connaissances élémentaires qui constituent l'enseignement populaire, et ils sentaient vivement eux-mêmes le besoin d'apprendre. Il a suffi, je le répète, dans une très pauvre commune composée de paysans, de cultivateurs, d'ouvrir une école pour que douze hommes soient venus tous les soirs, pendant 3 ou 4 mois, recevoir l'instruction d'un homme très-modeste, mais qui en savait beaucoup plus qu'eux. »

Mais pourquoi, pourrait-on nous dire, pourquoi dans un cours de Pédagogie, un chapitre consacré aux classes d'adultes ? C'est que les classes du soir sont devenues le complément des études scolaires ; c'est que le jeune instituteur dont parlait M. Guizot a eu des imitateurs, et qu'aujourd'hui il est bien peu de communes dans lesquelles l'instituteur ne réunisse chaque soir quelques hommes de bonne volonté ignorants et désireux d'apprendre. A ce titre, les cours d'adultes rentraient bien dans le plan de notre ouvrage ; et puis, il y a une corrélation étroite entre les classes de la journée et celles du soir. Ces dernières ont bien souvent pour résultat d'imdemniser ceux des élèves prématurément enlevés à l'école, et que la raison a ramenés aux cours du soir. Pour ceux-là, la classe du soir n'est que la suite des cours interrompus. Enfin, et cette raison n'est certainement pas la moins bonne, quelle distinction établir entre l'enfant et l'homme ignorant ? L'un et l'autre sont des écoliers, l'un et l'autre viennent chercher auprès du maître des leçons et des conseils. Le chapitre des cours d'adultes avait donc sa place toute tracée dans notre livre.

Que l'école d'adultes soit composée d'anciens élèves ou d'ouvriers ignorants, les programmes suivis par le maître. la direction donnée à l'enseignement, sa forme même ne sauraient être les mêmes que pour l'école du jour. Les cours, qui ont lieu l'hiver seulement, dureront deux ou trois heures au plus et seront partagés en divers exercices où l'enseignement doit se dépouiller complétement de tout appareil dogmatique. « La théorie, dit M. Thery, doit à peine tenir une place dans l'instruction des adultes. Bien qu'ils aient le jugement plus formé que les enfants, ils n'ont pas la même élasticité d'intelligence. Les travaux matériels qui ont fait jusqu'alors leur seule occupation, les ont mal disposés aux abstractions les plus élémentaires. C'est de la pratique et encore de la pratique qu'il leur faut. »

C'est ce qu'exprimait à son tour M. Maggiolo dans ses intéressantes conférences sur les cours d'adultes, et nous ne pouvons mieux faire que de lui emprunter, en les résumant, quelques-uns de ses excellents préceptes.

A la campagne, bornez-vous, pour les hommes faits comme pour les enfants, aux matières que l'on appelle obligatoires; rien d'ailleurs ne vous empêche de communiquer à vos élèves, avec les notions les plus élémentaires, les connaissances qui peuvent le mieux les aider pour la conduite de leurs travaux ou le règlement de leurs intérêts.

Dans les centres populeux, le bien-être, l'extension du commerce, le progrès des arts et de l'industrie ont amené pour le plus grand nombre le besoin impérieux d'un enseignement intermédiaire, qui sans aller jusqu'à la démonstration théorique des sciences, en fait du moins connaître les découvertes et en vulgarise les principales applications.

Quelle que soit votre méthode de lecture, appliquez-vous, à l'école du soir comme à celle du jour, à faire de cet exercice l'instrument principal du développement intellectuel. Choisissez bien vos textes, accoutumez l'adulte à lire avec aisance, avec naturel, avec le ton de la conversation. Lisez vous-même un passage que vous aurez bien préparé — l'exemple en cette matière est bien préférable à la leçon — lisez-le avec les inflexions de voix et le ton le plus convenable. Posez ensuite des questions sur le sens de telle phrase, l'orthographe de tel mot, la portée de telle expression ; faites faire un compte rendu, un résumé oral ou écrit de ce que vous avez lu. Il y a là pour la mémoire, pour le cœur, pour l'intelligence une source féconde d'excellents résultats.

En enseignant l'écriture, n'oubliez pas qu'il s'agit moins de former des professeurs de calligraphie que de mettre les adultes en état d'écrire couramment et lisiblement. Réservez tout le temps consacré à cet exercice à l'écriture posée et à l'expédiée.

Bien plus que l'enfant, l'adulte qui vient s'asseoir sur les bancs de l'école apporte avec lui, sans en avoir conscience, l'usage des genres, des nombres, des conjugaisons ; il ne lui reste donc qu'à se rendre un compte exact de ce qu'il sait en quelque sorte par routine ou plutôt naturellement. Écrivez au tableau noir une phrase simple et claire, assurez-vous que vos auditeurs en ont bien compris le sens, expliquez ou faites expliquer le rôle que chacun des mots joue dans la construction de la phrase ; faites ensuite copier cette phrase, et vous aurez à la fois un exercice de logique pratique et une leçon d'orthographe. Pas de ces prétendues analyses logiques, qui faussent le jugement, pas de grammaire; faire étudier un livre à des adultes qui manient la bêche ou le rabot, c'est à plaisir les fatiguer et les éloigner. Que vos dictées, graduées avec discernement, soient analysées sobrement au point de vue des idées, des mots, de l'orthographe ; qu'elles aient pour objet un trait d'histoire, une invention utile, une lettre de famille, le compte rendu d'une affaire...

Pour le calcul et l'arithmétique, exercez-vous à rendre vos leçons utiles ; empruntez vos problèmes aux circonstances de la vie réelle, aux faits de l'économie domestique, rurale, industrielle.... Que l'arithmétique devienne pour vos élèves un cours de logique populaire appliquée aux besoins de chaque jour.... Que votre enseignement ait un caractère essentiellement pratique, qui permette à l'adulte de tirer parti de ses connaissances pour les besoins de sa position et de sa famille.

Apprenez donc à l'adulte à faire lui-même ses affaires, à écrire une lettre, à dresser un compte, un mémoire, un inventaire, un plan ; enseignez-lui à cuber un terrassement ou une charpente, et soyez persuadés que sa reconnaissance et celle de sa famille seront la récompense bien méritée de vos efforts et de votre intelligence. » .

L'éducation morale, si négligée et si souvent nulle chez les adultes ignorants, doit être l'objet de toute la sollicitude de l'instituteur. Il lui appartient de moraliser le peuple par l'instruction, et son honneur sera de poursuivre courageusement sa tâche. Mais là surtout il aura plus d'un écueil à craindre ; la morale se fait difficilement accepter des hommes faits ; il faut la rendre aimable, facile et l'entremêler d'exemples. Respectez donc la liberté de vos auditeurs, ménagez leurs préventions, dissipez-les doucement et cherchez seulement à développer chez eux le sens moral par des lectures, par des dictées, par des récits choisis et préparés avec soin.

« C'est le moyen le meilleur et le plus efficace peut-être d'obtenir le progrès moral et religieux, qui s'accomplit à son temps et à son heure, dans les mystérieuses profondeurs de l'âme, comme le grain qui germe et qui croît le jour et la nuit, sans que le semeur s'en aperçoive.

... Montrez à vos adultes qu'une émulation féconde s'est emparée de toutes les intelligences et de toutes les carrières ; que la vie est une lutte, qu'elle a ses bons et ses mauvais jours, que le succès est plus que jamais à la patience, au travail, à l'énergie; armez-les surtout d'une fermeté inébranlable contre les mauvais conseils et les mauvais exemples ; dites-leur que la première des libertés et la plus inviolable, c'est la liberté de bien faire ; qu'on n'est vraiment homme de bien que lorsqu'on est assez fort pour résister au mal !

Enseignez aux adultes ce que c'est que la famille, les obligations douces et sacrées du fils, du frère, de l'époux et du père; enseignez-leur ce que c'est que la société civile, le respect de l'autorité, et répétez-leur souvent que si la liberte du citoyen est un droit, l'obéissance à la loi est un devoir!

.... Efforcez-vous d'affermir dans les âmes la foi et l'instruction, ces deux forteresses de nos temps modernes ; elles sont plus que jamais nécessaires, car jamais la lutte éternelle entre le bien et le mal n'a été plus vive et jamais il n'a fallu à la liberté de l'homme plus de courage et plus d'énergie pour triompher.

... Dites à l'ouvrier laborieux ce qu'on fait pour lui; conduisez-le d'étape en étape, de l'enfance à l'adolescence, de l'adolescence à l'âge mûr et à la vieillesse; faites-lui bien comprendre les avantages de l'épargne et ces merveilleuses institutions qui protégent aujourd'hui le travailleur honnête et prévoyant contre les périls du chômage, de la maladie, de la vieillesse et de la mort. »

C'est chez les écoliers du soir surtout qu'il sera bon de propager les notions d'agriculture, d'économie politique sur lesquelles nous avons insisté dans le chapitre des matières facultatives. Sans doute, le but de l'instituteur doit être d'apprendre aux adultes illettrés à lire, à écrire, à compter. Mais n'est-il pas aussi important de faire entrer dans ces oreilles que la curiosité a ouvertes, des principes salutaires que tout homme devrait connaître et qui seront pour lui le contre-poison des théories malsaines et des utopies insensées? Le drapeau de l'ordre, de la conservation sociale est aux mains do l'instituteur, mais il ne lui suffit pas de le tenir, il lui faut encore et surtout chercher et grouper les soldats qui le défendront.

Quelle noble et admirable tâche, et combien sera grand aux yeux des hommes et aux yeux de Dieu l'humble instituteur qui dans sa sphère étroite l'aura comprise et mise en œuvre !

Parmi les matières facultatives qu'on pourra introduire dans les classes du soir, il n'en est pas de plus profitable que le dessin linéaire, qui donne la justesse et l'assurance à la main et qui peut être d'un si grand secours pour l'ouvrier.

Les cours d'adultes ne pourront pas, on le conçoit, avoir le même développement que les classes du jour. Limités aux heures de repos et aux soirées d'hiver, ils peuvent cependant suffire pour donner à des hommes faits les connaissances élémentaires indispensables.

Une circulaire du 22 décembre 1866 leur a donné un couronnement, en instituant le certificat d'études réservé aux adultes qui ont suivi les cours du soir assidûment. Ce certificat d'études, qui ne doit jamais être prodigué, peut faciliter aux apprentis leur entrée dans une fabrique, un atelier. Beaucoup d'industriels le recherchent, et c'est un motif de le donner avec discernement.

Le certificat est délivré par l'instituteur assisté d'une commission locale et de l'inspecteur d'académie. C'est le seul, mais le grand moyen disciplinaire pour les cours d'adultes ; c'est une excellente attestation de savoir et de moralité.

FIN

TABLE

DES MATIERES CONTENUES DANS CE VOLUME.

Deuxième partie. — *De l'Instruction.*

Paris-Imp. PAUL DUPONT 41, rue Jean-Jacques-Rousseau — 903. 7-77.

CHEFS-D'ŒUVRE DU ROMAN FRANÇAIS

12 beaux volumes in-8 cavalier, papier des Vosges, illustrés de charmantes gravures sur acier

GRAVÉES PAR LES PREMIERS ARTISTES D'APRÈS LES DESSINS DE STAAL

Chaque volume sans tomaison se vend séparément 7 fr. 50

Œuvres de madame de la Fayette, 1 vol.
Œuvres de mesdames de Fontaines et de Tencin. 1 vol.
Histoire de Gil Blas de Santillane par LE SAGE. 2 vol.
Le Diable boiteux, suivi de *Estévanille Gonzalès*, par LE SAGE. 1 vol.
Histoire de Guzman d'Alfarache, par LE SAGE. 1 vol.
La Vie de Marianne, suivie du *Paysan parvenu*, par MARIVAUX. 2 vol.
Œuvres de Mme Riccoboni. 1 vol.
Œuvres de Mmes Élie de Beaumont de Mme de Genlis, de Fiévée et de Mme de Duras. 1 vol.
Œuvres de Mme de Souza. 1 vol.
Corinne, ou l'Italie, par Mme DE STAEL. 1 vol.

ŒUVRES DE WALTER SCOTT

Traduction de M. DEFAUCONPRET, édition de luxe entièrement terminée, revue et corrigée avec le plus grand soin, illustr. de 59 magnifiq. vignet. et portr. sur acier d'après RAFFET. 30 v. in-8, caval., papier glacé et satiné. 150 fr.
Prix de chaque volume. . . . . 5 fr.

1. Waverley.
2. Guy Mannering.
3. L'Antiquaire.
4. Rob-Roy.
5. Le Nain noir. Les Puritains d'Écosse.
6. La Prison d'Édimbourg.
7. La Fiancée de Lammermoor. L'Officier de fortune.
8. Ivanhoë.
9. Le Monastère.
10. L'Abbé.
11. Kenilworth.
12. Le Pirate.
13. Les Aventures de Nigel.
14. Peveril du Pic.
15. Quentin Durward.
16. Eaux de Saint-Ronan.
17. Redgauntlet.
18. Connétable de Chester.
19. Richard en Palestine.
20. Woodstock.
21. Chronique de la Canongate.
22. La Jolie fille de Perth.
23. Charles le Téméraire.
24. Robert de Paris.
25. Le Château périlleux. La Démonologie.
26. 27. 28. Histoire d'Écosse.
29. 30. Romans poétiques.

LE MÊME OUVRAGE, nouvelle édition, publiée en 30 vol. in-8 carré avec gravures sur acier. Chaque volume contient au moins un roman complet et se vend. 3 fr. 50

ŒUVRES DE J. FENIMORE COOPER

Traduction de M. DEFAUCONPRET, ornées de 90 vignettes d'après les dessins de MM. Alfred et Tony JOHANNOT. 30 vol. in-8. . . . . 120 fr.
On vend séparément chaque volume. . . . . 4 fr.

1. Précaution.
2. L'Espion.
3. Le Pilote.
4. Lionel Lincoln.
5. Les Mohicans.
6. Les Pionniers.
7. La Prairie.
8. Le Corsaire rouge.
9. Les Puritains.
10. L'Ecumeur de mer.
11. Le Bravo.
12. L'Heidenmauer.
13. Le Bourreau de Berne.
14. Les Monikins.
15. Le Paquebot.
16. Eve Effingham.
17. Le Lac Ontario.
18. Mercédès de Castille.
19. Le Tueur de daims.
20. Les Deux amiraux.
21. Le Feu follet.
22. A bord et à terre.
23. Lucie Hardinge.
24. Wyandotté.
25. Satanstoë.
26. Le Porte-Chaîne.
27. Ravensnest.
28. Les Lions de mer.
29. Le Cratère.
30. Les Mœurs du jour.

LE MÊME OUVRAGE, nouvelle édition, publiée en 30 vol. in-8 carré avec gravures sur acier. Chaque volume contient au moins un roman complet et se vend: 3 fr. 50

ŒUVRES COMPLÈTES DE CHATEAUBRIAND

Nouvelle édition, précédée d'une Étude littéraire sur Chateaubriand, par M. SAINTE-BEUVE. 12 très-forts vol. in-8, sur papier cavalier vélin, ornés d'un beau portrait de Chateaubriand et de 42 grav., le vol. . à . . . . 6 fr.

ON VEND SÉPARÉMENT AVEC UN TITRE SPÉCIAL

Le Génie du christianisme. 1 vol.
Les Martyrs. 1 vol.
Itinéraire de Paris à Jérusalem. 1 v.
Atala. René, le dernier Abencerage, les Natchez, Poésies. 1 vol.
Voyages en Amérique, en Italie et en Suisse. 1 vol.
Le Paradis perdu. 1 vol.
Histoire de France. 1 vol.
Études historiques. 1 vol.

Le prix de chaque volume, avec 3, 4 ou 5 gravures : 6 fr. — Sans gravures: 5 fr.

GÉOLOGIE APPLIQUÉE, OU TRAITÉ DU GISEMENT ET DE L'EXPLOITATION DES MINÉRAUX UTILES

Par M. A. Burat, ingénieur, professeur de géologie et d'exploitation des mines à l'École centrale des arts et manufactures ; cinquième édition, revue, augmentée, divisée en deux parties. — Géologie. — Exploitation. — 2 forts volumes in-8, illustrés de vues, et de nombreuses figures. . . . 25 fr.

ÉLÉMENTS DE GÉOLOGIE

Ou changements anciens de la terre et de ses habitants, tels qu'ils sont représentés par les monuments géologiques, par sir Ch. Lyell. Traduit de l'anglais sur la sixième édition avec le consentement de l'auteur, par M. Ginestou, bibliothécaire de la Société d'encouragement. 6e édition considérablement augmentée et illustrée de 770 gravures. 2 beaux vol. in-8. . . . . 20 fr.

PRINCIPES DE GÉOLOGIE

Ou illustrations de cette science empruntées aux changements modernes de la terre et de ses habitants par sir Charles Lyell, baronnet. Traduit de l'anglais sur la onzième édition, avec l'autorisation de l'auteur par le même. Avec cartes, gravures en taille-douce et figures. 2 vol. in-8. . . . 25 fr.

ABRÉGÉ DES ÉLÉMENTS DE GÉOLOGIE

Par sir Charles Lyell, baronnet, membre de la Société royale de Londres. Traduit par le même. Ouvrage illustré de 644 gravures. 1 fort vol. grand in-18 jésus.. . . . . 10 fr.

DE L'EXPLOITATION DES CHEMINS DE FER

Leçons faites à l'École nationale des ponts et chaussées par F. Jacqmin, ingénieur des ponts et chaussées, directeur de l'exploitation des chemins de fer de l'Est, professeur à l'École des ponts et chaussées. 2 beaux vol. in-8. . 16 fr.

DES MACHINES A VAPEUR

Leçons faites en 1869-70 à l'École nationale des ponts et chaussées. Du même auteur. Deux forts vol. grand in-8 cavalier. . . . . 16 fr.

TRAITÉ ÉLÉMENTAIRE DES CHEMINS DE FER

Par Auguste Perdonnet, ancien élève de l'École polytechnique, directeur de l'École nationale centrale des arts et manufactures, ancien ingénieur en chef de plusieurs chemins de fer, président de l'Association polytechnique. 3e éd., revue, corrigée et considérablement augmentée. 4 très-forts vol. in-8, avec 1,100 fig. sur bois et sur acier; cart., tableaux, etc. 70 fr.

GUIDE DU SONDEUR

Traité théorique et pratique des sondages, par MM. Degousée et Ch. Laurent, ingénieurs civils, fabricants d'équipages de sonde. Deuxième édition, composée de 2 forts volumes in-8 avec un grand nombre de gravures sur bois intercalées dans le texte, et accompagnés d'un Atlas de 62 planches gravées sur acier, représentant un très-grand nombre de figures, d'outils, coupes de terrains, etc. Prix des 2 vol. brochés et de l'Atlas cartonné. . . 30 fr.

DICTIONNAIRE DE LA CONVERSATION ET DE LA LECTURE

52 vol. grand in-8, de 500 pages à 2 colonnes. 208 fr. net.. . . . 150 fr.

SUPPLÉMENT AU

DICTIONNAIRE DE LA CONVERSATION ET DE LA LECTURE

Rédigé par tous les écrivains et savants dont les noms figurent dans cet ouvrage et publié sous la direction du même rédacteur en chef. 16 vol. in-8. de 500 pages, pareils aux 52 volumes publiés de 1833 à 1839.. . . 80 fr.

Aujourd'hui les seuls exemplaires qui conservent *leur valeur primitive* sont ceux qui sont accompagnés du *Supplément.*

NOUVELLE FLORE FRANÇAISE. Descriptions succinctes et rangées par tableaux dichotomiques des plantes qui croissent spontanément en France et de celles qu'on y cultive en grand, avec l'indication de leurs propriétés et de leurs usages en médecine, en hygiène vétérinaire, dans les arts et dans l'économie domestique, par M. GILLET, vétérinaire principal de l'armée, et par M. J. H. H. MAGNE, professeur de botanique à l'Ecole d'Alfort. 1 beau volume gr. in-18 jésus orné de 100 planches plus de 1,200 fig. . . 8 fr.

COURS ÉLÉMENTAIRE D'HISTOIRE NATURELLE, à l'usage des lycées et des maisons d'éducation, rédigé conformément au programme de l'Université. 3 forts vol. in-12 ornés de plus de 2,000 figures.

Zoologie, par MILNE EDWARDS, membre de l'Institut, professeur au Jardin des Plantes. 1 vol. . . . . 6 fr.

Botanique, par M. A. DE JUSSIEU, de l'Institut. 1 vol. . . . . 6 fr.

Minéralogie et Géologie, par M. F. S. BEUDANT, de l'Institut. 1 vol. . . 6 fr.

La Géologie seule. 1 vol. . . . 4 fr.

GÉOLOGIE, par M. E.-B. DE CHANCOURTOIS. 1 vol. . . . . 1 fr. 25

COURS ÉLÉMENTAIRE DE CHIMIE, par M. V. REGNAULT, de l'Institut. 4 vol. in-18 jésus, ornés de 700 figures. 5e édition. . . . . . . 20 fr.

PREMIERS ÉLÉMENTS DE CHIMIE, à l'usage des facultés, des établissements d'enseignement secondaire, des écoles normales et des écoles industrielles, par LE MÊME. 1 vol. in-18 jésus illustré. 3e édition. . . . 5 fr.

TRAITÉ DE MÉCANIQUE RATIONNELLE, contenant les éléments de mécanique exigés pour l'admission à l'Ecole polytechnique et toute la partie théorique du cours de mécanique et machines de cette école, par M. DELAUNAY, de l'Institut, professeur à la Faculté des sciences de Paris. 4e édition. 1 vol. in-8. . . . . 8 fr.

COURS ÉLÉMENTAIRE DE MÉCANIQUE THÉORIQUE ET APPLIQUÉE, à l'usage des facultés, des établissements d'enseignement secondaire, des écoles normales et des écoles industrielles, par LE MÊME. 1 vol. in-18 jésus, illustré de 540 fig. 5e édition. . . . . 8 fr.

COURS ÉLÉMENTAIRE D'ASTRONOMIE, concordant avec les articles du programme officiel pour l'enseignement de la cosmographie, par LE MÊME 1 vol. in-18 jésus, illustré de planches et de vignettes. 3e édit. 7 fr. 50

TRAITÉ D'ASTRONOMIE APPLIQUÉE A LA GÉOGRAPHIE ET A LA NAVIGATION, suivi de la géodésie pratique, par EMM LIAIS, astronome de l'Observatoire national de Paris. 1 fort vol. gr. in-8 cavalier. 10 fr.

MANUEL D'ARBORICULTURE DES INGÉNIEURS, plantations des alignements forestiers, etc., etc. par DU BREUIL; illustré d'un grand nombre de grav. 1 gr. vol. in-18. . . . . 3 fr. 50

COURS D'ARBORICULTURE. Culture des arbres et arbrisseaux à fruits de table, par M. A. DU BREUIL. 6e édit., 573 fig. 1 vol. gr. in-18. . . . 8 fr.

COURS D'ARBORICULTURE (6e édition). Culture des arbres et arbrisseaux d'*ornement*, par A. DU BREUIL. 1 vol. in-18 jésus avec tableaux, plans et 190 figures représentant les principales espèces. . . . . 5 fr.

COURS D'ARBORICULTURE (6e édition). Les vignobles et les arbres à fruits à cidre. — L'olivier, le noyer, le mûrier, etc., par A. DU BREUIL. 1 vol. in-18 ; 7 cartes et 384 figures dans le texte. . . . . 6 fr.

INSTRUCTION ÉLÉMENTAIRE SUR LA CONDUITE DES ARBRES FRUITIERS, par LE MÊME. — Ouvrage destiné aux jardiniers, aux élèves des fermes-écoles 1 vol. in-18 jésus, 207 fig. 9e édition. . . . . 2 fr. 50

TRAITÉ ÉLÉMENTAIRE D'AGRICULTURE, destiné aux écoles d'agriculture et aux cultivateurs, par MM. GIRARDIN, correspondant de l'Institut, et DU BREUIL. 2 forts vol. in-18 jésus, illustrés de 955 fig. 3e édit. 16 fr.

LEÇONS ÉLÉMENTAIRES DE BOTANIQUE, fondées sur l'analyse de 50 plantes vulgaires et formant un traité complet d'*Organographie* et de *Physiologie* végétales, à l'usage des gens du monde, par M. EMM. LEMAOUT, docteur en médecine. 3e édit. 1 vol. gr. in-8 raisin, illustré d'un atlas de 50 planches et de 700 fig. 12 fr. Le même ouvrage, atlas colorié. . 16 fr.

EXTRAIT DU CATALOGUE

ŒUVRES D'AUGUSTIN THIERRY

5 vol. in-8 cavalier, papier vélin glacé, le volume. . . . . 6 fr.
Histoire de la conquête de l'Angleterre. 2 vol.
Lettres sur l'histoire de France.—Dix ans d'études historiques. 1 vol.
Récits des temps mérovingiens. 1 vol.
Essai sur l'Histoire du tiers état. 1 vol.

HISTOIRE DES DEUX RESTAURATIONS

Jusqu'à l'avènement de Louis-Philippe (de janvier 1813 à octobre 1830), par ACHILLE DE VAULABELLE. Nouvelle édition illustrée de vignettes et portraits sur acier, gravés par les premiers artistes, dessins de PHILIPPOTEAUX. 10 volumes in-8 à. . . . . 6 fr.

HISTOIRE DES DUCS DE BOURGOGNE

Par M. DE BARANTE, membre de l'Académie française ; 7e édition. 12 vol. in-8, imprimés sur papier vélin satiné des Vosges, ornés de 104 gravures et d'un grand nombre de cartes.. . . . . 60 fr.

HISTOIRE UNIVERSELLE

Par le comte DE SÉGUR, de l'Académie française ; contenant l'histoire de tous les peuples de l'antiquité, l'histoire romaine et l'histoire du Bas-Empire. 9e édition, ornée de 30 gravures sur acier. 3 vol. grand in-8. 37 fr. 50

On peut acheter séparément chaque volume qui forme un tout complet.

Histoire ancienne. Contenant l'histoire des Egyptiens, des Assyriens, des Médes, des Carthaginois, des Juifs. 1 vol. . . . . 12 fr 50
Histoire romaine. Contenant l'histoire de l'empire romain, depuis la fondation de Rome jusqu'à Constantin, 1 vol. . . . . 12 fr 50
Histoire du Bas-Empire. Depuis Constantin jusqu'à la fin du second empire grec. 1 vol. . . . . 12 fr 50

HISTOIRE DES GIRONDINS

Par A. DE LAMARTINE. Édition illustrée d'environ 350 gravures dans le texte. 3 vol. grand in-8 jésus. . . . . 21 fr.

1815 — LIGNY — WATERLOO

Par A. DE VAULABELLE. 1 volume grand in-8 jésus, illustré de 40 belles gravures. . . . . 1 fr. 50

CAMPAGNE DE RUSSIE (1812).

Par ALFRED ASSOLLANT. Illustré de 40 gravures, par J. WORMS. 1 vol. grand in-8 jésus. . . . . 1 fr. 60

HISTOIRE DE PARIS

Par TH. LAVALLÉE. 207 vues par CHAMPIN. 1 vol. gr. in-8 jésus. . . . 12 fr.

HISTOIRE DE L'EMPIRE OTTOMAN

DEPUIS LES TEMPS LES PLUS ANCIENS JUSQU'À NOS JOURS

Par THÉOPHILE LAVALLÉE. 1 magnifique volume grand in-8, accompagné de 18 belles gravures anglaises, 15 fr.; net. . . . . 12 fr.

LA NORMANDIE HISTORIQUE

Pittoresque et monumentale, par JULES JANIN, illustrée par MM. H. BELLANGÉ, GIGOUX, MOREL-FATIO, DAUBIGNY. 1 vol. grand in-8.. . . . . 15 fr.

LA BRETAGNE HISTORIQUE

Pittoresque et monumentale, par JULES JANIN, illustrée par H. BELLANGÉ, RAFFET, GUDIN et DAUBIGNY. 1 vol. gr. in-8 jésus vélin. . . . . 15 fr.

LORD MACAULAY

Histoire d'Angleterre sous le règne de Jacques II, traduit de l'anglais par le comte JULES DE PEYRONNET. Deuxième édition. 3 vol. in-8 à.. 5 fr.
Histoire du règne de Guillaume III pour faire suite à l'Histoire du règne de Jacques II, traduit de l'anglais par AMÉDÉE PICHOT. 4 vol in-8 à 5 fr.

NOUVEAU DICTIONNAIRE COMPLET DES COMMUNES DE LA FRANCE, DE L'ALGÉRIE ET DES AUTRES COLONIES

Nomenclature de toutes les communes, leur division administrative, leur population, leurs principales sections, les châteaux; les bureaux de poste, leur distance de Paris; les stations de chemins de fer, l'industrie, le commerce, les productions du sol, par M. GINDRE DE MANCY. Quatrième édition, revue, corrigée et contenant la liste des communes annexées à l'Allemagne. 1 beau vol. in-8 raisin de 1,000 pages, avec une carte des chemins de fer français.......................... 12 fr.

DICTIONNAIRE PORTATIF DES COMMUNES DE LA FRANCE, DE L'ALGÉRIE ET DES AUTRES COLONIES FRANÇAISES

Précédé de tableaux synoptiques, par M. GINDRE DE MANCY, accompagné d'une carte de la France. Nouvelle édition revue, corrigée, contenant la liste des communes annexées à l'Allemagne. 1 fort vol. in-32 de 750 pages. cart. toile.............................. 5 fr.

DICTIONNAIRE D'HIPPIATRIQUE ET D'ÉQUITATION

Ouvrage où se trouvent réunies toutes les connaissances équestres et hippiques, par F. CARDINI, lieutenant-colonel en retraite. 2 vol. gr. in-8 ornés de 70 figures. 2e édition, corrigée et considérablement augmentée. 20 fr.

ENCYCLOPÉDIE THÉORIQUE ET PRATIQUE DES CONNAISSANCES UTILES

Composée de traités sur les connaissances les plus indispensables, ouvrage entièrement neuf, avec environ 1,500 gravures intercalées dans le texte. 2 vol. grand in-8.......................... 25 fr.

BIOGRAPHIE UNIVERSELLE

BIOGRAPHIE PORTATIVE UNIVERSELLE, contenant 29,000 noms, suivie d'une table chronologique et alphabétique, par L. LALANNE, A. DELLOYE, etc. 1 vol de 2,000 col., format du *Million de faits*, contenant la matière de 12 v. 8 fr.

UN MILLION DE FAITS

Aide-mémoire universel des sciences, des arts et des lettres, par MM. J. AICARD, LÉON LALANNE, LUDOVIC LALANNE, GERVAIS, etc. Un fort vol. portatif. in-8 de 1,720 colonnes, orné de gravures sur bois........ 9 fr.

CODES ET LOIS USUELLES

Classés par ordre alphabétique. 10e édition, contenant la législation jusqu'en 1876, collationnée sur les textes officiels, représentant en notes sous chaque article, ses différentes modifications, la corrélation des articles entre eux, la concordance avec le droit romain, l'ancienne législation française et les lois nouvelles. Précédée de la Constitution de la république française et accompagnée d'une table chronologique et d'une table générale des matières; par AUGUSTIN ROGER, avocat à la Cour d'appel de Paris, et ALEXANDRE SOREL, juge au tribunal civil de Compiègne. 1 beau vol. gr. in-8 raisin de 1,200 pages, 15 fr.; rel. demi-chagrin......... 18 fr.

LE MÊME OUVRAGE, édition portative, format grand in-32 jésus, en 2 parties. 1re PARTIE. Les *Codes*, 4 fr. — 2e PARTIE. Les *Lois usuelles*. . . . 4 fr.
Reliure demi-chagrin, 1,25 par volume.

CODES SÉPARÉS (Édition in-32)

Code civil...........	1 fr. 50	Code de Commerce et Sociétés	1 fr. 50
Code de Procédure civile...	1 fr. 50	Codes d'Instruct. crim. et pén.	1 fr. 50

NOUVEAU GUIDE DES ÉLECTEURS

Les lois, les instructions ministérielles, la jurisprudence relatives aux élections, réunions, affiches, etc. 1 vol................ 50 c.

COURS COMPLET D'AGRICULTURE

Ou Nouveau Dictionnaire d'agriculture théorique et pratique, d'économie rurale et de médecine vétérinaire, sur le plan de l'ancien Dictionnaire, par MM. le baron DE MOROGUES, MIRBEL, HÉRICART DE THURY, PAYEN, MATHIEU DE DOMBASLE, etc. 4e édition, revue et corrigée. 20 vol. br. en 19 gr. in-8 à 2 colonnes, avec environ 4,000 sujets grav., relat. à la gr. et à la petite culture, à l'économie rurale et domest., à la descript. des plant., etc. 112 fr.

EXTRAIT DU CATALOGUE

ŒUVRES COMPLÈTES DE BÉRANGER

9 volumes in-8, format cavalier, magnifiquement imprimés, papier vélin satiné, contenant :

Les Œuvres anciennes, illustrées de 53 gravures sur acier d'après Charlet, Johannot, Raffet, etc. 2 vol. . 28 fr.

Les Œuvres posthumes. Dernières chansons (1834 à 1851), illustrées de 14 gravures sur acier, de A. de Lemud. 1 vol. . . . . 12 fr.

Ma Biographie, avec un appendice et des notes, illustrée de 9 gravures et d'une photographie. 1 vol. . 12 fr.

Musique des chansons, airs notés anciens et modernes. Nouvelle édition revue par F. Bérat, illust. de 80 grav. sur bois, d'après Grandville et Raffet. 1 vol. . . . . 10 fr.

Même ouvrage, sans gravures. . 6 fr.

Correspondance de Béranger. Édition ornée d'un magnifique portrait grav. sur acier. 4 forts vol. contenant 1,200 lettres et un catalogue analytique de 150 autres. . . . . 24 fr.

Outre le portrait inédit qui orne cette édition, les éditeurs offrent aux Souscripteurs qui prendront l'ouvrage entier un exemplaire du **GRAND PORTRAIT DE BÉRANGER**, gravé sur acier par Lévy, et haut de 36 cent. sur 28 cent. de large. Ce portrait se vend séparément.

GRAND PORTRAIT DE BÉRANGER

DE $0^{m},36$ DE HAUT SUR $0^{m},28$ DE LARGE

Dessiné d'après nature par Sandoz et gravé au burin par G. Lévy.

Papier blanc, chaque épreuve. . 10 fr.
Papier de Chine. . . . . 15 fr.
Papier de Chine, épreuves avant la lettre, tirées à 120 exemplaires. . . 30 fr.

COLLECTIONS DE GRAVURES POUR LES ŒUVRES DE BÉRANGER

Anciennes chansons, 53 grav. . 18 fr. | Œuvres posthumes, 23 gravures. 12 fr.

NOTA. — On vient de publier 24 photographies sur les dessins de l'in-8 pour compléter l'édition parue en 1844 des anciennes chansons. 2 vol. in-18 illustrés de 44 gravures. Prix des photographies. . . . . 24 fr.

CHANSONS DE BÉRANGER

(ANCIENNES ET POSTHUMES)

Nouvelle édition populaire illustrée de 161 dessins inédits de MM. Andrieux, Bayard, Darjou, Godefroy Durand, Pauquet, etc., vignettes par M. Giacomelli, avec un beau portrait de l'auteur. 1 vol. grand in-8 jésus. . . . 9 fr.

ALBUM BÉRANGER

Par Grandville. 80 dessins gravés. Très-beau papier. 1 volume grand in-8 cavalier. . . . . 10 fr.

Ces bois ne font pas double emploi avec les aciers.

CHANTS ET CHANSONS POPULAIRES DE LA FRANCE

Nouvelle édition *avec musique*, illustrée de 339 belles gravures sur acier, d'après Daubigny, E. Giraud, Meissonnier, Staal, Trimolet, gravées par les meilleurs artistes, notice par A. de Lamartine. 3 vol. gr. in-8. . . 48 fr.

CHANTS ET CHANSONS POPULAIRES DES PROVINCES DE FRANCE

Notice par Champfleury. Accompagnement de piano par J. B. Wekerlin. Illust. par Bida, Courbet, Jacque, etc. 1 vol. gr. in-8. . . . . 12 fr.

CHANSONS NATIONALES ET POPULAIRES DE LA FRANCE

Accompagnées de notes historiques et littéraires par Dumersan et Noël Ségur, avec des vignettes, grav. sur acier, tirées à part. 2 vol. gr. in-8. . 20 fr.

ŒUVRES COMPLÈTES DE BUFFON

Avec la nomenclature linnéenne et la classification de Cuvier; édition nouvelle, revue sur l'édition in-4 de l'Imprimerie nationale ; annotée par M. Flourens, membre de l'Académie française. Les *Œuvres complètes de Buffon* forment 12 vol. grand in-8 jésus illustrés de 163 planches, 800 sujets coloriés, d'après les dessins originaux de M. Victor Adam. . . . . 120 fr

VOYAGES DANS L'INDE

Par le prince A. Soltykoff; illustrés de magnifiques lithographies à deux teintes par Derudder, etc., d'après les dessins originaux de l'auteur. 1 beau vol. grand in-8 jésus, 20 fr.; net. . . . . 15 fr.

VOYAGE EN PERSE

Par le prince Soltykoff; illustré, d'après les dessins de l'auteur. 1 vol. grand in-8 jésus. 10 fr.; net. . . . . 7 fr. 50

HISTOIRE NATURELLE DES MAMMIFÈRES

Par Paul Gervais; illustrations par MM. Werner, Freemann. 1 vol. grand in-8 jésus, 25 fr.; net. . . . . 15 fr.

DON QUICHOTTE DE LA MANCHE

Par Cervantes, traduction nouvelle, precédée d'une Notice sur l'auteur, par Louis Viardot, ornée de 800 dess. par Tony Johannot. 1 v. gr. in-8 jés. 20 fr.

PROCÈS BAZAINE

Récit complet des débats avec le Rapport complet du général de Rivière. Illustré de nombreuses gravures, portraits, plans de batailles, etc.; précédée d'une notice biographique et historique, par M. Amédée le Faure. 3 vol. grand in-8 jésus. . . . . 15 fr.

LES MILLE ET UNE NUITS

Contes arabes, traduits par Galland. Édition illustrée, revue et corrigée sur l'édition *princeps* de 1704, augmentée d'une dissertation sur les *Mille et une nuits*, par M. le baron Sylvestre de Sacy. 1 vol. gr. in-8 jésus 15 fr.

L'ESPAGNE PITTORESQUE, ARTISTIQUE ET MONUMENTALE

Mœurs, usages et costumes. Par MM. Manuel de Cuendias et V. de Féréal. 1 vol. grand in-8, orné de 50 planches à part, dont 25 costumes coloriés et 25 vues et monuments à deux teintes; 450 vign. 20 fr.; net. . . 15 fr.

DICTIONNAIRE UNIVERSEL THÉORIQUE ET PRATIQUE DU COMMERCE ET DE LA NAVIGATION

Marchandises. — Géographie et statistique commerciale. — Métrologie universelle et comparée. — Comptabilité. — Droit. — Navigation : Marine marchande. — Douanes. — Economie, finances, administration commerciale, etc. 2 vol. grand in-8 à deux colonnes. . . . . 60 fr

DICTIONNAIRE D'ÉCONOMIE POLITIQUE

Par ordre alphabétique, la bibliographie générale de l'économie politique par noms d'auteurs et par ordre de matières, par MM. Frédéric Bastiat, H. Baudrillart, Blanqui, Cherbuliez, Michel Chevalier, Ambroise Clément, Al. de Clerq, Ch. Coquelin, A. Courtois, Frédéric Cuvier, Gust. de Puynode, Léon Faucher, Joseph Garnier, Say, Wolowski et Guillaumin. 2 vol. grand in-8 à deux colonnes. . . . . 50 fr.

VIGNOLE — TRAITÉ ÉLÉMENTAIRE PRATIQUE D'ARCHITECTURE

Ou étude des cinq ordres d'après Jacques Barozzio de Vignole. Ouvrage divisé en 72 planches, comprenant les cinq ordres, avec l'indication des ombres nécessaires au lavis, le tracé des frontons, etc., et des exemples relatifs aux ordres ; composé, dessiné, par J. A. Leveil, architecte, ancien pensionnaire du roi à Rome, et gravé sur acier par Hibon. 1 vol. in-4. . . 10 fr.

TRAITÉ HISTORIQUE ET DESCRIPTIF, CRITIQUE ET RAISONNÉ DES ORDRES D'ARCHITECTURE

Avec un nouveau système simplifié, accessible à toute nature de matériaux, une biographie des architectes et d'un vocabulaire, avec 32 planches, par J.-M. de Saint-Félix. 1 vol. in-4 cartonné, dos toile angl.. . . . 10 fr.

EXTRAIT DU CATALOGUE

COLLECTION DE 38 BEAUX VOLUMES ILLUSTRÉS

GRAND IN-8 RAISIN, à 10 fr.

Cette charmante collection se distingue, non-seulement par l'excellent choix des auteurs et l'élégance du style, mais encore par un grand nombre de gravures dans le texte et hors texte exécutées par les premiers artistes. Jamais livres édités à ce prix n'ont offert autant de belles illustrations.

Demi-reliure, maroquin, plats toile, doré sur tranche, le vol. 4 fr.

Andersen. *Contes danois* Traduits pour la première fois du danois par MM. L. Moland et Ernest Grégoire illustrés de dessins de M. Yan' Dargent. 1 vol.

— *Nouveaux Contes danois*, traduits par les mêmes, illustrés par M. Yan' Dargent. 1 vol.

Belloc (Mme Louise Sw.). *La Tirelire aux histoires.* Lectures choisies. Vignettes de G. Staal. 1 vol.

— *Le fond du sac de la grand'mère*, contes et histoires. Illustré par Staal. 1 vol.

Berquin (Œuvres de). — Sandford et Merton. — Le Petit Grandisson. — Le retour de Croisière. — Les Sœurs de lait. — Les Joueurs. — Le Page. — L'Honnête Fermier. — Edition illustrée. Dessins de Staal. 1 vol.

— *L'Ami des enfants.* Edition illustrée de dessins par Staal. 1 vol.

Berthoud (S. Henry). *La Cassette des sept amis.* 1 v. illust. par Yan' Dargent. 125 vign. dans le texte et hors texte.

— *Les Hôtes du logis.* Illust. de plus de 150 vign. Dessins de Yan' Dargent. 1 v.

— *Soirées du docteur Sam.* Nombreuses illustrations par Yan' Dargent. 1 vol.

— *Les Féeries de la science.* Dessins de Yan' Dargent. 1 vol.

— *Le Monde des insectes.* Illustré. Dessins de Yan' Dargent. 1 vol.

— *L'Homme depuis cinq mille ans* Illustré. Dessins de Yan' Dargent. 1 vol.

— *Contes du docteur Sam.* Illustrés par Staal. 1 vol.

Buffon *des familles.* Histoire et description des animaux, extraites des *Œuvres de Buffon* et de *Lacépède.* Illustré de plus de 450 vignettes. 1 v.

Campe (J.-A.). *Découverte de l'Amérique.* 1 vol. illustré de 120 gravures.

Chasles (Emile). *Contes de tous pays.* Illust. de vign., dessins de Staal. 1 v.

— *Nouveaux Contes de tous pays.* Illustrés, dessins de Staal. 1 vol.

Cozzens. *La Contrée merveilleuse*, voyage dans l'Arizona et le Nouveau Mexique. Traduction de W. Battier. Vignettes anglaises. Illustrations de Yan' Dargent. 1 vol.

Desnoyers (L.). *Aventures de Robert-Robert* et de son fidèle compagnon Toussaint Lavenette. Edit. illust. 1 v.

Fabre. *Histoire de la bûche*, récits sur la vie des plantes, illustrée de 200 vignettes, de Yan' Dargent, etc. 1 vol.

Fénelon. *Aventures de Télémaque.* Illustrée par Tony Johannot, Célestin Nanteuil. 1 vol. in-8.

Florian. *Le Don Quichotte de la jeunesse*, illustré. Dessins de Staal. 1 vol.

— *Fables.* 1 vol., illustré par Grandville de 50 grandes gravures et 25 vignettes.

Foé (D. de). *Aventures de Robinson Crusoé*, illustrées par Grandville. 1 vol.

Fournier (Ortaire). *Les Animaux historiques.* 1 vol. illustré par Victor Adam

Galland. *Les Mille et une nuits des familles*, contes arabes, illustrés. 1 vol.

Genlis (Mme la comtesse de). *Les Veillées du château*, illustrées. Dessins de Staal. 1 vol.

Jacquet (abbé). *Vie des saints les plus populaires et les plus intéressants*, illustrées, avec l'approbation de plusieurs archevêques et évêques. 1 vol.

Le Prince de Beaumont (Mme). *Le Magasin des enfants*, illustré. Dessins de Staal. 1 vol.

Nodier (Charles). *Le Génie bonhomme.* Séraphine. — La neuvaine de la Chandeleur. — Trilby. — Dessins de Staal. 1 vol.

Old-Nick. *La Chine ouverte.* 1 vol. illustré de 250 vignettes.

Perrault, Aulnoy (Mme d'), **Le Prince de Beaumont** (Mme) et **Hamilton**. *Contes des fées*, illustrés par Staal et Bertall. 1 vol.

Schmid. *Contes.* Traduction de l'abbé Macker, la seule approuvée. 2 beaux vol. avec de nombreuses vignettes, dessins de G. Staal. Chaque volume se vend séparément..

Silvio Pellico. *Mes Prisons*, suivi des Devoirs des hommes. Traduction par le comte H. de Messey. 1 vol. illustré.

Swift. *Voyages illustrés de Gulliver.* 400 dessins par Grandville. 1 beau vol.

Xavier de Maistre (comte). *Œuvres complètes.* Voyage autour de ma chambre. etc., illustrées par Staal. 1 vol.

Wiseman (cardinal). *Fabiola, ou l'Église des catacombes.* Traduction par Nettement. Vignettes. Dessins de Yan' Dargent. 1 vol.

Wyss. *Robinson suisse*, avec la suite donnée par l'auteur, traduit par Mme Élise Voïart; notice de Charles Nodier. 1 vol. illustré.

Album des rébus. 1 vol. petit in-4 illus. relié en toile, tranc. dorée. 5 fr.

Fables de la Fontaine, 2 v. in-8, sur papier des Vosges, avec gr. 7 fr. 50

Paul et Virginie (Édition V. Lecou.) Suivi de *la Chaumière indienne*, par Bernardin de Saint-Pierre. Edition illustrée 1 vol. grand in 8. . 7 fr. 50

www.ingramcontent.com/pod-product-compliance
Ingram Content Group UK Ltd.
Pitfield, Milton Keynes, MK11 3LW, UK
UKHW022326190726
13856UKWH00001B/243